지리산권 유학의 학맥과 사상

지리산권 유학의 학맥과 사상

국립순천대·국립경상대
인문한국(HK) 지리산권문화연구단 엮음

| 발간사 |

국립순천대학교 지리산권문화연구원과 국립경상대학교 경남문화연구원은 2007년에 컨소시엄을 구성하고 '지리산권 문화 연구'라는 아젠다로 한국연구재단의 인문한국(HK) 지원 사업에 신청하여 선정되었습니다.

인문한국 지리산권문화연구단은 지리산과 인접하고 있는 10개 시군을 대상으로 문학, 역사, 철학, 생태 등 다양한 방면의 연구를 목표로 하였습니다. 이에 따라 연구단을 이상사회 연구팀, 지식인상 연구팀, 생태와 지리 연구팀, 문화콘텐츠 개발팀으로 구성하였습니다. 이상사회팀은 지리산권의 문학과 이상향·문화사와 이상사회론·사상과 이상사회의 세부과제를 설정하였고, 지식인상 연구팀은 지리산권의 지식인의 사상·문학·실천에 관한 연구를 진행하였습니다. 그리고 생태와 지리 연구팀은 지리산권의 자연생태·인문지리·동아시아 명산문화에 관해 연구하고, 문화콘텐츠 개발팀은 세 팀의 연구 성과를 DB로 구축하여 지리산권의 문화정보와 휴양정보망을 구축하였습니다.

본 연구단은 2007년부터 아젠다를 수행하기 위해 매년 4차례 이상의 학술대회를 개최하고, 학술세미나·초청강연·콜로키움 등 다양한 학술활동을 통해 '지리산인문학'이라는 새로운 학문영역을 개척하였습니다. 또한 중국·일본·베트남과 학술교류협정을 맺고 '동아시아산악문화연구회'를 창립하여 매년 국제학술대회를 개최하였습니다. 그 과정에서 자료총서 27권, 연구총서 9권, 번역총서 5권, 교양총서 8권, 마을총서 1권 등 총 50여 권의 지리산인문학 서적을 발간한 바 있습니다.

이제 지난 8년간의 연구성과를 집대성하고 새로운 연구방향을 개척하기 위해 지리산인문학대전으로서 기초자료 10권, 토대연구 10권, 심화연구 10권을 출판하기로 하였습니다. 기초자료는 기존에 발간한 자료총서 가운데 연구가치가 높은 것과 새롭게 보충되어야 할 분야를 엄선하여 구성하였고, 토대연구는 지리산권의 이상향·유학사상·불교문화·인물·신앙과 풍수·저항운동·문학·장소정체성·생태적 가치·세계유산적 가치 등 10개 분야로 나누고 관련 분야의 우수한 논문들을 수록하기로 하였습니다. 그리고 심화연구는 지리산인문학을 정립할 수 있는 연구와 지리산인문학사전 등을 담아내기로 하였습니다.

지금까지 연구단은 지리산인문학의 정립과 우리나라 명산문화의 세계화를 위해 혼신의 힘을 다해왔습니다. 하지만 심화 연구와 연구 성과의 확산에 있어서 아쉬운 점도 없지 않았습니다. 이번 지리산인문학대전의 발간을 통해 그 아쉬움을 만회하고자 합니다. 우리 연구원 선생님의 노고가 담긴 이 책을 통해 독자 여러분들이 지리산인문학에 젖어드는 계기가 되리라 기대합니다.

끝으로 이 책이 출간되기까지 수고해주신 본 연구단 일반연구원 선생님들, HK연구원 선생님들, 그리고 외부에서 참여해주신 필자선생님들께 깊이 감사드립니다. 또한 이 자리를 빌려 이러한 방대한 연구활동이 가능하도록 재정적 지원을 해주신 정민근 한국재단이사장님, 송영무 순천대 총장님과 권순기 경상대 총장님께도 고맙다는 말씀을 드립니다.

2015년 6월
국립순천대·국립경상대 인문한국(HK) 지리산권문화연구단
단장 강성호, 부단장 윤호진

산악이 많은 지리적 조건으로 한국인의 생활과 사고에 있어 산은 떼어 낼 수 없는 친숙한 대상이라고 할 수 있다. 한편으로는 산은 일상적인 생활 속에서 늘 가까이 있는 것이지만, 경외감과 신비로움을 느끼게 한다. 이로 인해 전통시대 지식인들은 산을 혼탁한 현실 세계와는 대조되는 지상의 이계(異界)로 인식했으며, 자신의 정신을 고결하게 만들어 주는 원동력으로 삼았다. 전통시대 지식인에게 있어 자연, 그 중에서도 산은 일상 가운데 늘 함께 있으면서 끊임없이 새로운 각성과 정감을 제공하는 존재였다.

'명산이 인물을 낳는다'는 옛말이 있다. 이것은 조선시대 사상사에서 중요한 업적을 이룩한 학자들이 예외없이 성학(成學) 과정에서 명산과 밀접한 관계를 맺고 있다는 사실에서도 확인할 수 있다. 예를 들면 조선조 16세기 성리학 사상의 형성기에 사단칠정 논쟁을 통해 심성론을 더욱 심화시킨 이황(李滉)은 청량산(淸凉山)을 '오가산(吾家山)'이라 일컫고 자신을 '청량산인(淸凉山人)'이라 말할 만큼 이 산을 매우 흠모했는데, 후대 학자들은 그 관계를 주희(朱熹)와 무이산(武夷山)에 견주어 칭송하였다.

같은 시대 이기론(理氣論)의 기철학(氣哲學)으로 일가를 이룬 서경덕(徐敬德)은 개성의 송악산(松嶽山)과 연결되어 있다. 화담에게 있어 자연은 모든 존재의 본원이자 귀착지였다. 그의 사상체계에서는 인간은 항상 자연 안에 머물러 있으며, 그 자연과 조화를 이루는 곳에 인간이 함께 어우러져 있다. 퇴계와 더불어 영남의 사상계를 양분했던 조식(曺植)은 「제덕

산계정주(題德山溪亭柱)」에서, "하늘이 울어도 오히려 울지 않네"라는 싯구를 지어 지리산의 우뚝한 기상을 자신이 추구해야 할 정신적 표상으로 상정하였다. 그리고 지리산의 형상이 가장 웅장하게 보이는 덕산에 산천재(山天齋)를 지어 늘 바라보며 그 기상을 닮고자 하였다.

조선조 사상사에 있어서의 이러한 상징적 예들에서 보듯이, 명산-인물-사상은 긴밀한 연결고리를 통해 상호 순환되는 관계임을 알 수 있다. 하지만 그동안 학계에서는 이와 같은 측면을 간과했다. 인물과 사상에 대한 연구를 진행하면서 지역은 단순히 분류의 도구로 여겨졌을 뿐, 그것이 어떠한 의미를 가지고 어떤 영향을 끼쳤는가에 대한 해명을 시도하지 않았다.

이 책에 실려 있는 11편의 논문은 이러한 문제의식을 기저에 담고 있다. 제1부에 수록된 논문들은 지리산권의 유학자 및 학파가 전개한 역사적 실상을 고찰한 성과이다. 제2부는 지리산권 유학자가 구축한 사상 체계와 수양론에 관한 연구이다. 지금까지의 성과들을 한 자리에 모아 살펴보니, 해놓은 작업보다 앞으로 해야 할 일들이 더 많다는 사실을 절실하게 깨닫게 된다. 그간의 결과는 그 나름대로 의미와 한계를 분명하게 인지하고, 이것을 바탕으로 더욱 힘차게 전인미답(前人未踏)의 황무지를 개척해 나가야겠다고 생각한다.

2015년 6월

편집자

목차

제2부　지리산권 유학자의 성리학과 수양론

제1부

지리산권 유학의 학파와 활동 양상

慶南 河東의 儒脈과 南冥學 傳承

전병철

Ⅰ. 문제의 제기

이 글은 두 가지 목적을 추구한다. 하나는 남명학파의 지역적 전개 양상에 관한 고찰을 목표로 삼은 가운데, 경남 하동이라는 지역을 우선적으로 살펴보려는 시도이다. 최근에 이르기까지 남명학파에 관한 연구는 다양한 주제에 의해 지속적으로 연구가 진행되어 왔음에도 불구하고, 남명학파의 전개 양상을 지역별로 살펴본 시도는 거의 없었다고 판단된다.

일부 학자들이 '江岸學', '洛中學' 등의 신생 용어를 새로 정립하여 江右와 江左의 학문적 성격을 복합적으로 가지면서도 또한 그것과 구별되는 독특한 지역적 특성을 가지는 점을 조명해보고자 하는 시도가 있었다. 하지만 이러한 작업은 이 글에서 추구하는 남명학파의 지역적 전개 양상에 관한 탐구와는 지향하는 목표가 다르다.

필자는 남명학파의 학자들이 각기 자신들의 지역적 기반을 바탕으로 어떠한 활동을 구체적으로 진행했으며, 그러한 양상은 지역별로 어떠한 공통성 및 다양성을 가졌는지를 파악하려 한다. 이에 비해 '江岸學', '洛中學' 등에 관한 연구는 남명학파와 퇴계학파가 접경하는 지역에 주목하여 그곳에서 형성된 학문적 성격 및 특징을 구별해보고자 하는 것이다.

다른 하나의 목적은 1623년 仁祖反正 이후 남명학 및 남명학파는 존속했는가에 대한 추적이다. 이 문제는 남명학파를 연구하는 이들에게는 매우 중요한 사안이다. 그런데 이것에 관한 분명하고도 설득력 있는 의견을 제시하기 위한 논증적인 연구가 거의 없었다고 말할 수 있다. 다만 남명학파의 학맥을 서술할 때 인조반정 이전으로 제한하느냐 아니면 구한말까지 포괄하느냐에 따른 범위 설정을 통해 간접적으로 의견을 제시하는 방법을 택하는 경향이 많았다.

그러므로 이 글은 앞에서 서술한 두 가지 목적을 지향하는 가운데, 경남 하동에서 활동한 유학자의 시기별·구역별 분포와 학맥의 형성을 고찰한 후, 그 속에서 남명학의 존재 양상은 구체적으로 어떠한 모습이었는지를 해명해보기로 한다.

본론에 앞서 하동이라는 지역을 선택한 이유를 밝히자면, 이곳은 조선시대에 남명학파의 주요 근거지였고 또한 이채로운 학문적·문화적 현상이 있었다고 파악되기 때문이다. 하동은 1414년(태종 14)에 남해현과 합하여 '하남현'이 되었다가, 이듬해에 다시 남해현과 분리시켜 '하동현'이 되었으며, 1704년(숙종 30)에 하동도호부로 승격되었다. 1895년에는 8도제가 폐지되고 23부제가 시행되면서 진주부 하동군이 되었으며, 1896년 다시 전국을 13도로 개편하여 경상남도 하동군이 되었다. 1906년에는 진주군의 청암면과 옥종면을 편입시켰다. 1915년에는 전라남도 광양군 다압면 섬진리 일부를 편입시켰고, 1933년에는 금양면의 일부와 남면을 통합하여 금남면으로 개칭하였다. 1938년에는 하동군 하동면이 하동군 하동읍으로 승격, 1읍 11면이 되었고, 1989년에 금남면 갈사출장소가 금성

면으로 승격되어 1읍 12면이 되었다.[1]

이와 같이 하동의 행정 구역의 연혁은 여러 차례 변화를 겪었음에도 불구하고, 오랫동안 남명학파의 핵심 지역인 진주에 편입되어 학문적·문화적 자장을 크게 입은 곳이었다. 그리고 17세기에는 '남명 이후에 일컬어질 만한 오직 한 사람[世稱南冥後一人]'이라는 칭송을 받은 謙齋 河弘度(1593-1666)가 활발하게 활동한 지역이며, 19세기에는 섬진강을 사이에 두고 전라도와 접경한 지리적 특성으로 인해 月皐 趙性家(1824-1904)와 溪南 崔琡民(1837-1905)과 같이 전라도 장성의 蘆沙 奇正鎮(1798-1876)에게 수학한 학자들이 배출되는 등 다양한 학파가 공존했던 곳이기도 한 까닭이다. 그러므로 이 글에서 하동이라는 지역을 다루고자 하는 이유는 현재의 행정 구역으로서 가지는 지역적 의미보다 조선시대에 남명학파의 주요 근거지의 한 구역으로서 나타났던 학문적·문화적 현상에 주목한 것이다.

II. 유학자의 시기별·구역별 분포와 학맥 형성

하동의 유학자와 학맥에 관해 서술하기 위해서는 우선 시간적 범위를 어디까지로 제한할 것인가를 고려해야 한다. 그 다음으로 유학자의 정의를 무엇으로 설정할 것인가를 마련해야 한다. 그러므로 위의 두 가지 범위와 기준을 고려하여 다음과 같이 하동의 유학자를 규정하였다.

첫째, 시간적 범위는 유교를 國是로 삼은 조선의 건국으로부터 그 운명이 다하는 시점인 구한말에 이르기까지이다.

고려 시대에 하동 출신의 인물로 姜民瞻, 鄭世裕, 鄭淑瞻, 鄭晏, 鄭芝祥, 鄭芝衍, 鄭渾 등이 있었다. 그들은 과거에 급제하여 관료 생활을 하였으

---

[1]『디지털하동문화대전』, 하동군 행정 구역.

며, 독서를 하고 글을 저술하는 학자적 면모를 지녔다. 하지만 그들을 학자라는 범위에서는 포함이 가능하겠지만, 유학자로 규정할 수 있는가에 관해서는 분명하지 않다. 고려 시대에는 유교보다는 불교를 숭상하였으므로, 학자라 할지라도 순수한 유학자라고 확정지을 수 없기 때문이다.

둘째, 유학자의 정의는 유학과 관련된 구체적 활동이 기록으로 남아 있느냐를 기준으로 삼는다.

유학 경전에 대한 탐구, 유학적 관점에 입각하여 자신을 수양한 내용, 유학의 계승과 수호를 위해 스승을 찾아가거나 제자를 양성한 사실 등이 기록으로 전해지는 경우에 이들을 유학자로 포함시킬 수 있을 것이다.

위의 두 가지 기준에 근거하여 하동의 유학자와 학맥을 시기별·구역별로 나누어 개관하기로 한다.

1. 시기별 분포

시기별 분포의 기준은 출생연도를 기준으로 삼는다. 활동 시기를 기준으로 삼을 경우, 두 세기에 걸쳐 있는 유학자들이 있기 때문이다. 따라서 출생한 연도에 근거하여 세기별로 구분하였다.

15세기	16세기	17세기	18세기	19세기	20세기 초
1	2	7	2	16	1

● 15세기

知足堂 趙之瑞(1454-1504)

● 16세기

茅山 崔琦弼(1562-1593), 謙齋 河弘度(1593-1666)

- 17세기

樂窩 河弘達(1603-1651), 三緘齋 金命兼(1635-1689), 雪牕 河澈(1635-1704),
養正齋 河德望(1664-1743), 珠潭 金聖運(1673-1730), 寒溪 河大明(1691-1761),
愧全窩 河大觀(1698-1776)

- 18세기

菊軒 河達聖(1734-1791), 重隱 姜錫佐(1777-1853)

- 19세기

月村 河達弘(1809-1877), 澗翠堂 鄭瑀贇(1823-1892), 嗲齋 鄭元恒(1823- 1905),
月皐 趙性家(1824-1904), 溪南 崔琡民(1837-1905), 斗山 姜柄周(1839-1909),
月山 趙性宙(1841-1918), 尼谷 河應魯(1848-1916), 海史 鄭敦均(1855-1941),
石田 文晉鎬(1860-1901), 守齋 鄭鳳基(1861-1915), 修堂 崔瓊秉(1865-1939),
士窩 河載圖(1869-1931), 愼庵 崔兢敏(1883-1970), 晴川 鄭基軾(1884-1958),
澹軒 河禹善(1894-1975)

- 20세기 초

敬齋 金璣柱(1907-1977)

하동 지역 유학자의 시기별 분포를 살펴볼 때, 15세기 1명, 16세기 2명,
17세기 7명, 18세기 2명, 19세기 16명, 20세기 초 1명이다. 따라서 가장 비
율이 높은 시기가 19세기이며, 그 다음이 17세기이다. 경상우도 지역은
南冥 曺植(1501-1572)의 학문을 계승한 남명학파가 주도적 역할을 담당하
였는데, 남명학파의 성쇠에 따라 하동 지역의 유학자도 비례하여 산출되
고 있는 점을 확인할 수 있다.

17세기는 겸재 하홍도가 하동 옥종면 慕寒齋에서 활동한 시기이다. 따

라서 김성운을 제외하고는 모두 겸재 하홍도와 연관된 유학자들이다. 1623년 인조반정 이후로 남명학파는 매우 큰 타격을 입었지만, 오히려 17세기까지는 그 명맥이 유지되고 있었음을 확인할 수 있다. 그러나 18세기는 겉으로 나타나기에는 남명학파가 없어진 것처럼 보일만큼 침체된 상황이다.

1796년 正祖는 남명 조식을 배향한 덕천서원에 親製賜祭文을 내려 특별한 관심과 존모의 마음을 표하였다. 이후 경상우도 지역에서는 마치 伏流로 흐르던 물이 밖으로 거세게 솟구쳐 오르듯이, 학식과 덕행이 뛰어난 학자들이 대거 출현하였다. 老柏軒 鄭載圭, 月皐 趙性家, 溪南 崔琡民, 寒洲 李震相, 晩醒 朴致馥, 端磎 金麟燮, 勿川 金鎭祜, 俛宇 郭鍾錫 등이 바로 이러한 인물들이다.

이들은 겉으로 보기에는 蘆沙 奇正鎭, 性齋 許傳, 定齋 柳致明 등의 각기 다른 사승을 가졌지만, 학파를 초월하여 함께 교유하고 강학하였다. 학파적·당파적 입장을 달리하면 교유가 거의 불가능했던 조선시대의 편당성을 생각해 볼 때, 이들이 초학파적 교유와 학문 활동을 할 수 있었던 까닭은 그들의 학문적 연원이 남명학에 있었기 때문이다. 따라서 이러한 일군의 학자들도 남명학파라는 범위로 묶을 수 있는 가능성이 그 속에 내재하고 있다. 이 문제에 관해서는 3장 2절에서 상세히 고찰해보기로 한다.

2. 구역별 분포

옥종면	북천면	금남면	양보면
21	6	1	1

● 옥종면

지족당 조지서, 겸재 하홍도, 낙와 하홍달, 설창 하철, 양정재 하덕망, 한

계 하대명, 괴전와 하대관, 국헌 하달성, 중은 강석좌, 월촌 하달홍, 간취
당 정우빈, 월고 조성가, 계남 최숙민, 두산 강병주, 월산 조성주, 니곡 하
응로, 해사 정돈균, 수재 정봉기, 사와 하재도, 신암 최긍민, 담헌 하우선

● 북천면
모산 최기필, 삼함재 김명겸, 주담 김성운, 석전 문진호, 수당 최경병, 경
재 김기주

● 금남면
효재 정원항

● 양보면
청천 정기식

  하동 유학자의 구역별 분포를 살펴본다면, 총 29명의 유학자 가운데
옥종면이 21명으로 가장 많으며, 그 다음으로 북천면이 6명, 금남면과 양
보면이 각각 1명이다. 또한 겸재 하홍도, 낙와 하홍달, 설창 하철, 양정
재 하덕망, 한계 하대명, 괴전와 하대관, 국헌 하달성, 니곡 하응로, 해사
정돈균, 사와 하재도, 담헌 하우선 등 11명은 옥종면 안계리 출신의 유학
자로, 옥종면 유학자의 절반이 넘는 비율을 차지하며, 전체 하동군 유학
자의 3분의 1에 해당한다. 이러한 통계를 근거해 볼 때, 하동 유학의 중
심지는 옥종면이며, 그 중에서도 안계리가 핵심 지역이라고 규명해 볼
수 있다.

3. 학맥 형성의 양상

남명학파	한주계열	노사계열	성호계열	우암계열	화서계열	기타
11	4	5	3	1	1	6

- 松亭 河受一(1553-1612)의 문인 : 남명학파
겸재 하홍도

- 謙齋 河弘度(1593-1666)의 문인 및 가학 계승 : 남명학파
낙와 하홍달, 설창 하철, 삼함재 김명겸, 양정재 하덕망, 주담 김성운, 한계 하대명, 괴전와 하대관, 국헌 하달성, 니곡 하응로, 사와 하재도, 담헌 하우선

- 性齋 許傳(1797-1886)의 문인 : 성호계열
간취당 정우빈, 두산 강병주, 니곡 하응로

- 蘆沙 奇正鎭(1798-1876)의 문인 : 노사계열
월고 조성가, 계남 최숙민, 월산 조성주

- 月村 河達弘(1809-1877)의 문인 : 기타
니곡 하응로, 해사 정돈균

- 后山 許愈(1833-1904)의 문인 : 한주계열
해사 정돈균

- 勉庵 崔益鉉(1833-1906)의 문인 : 화서계열

수재 정봉기

- 淵齋 宋秉璿(1836-1905)의 문인 : 우암계열
수재 정봉기

- 溪南 崔琡民(1837-1905)의 문인 : 노사계열
수당 최경병

- 勿川 金鎭祜(1845-1908)의 문인 : 한주계열
해사 정돈균

- 俛宇 郭鍾錫(1846-1919)의 문인 : 한주계열
해사 정돈균, 신암 최긍민, 청천 정기식, 담헌 하우선

- 大溪 李承熙(1847-1916)의 문인 : 한주계열
청천 정기식

- 修堂 崔瓊秉(1865-1939)의 문인 : 노사계열
경재 김기주

- 晦峰 河謙鎭(1870-1946)의 문인 : 한주계열
청천 정기식

- 기타 : 일정한 師承 없음
지족당 조지서, 모산 최기필, 중은 강석좌, 월촌 하달홍, 효재 정원항, 석
전 문진호

하동 지역의 학파별 분포를 살펴보자면, 송정 하수일의 문인으로는 하홍도가 있었다. 겸재 하홍도의 문인 및 가학을 계승한 학자로는 김명겸, 하홍달, 하철, 하덕망, 김성운, 하대명, 하대관, 하달성, 하응로, 하재도, 하우선 등이 있었다. 성재 허전의 문인으로는 정우빈, 강병주, 하응로 등이 있었다.

노사 기정진의 문인으로는 조성가, 최숙민, 조성주 등이 있었다. 월촌 하달홍의 문인으로는 하응로, 정돈균 등이 있었다. 정돈균은 후산 허유, 물천 김진호, 면우 곽종석의 문인이기도 하다. 면암 최익현의 문인으로 정봉기가 있었는데, 그는 연재 송병선의 문생이기도 하다.

계남 최숙민의 문인으로는 최경병이 있었다. 곽종석의 문인으로는 위에서 언급한 정돈균을 비롯해 최긍민, 정기식, 하우선 등이 있었다. 정기식은 대계 이승희, 회봉 하겸진의 문하에서 수학하기도 했다. 수당 최경병의 문인으로는 김기주가 있었다.

일정한 師承 관계가 없어 학파로 분류할 수 없는 학자로 조지서, 최기필, 강석좌, 하달홍, 정원항, 문진호 등이 있었다.

이와 같은 하동 지역의 학맥 형성 양상을 종합해 본다면, 남명학파 11명, 한주계열 4명, 노사계열 5명, 성호계열 3명, 우암계열 1명, 화서계열 1명, 기타 6명이 된다. 그러므로 하동 지역의 학파별 분포는 남명학파 및 남인 계열이 대다수를 차지하며, 그 다음으로 노사계열의 문인이 많은 비중을 가진다.

경상우도는 남인 계열의 학자가 월등히 우세한 위치에 있는 지역임에도 하동 지역에 기정진의 학문이 대를 이어 계승되고 있는 점은 주목할 만한 부분이다. 그 까닭을 생각해 볼 때, 이는 기정진 문하에서 수학한 하동 출신의 조성가, 조성주, 최숙민 등이 학식과 덕행이 뛰어났을 뿐만 아니라, 하동을 비롯한 경상우도 지역에서 폭넓은 강학 활동과 교유관계를 가졌기 때문이라고 판단된다.

앞에서 서술했듯이, 하동 지역은 남명학의 주요 근거지라고 일컬을 만큼 남명학파에서 중요한 비중을 차지하는 학자들이 대거 배출된 곳이다. 조선 시대에는 하동이 진주목에 속했으므로 남명학파가 진주를 중심으로 형성되고 전파된 사실과 연관 지어 생각해 볼 때, 하동 유학의 학문적 연원이 남명학에 근원하고 있음은 당연한 귀결이라고 말할 수 있다. 그런데 19세기에 이르러 조성가, 최숙민, 조성주 등과 같은 학자들이 전라남도 장성에서 활동한 기정진의 문하에 나아가 수학한 것은 매우 이채로운 현상이라고 말할 수 있다. 이는 대략 세 가지 정도로 그 이유를 설명할 수 있을 것이다.

첫째, 19세기의 사회적 분위기를 그 이유로 들 수 있다. 영조와 정조 이후 탕평책의 실시와 鄕戰의 금지로 인해 당쟁이 점차 완화되었으며, 18~19세기에 들어 크게 성장했던 새로운 幼學層은 당색에 구애될 필요성이 비교적 적었다.[2] 따라서 가문의 지위를 높이고 개인의 학문을 연마하기 위해 당색의 제한에서 벗어나 자유롭게 교유 및 사승 관계를 형성할 수 있었던 것이다.

둘째, 하동은 섬진강을 사이에 두고 전라도와 접경한 지역으로, 물길을 이용해 상호간의 교통이 원활하게 이루어질 수 있었다. 조성가의 「沙上日記」를 살펴보면, 그는 기정진에게 배우러 가기 위해 옥종면 월횡리에서 출발하여 청암 – 하동읍 – 화개동과 구례 천변 – 곡성 오지촌 – 창평 등을 거쳐 장성에 도착했는데,[3] 이 경로는 주로 섬진강의 물길을 따라 이동한 것이다. 따라서 조성가를 비롯한 하동의 유학자들이 기정진의 문하에 나아가 배울 수 있었던 까닭은 하동이 전라도와 접경한 지역일 뿐만 아니

---

2) 김봉곤, 「趙性家와 崔琡民을 통해서 본 경상우도 지역에서의 蘆沙學의 전개양상」, 『남명학연구』 제30집, 경상대학교 남명학연구소, 2010, 6쪽.

3) 김봉곤, 「趙性家와 崔琡民을 통해서 본 경상우도 지역에서의 蘆沙學의 전개양상」, 『남명학연구』 제30집, 경상대학교 남명학연구소, 2010, 10쪽.

라, 섬진강의 물길을 따라 편리하게 이동할 수 있었기 때문이다.

셋째, 보다 본질적이고 근원적인 측면은 그들이 가지고 있는 학문 성향 및 시대 인식에 연유한 것이라고 볼 수 있다. 물론 동향 선배인 하달홍이 조성가에게 권유하여 기정진의 문하에 나아가게 되고 그가 다시 최숙민을 인도하는 식으로 중개의 계기가 있었다. 그러나 근원적으로 節義를 숭상하는 강우지역의 학문적 기질과 서세동점에 맞서 衛正斥邪를 추구해야 한다는 시대 인식이 합치되었기에 가능한 일이었다.[4]

III. 남명학의 계승과 전개

1. 안계마을 진양하씨의 가학에 의한 계승

앞에서 이미 객관적 사실을 통해 확인하였듯이, 하동 유학의 중심지는 옥종면이며 그 중에서도 안계리가 핵심 지역이었다. 그리고 안계리 안계마을에는 겸재 하홍도가 학문을 탐구하고 후학을 양성한 慕寒齋라는 강학처가 거점의 역할을 담당하고 있었다.

하홍도는 송정 하수일의 문하에서 수학했다. 하수일의 조부 雲錦亭 河希瑞(?-1570)와 종조부 風月軒 河麟瑞(?-?)는 남명과 친분이 두터웠고, 그의 아들과 손자는 남명의 문인이 되거나 재전제자가 되어 남명학파의 학맥을 계승하는 데에 중요한 역할을 담당하였다.[5]

풍월헌 하인서에게는 두 명의 아들이 있었는데, 喚醒齋 河洛(1530-1592)과 覺齋 河沆(1538-1590)이다. 하락은 1556년 27세 되던 해에 아우인

---

4) 김낙진, 「溪南 崔琡民의 交遊와 학술 토론」, 『율곡사상연구』 제21집, 율곡학회, 2010, 458~459쪽.

5) 이상필, 「진양하씨 판윤공파의 가계와 학문 전통」, 『선비가의 유향』, 장서각, 2007, 392~394쪽.

하항과 함께 남명에게 나아가 배웠다. 또한 하수일은 종숙부인 하항에게 7살의 나이로부터 배우기 시작하여 평생토록 의지하며 따랐다.

하항은 남명의 실천적 학문성향을 계승하여 본받고자 노력했던 인물이다. 당시 사람들은 하항을 칭송하여, "'닭이 울면 일어나 세수하고 머리 빗으며' 등의 말은 책 속에서나 보이는 말이고 실제로 행하는 사람은 보지 못했다. 그런데 하항은 이것을 모두 실천하니 참으로 小學君子이다."[6]라고 하였다.

또한 그는 집안에 '雷龍' 그림을 걸어 두고, 벽에는 '百勿旗'와 '三字符'라는 雙額을 써서 붙여놓고서, 남명의 수양법을 본받아 힘써 행하려고 노력하였다. 이와 같은 학문과 실천을 견지한 하항에 대해, 남명은 '눈 속에 핀 매화[雪中梅]'라는 말로 그의 인품을 표현하였으며, 守愚堂 崔永慶(1529-1590)은 '모래사장 위의 백로[沙上白鷺]'라는 말로 흠모의 마음을 드러내었다.[7]

하항은 남명학의 요체를 체득하여 하수일에게 전수하였으며, 하수일의 학문적 핵심은 다시 하홍도에게 전해졌다. 이와 같이 전수된 남명학의 요체가 무엇이었는가에 관해서는 하홍도가 기록한 「記松亭先生語」에서 분명하게 파악할 수 있다.

내가 예전에 수곡정사에서 송정 선생을 배알하고서 인하여 뫼시고 유숙한 적이 있었다. 닭이 울자 여러 제자들을 깨워 다음과 같이 자상하게 말씀해 주셨다. "맹자께서 '닭이 울면 일어나서 부지런히 선을 행하는 자는 舜의 무리이고, 부지런히 이익을 도모하는 자는 跖의 무리이다.'라고 말씀하셨다. 우리 남명 선생께서 그 뜻을 깊이 터득하고 요순의 도를 즐겨서, 의가 아니

---

6) 河沆, 『覺齋集』 附錄, 「行狀(金垓 撰). "當時諸斯文以爲小學鷄初鳴 咸盥櫛等語 只於黃卷中見之 未見有行之者 今於覺齋而見之 若覺齋 眞小學君子也"
7) 이상필, 「남명학파의 남명사상 계승 양상」, 『남명학파 연구의 신지평』, 예문서원, 2008, 45~46쪽.

면 조금이라도 남에게 주지도 않고 받지도 않으셨으니, 私利를 도모하는 탐욕의 근원을 뽑아 막으시려는 것이었다. 비단 공로와 이익에 있어서만 그렇게 하신 것이 아니라, 사소한 마음가짐과 행실에 있어서도 그렇게 하시지 않은 것이 없었다. (결) 秋毫를 분석하는 데에까지 이르셨다.

그러므로 나의 벗 吳長이 말하기를 '義利와 公私를 분별한 것은 南軒 張栻이 맹자에게 공로가 있다.'라고 하였으니, 남헌을 통해 남명을 비유한 말이었다. 우리 각재 숙부께서 친히 수업을 받아 그 도를 들으셨다. 알지 못한 경우라면 어쩔 수 없었겠지만, 알았다면 이익을 가까이 한 적이 없으셨다. 깨끗한 행실과 꿋꿋한 절개는 듣는 사람들로 하여금 공경심을 일으키게 했다. 그래서 일찍이 말씀하시기를, '품 안의 明月은 唐虞로부터 전해진 것'이라고 하셨다.

나같이 불초한 사람도 어릴 적부터 감화를 입어 비록 배워서 체득했다고 말할 수는 없지만, 전해 받은 것을 마음에 새겨 죽을 때까지 잊을 수 없다. 너희들이 나의 문하에 나아왔으니, 막대한 임무를 책임질 수는 없다고 하더라도 대대로 내려져 온 학문을 이어받아 거칠게나마 선과 이익을 구분할 줄은 알 것이다. 산을 오르는 것처럼 힘써 노력하여 불의를 행하는 데에 빠져 너희를 낳아주신 조상을 욕되게 하지 않도록 삼가 하거라."라고 하셨다.[8]

하수일은 남명학의 요체에 대해, 선과 이익을 엄밀하게 분별하여 선을 행하기 위해 힘을 다하며 이익을 도모하는 탐욕을 철저하게 제거하는 것이라고 이해하였다. 그는 이러한 면모를 구체적으로 보여주는 실례로, 남명이 의가 아니면 조금도 남에게 주지도 않고 받지도 않았을 뿐만 아니라,

---

8) 河弘度, 『謙齋集』 卷9, 「記松亭先生語」. "愚嘗拜松亭公鄕先生水谷精舍 仍陪宿 鷄旣鳴 蹙諸子某某等起 諄諄敎誘曰 孟子曰鷄鳴而起 孳孳爲善者 舜之徒也 爲利者蹠之徒也 我南冥先生深得其旨 樂堯舜之道 非其義 一介不以予人而取於人 拔其利源而塞之 不但於功利上然也 於些少處心立事 莫不皆然 (缺) 至於可以析秋毫 故吾友吳長翼承曰判義利公私之分 南軒有功於孟子 蓋以南軒喻南冥也 我覺齋叔父受業 親炙而聞其道 有所不知 知之未嘗近利 淸修苦節 聞者起敬 故嘗曰 袖中明月 傳自唐虞 如我不肖自少擩染 雖未能私淑銘心傳得 至死不忘 汝輩出於吾門 雖不得大任重責 亦可以箕裘承業 粗知善利 深致如登之力 愼勿陷於爲不義 以忝爾所生也"

사소한 마음 가짐과 행실에 있어서도 철저하게 선과 이익을 분별하여 선을 추구하고 이익을 끊은 사실을 말하였다.

그리고 하항에 대해서는 남명의 학문을 계승하여 이익을 가까이 한 적이 없었고, 깨끗한 행실과 꿋꿋한 절개로써 다른 사람의 존경을 받았다는 것을 말하였다. 또한 하항이 「南冥曺先生銘」에서 '품 안의 명월은 당우로부터 전해진 것[袖中明月 傳自唐虞]'[9]이라고 표현한 말은 남명의 학문이야말로 요순으로부터 전해진 유가 도통을 계승한 것이며, 아울러 하항 스스로도 그와 같은 남명학의 正脈을 전수받은 사실을 밝힌 것이다.[10] 이처럼 남명 조식 → 각재 하항 → 송정 하수일에게 전해진 학맥은 겸재 하홍도로 이어지면서 하동 지역에 정착되었다.

하홍도는 31세 때 서재를 지어 '敬勝齋'라 이름붙이고 동생 樂窩 河弘達(1603-1651)과 함께 학문을 강마하였다. 46세 때인 1638년 9월 모친상을 당하였는데, 삼년상을 치른 뒤 세상사에 뜻이 없어 집안 살림을 모두 동생에게 맡기고 초옥을 지어 거처하면서 '謙齋'라 자호하였다. 그리고 '敬以直內 義以方外' 8자를 큰 글씨로 써서 벽에 걸어두고 아침저녁으로 보면서 자신을 성찰하였다.

동생을 시켜 士林山 밑에 서재를 짓게 한 뒤, 찾아오는 학자들을 머물게 하였는데, 집의 이름을 '慕寒齋'라 하였다. 이는 주자가 모친상을 당한 뒤 삼년상을 치르던 寒泉精舍의 뜻을 취한 것이다. 하홍달과 함께 그곳에서 강학을 하였는데, 程子의 「四勿箴」, 朱子의 「白鹿洞書院學規」 및 「敬齋箴」 등을 벽에 걸어두고 학문의 방도로 삼았다.

1645년 遺逸로 천거되어 건원릉 참봉에 제수되었으나 나아가지 않았다. 이후 여러 차례 참봉·교관·현감 등에 제수되었으나 끝내 나아가지

---

9) 河沆, 『覺齋集』 中卷, 「南冥曺先生銘」.

10) 전병철, 「松亭 河受一의 學問과 文學」, 『동방한문학』 제46집, 2011, 동방한문학회, 35~37쪽.

않았다. 1662년 현종이 곡물을 하사하자, 상소하여 사은하고서 아홉 가지
일을 건의하였다. 저술로 목록·별집·원집 12권 합 6책의 『謙齋集』이 있
으며, 1666년 별세하여 1679년 위패를 宗川書院에 봉안하였다.[11]

하동 지역에서 하홍도의 학문은 문인 三織齋 金命兼(1635-1689)을 제외
하고는 雪牕 河澈(1635-1704), 養正齋 河德望(1664-1743), 寒溪 河大明(1691-
1761), 愧全窩 河大觀(1698-1776), 菊軒 河達聖(1734-1791), 尼谷 河應魯
(1848-1916), 士窩 河載圖(1869-1931), 澹軒 河禹善(1894-1975) 등 집안의 후
손들에 의해 가학으로 계승되었다.

설창 하철은 낙와 하홍달의 아들로, 어릴 적부터 伯父인 하홍도에게 나
아가 학문을 익혔으며, 과거에 응시하여 현달하기 보다는 학문을 탐구하
고 자신을 수양하는 데에 전념하였다. 당시에 겸재 하홍도에게 배우러 오
는 사람들이 많았는데, 하철이 항상 곁에서 시중을 들었다. 하홍도의 사
후에도 스승을 위해 서원을 건립하고 비석을 세우는 일 등을 몸소 주관
하여 정성을 다하였다. 또한 하홍도의 유고가 화재로 인해 소실된 것을
안타깝게 여겨 원근의 관련된 집안을 두루 찾아다니면서 글을 수습하여
『謙齋集』을 간행하였다.

하철은 경서를 깊이 연구하였을 뿐만 아니라, 陰陽·天文·數學·활쏘
기 등에도 두루 통달하였다. 특히 書法에 조예가 깊어 명필로 이름나 비
석·현판·병풍 등의 글씨를 청탁하는 사람들이 많았다. 그는 서법에 대
해, "마음의 자취는 붓의 자취에서 고스란히 드러나니, 글씨를 익히는 사
람은 먼저 자신의 마음을 바르게 하지 않을 수 없다."라고 하여 글씨의 기
교에 앞서 마음 공부의 중요함을 강조하였다.

하철은 저술하기를 좋아하지 않았다. 그는 "몸을 단속하고 마음을 다스
리는 법에 관해 이전 사람들이 이미 말하였으니, 학자는 책이 없는 것을

---

11) 전병철, 『하동 유학의 맥』, 하동문화원, 도서출판 화인, 2012, 34~51쪽.

근심하지 않고 실행을 못하는 것을 근심할 뿐이다. 어찌 쓸데없는 설을 지어 사람들의 귀와 눈을 현혹시키겠는가?"라고 그 이유에 대해 말하였다. 이것은 남명이 견지한 "程子와 朱子 이후로는 저술을 지을 필요가 없다."는 견해를 계승한 것으로, 하철의 학문과 사상이 남명학에 철저하게 입각하고 있음을 확인할 수 있다.

만년에 入德門의 앞에 작은 정자를 지어 학문과 수양에 힘쓸 곳으로 삼았는데, 이 곳이 설창강 가의 서재였다. 남명 선생이 "敬과 義는 우리 집안에 해와 달과 같다."라고 말한 것을 존숭하여 '敬으로 내면을 곧게 하고 義로써 바깥의 일들을 반듯하게 처리한다[敬以直內 義以方外]'라는『주역』의 내용을 취해 軒의 이름을 '直方軒'이라 하였다. 그리고 朱子가 오래된 거울[古鏡]에 비유하여 자신을 끊임없이 수양해야 한다는 뜻을 흠모하여 누대의 이름을 '磨鏡臺'라고 하였다. 또한 벽에 程伊川의「四勿箴」과 주자의「敬齋箴」을 붙여두고 아침저녁으로 바라보면서 神明처럼 공경하였다. 저술로『雪牕實紀』2권 1책이 있다.12)

양정재 하덕망은 하철의 장남이다. 부모의 상을 모두 마친 후, 과거에 대한 생각을 버리고 참된 학문에 매진할 것을 결심하였다. 그리하여 연못을 파서 연꽃을 심고 그 곁에 정자를 지어 '光影亭'이라 이름하였다. 그리고 서재의 이름을 '養正齋'라 하였다. 이후로 세속의 名利를 끊은 채 자신을 수양하고 학문을 연마하는 일에 전념하였다.

부모에 대한 효성이 지극하였는데, 모친이 위독할 적에 자신의 손가락을 베어 피를 마시게 하여 소생시킨 일도 있었다. 아우인 河德休가 벼슬을 그만두고 고향으로 돌아온 후에는 그와 함께 한 집에 거처하며 우애롭고 화목하게 지냈는데, 사람들이 蓮堂의 두 鶴이라고 칭송하였다.

경전을 연구하는 것 외에도 六藝 및 醫藥·天文 등에도 해박하였으며,

---

12) 전병철,『하동 유학의 맥』, 하동문화원, 도서출판 화인, 2012, 74~84쪽.

특히 禮學에 조예가 깊었다. 학문과 덕행이 뛰어나 여러 번 조정에 천거되었는데, 1735년에 經筵官 金在魯가 임금에게 아뢰기를, "영남의 인재가 누구인지를 위아래로 두루 물어보았는데, 사람을 알기란 참으로 쉽지 않았습니다. 칭찬이 자칫 실정보다 지나쳤기 때문입니다. 그 중에서 진주의 선비 하덕망과 안동의 진사 李光庭은 학문에 淵源이 있고 行誼가 특출하니, 조정에서 등용한다면 비루한 정치를 쇄신하는 데에 참으로 합당할 것이며, 또한 영남 지역을 덕화로 감동시킬 수 있을 것입니다."라고 하였다. 英祖가 이 건의를 받아들여 등용하려 하였지만, 끝내 관직이 제수되지는 않았다.

그를 추모하는 輓詩에서 여러 사람들이 하덕망의 인품과 학문에 대해 서술했는데, 그 중에서 霽山 金聖鐸(1684-1747)은 "두류산 아래에 예로부터 현인이 많았으니, 겸재의 유풍을 우뚝히 전하였네."라고 칭송하여 하덕망의 학문이 남명학 및 겸재 하홍도의 학문을 계승하였음을 말하였다. 그리고 제산의 아들인 九思堂 金樂行(1708-1766)은 "푸르른 두류산 구름 속에 우뚝한데, 높은 사람 높은 산을 나는 함께 보네."라고 하여 하덕망의 학덕이 두류산처럼 우뚝히 높다고 묘사하였다. 저술로는 『晉山世稿』에 수록되어 있는 『養正齋遺稿』가 있다.[13]

한계 하대명은 하덕망의 장남으로, 가학을 바탕으로 학문을 성취하였다. 20세 때 鄕試에 연이어 합격을 하였으나, 문과에는 급제하지 못하였다. 이후 학문의 방향을 전환하여 爲己之學에 뜻을 두었으며, 괴전와 하대관과 함께 학문을 강마하였다. 하대명은 특히 禮說에 조예가 깊었는데, "사람이 예의를 모르면 어찌 짐승과 다르겠는가? 이런 까닭에 옛 사람이 「相鼠」라는 시를 지은 것이다."라고 말하였다. 저술로 『寒溪遺稿』가 전해지는데, 不分卷 1책의 필사본이다.[14]

---

13) 전병철, 『하동 유학의 맥』, 하동문화원, 도서출판 화인, 2012, 85~94쪽.
14) 전병철, 『하동 유학의 맥』, 하동문화원, 도서출판 화인, 2012, 103~104쪽.

하홍도는 자식이 없어 台溪 河溍(1597-1658)의 손자인 河泳을 후사로 삼았다. 하영의 아들 河德長이 괴전와 하대관의 부친이다. 하홍도의 증손으로서 가학을 계승했으며, 南溪 申命耈(1666-1742)의 문하에 나아가 배웠다. 또한 密庵 李栽(1657-1730)와 星湖 李瀷(1681-1763)을 찾아가 의문을 질정하기도 했다. 晉州牧使가『晉陽誌』의 속편을 찬수해주길 청탁했으며, 南海縣監이 초청하여 시험관의 책임을 맡겼다. 각지의 향교와 서원에서도 초빙하여 考官으로 삼았다. 宗川書院의 院辨에 연루되어 함경북도 吉州로 유배를 갔다가 그곳에서 별세했다.15)

종천서원은 하홍도를 모시기 위해 1676년에 건립한 서원이다. 후에 敬齋 河演(1376-1453)와 台溪 河溍(1597-1658)을 추향하였다. 그런데 진주목사 趙德常이 겸재의 문집과 연보를 빌미로 삼아 "栗谷과 牛溪를 비방하고 尹善道와 許穆을 높였다."라는 말로 경상감사 趙曮에게 보고하였다. 그리하여 1759년 종천서원에서 겸재의 위패를 黜享하고『겸재집』의 板本과 印本을 불사르는 사건이 일어났는데, 이것을 '종천서원 원변'이라고 일컫는다.

국헌 하달성은 하홍달의 고손이자 하철의 증손이다. 조부는 河德元이며, 부친은 河大恒이다. 하달성은 종천서원 원변이 일어나자 통분히 여겨 하홍도의 伸寃을 위해 온 힘을 기울여 노력하였으며, 이 일에 연루되어 감옥에 수감된 겸재의 증손 하대관이 석방되도록 백방으로 일을 도모하였다. 결국 1778년 正祖가 조엄과 조덕상의 관직을 삭직하고 원변의 주동자 3인을 엄형에 처하였으며 기타 관련자를 유배시키는 것으로 사건의 결말이 지어졌다. 그는 종천서원 원변의 발단과 결말에 이르기까지 20여 년간 결사적으로 일을 주선했으며, 이것과 관련된 자료를 수집하고 기록하여『宗川書院變錄』4책을 편찬했다. 그 외의 저술로『菊軒遺稿』2권 1책

---

15) 전병철,『하동 유학의 맥』, 하동문화원, 도서출판 화인, 2012, 105~110쪽.

이 있다.16)

　니곡 하응로는 하홍달의 8세손이다. 고조는 하달성, 증조는 河錫鳳, 조부는 河在源, 부친은 河相灝이다. 젊은 시절 과거 시험을 위한 공부에 몰두하였는데, 어느 날 문득 "우리 집안은 겸재·설창 두 선생 이후로부터 본래 家詮이 있었으니, 공부를 함에 있어 어찌 위기지학을 버리고 다른 것을 추구하겠는가"17)라고 뉘우쳐 학문의 방향을 전환했다. 이 사실을 통해 집안에 대대로 계승되어 온 남명학에 대한 의식과 사명이 남달랐음을 확인할 수 있다.

　이후로부터 그는 '敬以直內·義以方外'의 가르침을 학문의 중심으로 삼아 자신을 바르게 닦아나가고 올바른 행실을 실천하는 일을 추구하였다. 그리고 당시의 학자들이 성리설에 대해 담론하는 것을 달갑게 여기지 않아 그들과 더불어 논변을 하지 않았지만, 때때로 마음에 터득되는 것이 있으면 벗들과 토론하기도 하였다.

　20세 때 월촌 하달홍에게 나아가 배웠다. 하응로의 삶에서 가장 오래도록 깊은 영향을 끼친 스승은 아마도 하달홍이라고 여겨진다. 하달홍은 주자의 저술에서 '일이 없을 때에는 마음을 전일하고 엄정하게 하여 자기의 잃어버린 마음을 찾으며, 책을 읽을 적에는 마음을 비우고 이치를 완미하여 성현의 본래 의미를 궁구한다[無事則專一嚴正 以求自己之放心 讀書則虛心玩理 以究聖賢之本意]'라는 28글자를 취해 학문의 핵심으로 삼았다. 그리고 남명 조식, 퇴계 이황, 겸재 하홍도의 학문을 존숭하였다. 또한 노사 기정진, 勿齋 盧光履, 南坡 李偉錫 등과 道義之交를 맺어 함께 학문을 강론하였다.18)

---

16) 전병철, 『하동 유학의 맥』, 하동문화원, 도서출판 화인, 2012, 114~120쪽.

17) 河應魯, 『尼谷集』 卷4 附錄, 「行狀」. "國家以雙冀餘術爲仕進路 公嘗從事 能聲大課 既而悔曰 吾家自謙雪兩先生後 自有家詮 豈有工夫 舍爲己而他趨哉"

18) 河達弘, 『月村集』 卷9 附錄, 「行狀」.

또한 하응로는 하달홍만큼 오랫동안 자세히 가르침을 받을 수는 없었지만 성재 허전의 문하에서 배움을 얻기도 했다. 하응로가 허전의 문하에 나아가 가르침을 청한 까닭을 집안의 가학과 연관시켜 추론해본다면, 허전이 眉叟 許穆(1595-1682)의 후손인 점을 주목할 필요가 있다.

하응로가 허전에게 보내는 편지에서, "지금 선생께서는 漣上으로부터 여러 대에 걸쳐 내려온 학통을 계승하여 서울에서 節文과 儀則의 가르침을 창도해 도성 안의 선비들을 이끌고 계십니다. 이에 도성 안의 선비들 가운데 달려가 머리를 숙이고서 '이것이 實學이다.'라고 말하지 않는 이가 없습니다. …… 저는 비록 형편없는 사람이지만, 삼가 束脩의 예를 올리고 싶은 소원이 있었습니다. 그러나 천리나 떨어져 있어 문하에 나아가 이 소원을 이룰 수가 없었습니다. 그러던 차에 비로소 先事로 인해 서울에 머물게 되어 삼가 문하에 나아가 인사를 올렸습니다. 선생께서는 보잘 것 없는 사람이라고 물리치지 않고서 오랫동안 마주앉아 응대해주셨으니, 제가 겸재의 후손이라고 이처럼 정성스레 생각해주신 것이 아니겠습니까. 이로부터 존모하는 마음이 평소보다 배나 더 절실해졌습니다."[19]라고 언급한 내용이 보인다.

漣上은 오늘날 경기도 연천을 가리키는 것으로 허목을 지칭하는 말이다. 허목은 남명학파와 깊이 연관된 인물이며, 특히 겸재 하홍도와 절친한 사이였다. 따라서 하응로는 도성 안의 선비들로부터 '實學'이라고 추중되는 성재 학문은 미수에게로부터 그 연원이 전해진 것으로, 하홍도를 비롯한 남명학파의 학문과 결코 무관하지 않다고 생각한 것이라 볼 수 있다. 이 점은 허전의 가계가 남명학파와 깊이 연관되어 있다는 사실과 아

---

19) 河應魯, 『尼谷集』卷3, 「上性齋許先生傳」. "今先生承漣上屢傳之緒 以節文儀則之敎 倡京師 以牽國中之士 於是國中之士 莫不趨走俯首 曰是實學也 …… 應魯雖無狀 竊有束脩之願 而千里脩阻 莫能致身於秉拂之下 以卒斯願也 迺者 因先事戾洛 祇謁門屛 而先生不以鯫生之微 而揮斥之 猶借以色辭接與之久者 無乃以應魯爲謙翁後人 而若是眷念耶 自玆以往 嚮慕之誠 尤倍平日"

울러, 그의 학문적 연원도 남명학파와 긴밀히 교차되어 있다는 인식이 그 저변에 깔려 있다고 이해되는 부분이다.

하응로는 하홍도 이후로부터 내려온 집안의 가학인 남명학을 계승함과 동시에, 남명학파와 가계적으로나 학문적으로 긴밀히 연관을 맺고 있는 당대의 큰 스승인 허전을 통해 자신의 학문이 더욱 깊고 넓어질 수 있는 계기로 삼고자 했다. 따라서 하응로의 학문에 있어 남명학의 계승과 성재학의 존숭은 이질적인 요소로 상충되는 것이 아니라는 점을 확인할 수 있다.[20]

하홍도의 문집인『겸재집』을 중간하기 위해 慕寒齋의 儒契를 복원하고 자금을 모집하여 1912년 모한재에서 간행하였다. 그리고『남명집』간행을 위해서도 적극적으로 참여하여 주도적인 역할을 담당하였다. 저술로 『尼谷集』4권 2책이 있다.

사와 하재도는 하응로의 장남으로, 가학을 이어받아 남명학의 계승과 수호를 위해 노력했다. 또한 하동 지역에 거주한 여러 벗들과 함께 朝溪의 강가에 晩修堂을 지어 학문과 강학에 힘을 쏟았다. 저술로『士窩集』4 권 2책이 전한다.[21]

담헌 하우선은 하재도의 장남이다. 1914년 21살 되던 해의 봄에 거창 茶田으로 가서 곽종석에게 제자의 예를 올렸다. 같은 해 겨울에 架西山房에서 벗들과 강학하였으며, 다음해 봄에 다시 모한재에서 강학을 하였다. 1930년 함안의 一山 趙昺奎, 밀양의 小訥 盧相稷, 봉화 酉谷의 權相翊, 안동 도산면 宜仁의 東田 李中均, 현풍 中部村의 深齋 曺兢燮 등을 두루 방문하여 평소에 의문스러운 점들을 질의하였다.

하철의 實記와 하응로의 遺集을 찬수하여 간행하였다. 1937년 고을의

---

20) 전병철,「19세기 하동 지역 性齋 門人의 학문 성향」,『남명학연구』제32집, 경상대학교 남명학연구소, 2011, 194~195쪽.
21) 전병철,『하동 유학의 맥』, 하동문화원, 도서출판 화인, 2012, 278~279쪽.

선비들과 '九拙契'를 만들었는데, 亡國의 恨으로 인해 계를 형성한 것이다. 1939년 선비들과 모한재에서 모임을 가지고 修續契를 만들었다. 해방 후 1956년 德川書院의 院任이 되었다. 儒契를 만들어 東齋를 건축하였으며, 『德川淵源錄』을 주관하여 편찬하였다. 저술로 『澹軒集』 11권 5책이 있다.[22]

이와 같이 하홍도로부터 하우선에 이르기까지 안계마을 출신의 사직공파 학자들이 가학을 통해 남명학을 계승한 사실을 살펴보았다. 주요 활동 내용을 3시기로 구분해보자면, 제1시기는 하홍도로부터 하대명에 이르기까지는 박학의 학풍이 두드러지게 나타나며 특히 禮學에 대해 조예가 깊었던 사실이 확인된다.

하홍도는 예학과 관련해 「題許熙和論禮疏後」·「繼母服不服辨」·「讀禮雜識」 등의 雜著를 남겼고, 이외에도 『겸재집』 권6에 「答鄕校問目」·「答人問遵遺命不用灰可否」·「答白太素問目」·「答人問叔母服書」·「答人問承重孫妻服不服書」·「答人問立後事」·「答人」·「答李牧伯(奎老)問國祥服色」 등 禮疑에 대한 여러 편의 답글을 남겨 問禮의 대상자로 큰 역할을 하였다.[23] 그리고 藥泉 南九萬(1629-1711)이 御史로서 그에게 예법에 관해 자문한 일이 있었다.[24] 예학에 관한 하홍도의 이와 같은 학문적 전통은 적어도 하대명에 이르까지는 생애 자료의 기록을 통해 분명히 확인할 수 있다.

제2시기는 주로 18세기에 해당하는데, 남명학의 침체가 극에 달한 때이며, 외부로부터의 핍박이 '종천서원 원변'이라는 구체적 사건으로 일어난 시기였다. 이 일로 인해 하홍도의 증손 하대관은 함경북도 길주로 유배를 갔다가 그곳에서 별세했으며, 하달성은 하홍도의 신원을 위해 20년

---

22) 전병철, 『하동 유학의 맥』, 하동문화원, 도서출판 화인, 2012, 295~308쪽.

23) 남재주, 「조선후기 예학의 지역적 전개 양상 연구 : 영남지역 예약을 중심으로」, 경성대학교 한국학과 박사학위논문, 2012, 176쪽.

24) 河澈, 『雪牕實紀』 권2 附錄, 「行狀」. "南藥泉九萬以御史問禮於謙爺"

간 결사적으로 일을 주선했다. 이 시기는 집안의 명맥을 부지하고 가학을 끊어지지 않게 하는 것만으로도 시대적 소임을 다한 것이 아닐까 생각될 정도로 매우 어려운 때였다.

제3시기는 조선말기로부터 일제강점기를 거쳐 해방을 맞이한 시기였다. 하응로 - 하재도 - 하우선의 3대는 격변의 역사적 상황 속에서,『남명집』·『겸재집』·『설창실기』·『니곡집』등 남명 및 선조의 문집 간행을 위해 노력했으며, 儒契를 통한 유림의 단합을 도모하여 시대적 난관을 극복하고자 노력했다.

이처럼 안계마을 출신의 진양하씨 사직공파 학자들은 가학의 전수를 통한 남명학의 계승이라는 공통된 의식과 실천을 기저로 삼은 가운데, 시대적 상황과 역사적 변화에 적절하게 대응하고자 노력했다고 평가할 수 있다.

2. 남명학의 존숭과 시대적 의미

서두에서 이미 밝혔듯이, 이 글은 1623년 인조반정 이후 남명학파의 존속에 관한 문제 의식을 전제한 가운데 하동이라는 구체적 지역에 집중하여 고찰해보고자 한 것이다. 19세기 강우 지역에는 老柏軒 鄭載圭·月皐 趙性家·溪南 崔琡民 등 호남 노론 蘆沙 奇正鎭의 문인을 비롯하여 后山 許愈·勿川 金鎭祜·俛宇 郭鍾錫·復庵 曺垣淳·深齋 曺兢燮 등 영남 남인 寒洲 李震相의 문인, 晩醒 朴致馥·端磎 金麟燮 등 기호 남인 性齋 許傳 및 영남 남인 定齋 柳致明을 함께 사사한 학자들이 진주 인근에 거주하면서 활동하였다. 이들은 각기 다른 학파적 사승 관계를 가졌음에도 불구하고, 서로 간에 학문적 교유를 적극적으로 진행하였으며, 남명의 학문과 사상에 대한 조명과 선양 사업을 추진하였다.

이처럼 19세기 강우 지역에는 우리나라 학술사에 있어 중요한 위치를 차지하는 걸출한 학자들이 성대하게 일어났으며, 그들은 학파적 당파성

을 지양하고 학문적·사상적 소통과 연대를 추구하고자 노력하였다. 그
들 이전에 대부분의 학자들이 다른 학파의 학설과 정치적 견해를 일방적
으로 배척하고 공격했던 것을 감안할 때, 이들이 상대방을 인정하고 수용
하고자 노력한 모습은 조선시대 학술사에 있어 특기할 만한 사건이다.[25]

　서원의 운영과 중수의 면에서 볼 때, 당파적 입장이 다른 서원이라 하
더라도 필요한 부분은 같이 참여하여 협조하는 모습을 보였다. 단성 지역
의 대표적인 서원은 文益漸을 모시기 위해 1612년에 세워진 道川書院이었
다. 이 서원은 시기가 내려오면서 여러 차례 중건하게 된다. 이 서원의
중수나 운영은 남인이 주도하고 있었지만, 노론계열의 인물도 참여하여
협조하고 있었다. 1864년에도 중수가 이루어지는데, 이때의 원임에는 노
론계의 權思平이 끼어 있었고, 또 중수를 주관했던 인물도 노론 입장의
李潤範이었다. 그리고 이때의 중수기는 남인 입장의 李邦儉이 썼다. 이전
에도 여러 차례 중수되었는데, 1797년 중수 때는 노론계의 李鳳興이 중수
기를 썼고 1805년 중수 때는 남인계의 柳汝龍이 썼다.

　그 밖에 다른 정파에 속한 가문의 조상을 모시는 서원의 직임을 수행
하든지 중건 등에 협조하는 예는 자주 나타난다. 같은 가문에서 갈라져
나오긴 했지만, 노론계의 안동권씨 상암공파 인물이 남인계인 안동권씨
동계공파 및 동산공파의 선조를 모시는 浣溪書院의 원임을 두루 맡고 있
었던 것도 그 예이다. 남인 입장을 취하던 진태의 밀양박씨가 조상을 모
시는 新溪書院을 세웠는데, 이 서원의 원장·도유사 등의 직임을 남인계
인물뿐만 아니라 안동권씨 상암공파나 성주이씨 동곡공파 등 노론계 인
물들도 상당수 점하고 있었다. 노론 가문의 李如珵이 남인계 합천이씨의
선조를 모시는 서원인 培山書院의 상량문을 써준 것이나, 남인에 속하는
이방검이 노론계의 權秉天에게 자신의 선조를 모시는 淸谷書院의 중건을

---

25) 전병철, 「老柏軒 鄭載圭의 南冥學 繼承과 19세기 儒學史에서의 의미」, 『남명학
　　연구』 제29집, 경상대학교 남명학연구소, 2010, 231쪽.

총괄해 줄 것을 부탁한 것도 들 수 있다.

이방검 자신도 노론계가 지배하고 있는 新安影堂의 원임을 맡고 있었다. 남인인 權相迪도 新安精舍의 齋長으로 활동하였다. 남인계 상산김씨 출신의 金廷爕이 신안정사에서 노론계 인물들과 시를 지으며 교유하던 모습도 보인다. 진주에 거주하는 남인계 河鳳壽도 신안정사에서 權雲煥 등 노론계 인사와 함께 강론하고 시도 지으면서 노닐기도 했다.

의령에서도 노론계의 權壽大가 1743년 남인계 서원인 龜巖書院의 원장이 되기도 하였고, 남인계인 경주이씨 선조 李宗榮의 정려를 중수할 때, 그 상량문을 써준 적도 있다. 삼가에서는 남명이 기거하며 제자를 길러내던 雷龍亭이 오랫동안 폐허로 남아 있다가 1885년에 중수되었는데, 여기에는 남인·노론의 구분 없이 같이 참여하였고, 이후 당파에 관계없이 진주·단성 등 주위 고을의 인사들도 함께 강회를 개최하였다. 더 나아가 이곳에서는 남인계의 許愈, 노론계의 鄭載圭 등의 주도로『남명집』교정이 시도되기도 했다.

또 이 무렵에 남명이 만년에 노닐던 진주 白雲洞 골짜기에서 진주와 단성의 유림들이 자주 모여 남명을 기리며 시를 지으며 유람하였는데, 여기에도 남인·노론을 가리지 않고 참여하였다. 당시 단성현감도 참여하였다.

특정 인물이 어려움을 당하거나 죽으면, 당파에 구애되지 않고 찾아가 위로하고 부조하거나, 만사나 제문을 지어 추모하던 모습들도 이 지역 인물의 문집에서 수없이 발견되기도 한다. 1862년 단성항쟁의 주도자로 멀리 외딴 섬으로 유배가게 된 金樀에게 많은 인사들이 찾아와 위로하고 부조금도 내었는데, 여기에는 노론 인사도 참여하고 있었다. 또 진주에 살던 노론계의 鄭奎元도 그의 아들 金麟爕을 자주 찾아와 대화도 나누는 등 친밀한 관계를 유지하였다.

의령에서도 權鳳熙가 1893년 상소문제로 외딴 섬에 유배될 때 安英濟·

李根玉 등 남인계 인사들이 나와 석별의 정을 나누었고, 중교리를 지날 때 남인계인 경주이씨 가문에서 많은 사람이 나와 송별하였다.[26]

뿐만 아니라 당파를 달리해서 사제관계를 맺는 경우도 적지 않았다. 의령의 成一濬은 성재 허전의 문인이면서도 삼가의 후산 허유뿐만 아니라 노론계의 노백헌 정재규도 사사하였다. 李晩雨도 초기에 拓庵 金道和(1825-1912), 農山 張升澤(1838-1916), 면우 곽종석을 사사하다가, 그 후 노백헌에게 귀의하였다. 주위에서 문제 삼자 그는 거리낄 것 없다고 자부하였다고 한다. 그의 족질인 李秉灝도 면우와 노백헌을 함께 사사하였다. 삼가의 權直熙도 후산과 노백헌 양 문하에 드나들었다.[27]

19세기 하동 지역의 학자 가운데 좌장이라고 일컬을 만한 하달홍은 일정한 사승이 없었으며, 학문 성향이 개방적이었다. 그는 강우지역의 학자들이 敬·義가 유가의 眞訣이고 염치와 절개를 힘써야 함을 알게 된 것은 남명과 겸재 두 선생에게서 전해진 가르침이라고 생각했다. 그리하여 지결을 존숭하고 보위하는 도리에 있어서 정성을 기울이지 않음이 없었다.

그리고 학문의 길을 논할 적에는 반드시 退溪 李滉(1501-1570)을 귀의처로 삼아 "선생의 사단칠정에 대한 논변은 주자 문하의 정론이다. 이 설만을 따라 들어가더라도 성인이 될 수 있고 현인이 될 수 있으니, 오직 스스로 공부하는 데 달려있을 따름이다."라고 말했다.

또한 하달홍은 노사 기정진이 중망을 받고 있다는 말을 듣고서 마음속으로 존모하다가 한 번 찾아가 만났으며, 기정진의 心說과 理說 가운데 자기가 들은 것과 다른 점이 있으면 누차 편지를 보내 변론했다.[28]

---

26) 김준형, 「19세기 경남 서부 지역 유림들의 당파적 입장과 교유 양상」, 문화로 보는 한국사1 『사회적 네트워크와 공간』, 이태진 교수 정년기념논총 간행위원회, 태학사, 2009, 202~204쪽.

27) 김준형, 「19세기 경남 서부 지역 유림들의 당파적 입장과 교유 양상」, 문화로 보는 한국사1 『사회적 네트워크와 공간』, 이태진 교수 정년기념논총 간행위원회, 태학사, 2009, 206쪽.

간취당 정우빈은 성재 허전의 제자이지만, 그의 집안은 남명학파와 관련이 깊다. 8대조 石亭 鄭弘祚(1534~1590)는 守愚堂 崔永慶(1529~1590)의 제자로, 스승이 己丑獄事에 연루되어 모함을 당하자 伸寃하기 위해 온 힘을 다하였으며, 사후에 지역 유림이 그의 학문과 덕행을 추모하여 하동군 옥종면 북방리 신촌마을에 德源書院을 건립하여 제향하였다.

정우빈은 志學의 나이인 15세 때 南冥 曺植의 학풍을 흠모하여 楣間에 "敬義는 우리 집안의 해와 달이다"라고 말한 남명의 말을 써서 붙이고, 四書의 '九思'·'九容'·'四勿'·'三省'·'毋不敬'·'愼其獨'·'毋自欺' 등의 긴요한 말들을 벽에 붙여 놓아 항상 보며 마음에 새겼다. 그리고 『孔子家語』에 실려 있는 魯司寇像을 손수 모사하여 봉안하고 매일 아침마다 우러러 보며 절을 올렸다.

이와 같은 정우빈의 가계 및 학문 성향을 보여주는 사실에 근거해 본다면, 가계적으로도 남명학파의 학문을 대대로 전승한 집안에서 가학을 이어받았을 뿐만 아니라, 그 자신이 적극적으로 남명의 학문을 계승하고자 하는 의지가 있었다는 점을 확인할 수 있다.[29]

정우빈이 추구한 이와 같은 학문적 지향은 그를 위한 輓詩에서 주된 골자로써 서술되었는데, 一山 趙昺奎(1849- ?)의 "石亭의 남겨진 모범을 계승하여 오래도록 이어지게 했으며, 南冥의 고상한 학풍을 흥기시켜 길이 전해지게 했네."[30]라고 말한 표현에서 적실하게 드러난다.

월고 조성가는 노사 기정진의 제자 가운데 비중이 높은 高弟로 일컬어졌다. 하지만 그가 견지한 저술에 대한 관점을 주목할 필요가 있다. 그는 經說에 대해 깊이 음미할 뿐 저술을 하려 하지 않았다. 그것은 해석이 많

---

28) 전병철, 『하동 유학의 맥』, 하동문화원, 도서출판 화인, 2012, 128~141쪽.

29) 전병철, 「19세기 하동 지역 性齋 門人의 학문 성향」, 『남명학연구』 제32집, 경상대학교 남명학연구소, 2011a, 182쪽.

30) 鄭瑀贇, 『澗翠堂遺集』 卷4 附錄, 「輓詩(趙昺奎 撰)」. "紹述石祖遺模遠 興起冥老高風長"

으면 도리어 도를 해치고 논쟁을 일으킨다는 이유 때문이었다.

조성가는 "주자 이후로 經術이 크게 밝혀졌으니, 말하기가 어려운 것이 아니고 알기가 어려운 것이며, 알기가 어려운 것이 아니고 실천하기가 어려운 것이다. 또한 도는 내 몸이 마땅히 가야 할 길이고 내 마음속에 갖추어진 이치이다. 만약 몸소 행하고 마음에 터득하는 일에 힘쓰지 않고서 다만 입에만 올리며 지식과 능력을 자랑하는 밑천으로 여긴다면 위기지학이 아니다."라고 생각했다. 이것에 근거해 본다면, 그는 남명이 제기한 '程朱後不必著述'의 태도와 흡사한 입장을 취하고 있다는 사실을 확인할 수 있다.

그는 『남명집』 중간과 喚醒齋 河洛의 遺集 간행에 참여하여 교정을 하거나 혹 의견을 내어 완성을 돕기도 했다. 그리고 寒洲 李震相이 남쪽으로 유람하다가 단성의 남사마을에 왔을 때 향음주례를 행하고 강회를 개설하자 함께 동참했으며, 남해 錦山에 같이 오르기도 했다.31)

후산 허유는 남명의 「神明舍圖銘」에 대해 주석한 「神明舍圖銘或問」을 지었다. 「신명사도명」은 남명의 학문적 특징을 선명하게 보여주는 것으로, 남명학의 핵심 사상이 담겨 있는 圖說이다. 그런데 허유가 「神明舍圖銘或問」을 지어 이것에 관한 해석 작업을 시도하기 이전까지 300년 동안은 어느 누구도 그 내용과 의미를 밝히려고 하지 않았다. 이것은 아마도 이황이 「신명사도명」에 대해, "그 설이 曠蕩하고 玄邈하여 老莊의 서적에서도 보지 못한 것입니다."32)라고 비난한 말에 큰 영향을 받은 것이라 이해된다.

허유는 「신명사도명혹문」을 지어 남명의 「신명사도명」을 상세히 해석하고 그것이 가지는 유학사적 의미를 밝히고자 하였다. 그는 「신명사

---

31) 전병철, 『하동 유학의 맥』, 하동문화원, 도서출판 화인, 2012, 169~187쪽.

32) 李滉, 『退溪先生全書』 卷26, 「答黃仲擧」. "雞伏堂銘 深荷錄示 但其說曠蕩玄邈 雖 於老莊書中 亦所未見"

도명」에 남명의 心學이 오롯이 담겨 있다고 생각했다.[33] 그리하여 남명
의「신명사도명」에 대한 주해 작업을 경상우도 학자들의 公案으로 발의
함으로써, 남명의 학문과 수양을 올바르게 이해하고 남명학의 요체를
분명하게 파악하려고 시도한 것이다. 그러므로「신명사도명혹문」은 후
산의 개인적 저술이라는 의미를 넘어, 당시 경상우도의 학자들이 학문
적인 측면에서 본격적으로 남명학을 조명하는 촉발점이 되었으며, 그
작업에 그들의 학문적 역량을 집결시킬 수 있는 계기를 마련한 것이
다.[34]

계남 최숙민은 1889년에 남명의 강학처인 山天齋에서 남명 후손인 復庵
曺垣淳(1850-1903)과 더불어 강론을 하기도 하고 학생들을 가르치기도 하
면서 여러 달 머무르고 있었다. 최숙민이 허유에게 답한 편지를 살펴보자
면, 당시 허유가 최숙민에게「신명사도명혹문」을 보내 의견을 구한 것으
로 보인다. 최숙민은 후산의 주해 작업에 대해, 前人의 오묘한 뜻을 밝힌
것으로 후생에게 은혜를 끼친 것이 무궁하다고 칭송하였다. 그리고 후산
이 아량과 겸허한 마음으로 널리 의견을 구함으로써 이 일을 중시한 것
은 古人의 성대한 덕에 비견될 일이라고 격찬하였다. 그리하여 자신도 이
일에 동참하여 조목에 따라 의심스러운 점을 제시하여 허심탄회하게 견
해를 개진한다고 입장을 밝혔다.[35] 그리하여「신명사도명혹문」과 관련하
여 허유에게 두 통의 편지를 보내 자신의 견해를 밝혔다.[36]

---

33) 許愈, 『后山集』 卷12, 「神明舍圖銘或問」 後說. "先生心學 盡於此圖"

34) 전병철, 「老柏軒 鄭載圭의 南冥學 繼承과 19세기 儒學史에서의 의미」, 『남명학연
구』 제29집, 경상대학교 남명학연구소, 2010a, 245쪽.

35) 崔琡民, 『溪南集』 卷8, 「答許退而」(己丑). "神明舍圖銘 賴兄開釋發揮 略得窺究 其
能發前人之奧 嘉惠後生於無窮 敢不敬服 況雅量虛受 廣許訂辨 以重其事 此古人盛
德事 孰能隱默 而不效其愚也 兹敢逐條摘疑 以禀無惜 一一辨明 開此頑蒙 奉梯未
涯"

36) 전병철, 「19세기 강우지역 학자들의 「神明舍圖銘」 해석과 그 의의」, 『남명학연
구』 제30집, 경상대학교 남명학연구소, 2010b, 254쪽.

최숙민이 산천재에서 조원순과 강론을 하고 제생들을 가르친 일이나, 「신명사도명」에 관한 의견을 개진하여 허유와 토론한 사실 등은 그가 남명 및 남명학에 깊은 관심을 가지고 있었다는 것을 보여주는 구체적 증거라고 말할 수 있다.

두산 강병주는 성재 허전의 문하에서 수학한 학자이다. 그는 1895년 대원사 선방에서 남명의『學記』를 교정하였고 1897년에는 조원순의 族弟인 曹淵과 함께 강화도로 李建昌을 찾아가 새로 간행한『남명집』갑오본을 증정하고,『南冥先生編年』의 서문을 요청했다. 1900년부터 두방재에서 『남명집』·『학기』를 교정하였는데, 강병주·조원순·河聖源·趙鎬來·河應魯 등이 모여 여러 차례 논의하였다. 그러다 1903년 조원순이 별세하여 印出이 지연되자, 강병주는 이승희·김진호 등에게 편지를 보내 이를 우려하기도 했다. 이 일은 1910년 조원순의 아들 曹鏞相(1870-1930)이 선친의 유지를 받들어 인출하여 반포함으로써 일단락됐다. 또한 모한재에서 하홍도의『겸재집』을 중간하는 일에도 참여하였는데, "이 때 이 일에 노력을 기울여야 하리, 세도를 부지하는 것이 이 일에 달렸으니."라고 했다.[37]

해사 정돈균은 모한재에서 강학을 주도하던 하달홍을 찾아가 그 문하에서 수학했다. 당시에 고모부 東寮 河載文이 모한재의 이웃집에 우거하며 배우고 있었으며, 조성가와 최숙민 등도 함께 수학하였다. 월촌 선생이 별세한 후에는 동료 하재문의 아들인 克齋 河憲鎭과 더불어 10여 년간 모한재를 지키며 각고의 노력을 기울여 학문을 닦았다. 그뒤 극재 하헌진과 같이 허유, 김진호, 곽종석 등 세 선생에게 나아가 종유하였다.

그는 성품이 엄밀하고 굳셌으며, 일이 일어날 기미에 신중하고 취사를 엄정하게 처리했다. 그리하여 당시 사람들로부터 篤行君子라는 칭송을

당시에 받았다. 우리나라 선현 가운데 남명을 가장 존모했다. 다른 사람을 살펴볼 때, 만약 남에게 붙어 사사로운 욕심을 도모하고 옛 규범을 저버리는 자가 있다면 조금도 가차 없이 꾸짖어 질책했다. 그것은 남명의 도가 아니라고 여겼기[38] 때문이다.[39]

이와 같이 19세기 하동 지역의 학자들에게는 서로 다른 학맥과 색목을 가지고 있었음에도 불구하고, 남명을 존숭하고 본받아 실천하려는 모습이 분명하게 드러났다. 그 이유에 대해 두 가지 측면에서 설명할 수 있다. 하나는 시대의 사승이 다르고 집안의 색목이 다르지만, 그들의 의식과 체질에는 부정할 수 없는 남명학의 기저가 연면히 전해지고 있었으므로 이러한 일이 가능했다고 볼 수 있다.

다른 하나는 시대적 상황으로 인해 남명의 절의와 실천정신이 더욱 절실하게 인식된 것이다. 그들은 유학의 도가 무너져가는 상황에 직면해 학맥과 색목에 의한 배타와 분열을 지양하고 함께 도를 지켜나가야 한다는 인식을 공유하게 되었다. 그리하여 先儒들 가운데 모범으로 삼을 점을 배우고자 노력했는데, 남명에게서는 立心을 견고히 하고 죽을 각오로 지조를 지킨 절의와 실천정신을 본받으려 했다.[40]

이런 까닭에 최숙민과 함께 노사 기정진의 문하에서 수학한 정재규는 남명의 절의와 敬義之學은 당시의 시대적 상황을 극복하는 데에 참으로 절실한 것으로 받아들였다. 정재규가 "학문을 하면서도 忠信과 마음수양의 실상에 어두워 겉모습만 본뜨는 습관을 계속하고, 마음 안에서 말이 땀을 흘릴 정도로 공부하는 것을 잊어버린 채, 입으로 허망한 말을 쏟아내는 것을 숭상하고 있습니다. 또한 자질이 淳謹한 데에 가까운 이들은

---

38) 鄭敦均, 『海史遺稿』 권3 附錄, 「行狀」 "於吾邦先哲 最慕南冥先生 觀於人 苟有揣摩趨附營私而佃舊規者 呵斥不少貸 以爲非南冥之道也"
39) 전병철, 『하동 유학의 맥』, 하동문화원, 도서출판 화인, 2012, 232~239쪽.
40) 김낙진, 「溪南 崔琡民의 交遊와 학술 토론」, 『율곡사상연구』 제21집, 율곡학회, 2010, 469~471쪽.

거의 모두가 눈썹을 내리고 눈을 감고서 부녀자처럼 조신함을 행할 뿐, 밥해 먹던 솥도 깨부수고 타고 온 배와 노도 불지르는 大勇氣를 진작하지 못하고 있습니다. 이와 같은데도 이룸이 있으리라 기대하는 것은 저는 듣지 못한 바입니다. 오늘날 학자들은 대체로 병이 膏肓에 들었는데, 다른 사람을 논할 것이 아니라, 자신에게 돌이켜 스스로 살펴본다면 자기 속에 병들어 있는 것을 볼 수 있습니다. 이 병통을 고치려 한다면, 오직 남명을 스승으로 본받아야 할 것입니다."[41]라고 말한 것에서 그 이유를 분명하게 확인할 수 있다.

Ⅳ. 맺음말

이상 앞에서 논의한 내용을 요약하는 것으로 결론을 삼고자 한다. 하동 지역 유학자의 세기별 분포를 살펴볼 때, 15세기 1명, 16세기 2명, 17세기 7명, 18세기 2명, 19세기 16명, 20세기 초 1명이다. 따라서 가장 비율이 높은 시기가 19세기이며, 그 다음이 17세기이다. 경상우도 지역은 남명 조식의 학문을 계승한 남명학파가 주도적 역할을 담당하였는데, 남명학파의 성쇠에 따라 하동 지역의 유학자도 비례하여 산출되고 있는 점을 확인할 수 있다.

구역별 분포는 총 29명의 유학자 가운데 옥종면이 21명으로 가장 많으며, 그 다음으로 북천면이 6명, 금남면과 양보면이 각각 1명이다. 또한 겸재 하홍도, 낙와 하홍달, 설창 하철, 양정재 하덕망, 한계 하대명, 괴전와 하대관, 국헌 하달성, 니곡 하응로, 해사 정돈균, 사와 하재도, 담헌 하우

---

41) 鄭載圭, 『老柏軒集』 卷5, 「答許后山」. "學而昧忠信內修之實 而長依樣畫葫之習 忘心地汗馬之功 而向口角天花之墜 又資近淳謹者 率皆抵眉闔眼 做得閨門撿押 而不能破釜焚楫 鼓作大勇 若是而望其有成 非余攸聞 今之學者 大抵病入膏肓 未論它人 反身自顧 只是坐在裏許 欲醫此病 其惟師法南冥歟"

선 등 11명은 옥종면 안계리 출신의 유학자로, 옥종면 유학자의 절반이 넘는 비율을 차지하며, 전체 하동군 유학자의 3분의 1에 해당한다. 이러한 통계를 근거해 볼 때, 하동 유학의 중심지는 옥종면이며, 그 중에서도 안계리가 핵심 지역이라고 규명해 볼 수 있다.

학파별 분포로는 송정 하수일의 문인으로는 하홍도가 있었다. 겸재 하홍도의 문인 및 가학을 계승한 학자로는 삼함재 김명겸, 낙와 하홍달, 설창 하철, 양정재 하덕망, 주담 김성운, 한계 하대명, 괴전와 하대관, 국헌 하달성, 니곡 하응로, 사와 하재도, 담헌 하우선 등이 있었다. 성재 허전의 문인으로는 정우빈, 강병주, 하응로 등이 있었다.

노사 기정진의 문인으로는 조성가, 최숙민, 조성주 등이 있었다. 월촌 하달홍의 문인으로는 하응로, 정돈균 등이 있었다. 정돈균은 후산 허유, 물천 김진호, 면우 곽종석의 문인이기도 하다. 면암 최익현의 문인으로 정봉기가 있는데, 그는 연재 송병선의 문생이기도 하다.

계남 최숙민의 문인으로는 최경병이 있었다. 곽종석의 문인으로는 위에서 언급한 정돈균을 비롯한 최긍민, 정기식, 하우선 등이 있었다. 정기식은 대계 이승희, 회봉 하겸진의 문하에서 수학하기도 했다. 수당 최경병의 문인으로는 김기주가 있었다.

일정한 師承 관계가 없어 학파로 분류할 수 없는 학자로 지족당 조지서, 모산 최기필, 중은 강석좌, 월촌 하달홍, 효재 정원항, 석전 문진호 등이 있었다.

이와 같은 하동 지역의 학맥 형성 양상을 종합해 본다면, 남명학파 11명, 한주계열 4명, 노사계열 5명, 성호계열 3명, 우암계열 1명, 화서계열 1명, 기타 6명이 된다. 그러므로 하동 지역의 학파별 분포는 남명학파 및 남인 계열이 대다수를 차지하며, 그 다음으로 노사계열의 문인이 많은 비중을 가진다.

하동지역의 남명학 전승과 관련해서는 안계마을 출신의 진양하씨 학자들을 거론할 수 있다. 그들의 주요 활동 내용을 3시기로 구분해보자면, 제1시기는 하홍도로부터 하대명에 이르기까지 박학의 학풍이 두드러지게 나타나며 특히 禮學에 대해 조예가 깊었던 사실이 확인된다.

제2시기는 주로 18세기에 해당하는데, 남명학의 침체가 극에 달한 때이며, 외부로부터의 핍박이 '종천서원 원변'이라는 구체적 사건으로 일어난 시기였다. 이 일로 인해 하홍도의 증손 하대관은 함경북도 길주로 유배를 갔다가 그곳에서 별세했으며, 하달성은 하홍도의 신원을 위해 20년간 결사적으로 일을 주선했다. 이 시기는 집안의 명맥을 부지하고 가학을 끊어지지 않게 하는 것만으로도 시대적 소임을 다한 것이 아닐까 생각될 정도로 매우 어려운 때였다.

제3시기는 조선말기로부터 일제강점기를 거쳐 해방을 맞이한 시기였다. 하응로 - 하재도 - 하우선의 3대는 격변의 역사적 상황 속에서,『남명집』·『겸재집』·『설창실기』·『니곡집』등 남명 및 선조의 문집 간행을 위해 노력했으며, 儒契를 통한 유림의 단합을 도모하여 시대적 난관을 극복하고자 노력했다.

이외에 하달홍, 정우빈, 조성가, 최숙민, 강병주, 정돈균 등도 서로 다른 학맥과 색목을 가지고 있었음에도 불구하고, 남명을 존숭하고 본받아 실천하려는 모습이 분명하게 드러났다. 그 이유에 대해 두 가지 측면에서 설명할 수 있다. 하나는 시대의 사승이 다르고 집안의 색목이 다르지만, 그들의 의식과 체질에는 부정할 수 없는 남명학의 기저가 연면히 전해지고 있었으므로 이러한 일이 가능했다고 볼 수 있다.

다른 하나는 시대적 상황으로 인해 남명의 절의와 실천정신이 더욱 절실하게 인식된 것이다. 그들은 유학의 도가 무너져가는 상황에 직면해 학맥과 색목에 의한 배타와 분열을 지양하고 함께 도를 지켜나가야 한다는 인식을 공유하게 되었다. 그리하여 先儒들 가운데 모범으로 삼을 점을 배우고자 노력했는데, 남명에게서는 立心을 견고히 하고 죽을 각오로 지조를 지킨 절의와 실천정신을 본받으려 했다.

이 글은 『남명학연구』 제39집(2013)에 수록된 「경남 하동의 유맥과 남명학 전승」을
그대로 실은 것이다.

19세기 하동 지역 性齋 門人의 학문 성향

澗翠堂 鄭瑀贇과 尼谷 河應魯를 중심으로

전병철

I. 문제 제기

19세기 강우지역에는 老柏軒 鄭載圭·月皐 趙性家·溪南 崔琡民 등 호남 노론 蘆沙 奇正鎭의 문인을 비롯하여 寒洲 李震相·晚醒 朴致馥·端磎 金麟燮·勿川 金鎭祜·俛宇 郭鍾錫 등 기호 남인 性齋 許傳의 문인과 영남 남인 定齋 柳致明의 문인이 진주 인근에 거주하면서 활동하였다. 이들은 각기 다른 학파적 사승 관계를 가졌음에도 불구하고, 서로 간에 학문적 교유를 적극적으로 진행하였으며, 남명의 학문과 사상에 대한 조명과 선양 사업을 추진하였다.

이처럼 19세기 강우지역에는 우리나라 학술사에 있어 중요한 위치를 차지하는 걸출한 학자들이 성대하게 일어났으며, 그들은 학파적 당파성을 지양하고 학문적·사상적 소통과 연대를 추구하고자 노력하였다. 그들 이전에 대부분의 학자들이 다른 학파의 학설과 정치적 견해를 일방적으로 배척하고 공격했던 것을 감안할 때, 이들이 상대방을 인정하고 수용하고자 노력한 모습은 조선시대 학술사에 있어 특기할 만한 사건이다.[1]

19세기 강우지역 학자들은 무슨 까닭으로 이와 같이 다양한 사승 관계를 맺게 된 것일까? 그럼에도 불구하고 그들이 함께 모여 학문을 강론하고 유학을 진작시키기 위한 사업을 공동으로 추진할 수 있었던 근본 배경은 무엇일까?

따라서 본고는 위에서 제기한 문제들을 해명하기 위한 하나의 시도로, 하동 지역 性齋 門人의 학문 성향에 대해 주목하였다. 하동 지역 성재 문인의 학문적 연원과 사승이 어떻게 연관되어 있는지를 살펴봄으로써, 이들을 포함한 19세기 강우지역 학자들의 학문적 배경이 이해될 수 있을 것이다. 그리고 이를 통해 각기 다른 사승 관계를 넘어 공동의 연대를 가능하게 한 근본 배경을 밝힐 수 있는 실마리를 찾을 수 있으리라 생각된다.

성재가 1864년 3월부터 1867년 7월까지 김해부사로 재임하는 동안 강우지역의 많은 학자들이 그의 문하에 급문하였는데, 『冷泉及門錄』에 실려 있는 문인만 파악하더라도 25개 지역의 354명이나 된다.[2] 『냉천급문록』에 등재된 문인의 수가 총 514명인 것을 감안할 때 강우지역 문인의 비율은 무려 70%에 가깝다.[3]

---

1) 전병철, 「老柏軒 鄭載圭의 南冥學 繼承과 19세기 儒學史에서의 의미」, 『남명학연구』 제29집, 경상대학교 남명학연구소, 2010, 231쪽.

2) 강동욱, 「性齋 許傳의 江右地域 門人 考察」, 『남명학연구』 제31집, 경상대학교 남명학연구소, 2011, 219.

3) 강동욱, 「性齋 許傳의 江右地域 門人 考察」, 『남명학연구』 제31집, 경상대학교 남명학연구소, 2011, 208쪽.

그렇기에 본고에서 강우지역의 성재 문인을 모두 검토하는 것은 불가능한 일이므로, 하동 지역의 성재 문인을 중심으로 고찰하고자 한다. 그 이유는 하동이 가지는 지역적 특성 때문이다. 하동의 대부분은 조선시대 때 진주목에 속한 지역으로, 남명학파의 핵심 근거지라고 볼 수 있다. 하지만 섬진강을 사이에 두고 구례·광양 등과 인접하고 있어 예로부터 전라도와 연관이 깊은 지역이므로, 19세기 하동 지역에는 월고 조성가·계남 최숙민 등과 같이 전라도 장성의 노사 기정진에게 수학한 학자들이 배출되기도 하였다.

따라서 하동 지역은 다양한 학파가 공존했던 강우지역의 특성이 두드러지게 나타난 곳으로, 이 지역에 분포한 학자 및 학파의 성격을 개관하는 것은 19세기 강우지역에 일어난 학술사적 현상을 이해하는 데에 중요한 단초를 제공해주리라 기대된다. 또한 하동 지역의 학술사적 전개를 거시적으로 조망하는 작업은 이곳에서 활동한 성재 문인의 학문적 배경 및 특성을 파악하는 데에 보다 넓고도 깊은 관점을 열어줄 것이라 생각된다. 이러한 의도 하에, 2장에서는 하동 지역의 학자 및 학파 분포를 개관하여 살펴볼 것이며, 3장에서는 하동 지역의 성재 문인인 澗翠堂 鄭瑀贇 (1823-1892)과 尼谷 河應魯(1848-1916)를 대상으로 학문 연원 및 성재 문인으로서의 활동 등을 고찰해 보고자 한다. 斗山 姜柄周(1839-1909)도 이 지역에 속한 성재 문인이지만, 기존 연구에서 그의 학문과 문학에 관해 상세한 고찰이 이루어졌으므로 본고에서는 생략하기로 한다.[4]

---

4) 최석기, 「斗山 姜柄周의 學問과 文學」, 『남명학연구』 제31집, 경상대학교 남명학연구소, 2011.

Ⅱ. 하동 지역의 학자 및 학파 분포

고려 시대 하동 출신의 인물로는 姜民瞻, 鄭世裕, 鄭淑瞻, 鄭晏, 鄭芝祥, 鄭芝衍, 鄭渾 등이 있었다. 이들은 과거에 급제하여 관료 생활을 하였으며, 독서를 하고 글을 저술하는 등 학자적인 면모를 지녔다. 하지만 이들의 학문적 견해를 파악할 수 있는 저술이나 참고자료가 거의 남아 있지 않은 형편이므로, 더 이상의 자세한 고찰은 불가능하다.

하동 지역의 학자로서 생애에 관한 기록이나 저술이 후세에 전해져 본격적으로 검토 가능한 인물은 15세기의 知足堂 趙之瑞(1454~1504)로부터 시작된다. 이후로 생년에 따라 세기별로 열거해 보자면, 16세기에는 茅山 崔琦弼(1562~1593), 謙齋 河弘度(1593~1666)가 있었다. 17세기에는 樂窩 河弘達(1603~1651), 三緘齋 金命兼(1635~1689), 雪牕 河澈(1635~1704), 養正齋 河德望(1664~1743), 珠潭 金聖運(1673~1730), 寒溪 河大明(1691~ 1761), 愧全窩 河大觀(1698~1776)이 있었다. 18세기에는 菊軒 河達聖(1734~1791), 重隱 姜錫佐(1777~1853)가 있었다.

19세기에는 月村 河達弘(1809~1877), 澗翠堂 鄭瑀贇(1823~1892), 嘐齋 鄭元恒(1823~1905), 月皐 趙性家(1824~1904), 溪南 崔琡民(1837~1905), 斗山 姜柄周(1839~1909), 月山 趙性宙(1841~1918), 尼谷 河應魯(1848~1916), 海史 鄭敦均(1855~1941), 石田 文晉鎬(1860~1901), 守齋 鄭鳳基(1861~1915), 修堂 崔瓊秉(1865~1939), 士窩 河載圖(1869~1931), 愼庵 崔兢敏(1883~1970), 晴川 鄭基軾(1884~1958), 澹軒 河禹善(1894~1975)이 있었다. 20세기 초에는 屈川 李一海(1905~1987), 敬齋 金璣柱(1907~1977)가 있었다.

하동 지역 유학자의 세기별 분포를 살펴볼 때, 15세기 1명, 16세기 2명, 17세기 7명, 18세기 2명, 19세기 16명, 20세기 초 2명으로, 가장 비율이 높은 시기는 19세기이며, 그 다음이 17세기이다. 이러한 분포는 매우 흥미로운 점을 지니고 있다. 왜냐하면 경상우도 지역은 南冥 曺植의 학문을 계승한 南冥學派가 주도적 역할을 담당했는데, 남명학파의 성쇠에 따라 하동 지역의 유학자도 비례하여 산출되기 때문이다.

17세기는 '남명 이후에 일컬어질 만한 오직 한 사람[世稱南冥後一人]'이라는 칭송을 받은 겸재 하홍도가 하동군 옥종면 慕寒齋에서 활동한 시기이다. 따라서 당시의 하동 지역 학자는 모두 겸재 하홍도와 깊이 연관된 인물이다. 1623년(광해군 15)의 인조반정 이후로 남명학파는 매우 큰 타격을 입었지만, 오히려 17세기까지는 그 명맥이 유지되고 있었음을 확인할 수 있다. 그러나 18세기는 겉으로 나타나기에는 남명학파가 없어진 것처럼 보일 만큼 침체된 상황이다.

1796년(정조 20) 정조는 남명 조식을 배향한 덕천서원에 親製賜祭文을 내려 특별한 관심과 존모의 마음을 표하였다. 이후 경상우도 지역에서는 마치 伏流로 흐르던 물이 밖으로 거세게 솟구쳐 오르듯이, 학식과 덕행이 뛰어난 학자들이 대거 출현하였다. 노백헌 정재규, 월고 조성가, 계남 최숙민, 만성 박치복, 단계 김인섭, 물천 김진호, 면우 곽종석 등이 바로 이러한 인물들이다.

하동 지역의 학파별 분포를 살펴보자면, 松亭 河受一의 문인으로는 하홍도가 있었다. 하홍도의 문인으로는 김명겸, 하철이 있었다. 허전의 문인으로는 정우빈, 강병주, 하응로가 있었다. 기정진의 문인으로는 조성가, 최숙민, 조성주가 있었다. 하달홍의 문인으로는 하응로, 정돈균이 있었다. 정돈균은 后山 許愈(1833~1904)의 문인이기도 했다. 勉庵 崔益鉉(1833~1906)의 문인으로는 정봉기가 있었다. 정봉기는 淵齋 宋秉璿(1836~1905)의 문인이기도 했다.

최숙민의 문인으로는 최경병이 있었다. 물천 김진호의 문인으로는 정돈균이 있었다. 곽종석의 문인으로는 정돈균, 최긍민, 정기식, 하우선, 이일해가 있었다. 大溪 李承熙(1847~1916)의 문인으로는 정기식이 있었다. 최경병의 문인으로는 김기주가 있었다. 晦峰 河謙鎭(1870~1946)의 문인으로는 정기식, 이일해가 있었다.

이와 같은 하동 지역의 학파별 분류를 종합해 본다면, 하수일, 하홍도, 허전, 하달홍, 허유, 김진호, 곽종석, 이승희, 하겸진 등 남명학파 및 남인 계열 학자의 문인이 11명이다. 그리고 기정진의 문인 3명, 최익현과 송병선의 문인 1명, 최숙민의 문인 1명, 최경병의 문인 1명인데, 최숙민과 최경병이 노사 기정진의 학문을 계승한 것을 생각한다면, 6명 중에서 노사학파에 속한 인물이 5명에 해당한다.

그러므로 하동 지역 유학자의 학파별 분포는 남명학파 및 남인 계열이 대다수를 차지하며, 그 다음으로 노사학파의 문인이 많은 비중을 가진다. 경상우도는 남인 계열의 학자가 월등히 우세한 위치에 있는 지역임에도 하동 지역에 기정진의 학문이 대를 이어 계승되고 있는 점은 주목할 만한 부분이다. 그 까닭을 생각해 볼 때, 이는 기정진 문하에서 수학한 하동 출신의 조성가, 조성주, 최숙민 등이 학식과 덕행이 뛰어났을 뿐만 아니라, 하동을 비롯한 경상우도 지역에서 폭넓은 강학 활동과 교유관계를 가졌기 때문이라고 판단된다.

앞에서 서술했듯이, 하동 지역은 남명학의 핵심 지역이라고 일컬을 만큼 남명학파에서 중요한 비중을 차지하는 학자들이 대거 배출된 곳이다. 조선 시대에는 하동이 진주목에 속했으므로 남명학파가 진주를 중심으로 형성되고 전파된 사실과 연관 지어 생각해 볼 때, 하동 유학의 학문적 연원이 남명학에 근원하고 있음은 당연한 귀결이라고 말할 수 있다. 그런데 19세기에 이르러 조성가, 최숙민, 조성주 등과 같은 학자들이 전라남도 장성에서 활동한 기정진의 문하에 나아가 수학한 것은 매우 이채로운 현상이라고 말할 수 있다. 이는 대략 두 가지 정도로 그 이유를 설명할 수 있을 것이다.

첫째, 19세기의 시대적 상황을 그 이유로 들 수 있다. 영조와 정조 이후 탕평책의 실시와 鄕戰의 금지로 당쟁이 점차 완화되었으며, 18~19세기에 들어 크게 성장했던 새로운 幼學層은 당색에 구애될 필요성이 비교적 적었다.5) 따라서 가문의 지위를 높이고 개인의 학문을 연마하기 위해 당색의 제한에서 벗어나 자유롭게 교유 및 사승 관계를 형성할 수 있었던 것이다.

둘째, 하동은 섬진강을 사이에 두고 전라도와 접경한 지역으로, 물길을 이용해 상호간의 교통이 원활하게 이루어질 수 있었다. 조성가의 「沙上日記」를 살펴보면, 조성가는 기정진에게 배우러 가기 위해 옥종면 월횡리에서 출발하여 청암-하동읍-화개동과 구례 천변-곡성 오지촌-창평 등을 거쳐 장성에 도착했는데,6) 이 경로는 주로 섬진강의 물길을 따라 이동한 것이다. 따라서 조성가를 비롯한 하동의 유학자들이 기정진의 문하에 나아가 배울 수 있었던 까닭은 하동이 전라도와 접경한 지역일 뿐만 아니라, 섬진강의 물길을 따라 편리하게 이동할 수 있었기 때문이다.

이와 같은 이유로 인해 하동 지역은 남명학의 핵심 지역이라는 학문적 연원과 함께, 기정진의 학문을 새롭게 수용하여 학문적·학파적 다양성이 공존하는 특색을 갖게 된 것이다. 이러한 하동 지역 유학의 특징은 19세기라는 역사적 배경이 중요하게 작용했겠지만, 더욱이 진주목에 속하면서도 섬진강을 끼고 전라도와 접경한 지리적 특성을 가지지 못했다면 결코 형성될 수 없었던 것이라고 판단된다.

---

5) 김봉곤, 「趙性家와 崔琡民을 통해서 본 경상우도 지역에서의 蘆沙學의 전개양상」, 『남명학연구』 제30집, 경상대학교 남명학연구소, 2010, 6쪽.

6) 김봉곤, 「趙性家와 崔琡民을 통해서 본 경상우도 지역에서의 蘆沙學의 전개양상」, 『남명학연구』 제30집, 경상대학교 남명학연구소, 2010, 10쪽.

III. 하동 지역의 性齋 門人

1. 澗翠堂 鄭瑀贇

간취당 정우빈은 1823년 현재 경상남도 하동군 玉宗面 北坪里 退洞에서 출생하였다. 9대조 樂眞軒 鄭仁平은 龜巖 李楨(1512~1571)의 문하에서 수학하였으며, 8대조 石亭 鄭弘祚(1534~1590)는 守愚堂 崔永慶(1529~ 1590)의 제자이다. 정홍조는 스승이 己丑獄事에 연루되어 모함을 당하자 伸冤하기 위해 온 힘을 다하였으며, 사후에 지역 유림이 그의 학문과 덕행을 추모하여 하동군 옥종면 북방리 신촌마을에 德源書院을 건립하여 제향하였다.

고조부는 鄭敏瑞이고, 증조부는 鄭再雄이며, 조부는 鄭梡이다. 부친은 鄭志中이며, 모친은 姜桂鳳의 딸 晉陽姜氏와 崔啓泰의 딸 朔寧崔氏이다. 정우빈은 삭녕최씨의 소생이다. 부인은 趙中植의 딸 咸安趙氏이며, 그 사이에 1남 3녀를 두었다.

간취당은 어릴 적부터 공부하기를 좋아했다. 9세 때『小學』「敬身篇」을 배우다가 탄식하면서 "이 내용은 어찌 어린아이에게만 해당할 뿐이겠는가? 어른의 일도 여기에서 벗어나지 않으리라"고 말한 일화가 전한다.

志學의 나이인 15세 때에는 南冥 曺植의 학풍을 흠모하여 楣間에 "敬義는 우리 집안의 해와 달이다"라고 말한 남명의 말을 써서 붙이고, 四書의 '九思'·'九容'·'四勿'·'三省'·'毋不敬'·'愼其獨'·'毋自欺' 등의 긴요한 말들을 벽에 붙여 놓아 항상 보며 마음에 새겼다. 그리고『孔子家語』에 실려 있는 魯司寇像을 손수 모사하여 봉안하고 매일 아침마다 우러러 보며 절을 올렸다.

이와 같은 간취당의 가계 및 학문 성향을 보여주는 사실에 근거해 본다면, 가계적으로도 남명학파의 학문을 대대로 전승한 집안에서 가학을 이어받았을 뿐만 아니라, 그 자신이 적극적으로 남명의 학문을 계승하고자 하는 의지가 있었다는 점을 확인할 수 있다. 그가『소학』을 중시한 것과 자신을 올곧게 세우기 위한 수양에 힘을 쏟은 학문적 지향이 현재 전해지는 4권 1책의『澗翠堂遺集』에 여실히 드러나 있다. 그의 문집에는 성리학의 이론을 탐구한 저술이나 문장의 형식미를 추구한 시문이 거의 보이지 않기 때문이다.

그가 남명의 강학처인 山天齋에서 강학을 하며 지은 다음의 시를 통해 남명에 대한 존모가 얼마나 깊었는지를 살펴볼 수 있다.

선생께서 덕업을 크게 함축하여,	先生德業畜山天
東南을 사숙하여 끊어진 도통을 이으셨네.	私淑東南續不傳
공자의 예악 삼천을 익히고,	昌平禮樂三千子
주자의 琴書 四十年을 배웠네.	雲谷琴書四十年
박옥이 다듬어져 그릇이 성취되고,	璞玉琢磨方就器
작은 물줄기 모여들어 강물을 이루네.	涓流積聚漸成川
남은 가르침 강학처에 가득하니,	餘教洋洋時習地
엄숙히 보고 느끼며 선비들 현인을 바라네.	顒然觀感士希賢[7]

간취당은 남명이 강우지역에서 크게 덕업을 함축하여 끊어진 도통을 계승하였다고 인식하였다. 남명의 학문은 공자의 예악을 본받은 것이며 주자의 학문을 계승한 것이라고 여겼기 때문이다. 따라서 산천재에서 강학을 하고 있는 자신들도 璞玉이 다듬어져 좋은 그릇으로 성취되고 작은 물줄기가 점점 불어나 큰 강물을 이루듯이, 남명의 餘教가 가득한 이곳에서 보고 느끼며 현인처럼 되기를 바란다고 의지를 나타내었다.

간취당이 추구한 이와 같은 학문적 지향은 그를 위한 輓詩에서 주된 골자로써 서술되었는데, 一山 趙昺奎(1849-?)의 "石亭의 남겨진 모범을 계승하여 오래도록 이어지게 했으며, 南冥의 고상한 학풍을 흥기시켜 길이 전

---

7) 鄭瑀贇,『澗翠堂遺集』卷1,「山天齋講會」.

해지게 했네."8)라고 말한 표현에서 적실하게 드러난다.

이러한 면모가 간취당의 학문에 근저한 연원이 된다고 이해할 수 있는데, 또한 이에 못지않게 당대의 스승과 벗들을 통한 학문의 규모를 형성한 점도 그가 이룩한 학문의 전체 면모에 있어 중요한 비중을 차지하는 것이라 평가할 수 있다.

간취당은 1846년 부친상을 당해 삼년상을 마친 후로부터는 벼슬에 대한 뜻을 단념하고 오로지 학문에 몰두하였다. 이 당시 그는 族叔인 筠軒 鄭志魯와 三顧齋 鄭志廈에게 나아가 수학하였다. 이들은 간취당이 젊은 시절에 배운 스승으로, 그의 초기 학문 형성에 영향을 끼친 인물이다. 그리고 悔山 成采奎(1812~1891), 海閣 權相迪(1822~1900), 晩醒 朴致馥(1824~1894), 月皐 趙性家(1824~1904) 등과 교유하면서 함께 학문을 강론하였다.

간취당이 성재에게 나아가 인사를 올린 것은 「遺事」·「行錄」·「行狀」 등의 자료에 의하면, 1866년 봄 山天齋에서 이루어진 일이라고 기록되어 있다.9) 이해 4월에 성재는 강우지역의 여러 祠院을 두루 찾아 보살폈는데, 그는 방문하는 서원마다 학생들과 강학을 하였고 그때마다 50~60여 명이 종유하였다10)는 사실로 미루어 보아 간취당도 이때 성재가 산천재를 방문하여 강학할 적에 나아가 배운 것이라 이해할 수 있다. 당시 그의 나이가 마흔 넷이었으니, 일반적인 경우에 비한다면 매우 늦은 나이에 사제의 관계를 맺은 것이다.

그런데 간취당이 성재에게 자신의 子姪을 가르쳐 달라고 청하는 편지에, "10여 년 전 제가 과거 시험을 보기 위해 서울로 가다가, 풍모를 듣고 찾아가 인사를 올려 한번 뵐 수 있었습니다."11)라고 말한 내용이 있다.

---

8) 鄭瑀贇, 『澗翠堂遺集』 卷4 附錄, 「輓詩(趙昺奎 撰)」. "紹述石祖遺模遠 興起冥老高風長"

9) 鄭瑀贇, 『澗翠堂遺集』 卷4 附錄, 「遺事」. "丙寅春 拜許性齋先生於山天齋"

10) 권오영, 「19세기 강우학자들의 학문 동향」, 『조선 후기 유림의 사상과 활동』, 돌베개, 2003, 446쪽.

그리고 「행장」에서 1866년 봄 산천재에서 성재를 뵙고 난 후, 이 해 가을에 편지를 보내 자질들을 성재의 문하로 보냈다[12]는 기록이 있다. 따라서 간취당이 성재에게 보낸 편지의 내용과 「행장」의 기록에 의거한다면, 그가 성재를 처음으로 찾아뵙고 인사를 올린 때는 30대 초반이며, 강학을 통해 직접 배운 시기는 1866년 봄이라고 추정된다.

간취당이 당시에 무엇을 배웠는지는 자세한 기록이 없어 살펴볼 수 없는데, 이후로부터 성재의 주요 저술인 『庸語』·『受廛錄』·『宗堯錄』 등을 공부하고 『士儀』의 儀節을 익혀 실천하였다[13]는 대략적인 내용은 확인할 수 있다. 특히 그가 성재의 禮學을 수용하여 준수하려 했다는 사실은 임종할 때 자제들에게 남긴 유언에서 잘 드러나 있다.

1892년(고종 29) 9월 부인이 먼저 별세하였고 12월 자신도 병에 걸려 위독하였는데, 자식들에게 "어머니의 상이 끝나기 전에 아버지가 죽으면 어머니를 위해 삼년상을 해야 할 것이다. 古制에는 비록 말하지 않은 것이지만 人情에 합당한 듯하다. 性翁께서 이 예법을 정하셨으니, 너희들이 알고 있어야 할 것이다. 내가 죽으면 너희들은 마땅히 이대로 행해야 한다."[14]라고 유언하였다. 이것은 성재의 禮說에 근거하여 말한 것으로, 이전의 禮制에는 없는 것이지만 人情에 근거해 판단해 본다면 이 설이 더욱 타당하다고 판단하여 따랐다.

1886년(고종 23) 성재의 부음을 듣고서 모한재에 신위를 세우고 곡을

---

11) 鄭瑀贇, 『澗翠堂遺集』 卷2, 「上許性齋先生」. "十數年前 瑀贇以公車事 作西行 聞風趨拜 一賜承顔"

12) 鄭瑀贇, 『澗翠堂遺集』 卷4 附錄, 「行狀」. "丙寅春 聞許性齋先生 講道南遊 拜候於山天齋 多有熏炙之益 是年秋 齋書送子姪 掃門受業"

13) 鄭瑀贇, 『澗翠堂遺集』 卷4 附錄, 「行狀」. "自是尤誦習庸語受廛宗堯等篇 儀節專用士儀之訓"

14) 鄭瑀贇, 『澗翠堂遺集』 卷4 附錄, 「行錄」. "壬辰十二月 疾作 及革謂子曰 母喪未練前 父卒 則伸母服三年 古制雖不言 似合人情 性翁之定是禮 汝之所知 吾將死矣 汝宜行之"

하였다. 만시에서 다음과 같이 스승에 대한 존모와 애도를 표하였다.

부자께서 남국에 태어나시어, 夫子生南國
우뚝히 우리들의 스승이 되셨네. 卓爲吾輩師
요임금 순임금의 교화를 실천하고자 했고, 唐虞陶鑄意
정자와 주자의 학문을 계승하려 했네. 閩洛繼開思
국가는 훌륭한 모범으로 의지하였고, 國賴靈蓍在
사람들 아름다운 의절을 칭송했네. 人稱瑞鳳儀
유림이 현자의 죽음에 경동하니, 儒林驚木稼
천지의 기운이 곤궁한 때이라. 天地氣屯時[15]

그리고 1889년 9월 만성 박치복 등과 함께 雷龍亭에 모여 성재 문집의 간행을 의논하였는데, 간취당이 그 일의 중요성과 의미를 어떻게 인식하였는지를 아래에서 인용한 시를 통해 가늠해 볼 수 있다.

우뚝한 강우지역 학문이 끊어졌을 때, 崛起東南絕學時
성옹의 학문을 통해 배워서 알았네. 性翁之學學而知
문장의 아름다움 三代의 원로이며, 文章黼黻三朝老
덕업의 풍류는 백세의 스승이라. 德業風流百世師
「哲命篇」은 前聖의 뜻 밝히 조술했고, 哲命昭昭前聖述
「士儀」는 후세 학자에게 정연히 게시했네. 士儀井井後蒙垂
유림의 공론 지금 일제히 일어나니, 斯文公議今齊發
간행의 완료 이에 기약이 있겠네. 剞劂功成迄有期[16]

이 시에서 간취당은 19세기 강우지역의 침체된 학문이 성재가 김해부

---

15) 鄭瑀贇, 『澗翠堂遺集』 卷1, 「挽許性齋先生」.
16) 鄭瑀贇, 『澗翠堂遺集』 卷1, 「己丑九月 會于雷龍亭 議刊性齋先生文集 與諸同志共賦」.

사로 내려온 일을 계기로 다시 부흥할 수 있었다고 하였다. 그리하여 강우지역의 인사들이 성재의 학문을 통해 다시 배워서 알게 되었다고 서술하였다. 간취당의 이 표현을 범범하게 유학의 학문이라고 이해할 수도 있겠지만, 조금 다른 각도에서 파악해 본다면 '우뚝했던 강우지역의 학문'과 '성재의 학문'이 모종의 연관성을 가지고 있다는 의미로 해석해 볼 수도 있다. 당시 성재가 주창한 강학의 내용이 성대했던 강우지역의 학문적 내용과 연관되어 있었으므로 더욱 대폭적인 호응을 얻었다고 추론할 만한 방증이 있기 때문이다. 그것은 성재의 가계가 남명학파와 무관하지 않다는 점이다.

성재는 기호 남인의 일반적 경향처럼 선대가 北人 계열이었다. 花潭의 문인인 草堂 許曄이 성재의 10대조이며, 『德川師友淵源錄』에 남명 문인으로 등재되어 있는 岳麓 許篈이 그의 9대조이다. 악록과 그 아우 蛟山 許筠은 광해군 시절 벼슬하면서 북인과 뜻을 같이 하였다. 성재의 8대조인 許寶는 1610년 문과에 합격하였으나, 허균에 의해 부정 합격되었다는 이유로 削榜된 적이 있고, 1618년 9월에 허균이 역적으로 처형될 때 이에 연좌되어 절도에 안치되기도 하였다. 이처럼 성재의 가계적 배경으로 볼 때 광해군 당시 북인 세력이 많았던 강우지역 인물들로부터 친밀감을 느낄 수 있는 동질성이 어느 정도 내재하고 있었던 데다, 성재가 기호 지역에서 眉叟 許穆, 星湖 李瀷, 順菴 安鼎福, 下廬 黃德吉의 학맥을 이었으므로, 강우 지역 인물들이 그의 문하에 많이 급문하였던 것으로 보인다.17)

이런 점으로 미루어 볼 때, 간취당의 학문은 남명학의 연원과 성재의 학맥이 함께 조화되어 있는 양상을 가지는데, 그 두 가지가 상호 이질적인 측면으로 분리되기 보다는 오히려 같은 뿌리에 근원하면서 다른 가지로 뻗어나간 형상이 아닐까 생각된다. 간취당이 성재의 학문을 통해 강우

17) 이상필, 『남명학파의 형성과 전개』, 와우출판사, 2005, 194쪽.

지역의 끊어진 학문을 다시 배워 알게 되었다는 표현으로 이해할 때 충분히 가능한 판단이라고 여겨지기 때문이다.

끝으로 간취당이 자신의 당호를 '澗翠'라고 이름 지은 이유를 살펴보자면, 五代 말 북송 초의 학자인 范質(911~964)이 지은 시에서 "더디게 자라는 시냇가의 소나무, 늦게까지 푸르른 빛 머금고 있네[遲遲澗畔松 鬱鬱含晩翠]"라는 구절에서 따온 것이다. 조선말기 나라 안팎으로 거대한 격동과 혼란이 소용돌이 치고 상황에서, 학자로서 자신을 올바르게 지켜나가되 다른 모든 이들이 변절하여 휩쓸려 가더라도 자신만은 변함이 없어야 할 것이라는 의지를 담고 있다고 이해된다. 또한 그것의 실천은 그 어떤 거창한 것이 아니라, 자신에게 전수된 학문을 배우고 익혀 다음 세대로 넘겨주어 끊어지지 않게 하는 것으로, 강우지역 하동에서 남명학의 연원과 성재의 학맥을 계승하는 구체성을 가진 목표라고 볼 수 있다.

이 목표는 단시간 내에 이룰 수 있는 것이 아니라 숨을 거둘 때까지 변함없이 지켜나가야 할 일이다. 그러므로 간취당이 다음의 시에서 자신의 당호와 관련해 추구하고자 한 삶의 지향과 태도는 의지로만 점철된 각박한 사투이기 보다는 여유롭고 자연스러운 내면의 견고함으로부터 우러나오는 고상한 품격을 나타내고 있음을 발견하게 된다.

시냇가 오래도록 푸른 소나무,	澗畔遲遲含翠松
추운 시절 닥쳐도 늦게까지 변함없네.	歲寒時節後凋容
푸른 남기 피워 오르고 샘물소리 영롱한데,	空嵐碧動泉聲滴
하늘빛 노을에 태워지고 돌기운 짙어지네.	晩色青浮石氣濃
온땅에 그늘이 내리자 신선 수레 멈춰지고,	滿地凉陰停羽蓋
공중에서 맑은 소리로 생황과 종이 연주되네.	半天踈韻奏笙鏞
그를 가련히 여겨 은자의 좋은 벗이 되어 주니,	憐渠好著幽棲伴
거문고 책을 조용히 마주한 채 흉금을 씻어내네.	靜對琴書一洗胸

2. 尼谷 河應魯

니곡 하응로는 1848년 현재 하동군 옥종면 북평리에서 출생하였다. 초명은 性魯이며, 자는 學夫이다. 그는 겸재 하홍도의 동생 樂窩 河弘達(1603-1651)의 8세손이다. 낙와 하홍달은 백형 하홍도와 함께 士林山 밑에 '慕寒齋'를 지어 함께 학문을 강론하고 수양에 힘썼다. 그리하여 당시 사람들이 그들 형제를 北宋의 二程子에 견주어 '河南伯叔'이라고 칭송하였다.[18]

7대조 雪牕 河澈(1635~1704)은 어릴 적부터 겸재 하홍도에게 나아가 학문을 익혔으며, 과거에 응시하여 현달하기보다는 학문을 탐구하고 자신을 수양하는 데 전념한 학자였다. 겸재의 사후에는 서원을 건립하고 비석을 세우는 일 등을 주관하였으며, 겸재의 유고를 수습하여『謙齋集』을 간행하였다. 그는 경서를 깊이 연구하였을 뿐만 아니라, 陰陽·天文·數學·활쏘기 등에도 두루 통달했다. 특히 書法에 조예가 깊어 명필로 이름나 글씨를 청탁하는 사람이 많았다.

만년에는 산청 덕산의 入德門 앞에 작은 정자를 지어 학문과 수양에 힘쓸 곳으로 삼았는데, 이곳이 바로 설창강 가의 서재이다. 그래서 당시 사람들은 그를 '설창 선생'이라고 존칭하였다. 남명이 "敬과 義는 우리 집안에 해와 달과 같다"라고 말한 것을 존숭하여 '경으로 내면을 곧게 하고 의로써 바깥의 일을 반듯하게 처리한다[敬以直內 義以方外]'라는『周易』坤卦 六二爻의 내용을 취해 軒의 이름을 '直方軒'이라 하였다. 그리고 朱子의 오래된 거울[古鏡]에 비유하여 자신을 끊임없이 수양해야 한다는 뜻을 흠모하여 누대 이름을 '磨鏡臺'라고 하였다. 또한 벽에 程伊川의「四勿箴」과 주자의「敬齋箴」을 붙여 두고 아침저녁으로 바라보면서 神明처럼 공경하였다.[19]

---

[18]　河弘達,『樂窩公遺稿』,「行錄略」. "嘗構齋舍于士林山下　扁曰慕寒　與伯先生爲藏修之所　講說義理　訓誨後進　囂囂樂義　不求聞達　人以河南伯叔稱之"

고조부 菊軒 河達聖(1734-1791)은 '宗川書院 院變'의 발단과 결말에 이르기까지 20여 년간 결사적으로 일을 주선하였으며, 이것과 관련된 자료를 수집하고 기록하여『宗川書院變錄』4책을 편찬하였다.

종천서원은 겸재 하홍도를 모시기 위해 1676년에 건립한 서원이다. 후에 敬齋 河演(1376-1453)와 台溪 河溍(1597-1658)을 추향하였다. 그런데 진주목사 趙德常이 겸재의 문집과 연보를 빌미로 삼아 "栗谷과 牛溪를 비방하고 尹善道와 許穆을 높였다."라는 말로 경상감사 趙曮에 보고하였다. 그리하여 1759년 종천서원에서 겸재의 위패를 黜享하고『겸재집』의 板本과 印本을 불사르는 사건이 일어났는데, 이것을 '종천서원 원변'이라고 일컫는다.

이 사건이 일어나자 하달성은 통분히 여겨 겸재의 伸寃을 위해 온 힘을 기울여 노력하였으며, 이 일에 연루되어 감옥에 수감된 겸재의 증손 河大觀(1698-1776)이 석방되도록 백방으로 일을 도모하였다. 결국 1778년 正祖가 조엄과 조덕상의 관직을 삭직하고 원변의 주동자 3인을 엄형에 처하였으며 기타 관련자를 유배시키는 것으로 사건의 결말이 지어졌다.[20]

이와 같이 하응로의 집안은 남명학파에서 주도적 역할을 담당한 인물들이 대대로 배출되었으니, 집안의 가학도 자연스레 남명학을 계승하는 것이었다. 하응로는 젊은 시절 과거 시험을 위한 공부에 몰두하였는데, 어느 날 문득 "우리 집안은 겸재·설창 두 선생 이후로부터 본래 家詮이 있었으니, 공부를 함에 있어 어찌 위기지학을 버리고 다른 것을 추구하겠는가"[21]라고 뉘우쳐 학문의 방향을 전환한 사실에서도 집안에 대대로 계승되어 온 남명학에 대한 의식과 사명이 남달랐음을 확인할 수 있다.

---

19) 河�,『雪牕實紀』卷2 附錄,「行狀」.

20) 河達聖,『菊軒遺稿』.

21) 河應魯,『尼谷集』卷4 附錄,「行狀」. "國家以雙冀餘術爲仕進路 公嘗從事 能聲大譟 旣而悔曰 吾家自謙雪兩先生後 自有家詮 豈有工夫 舍爲己而他趨哉"

이후로부터 그는 '敬以直內·義以方外'의 가르침을 학문의 중심으로 삼아 자신을 바르게 닦아나가고 올바른 행실을 실천하는 일을 추구하였다. 그리고 당시의 학자들이 성리설에 대해 담론하는 것을 달갑게 여기지 않아 그들과 더불어 논변을 하지 않았지만, 때때로 마음에 터득되는 것이 있으면 벗들과 토론하기도 하였다.

그러한 예로 물천 김진호(1845-1908)에게 보낸 편지에서 자신이 이해한 성리학의 핵심을 밝힌 내용을 통해 확인할 수 있다. 그 편지의 일부분을 인용하자면 다음과 같다.

> 근래 斗芳齋에서 이야기를 나누던 차에, 子千형이 우연히 종전에 입에 담지 않던 性命說을 말하였습니다. 노형은 웃기만 할 뿐 응답하지 않았습니다. 저도 묵묵히 말을 하지 않았지만, 돌아와 그것에 대해 생각해보았습니다. (중략) 원래 心學은 단지 人心·道心의 危微 사이에서 다만 精察과 一守의 공부를 하는 것일 뿐입니다. 「中庸章句序」에서 朱先生이 人心의 상면에 '形氣에서 생겨난다[生於形氣]'는 네 글자를 써서 人心이 사사로운 까닭을 해석하였으며, 道心의 상면에 '性命에 근원한다[原於性命]'는 네 글자를 적어 道心이 공정한 이유를 밝혔습니다. 그리하여 배우는 자들이 사사로움을 물리치고 공정함을 지키게 하려 하였습니다. 그렇다면 이 '公·私'자는 단지 心學의 공부를 해나가는 바탕이 되니, '理氣' 두 글자에 대해 괴롭게 입으로 다툴 필요가 없습니다. 무엇 때문에 '理이다'라 하고 '氣이다'라 하면서 끝없는 갈등을 만들어내는지요?
> 이것이 子千이 마음에 있는 의심을 한번 토로해 본 까닭입니다. 노형께서 어찌 알지 못해서 응답하지 않은 것이겠습니까. 아마도 冷泉에서 배웠을 때 반드시 마음에 홀로 터득한 것이 있어 저술하여 책으로 만들었을 것이니, 행여 자세히 가르쳐주시길 바랍니다.[22]

---

22) 河應魯, 『尼谷集』 卷3, 「與金致受鎭祜」. "頃於斗芳話次之間 子千兄偶發從前口不談之性命說 而老兄笑而不應 弟亦默而無言 歸而思之 …… 原來心學 只是人心道心危微之間 特加精察一守之工而已 中庸序中 朱先生忽於人心上面 著生於形氣四字 以解

斗芳齋는 하동군 옥종면 두양리에 소재한 殷烈公 姜民瞻(963-1021)의 영정을 모시고 있는 사당이다. 子千은 月洲 河祖憲(1843-1923)의 字이다. 니곡은 弱冠의 나이 때 같은 고을에 거주한 月村 河達弘(1809-1877)에 나아가 배웠는데, 하조헌은 하달홍의 족손으로서 니곡과 함께 수학한 동문이다.

편지의 내용에 의거해 살펴본다면, 니곡이 이 편지를 보내기 얼마 전 두방재에 니곡을 비롯한 물천 김진호, 월주 하조헌 등이 모임을 가졌는데, 그때 하조헌이 이전에는 좀처럼 말하지 않던 성리설에 관한 견해를 토로하였다. 그러나 물천은 아무런 응답을 하지 않았고, 니곡도 그저 묵묵히 듣고 있었을 뿐 자신의 견해를 말하지 않았다. 이 일이 있은 후, 니곡은 물천에게 편지를 보내 자신이 이해한 성리설에 대한 견해를 밝히고, 물천이 성재의 문하에서 수학할 적에 터득한 견해나 저술이 있다면 가르쳐 달라고 요청하며 편지를 보낸 것이다.

일반적으로 성리학자는 우주의 생성 원리인 '理'와 그것의 바탕과 질료가 되는 '氣'에 의거해 인간과 세계를 이해하고자 한다. 그런데 理·氣가 언제나 함께 존재하는 측면의 '理氣不相離'와 함께 존재하지만 서로 뒤섞일 수는 없다는 측면의 '理氣不相雜' 가운데 어느 쪽에 더 비중을 두어 이해하느냐에 따라 理·氣의 개념과 역할에 대한 다양한 해석이 발생하였다.

위의 편지에 나타난 니곡의 성리설은 철저히 수양에 입각한 관점과 해석이다. 니곡은 理·氣의 개념을 따지는 사변적인 논변을 추구하기 보다, 朱子의 「中庸章句序」에 근거해 人心은 形氣의 사사로움에서 생겨나므로 물리쳐야 하고, 道心은 性命의 공정함에 근원하고 있기에 지켜야 한다는

<hr>

人心之所以爲私 道心上面 著原於性命四字 以明道心之所以爲公 欲使學者 黜其私而守其公 然則此公私字 只是爲心學下工之田地 理氣二字 不必苦口爭競也 何故曰理曰氣 生出無限葛藤也 此子千所以心有所疑而一吐也 老兄豈不知而不應耶 其於冷泉授受之地 必有心所獨得 而著爲成書者 幸仔細垂敎"

입장을 견지했다. 이런 견해를 가진 니곡의 관점에서 본다면, 理·氣에 대해 이론적으로 탐구할 것이 아니라, 人心과 道心을 분명하게 구분하기 위한 精察의 공부와 人心을 물리치고 道心을 한결같이 지켜나가는 一守의 실천이 더욱 중요하고 절실한 것이다.

따라서 니곡은 성리설에 대해 논변하기를 기꺼워하지 않았을 뿐만 아니라, 성리설에 대한 이해도 수양과 실천에 입각하여 파악했다고 말할 수 있다. 그리고 남명학이 성리설에 대한 이론적 탐구보다는 義와 利를 철저하게 분변하여 義를 추구하고 利를 물리치는 것을 학문의 핵심으로 삼은 입장을 계승한 것이라고 볼 수 있다. 남명학은 義와 利를 극명하게 대척적으로 파악하여 공공의 이익을 추구하는 의로움을 지향하고 개인의 사사로운 이익을 탐하는 욕심을 철저히 배격하려 하는데, 니곡은 그런 관점을 人心과 道心의 설에 적용하여 公과 私를 엄격하게 분변하여 公을 지키고 私를 물리치고자 노력한 것이라고 이해된다.

앞에서 짧게 언급하였듯이, 니곡은 20세 때 월촌 하달홍에게 나아가 배웠다. 니곡의 삶에서 가장 오래도록 깊은 영향을 끼친 스승은 아마도 월촌이라고 여겨진다. 월촌은 주자의 저술에서 '일이 없을 때에는 마음을 전일하고 엄정하게 하여 자기의 잃어버린 마음을 찾으며, 책을 읽을 적에는 마음을 비우고 이치를 완미하여 성현의 본래 의미를 궁구한다[無事則專一嚴正 以求自己之放心 讀書則虛心玩理 以究聖賢之本意]'라는 28글자를 취해 학문의 핵심으로 삼았다. 그리고 남명 조식, 퇴계 이황, 겸재 하홍도의 학문을 존숭하였다. 또한 노사 기정진, 勿齋 盧光履, 南坡 李偉錫 등과 道義之交를 맺어 함께 학문을 강론하였다.[23]

니곡이 동향에 거주한 월촌에게 이른 나이 때로부터 배운 것에 비해, 성재의 가르침을 직접 받는 것은 여러 가지 정황상으로 볼 때 매우 어려

---

[23] 河達弘, 『月村集』 卷9 附錄, 「行狀」.

운 일이었으리라 짐작된다. 성재가 1864년 3월부터 1867년 7월까지 김해 부사로 재임할 때 니곡은 17~20세의 나이였는데, 그 당시 월촌의 문하에 처음으로 나아가 수학했을 뿐만 아니라 가정 형편도 매우 어려운 상황이 었다. 그래서 학업에 전념할 수 없어 낮에는 온갖 일들을 맡아 처리해야 했지만, 밤 공부는 정해놓은 분량을 어기지 않고 착실히 해나갔다고 한 다.24)

「家狀」과 「行狀」의 기록에 의하면, 니곡이 서울 冷泉洞으로 찾아가 성 재에게 인사를 올렸다고만 서술되어 있을 뿐, 그 외의 구체적인 시기나 만남의 내용을 알 수 있는 단서가 없다. 다만 앞에서 거론한 20세 무렵의 정황으로 미루어 볼 때, 니곡이 찾아가 인사를 올린 시기는 최소한 성재 가 김해부사를 마치고 다시 서울로 올라간 이후일 것이다. 그러므로 거리 상의 문제로 인해 니곡이 성재에게 직접적인 가르침을 받기는 어려웠다 고 생각된다.

그럼에도 불구하고 다음의 편지를 통해, 성재에 대해 지극한 존경심을 가지고 있는 니곡의 마음을 읽을 수 있다.

> 오직 현인을 좋아하고 덕을 좋아하는 마음은 심중에 민멸되지 않아, 대인이
> 나 군자가 어떤 고을에 나왔다는 말을 들으면, 비록 사제간의 처지에 있지
> 않더라도 성심으로 좋아하고 사모하기를 그치지 않았습니다. 지금 선생께서
> 는 漣上으로부터 여러 대에 걸쳐 내려온 학통을 계승하여 서울에서 節文과
> 儀則의 가르침을 창도해 도성 안의 선비들을 이끌고 계십니다. 이에 도성 안
> 의 선비들 가운데 달려가 머리를 숙이고서 "이것이 實學이다."라고 말하지
> 않는 이가 없습니다. 본체를 통찰하여 단서를 궁구하고 여러 설들을 모아
> 올바름을 절충하니, 명백하여 의거할 것이 있고 편편마다 단락이 있어 참으
> 로 典則의 말씀이며 義理의 문장입니다.

---

24) 河應魯, 『尼谷集』 卷4 附錄, 「家狀」. "家淸約甚 業不能專 晝執百役 夜課不廢程式"

저는 비록 형편없는 사람이지만, 삼가 束脩의 예를 올리고 싶은 소원이 있었
습니다. 그러나 천리나 떨어져 있어 문하에 나아가 이 소원을 이룰 수가 없
었습니다. 그러던 차에 비로소 先事로 인해 서울에 머물게 되어 삼가 문하에
나아가 인사를 올렸습니다. 선생께서는 보잘 것 없는 사람이라고 물리치지
않고서 오랫동안 마주앉아 응대해주셨으니, 제가 겸재의 후손이라고 이처럼
정성스레 생각해주신 것이 아니겠습니까. 이로부터 존모하는 마음이 평소보
다 배나 더 절실해졌습니다. 내년 봄에 있을 모임에 제가 만약 참석할 수
있다면 다시금 찾아뵈올 날이 있으리라 생각됩니다. 하지만 세상의 일이란
어긋나는 경우가 많으니, 그 사이에 어떤 일이 훼방을 놓을지 알지 못하겠
습니다.25)

위의 편지에서도 니곡이 성재를 언제 찾아갔는지에 대한 단서가 없다.
하지만 이 내용을 통해, 니곡이 성재를 존경하고 그의 학문을 존모하는
마음은 찾아가기 이전에도 이미 깊었으며, 인사를 올린 후에는 더욱 그러
한 마음이 커졌다는 사실을 충분히 짐작할 수 있다.

그런데 위의 내용에서 흥미로운 점은 니곡이 성재의 학문에 대해 깊은
관심을 가진 이유를 말해주는 부분이 있기 때문이다. 그것은 "선생께서는
漣上으로부터 여러 대에 걸쳐 내려온 학통을 계승하였다."라고 언급한 내
용이다. 漣上은 오늘날 경기도 연천을 가리키는 것으로, 眉叟 許穆
(1595-1682)을 지칭하는 말이다.

미수 허목은 남명학파와 깊이 연관된 인물이며, 특히 겸재 하홍도와 절

---

25) 河應魯, 『尼谷集』 卷3, 「上性齋許先生傳」. "惟有好賢好德之心 不泯於中 聞大人君
子者 出於是邦 則雖不在師生之地 而心誠好慕之不已也 今先生承漣上屢傳之緒 以
節文儀則之敎 倡京師 以率國中之士 於是國中之士 莫不趨走俯首 曰是實學也 洞本
體而究端緒 集衆說而折其衷 斤斤有依据 片片有段落 信乎典則之言 義理之文也 應
魯雖無狀 竊有束脩之願 而千里脩阻 莫能致身於秉拂之下 以卒斯願也 迺者 因先事
戾洛 祇謁門屛 而先生不以鯫生之微 而揮斥之 猶借以色辭接與之久者 無乃以應魯
爲謙翁後人 而若是眷念耶 自玆以往 嚮慕之誠 尤倍平日 來春會圍 應魯似當一赴
則于時復有進拜之日 而世事類多參差 未知其間得無揶揄所戱歟"

친한 사이였다. 따라서 니곡은 도성 안의 선비들로부터 '實學'이라고 추중되는 성재 학문은 미수에게로부터 그 연원이 전해진 것으로, 겸재 하홍도를 비롯한 남명학파의 학문과 결코 무관하지 않다고 생각한 것이라 볼 수 있다. 이 점은 이미 앞에서 서술한 성재의 가계가 남명학파와 깊이 연관되어 있다는 사실과 아울러, 그의 학문적 연원도 남명학파와 긴밀히 교차되어 있다는 인식이 그 저변에 깔려 있다고 이해되는 부분이다.

니곡은 겸재 이후로부터 내려온 집안의 가학인 남명학을 계승함과 동시에, 남명학파와 가계적으로나 학문적으로 긴밀히 연관을 맺고 있는 당대의 큰 스승인 성재를 통해 자신의 학문이 더욱 깊고 넓어질 수 있는 계기로 삼고자 했다. 따라서 니곡의 학문에 있어 남명학의 계승과 성재학의 존숭은 이질적인 요소로 상충되는 것이 아니라는 점을 확인할 수 있다.

이와 같이 니곡의 학문 성향을 이해할 수 있는 가학과 사승에 대한 내용 외에도, 그가 학자로서 살아간 자취에 관해 서술할 부분이 많다. 그 가운데 대표적인 몇 가지만 말해 보자면, 첫째『겸재집』을 중간하고『남명집』을 교정하는 일에 주도적인 역할을 담당한 것, 둘째 19세기의 어려운 시국 속에서 월고 조성가, 월산 조성주, 월주 하조헌, 면우 곽종석 등과 함께 학문을 강론하고 인재를 양성하며 향음주례를 시행하여 유학의 전통이 끊어지지 않도록 노력한 것, 셋째 향약을 통해 당시 극도로 혼란했던 향촌 사회의 질서를 바로잡으려고 힘쓴 것 등을 거론할 수 있다.

Ⅳ. 맺음말

이상으로 하동 지역의 학자 및 학파 분포에 관해 조망한 가운데, 그와 같은 지역적·학맥적 흐름 속에 위치한 간취당 정우빈 및 니곡 하응로의 학문적 연원과 성재 문인으로서의 사승을 살펴보았다. 이제 결론에서는 하동의 지역성, 남명학파의 학문적 연원과 계승, 성재 문인으로서의 사승 등 개별적으로 논의한 내용을 하나의 맥락으로 종합하여 그것이 가지는 의미를 밝히고자 한다. 그리하여 하동 지역 성재 문인의 학문 성향이 과연 어떠한 것인지를 해명하고, 이를 통해 19세기 강우지역 학자들이 다양한 사승 관계에도 불구하고 연대와 화합을 이룰 수 있었던 근본 배경을 설명할 수 있는 단서를 얻고자 한다.

앞에서 살펴보았듯이, 하동은 조선시대 때 진주목에 속한 지역으로서 남명학파의 핵심 근거지라고 말할 만하다. 그 근거로는 하동 지역의 학자들이 남명학파 내에서 중요한 비중을 차지하는 인물이라는 사실과 아울러 학자의 배출에 따른 학술적 성쇠가 남명학파의 부침과 정확하게 일치하고 있다는 통계상의 객관적 수치로도 충분히 증명된다. 1623년(광해군 15)의 인조반정 이후로 남명학파는 매우 큰 타격을 입었지만, 오히려 17세기까지는 모한재를 중심으로 한 겸재 하홍도의 강학 활동과 문인들의 계승으로 인해 그 명맥이 유지되었다. 그러나 1728년(영조 4) 戊申事態 때 桐溪 鄭蘊의 후손 鄭希亮과 陶村 曺應仁의 후손 曺聖佐 등이 가담하여 각각 安陰·陜川을 근거지로 삼아 일어났으므로, 강우지역은 반역향으로 지목되어 남명학파는 정치적·학문적으로 더욱 위축을 겪게 되었다.[26] 따라서 18세기는 겉으로 나타나기에는 남명학파가 없어진 것처럼 보일 만큼 침체된 상황이다.

1796년(정조 20) 정조가 남명 조식을 배향한 덕천서원에 親製賜祭文을 내려 특별한 관심과 존모의 마음을 표한 일을 계기로, 경상우도 지역에서는 마치 伏流로 흐르던 물이 밖으로 거세게 솟구쳐 오르듯 학식과 덕행이 뛰어난 학자들이 대거 출현하였다. 노백헌 정재규, 월고 조성가, 계남 최숙민, 만성 박치복, 단계 김인섭, 물천 김진호, 면우 곽종석 등이 바로 19

---

26) 이상필, 『남명학파의 형성과 전개』, 와우출판사, 2005, 232쪽.

세기 강우지역을 대표하는 명망과 학식이 뛰어난 학자들이다.

하지만 19세기 강우학자들에게 나타나는 특징은 앞에서 여러 번 언급되었듯이, 각기 다른 사승 관계를 가졌다는 것과 그럼에도 불구하고 함께 모여 강학을 하고 향음주례를 행하며 유학의 보전을 위해 공동으로 일을 추진하였다는 것은 특기할 만한 사실이다. 이 점이 바로 19세기 강우지역 학자들의 학문 성향을 단지 사승 관계로만 이해할 수 없는 근거가 된다.

하동 지역의 학술사적 성쇠가 남명학파의 부침과 궤를 같이 했던 것과 마찬가지로, 강우지역 전체도 남명학파의 운명과 떼려야 뗄 수 없는 유기적 연관을 맺고 있었기 때문이다. 그렇기에 18세기의 침체기를 겪는 동안 남명학파는 의지할 만한 스승을 잃은 채, 노론의 정책적 회유 또는 가문의 보존을 위해 노론화하거나 영남 및 근기 남인과의 교유를 통해 학문적 명맥을 겨우 유지하고 있었다.

남명학파 내에서 학문 전수의 연결 고리가 끊어져 각기 다른 사승 관계를 맺을 수밖에 없었던 상황이 오래 지속된 후, 19세기의 부흥기를 맞이한 강우학자들이 다시 남명학파의 복원을 위한 학파적 결속을 가지려는 생각이나 노력을 한다는 것은 거의 불가능한 일이었으리라 여겨진다. 그렇지만 그들이 서로 배척하지 않고 공동으로 학문과 사업을 추진할 수 있었던 까닭은 남명학파로서의 연원이 내재하고 있었기 때문이다. 따라서 19세기 강우지역 학자들은 남명학의 연원과 사승 관계의 학맥이 조화되어 있는 학문 성향을 가지고 있었으며, 이를 바탕으로 19세기라는 위기의 시기를 극복하여 유학이 나아갈 새로운 지평을 꿈꾸었다고 볼 수 있다. 이것의 근거는 노백헌 정재규, 월고 조성가, 계남 최숙민, 만성 박치복, 단계 김인섭, 물천 김진호, 면우 곽종석 등에 대한 기존 연구 성과에 이미 충분하게 드러나 있으므로 더 이상 거론할 필요가 없으리라 생각된다.

결국 간취당 정우빈과 니곡 하응로에게 나타나는 삶과 학문의 특성도

위에서 서술한 19세기 강우지역의 학자들이 보여준 양상의 전형이라고 평가할 수 있다. 집안 대대로 내려온 가학을 통해 남명학파의 학문을 이어받고 겸재 하홍도의 강학처인 모한재를 중심으로 인근 학자들과 강학한 사실은 남명학의 연원에 근거한 것이다. 그리고 명망과 학식이 뛰어난 당대의 스승을 찾아 성재에게 나아가 집지한 것은 19세기의 강우지역이 가진 현실 상황에 비롯한 것이기도 하지만, 성재가 남명학파와 가계적·학문적으로 깊이 연관되어 있는 점을 생각할 때, 오히려 남명학의 연원을 지켜나가는 가운데 학문적 외연을 확장해 나가는 방식의 모습이라고 이해할 수 있다.

두산 강병주도 가학을 통해 남명학을 계승하였고, 하달홍을 통해 모한재를 근거지로 남명과 겸재의 학문을 계승하였으며, 성재를 통해 근기남인계의 성호학맥을 이어받아 성호학의 실용정신을 계승하였다. 이것이 그의 학문적 기반이다. 그리고 곽종석 등을 통해 한주 이진상의 학문을 접하고, 조성가·최숙민 등을 통해 노사 기정진의 학문을 전해 들었고, 李建昌 등을 만나 소론계 강화학파의 학문에 대해서도 들었다. 이렇게 볼 때, 그는 당대의 여러 학설을 거의 접하였다고 볼 수 있다.[27]

동일한 하동 지역에서 월고 조성가와 계남 최숙민은 전라도 장성의 노사 기정진에게 수학하였으며, 간취당 정우빈·두산 강병주·니곡 하응로 등은 김해부사로 내려온 성재의 문하로 나아갔다. 특히 성재 허전의 가계적 배경과 학문적 연원이 남명학파와 긴밀한 연관이 있는 점으로 본다면, 후자의 학자들이 성재를 찾아간 까닭은 성재의 명망과 학식 외에도 그럴 수밖에 없는 필연적 개연성이 있는 것이다.

그러므로 이와 같은 하동 지역의 성재 문인뿐만이 아니라, 19세기 강우 지역의 학자들이 가진 남명학의 연원과 사승의 학맥이라는 학문 성향을

---

[27] 최석기, 「斗山 姜柄周의 學問과 文學」, 『남명학연구』 제31집, 경상대학교 남명학연구소, 2011, 40쪽.

생각할 때, 이들에 대한 학파적 분류를 단순히 사승으로만 제한할 수 없는 까닭이 여기에 있다고 판단된다. 여러 갈래로 뻗어나간 나무의 가지를 가리키면서 다른 나무라고 말할 수 없듯이, 같은 학문적 연원에 뿌리를 두고서 각기 다른 사승의 학맥을 계승한 19세기 강우지역 학자들의 학문적 특징은 남명학파의 역사적 배경과 깊은 연관을 가진 이채로운 현상이라고 말할 수 있다.

이 글은 『남명학연구』 제32집(2011)에 수록된 「19세기 하동지역 성재 문인의 학문성향」을 그대로 실은 것이다.

嶺南地域에서의 蘆沙學派와 寒洲學派의 成立과 學說交流

김봉곤

Ⅰ. 머리말

19세기 후반 서부 경남에는 蘆沙 奇正鎭(1798-1879)과 寒洲 李震相(1818-1886)의 학설을 추종하는 많은 학자들이 배출되었다. 기정진은 전라도 장성의 노론 출신으로 이일이분수의 주리철학을 전개하였고, 이진상은 경상도 성주의 남인 출신으로 주리철학의 바탕위에 심즉리설을 주장하였다. 이 두 학파는 서로 당색이 서로 달랐지만, 모두 주리설을 주장하였다는 점에서 일치하며, 서부 경남 지역에서 그 어느 학파와 비교할 수 없을 정도로 밀접한 교류가 있었다. 기정진은 생전에 자신의 문하인 조성가나 정재규를 통해 이진상을 알고 있었고, 이진상은 그의 제자들을 통해 기정진의 학설을 정확하게 이해하고 있었다. 따라서 기정진이나 이진상은 서로 만나지 않았지만, 서로 간에 깊은 교유와 학설상의 영향이 있게 된 것이다.

이 두 학파에 대해서는 기존의 많은 先學들에 의해서 연구되었다. 특히 기정진과 이진상의 철학에 대해 많이 검토되었다.[1] 그러나 영남 지역의 기정진의 문인이나 이진상의 문인에 대한 검토는 최근에야 이루어지고 있다. 기정진의 문인들에 대해서는 정병련이 鄭載圭와 鄭琦를 연구하였고,[2] 박학래가 정재규와 趙性家를 연구하였으며,[3] 김봉곤이 영남지역 문인에 대한 개괄적인 연구를 진행하였다.[4] 그리고 이진상의 문인들에 대해서는 서동일이 郭鍾錫을 연구하였고,[5] 이종우가 간재학파와 한주학파와의 논쟁을 다루면서 한주 문인 전반에 대한 검토를 하였으며,[6] 2007년에는 경상대학교 남명학연구소 주관으로 金鎭祜의 학문과 사상이 집중적으로 검토되었다.[7] 그러나 이러한 연구결과에도 불구하고, 두 학파가 어떠한 과정을 거쳐 영남지역에 성립하였으며, 구체적으로 학설적으로 어

---

[1] 기정진에 관한 연구성과에 관한 정리는 朴鶴來,『奇正鎭 哲學思想 研究』, 高麗大學校民族文化研究所, 2003, 8~11쪽과 金鑲坤,『蘆沙學派의 形成과 活動』, 韓國學大學院博士學位論文, 2007, 2~4쪽에 정리되어 있으며, 이진상에 관한 연구성과는 李宗雨,『寒洲學派와 艮齋學派의 心性論爭 研究』, 成均館大學校博士學位論文, 2003, 157~162쪽 참고문헌과 李相夏,『寒洲 李震相의 主理論 研究』, 景仁文化社, 2007, 5~6쪽을 참조할 것.

[2] 鄭炳連,「田民齋의『納凉私議』비판과 奇蘆沙 門下의 防護論」,『退溪學報』, 91, 1996.

[3] 朴鶴來,「蘆沙學派의 理氣論—田愚의 蘆沙說 批判에 대한 鄭載圭의 반비판을 중심으로」,『韓國思想史學』, 19, 2002와 月皐 趙性家의 生涯와 學問,『東洋學』, 42, 2007.

[4] 金鑲坤,『蘆沙學派의 形成과 活動』, 韓國學大學院博士學位論文, 2007.

[5] 徐東一,「俛宇 郭鍾錫의 現實認識과 對應策」, 建國大學校碩士學位論文, 2000.

[6] 李宗雨,『寒洲學派와 艮齋學派의 心性論爭 研究』, 成均館大學校博士學位論文, 2003.

[7] 경상대학교 남명학 연구소에서는 '勿川 金鎭祜의 學問과 思想'이란 題名하에 연구총서 4집을 간행하였다. 수록된 논문은 다음과 같다. 권오영,「19세기 江右學界와 金鎭祜의 학문활동」; 崔錫起,「勿川 金鎭祜의 學說에 대하여」; 이상하,「勿川 金鎭祜의 학문 성향과 性理說」;「勿川 金鎭祜의 南冥學 受容樣相」;「勿川 金鎭祜의 禮學思想」;「勿川 金鎭祜의 詩에 대하여」;「勿川 金鎭祜의의 敎學活動」;「물선 선생 후손가의 고문서 분석」 등이다.

떠한 영향을 주고받았는가는 검토되지 못하였다. 따라서 본고에서는 먼저 노사학파와 한주학파가 각각 영남지역에 성립되게 된 과정을 살펴본 다음 두 학파간에 이루어진 학설교류를 중심으로 두 학파간의 밀접한 관계를 분석해보고자 한다.

II. 嶺南地域 蘆沙學派의 成立

1. 學派의 成立背景

영남지역에 기정진의 문도들이 형성되게 된 것은 1850년대 이후이다. 기정진은 1831년(34세)에 式年 生員試에서 홍석주에 의해 1등 2위로 뽑혔으며,[8] 다음 해에는 康陵參奉에 제수되어 학문적 명성이 널리 알려진 계기가 되었다.[9] 또한 그는 1842년(45세)에 조인영 등 풍양 조씨에 의해 발탁되어 典設司別除를 제수받았으며, 1843년(헌종 9년)에 송시열이 사사된 곳에 세워진 정읍의 考巖書院의「重修記」를 작성함으로서 당대 노론을 대표할 만한 학자로 부각되었다. 뿐만 아니라 그는 1849년에 정여창의 13세손인 鄭煥弼(1798-1859)의 요청으로「濫溪書院風詠樓重修記」를 작성함으로서 영남지역에도 노론 학자로서 기정진의 명성이 크게 부각되었다.

당시 영남 지역은 숙종조 이후 영남 남인의 정치적 진출이 어려워졌으며, 戊甲亂 이후 계속된 老論化 정책으로 영남 남인들이 기호학통 계열의 인물과 교류가 증대되고 노론이 크게 늘어나고 있었다.[10] 정여창의 후손

---

[8] 기정진은 흔히 사마시에 장원으로 뽑힌 것으로 알고 있으나, 정신문화연구원 편, 『CD-ROM 司馬榜目』(서울시스템주식회사, 1999)에 의하면 純祖 31年 式年 生員試에서 기정진은 1등 2위로 뽑혔다. 1등 1위는 鄭愚容이다.

[9] 기정진은 당시 기대승의 직계후손으로 알려져 이조에서 현조가 기대승으로 기재되었다. 그러나 기대승은 기정진에게는 叔祖에 해당한다(『蘆沙先生文集』 附錄 卷1,「年譜」 壬辰條).

들도 인조 13년 鄭光淵이 성균관에서 이이(1536-1584)와 성혼(1535-1598)의 문묘종사를 주장한 예에서 알 수 있듯이 이미 인조대 이후 서인이 되었다.[11] 그리고 정여창의 11세손인 鄭德濟(1742-1815)때부터는 호남지역 사족들과 혼인관계를 맺게 되었는데, 특히 1796년에 김인후가 문묘 종사된 이후 家格이 높아진 장성의 울산김씨 김인후의 후손들과 혼인이 잦았다.[12] 기정진 대에는 鄭東老(1763-1834)[13]의 다섯째 아들인 煥弼(1798-1859)이 金章煥(1761-1835)의 딸과 혼인을 맺고 장성을 자주 왕래하였다.

이와 같이 영남 지역에서 영남 사림들이 기호학통 계통의 인물들과 활발히 교유하고, 기정진 대에는 함양의 정여창 가문과 장성의 김인후 가문

---

[10] 金鶴洙, 「朝鮮後期 老論化 政策의 推移와 性格」(1998년 5월, 淸溪史學月例發表會 要旨) 참조.

[11] 정여창 후손들이 노론화된 것은 이미 인조 13년 鄭光淵이 성균관에서 이이 (1536-1584)와 성혼(1535-1598)의 문묘종사를 주장하였던 사실에서 드러난다. 그 이후 정여창의 후손들은 鄭重獻이 老論인 李縡에게 及門하고, 鄭鎭望이 俞 拓基와 이재를 師事하였으며, 이재로부터 鄭世楨, 鄭熙運의 行狀을 받았던 것 이다(李在喆, 「18世紀 慶尙右道 士林과 鄭希亮亂」, 『大邱史學』 31, 24쪽 참조).

[12] 정덕제는 넷째 아들 東喬(1779-1849)를 호남의 대부호였던 구례 지역의 생원 王學龍(1751-1814)의 딸에게 혼인시켰으며, 南原지역의 명문가문이었던 朔寧崔 氏 崔恒(1409-1474)의 후손인 崔寬鉉을 사위로 맞아 호남 지역과 인연을 맺었 다. 이어 덕제의 큰 아들 鄭東老(1763-1834)는 넷째 아들 煥祖(1793-1846)를 최 항의 후손인 남원의 崔錫一의 딸과 혼인시켰으며, 다섯째 아들인 煥弼 (1798-1859)은 김인후의 후손인 金章煥(1761-1835)의 딸과 각각 혼인시켰다. 특 히 김장환 대부터 이루어진 하동정씨 정여창 가문과의 혼인은 이후로도 장성 의 月坪派를 중심으로 계속 늘어나, 日帝 時期까지 계속되었다(『蔚山金氏族譜』, 乙編, 1979年 참조).

[13] 정동로는 蔭職으로 參奉을 제수받고, 唐津縣監과 僉知中樞府事 등을 역임하였 다. 그는 모두 5남 1녀를 두었는데, 長子인 煥輔(1783-1813)는 순조 13년(1813) 增廣 進士試에서 3등 40위로 합격하였으며, 次子인 煥義(1786-1841)는 순조14 년(1814) 式年 文科試에서 乙科 3등으로 합격한 후 執義,右部承旨 등을 역임하 였으며, 4子인 煥祖(1793-1846)는 순조 28년(1828) 式年 生員試에서 3등 36위로, 5子인 煥弼(1798-1859)은 송치규의 문인으로 순조 34년(1834) 式年 進士試에서 2등 23위로 합격하였다(『河東鄭氏族譜』(1922); 『CD-ROM 司馬榜目』 참조). 기정 진은 1846년 정환조가 죽자 만사를 지었으며(『蘆沙先生文集』 卷1, 「挽鄭上舍煥 祖」), 정환필과는 각별한 교분을 나누었다.

이 혼반관계로 연결되면서 정여창 가문의 인물들을 중심으로 함양의 사림들이 기정진을 자주 찾아오기 시작하였던 것이다. 이후 1850년대에는 함양의 정여창 가문과 가까운 산청의 여흥민씨 가문의 閔在南(1802-1873)이 기정진을 방문하고 그의 從姪인 閔致完과 閔致亮과 金顯玉 등을 기정진의 문하에 보냈다. 또한 1854년경에는 진주의 趙性家 등이 찾아오고, 1860년대에는 진주의 崔琡民이나 삼가의 鄭載圭 등이 찾아오면서 노사학파가 형성되기 시작한 것이다.

이들은 대체로 영남의 노론가문 출신으로, 왜란 때 창의하였거나 이괄의 난 등을 토벌하는데 공을 세웠으나, 상당기간 동안 영락한 집안의 후손들이었다. 예컨대 정재규의 9대조 弘訥의 생부인 震哲은 왜란 때 창의한 공을 인정받아 直長을 제수받았으며,[14] 최숙민의 8대조 琦弼은 家丁 60여 명을 이끌고 진주성 전투에 참여하여 慶尙右兵使 崔慶會와 함께 순절하였다.[15] 조성가의 10대조인 益道는 이괄을 토벌한 공로를 인정받아 공신에 책훈되고 「岳王精忠錄」이 하사되었다.[16]

그러나 이들의 집안은 당대에 이르기까지 크게 현달한 인물을 배출하지 못하였다. 이러한 사실은 일정부분 인조반정 이후 북인 정권의 몰락과 무신란 이후 경상 우도 지역 인물에 대한 중앙 관계에서의 기피와도 관련되기도 하지만, 기정진의 대표적인 제자들인 조성가, 최숙민, 김현옥, 정재규 등의 가계를 분석해 볼 때 5, 6대에 걸쳐 생원 진사나 관직에 나아간 사람을 한 명도 배출하지 못할 정도로 영락해 있었다. 대신 조정가나 최숙민의 경우처럼 당대나 부친 대에 이르러서 재산 형성에 성공한 사람들이 많은데, 이는 영남지역의 노사학파가 당시 재력을 바탕으로 학문을

---

14) 鄭震哲은 이후 1606년 觀武別科로 관직에 올라 秉節校尉 副司果, 內禁衛의 淸物 梁水軍萬戶, 司勇司猛 行明川府使 등을 거쳐 1614년에는 僉樞兼五衛將을 역임하였다(『草溪鄭氏庚申大同譜』(1980年).

15) 鄭載圭, 『老柏軒集』 卷48, 「溪南崔公行狀」.

16) 趙性家, 『月皐集』 卷20, 附錄, 「家狀」.

통해서 영남지역에 다시 두각을 나타내고자 한 세력들이었음을 반증하는 것이라고 할 수 있다.

2. 學派의 成立과 發展

이와 같이 노사학파는 영남의 노론가문 출신으로 학문적 성공을 통하여 두각을 나타내고자 하였던 인물들에 의해서 1850년대부터 형성되기 시작하였는데, 그 중에서도 조성가와 최숙민, 정재규가 가장 두드러진 인물들이다. 이들을 통해서 영남지역 노사학파가 구체적으로 어떻게 형성, 발전되어갔는가를 차례로 살펴보도록 하자.

먼저 기정진의 대표적인 제자인 조성가는 6, 7대조에 咸安을 벗어나 4대조인 元耆때에 회신리를 거쳐 월횡으로 이주하였으며, 그의 아버지 때에 근면으로 가업을 일으키고 있었다.[17] 그는 27세 때인 1851년 기정진을 배알한 이후 거의 매년 기정진을 방문하고 수학하였다.[18] 그는 특히 기양연과 가깝게 지냈는데, 그는 기양연을 통해 성균관 대사성을 역임한 徐承輔를 1869년 소개받고[19] 서승보와 막역한 벗이 되었다. 서승보는 조성가를 1871년 孟獻子의 벗 5人 중의 하나로 여겼다.[20] 그는 이후 경상도 관찰사인 李憲永이나 진주목사로 부임한 成箕鎬, 李容稷, 李恒儀등과 현안문제에 대해 상의하기도 하였다. 그는 또한 1877년 寒洲 李震相(1818-1886)의 초청으로 단성의 사월리에서 함께 향음례를 하였으며, 1883년 경학이

---

[17] 조성가는 자신의 부친인 匡植(1804-1879)이 赤手空拳으로 가업을 일으켰으며, 학문을 하지 못한 것이 한이 되어 자신의 동생과 자식들에게 그 성취를 기대하였다고 하였다. 또한 조성가는 자신과 막내 동생인 性宙가 기정진을 스승으로 모신 것은 부친의 命이었다고 회고하였다(『月皐集』卷 18, 「先考贈童蒙敎官府君行狀」).

[18] 이후 조성가의 행적은『月皐集』卷20, 附錄, 「家狀」과 「行狀」 참조.

[19] 『月皐集』卷6, 與徐判書(承輔)(己巳).

[20] 『月皐集』卷6, 「與徐判書(辛未).

뛰어나 선공감 감역으로 임명되고, 진주 지역에 분서강약을 만들어 춘추
로 강론하기에 이르렀다. 뿐만 아니라 그는 자신의 재력과 학문을 바탕으
로 당시 경상우도를 대표하는 하동 정씨 정여창 가문이나 안동권씨 권준
가문, 해주정씨 정문부 가문 등의 대표적인 노론가문과의 혼인을 통해 가
문의 위상을 높여 나갔다.[21]

　　최숙민(1837-1905)의 경우에도 寒岡 鄭逑(1543-1620)나 桐溪 鄭蘊(1569-
1612) 등과 從遊하였던 7대조 澳 이후 현달한 인물을 배출하지 못하다가
그의 부친인 重吉(1796-1872)대에 이르러서야 크게 가세를 펴게 되었다.[22]
重吉은 집안이 거의 몰락한 상태에서 태어나 어려서 모두 부모를 잃고 형
인 重恒에 의해서 양육되었다. 그는 빈곤하여 학문에 힘쓰지 못했으나,
결혼한 이후 치산에 힘써 가업을 일으키게 되자 비로소 아들 최숙민이
학문에 전념할 수 있는 바탕을 만들게 되었다. 중길은 당시 조성가와 교
유하고 있었던 아들 최숙민의 요청을 받아들여 기정진에게 보내 학문을
대성케 하였는데, 이 때 아들 최숙민이 기정진에게 수학하려고 하자 族人
들로부터 논란이 일어났다.[23] 왜냐하면 중길이 진주 지역의 남인 계열에
속하는 인물이었기 때문인데,[24] 최숙민이 族人들의 방해를 물리치고 기
정진에게 사사할 수 있었던 것은 그가 학문을 대성하고자 하는 욕망이
크게 작용하고 있었지만, 당시 인근의 定齋 柳致明(1777-1861)의 문인이었
던 月村 河達弘(1809-1877)에서 확인할 수 있듯이[25] 진주지역에서 남인과

---

21) 김봉곤, 『蘆沙學派의 形成과 活動』, 韓國學大學院博士學位論文, 2007, 139쪽.

22) 이후 崔琡民의 부친 重吉에 관한 기사는 崔琡民, 『溪南集』 卷31, 「齊思錄」 참조.

23) 『老柏軒集』 卷48, 「溪南崔公行狀」. 최숙민의 생애에 관해서는 이 글을 주로 참
조하였으므로, 이후 특별한 경우 외에는 註를 생략함.

24) 崔重吉이 謙齋 河弘度의 후손으로 남인이었던 河德望의 손자 河一聖의 딸과
혼인하였기 때문에 그가 남인 계열의 인물이었음을 알 수 있다. 최중길의 처
가였던 하일성의 집안은 하홍도 이후 줄곧 남인으로서 남명 선양 사업에 주
도적인 역할을 수행하였다(李相弼, 『南冥學派의 形成과 展開-思想과 學脈의 推
移를 中心으로-』, 高麗大學校博士學位論文, 1998, 143쪽).

노론사이에 서로 왕래 할 수 있는 기풍이 형성되어 있어서 가능한 것이기도 하였다. 이후 기정진으로부터 수학한 최숙민은 영남지역의 기정진의 문인인 조성가나 정재규, 김현옥 등과 뇌룡정이나 악양정, 신안정사 등지에서 자주 학문을 講磨하면서, 진주나 단성, 산청 등지의 노론 가문과도 활발한 교유를 하였다. 그는 산천재에서 남명의 후손들을 중심으로 강학활동을 하다가 1889년 曺容과 曺垣淳 등의 요청을 받아들여 德山講約의 講規를 정하고 그 序文을 썼으며, 삼가와 단성 지역의 노사학파의 강학을 위해 觀善契修案序를 작성하기도 하였다. 이후 최숙민은 1891년 조헌의 묘를 참배하고 화양동을 방문하여 노론으로서 색채를 분명히 하였으며, 이어 김평묵, 최익현, 유기일, 홍재구 등을 방문하여 화서학파와의 연대에 힘을 기울였다.[26]

정재규(1843-1911)는 조성가나 최숙민의 경우와는 달리 삼가현 묵동에서 조상 대대로 세거하였다. 정재규 가문의 경우에도 왜란 이후 현달한 인물은 없었으나, 정재규의 5대조인 光益이 상암 권준의 5대손인 權廻羽의 딸과 혼인함으로써 노론이 되었다. 정재규는 어린 시절에는 같은 삼가현 출신의 夢關 崔惟允(1808-1877)에게 수학하였다.[27] 최유윤은 尹鳳九의 제자였던 茅廬 최南斗의 방손으로 錦谷 宋來熙(1791-1867)에 수학하였던 당시 대표적인 영남 서부지역의 노론 출신 학자였다. 최유윤은 기정진과의 교류를 통해 기정진의 성리학을 높이 평가하였는데, 그는 정재규가 나이 22세에 이르자 정재규의 조부인 정언민과의 상의를 거쳐 기정진에게

25) 하달홍은 조성가와 같은 월횡 출신으로 조성가와는 깊은 우의를 나눈 인물로 기정진과 자주 왕래하면서 詩를 비롯해서 많은 편지 글을 남기고 있다(『蘆沙先生文集』; 河達弘, 『月村集』 참조).

26) 崔琡民, 『溪南集』 卷2, 詩, 「三月生明夕曺參軍子容過余書堂挑以楓岳之遊」, 辛卯(1891) 이하의 詩 참조.

27) 『老柏軒集』 附錄 卷1, 「年譜」, 癸亥 冬. 정재규의 생애와 관련된 내용은 주로 연보를 참조했다. 이후 연보에 나타난 정재규의 생애에 관해서는 주를 생략하겠다.

보내 성리학을 대성시키려고 하였다. 이에 정재규는 1864년 기정진을 직접 찾아가서 수학하게 되었다. 그는 기정진으로부터 7년을 수학한 뒤 기정진로부터 학문 성취를 인정받기에 이르렀다. 이후 정재규는 1875년 10월에 정의림, 김석구, 기우만과 회동하여 기정진으로부터 4일 동안 「納凉私議」를 전수받았으며, 1879년 정월에는 기정진으로부터 「納凉私議」와 「猥筆」의 학설을 독실하게 믿고 따르겠다고 약속하고, 기정진의 학설을 이어가게 되었다.

이후 정재규는 1884년에 삼가에서 허유 등과 함께 조식의 강학처인 뇌룡정을 중건하고, 雷龍儒契를 결성하여 남명을 통한 인근의 사림들과의 결속을 강화하는 한편 남명 문집의 교열과 신도비 문제에도 관여하였다. 또한 1892년에는 주자와 송시열을 모신 단성의 신안정사의 舍菜禮에 초빙된 이후 여러 차례 강학활동을 전개하였으며, 1897년에는 의령 新藩의 권준 가문의 요청에 의해 竹村草堂에서 강학함으로서 의령과 단성 일대에 거주하는 안동권씨와 성산이씨 노론 가문사이에 관계가 더욱 깊어지게 되었다. 또한 그는 정여창이 머물렀던 하동의 악양루에서 會講하였고, 남계서원의 향례에도 참여하여 그의 활동 영역을 계속 넓혀 나갔다.

이와 같이 조성가, 최숙민, 정재규 등의 영남지역의 노사학파는 그들의 학문적인 역량을 바탕으로 이 지역의 노론 가문의 연대를 강화해 나감과 동시에 남명 조식과 일두 정여창을 숭앙하는 기풍이 강한 이곳에서 그들의 선양 활동을 통해 진주와 하동·산청·합천·의령을 중심으로 한 영남지역에 노사학파가 활동할 수 있는 공간을 계속적으로 넓혀 갔던 것이다.

III. 寒洲學派의 成立

1. 學派의 成立過程

영남지역의 노사학파는 정재규를 비롯해서 조성가, 최숙민, 김현옥, 권재규 등에 의해서 당시 영남 서부지역에 형성되기 시작한 한주학파와 밀접한 교류를 갖게 되었다. 영남 서부지역에 한주학파가 형성된 것은 寒洲 李震相(1818-1886)의 만년에 해당되는 50대 이후인 1870년대이다.[28] 소위 洲門八賢이라고 불리는 后山 許愈(1833-1909)는 38세 되던 해인 1870년에, 俛宇 郭鍾錫(1846-1919)는 25세 되던 해인 1871년에, 紫東 李正模(1846-1875)는 25세 되던 해인 1872년에, 弘窩 李斗勳(1856-1918)은 19세가 되던 해인 1874년에, 膠宇 尹胄夏(1846-1906)는 31세가 되던 해인 1876년에, 勿川 金鎭祜(1845-1908)·晦堂 張錫英(1851-1929)은 각각 34세·28세가 되던 1878년에, 韓溪 李承熙(1847-1916)는 이진상의 아들로서 이진상의 문인이 되었는데,[29] 이들 중 성주에 거주하였던 이승희, 칠곡 각산에 거주하였던 장석영, 고령 본관동에 거주하였던 이두훈을 제외한 나머지 5인은 모두 영남 서부지역 출신으로서 노사학파와 활동지역이 일치한다. 곽종석은 단성 사월리 출신이며 김진호는 단성 법물 출신, 허유·이정모·윤주하는 모두 삼가 출신으로,[30] 당시 이 지역에서 활동하고 있었던 조성가나 최숙민, 정재규 등의 노사학파와 활동지역이 일치하고 있어서, 이들과 노사학파 사이에 어떻게든 교류가 있게 된 것이다. 특히 허유와 이정모는 삼가 출신으로 정재규와 밀접한 교분을 유지하고 있었다.

---

[28] 琴章泰, 「退溪學派의 學問〈21〉」, 『退溪學報』, 102輯, 退溪學研究所, 1996, 181쪽.

[29] 『寒洲先生文集』, 附錄, 卷1, 「年譜」.

[30] 金度亨, 「寒洲學派의 形成과 現實認識」, 『寒洲學派의 學脈과 民族運動』, 成均館大學校大東文化研究院 동아시아유교문화권교육연구, 2000, 12~13쪽; 李相弼, 『南冥學派의 形成과 展開-思想과 學脈의 推移를 中心으로-』, 고려대학교대학원박사학위논문, 1998 所載〈부록 Ⅱ〉南冥學派 및 關聯 人名錄 참조.

이진상은 52세 때인 1870년에 허유를 만나면서 자신의 「心卽理說」을 전하였다. 이 때 이진상은 허유와 함께 3일에 걸쳐 성리학 전반에 대해 궁구하였는데, 태극의 동정, 인심의 주객, 인물성, 화이, 王覇에 대한 자신의 학설을 비로소 발설하였다.[31] 또한 이진상은 자신의 학설이 담긴 漫錄을 허유가 가지고 가서 읽도록 함으로서 이진상의 심즉리 철학이 영남우도에 널리 전파되게 되었다.[32]

허유는 이진상의 만록을 읽고 이진상의 학설이 橫說하고 垂說하여 理氣에 대해서는 大原을 주장하여 겹겹의 문을 열고, 心性에 대해서는 本體를 통찰하여 端緖를 구명한 것이라고 평가하고 이는 수백 년 동안 어두웠던 主理의 宗旨를 수립하여 미혹한 무리들에게 돌아갈 곳이 있게 한 것이라고 극찬하였다.[33] 이후 허유는 먼저 곽종석에게 이진상에게서 수학할 것을 권유하였다. 허유는 곽종석이 총명하고 박식할 뿐만 아니라 도량이 깊고 말씨가 장중하여 사문의 책임을 맡을 만하다고 판단하였다.[34] 오늘날처럼 異論이 많고 춘추일통의 뜻이 없어진 때에는 근세의 傑匠인 이진상을 찾아가서 從遊하면 얻는 바가 적지 않을 것이라고 추천하였던 것이다.[35]

---

31) 許愈, 『后山續集』 卷8, 「行狀」(李承熙撰). "庚午春 始謁吾先君子于寒洲精舍 聞古聖賢主理之旨 言下領悟渙然不逆 窮三日夜講論不息 自太極動靜人心主資 以及人物性凡夷夏王覇之分 無不窮其端而沿其流 蓋先君一生立成定本 至是而始發言 又授之以程先生致知居敬之訣 曰千古心學 惟此爲要 公敬受之 又奉其所著漫錄數册以歸."

32) 許捲洙, 「后山 許愈의 生涯와 學問에 대한 硏究」, 『후산 허유의 학문과 사상』, 술이출판사, 2007, 46쪽.

33) 『后山集』 卷3, 「上寒洲李先生」 庚午. "吾門下眞實得橫垂說去 於理氣則主大原而闢重門 於心性則洞本體而究端緒 集衆說而折衷之 斤斤有依據 片片有段落 信乎典刑之言義理之文也 況復吾宗主理之旨 晦而不章 迨數百年 而門下斷然立幟 爲後生先之使迷道輩有所歸屬."

34) 『后山集』 卷5, 「答郭鳴遠鍾錫」 庚午. "足下聰明絶倫 涉躐無際 愈自以爲英才易成就 難未嘗不爲足下憂之 前者幸得枉顧 竊瞷德宇深邃 辭氣莊重 不涉於高遠 不流於卑俗 苟能留意於聖賢事業 何患不到古人地位 此愈所以期仰於足下者 不淺之爲知而尤望其益篤益精 無負斯文之責也 足下愼勿辭讓 擔夯做去 如何如何."

이에 곽종석은 1870년 겨울에 이진상을 찾아뵙고 편지를 올렸다. 江右
에 眞儒가 오랫동안 나타나지 않아 사승이 전해지지 못하고 학문에 정통
이 없었는데, 이제 선생께서 가르침을 베풀어 후학들의 趣向를 바르게 하
고 유학의 도맥이 끊기지 않게 해 달라고 간청하였던 것이다.[36]

2. 心卽理說의 受容過程

그러나 영남서부지역에서 이진상의 학설이 쉽사리 수용되지는 못하였
다. 이진상의 만록이 허유와 곽종석 등에 의해 이 지역에 전파되었으나,
양명학의 심즉리를 비판하였던 퇴계 학설의 영향이 강한 이곳에서 이진
상의 학설이 쉽게 받아들여지지 않았던 것이다. 예컨대 허유와 함께 당시
삼가에 거주하였던 이정모는 허유로부터 이진상의 學說이 자득한 곳이
많은데 그 중 대표적인 것으로 이진상의 「四七論辨後說」을 소개받고 이에
대한 논평을 부탁받았다.[37] 허유가 이와 같이 이정모에게 이진상의 「四
七論辨後說」에 대한 논평을 부탁한 것은 이정모가 이진상의 학설을 이해
하고 자신과 견해를 같이하기를 바란 것이라고 할 수 있는데, 이정모는

---

35) 『后山集』卷5,「答郭鳴遠鍾錫」庚午. "誠以陶山以後 異論多端 春秋一統之義 不可
復見.……寒洲翁近世之傑匠也 足下往從之遊 所得必不淺.

36) 『俛宇集』卷10,「上寒洲先生」. "惟我江右眞儒之不作 斯文之不振 凡幾年于茲矣 先
哲旣往 後車莫追 是以鄕閭之間 雖往往有超英拔倫之資 而學無師承 敎無嫡傳 皆斐
然成章而不知所裁 一生苦心而畢竟歔欷太息 仁者觀之 寧不愀然以惜哉 伏願廣開門
路 引進後學 設席間之函 育天下之才 使一世之人 不迷於趣向 而吾道之脈 無至於
泯滅 此不勝區區懇祝之至."

37) 허유는 이정모에게 한주의 학설이 자득한 곳이 많은데, 그 중에서도 '무릇 情
이 발할 때에 發者가 理며, 發之者는 氣이다.'라는 것과 '心의 지각하는 바가
같지 않기 때문에 그 發할 때에 혹 理를 따르기도 하고 혹 氣를 따르기도 하
기 때문에 理發과 氣發로 나누어 말할 수 있다.'라는 것. 그리고 "互發이란 것
은 각발한 것이 아니라, 다만 그 發處를 보고 입론한 것이니, 그 발한 단서를
따르면 性이 發하는 한가지 길이 있을 뿐이니, 氣를 섞어서 설명할 수 없다는
것이란 견해에 대해 묻고 이에 대한 대답을 부탁하였다(『后山集』卷5, 與李聖
養, 庚午).

창졸간에 답변하기가 어렵다고 답변함으로서 즉각적인 동조를 피하였다. 이후 허유로부터 만록을 빌려 읽고, 1872년 여름에는 허유, 곽종석과 함께 이진상을 배알하였으나 여전히 그는 이진상의 심즉리와 양명학의 차이점을 잘 알 수가 없었다.[38]

이에 이정모는 1873년 이진상에게 편지를 보내 심즉리에 대한 정확한 견해를 밝혀줄 것을 부탁하였다.[39] 이에 대해 이진상은 心은 質의 관점에 따라 보는 醫家의 血肉之心이 있고, 氣의 관점에 따라 보는 佛家의 精魄之心이 있으며, 理의 관점에 따라 보는 儒家으 主宰의 心이 있는데 자신의 심은 바로 주재의 심이라고 주장하였다. 즉 이진상은 주자의 말을 빌려 주재하는 것은 理인데 심외에 리가 있는 것이 아니므로 心이 곧 理라고 이해하였다.[40] 자신이 말한 심즉리의 심은 심의 眞體로서 천리가 사람에게 있는 전체 즉 태극이며, 心統性情에서 性은 未發의 理이며, 情은 已發의 理이기 때문에 성정 외에 따로 심이 있는 것이 아니기 때문에 心卽理라는 것이다.[41] 또한 이진상은 퇴계도 理氣를 兼하여 말했으나 곧바로 心의 未發은 氣가 用事하지 않은 것으로 오직 理뿐이라고 하였으니 心의 大本은 理라고 주장하여[42] 자신이 주자와 퇴계의 근본취지를 계승하였음을 밝혔다.

이와 같이 이진상이 심즉리설을 주자와 퇴계의 근본 취지라고 설명한 것에 대해, 이정모는 주자가 心爲太極이라고 한 경위와 주자가 性猶太極, 心猶陰陽이라고 한 구절을 들어 심즉리가 될 수 없다고 반박하였다. 즉

---

38) 『紫東集』 卷2, 「上寒洲先生」癸酉.

39) 『紫東集』 卷2, 「上寒洲先生」癸酉.

40) 『朱子語類』, 第1, 理氣上. "心固是主宰底意 然所謂主宰者 卽是理也 不是心外別有箇理 理外別有箇心."

41) 『寒洲集』 卷18, 「答李聖養」.

42) 『寒洲集』 卷18, 「答李聖養」. "退陶固嘗以兼理氣言心 而族謂心之未發 氣不用事 惟理而已 則心之大本 顧不在 於理耶."

주자가 心爲太極이라고 한 것은 邵雍(1011~1077)이 先天圖에서 한 말을 인용한 것으로 萬化萬事가 마음속에서 일어나는 것이 마치 兩儀四象八卦가 太極에서부터 생겨나는 것과 같다는 것을 설명하기 위한 것이었다고 주장하고, 주자는 性猶太極, 心猶陰陽을 주장하였기 때문에 성은 태극와 같고 심은 음양과 같기 때문에 심을 性이나 太極으로 볼 수 없다는 견해를 제시하였다.[43)]

이와 같이 이정모가 심을 성이나 태극으로 볼 수 없다는 것에 대해 이진상은 性猶太極, 心猶陰陽은 太極이 陰陽을 떠날 수 없는 것이 마치 性이 心을 떠날 수 없는 것을 증명하기 위해서 나온 것이라고 주장하고, 태극과 성의 동정, 심과 음양의 주재에 대한 검토를 통해 심을 태극에 비견하였다. 즉 태극은 본래 動靜에 간격이 없으나 性은 단지 靜한 太極이며 心은 一身의 主宰이지만 陰陽의 器는 主宰의 實을 얻을 수 없기 때문에 태극은 성과 같지 않고 심은 음양과 같지 않다는 것이다.[44)] 오히려 주자가 性猶太極, 心猶陰陽 아래에 心은 太極의 理라고 하였기 때문에 심은 태극이라고 볼 수 있다고 결론을 내렸던 것이다.[45)] 이와 같이 심을 태극으로 볼 수 있다고 주장한 이진상은 이러한 주자의 견해는 주자의 만년설에 해당되며 주자의 심설은 다음과 같이 구분할 수 있다고 주장하였다. 즉 주자는 초년에 心을 已發, 性을 未發이라고 하였는데, 우리나라에서는 근세의 湖學

<hr>

43) 『紫東集』 卷2, 「上寒洲先生」. "猶有更合就質者 心爲太極一句 特發於邵子昭揭於啓蒙邵子豈欺人而朱子豈謾錄哉 然朱子又云性猶太極 心猶陰陽 太極自太極 陰陽自陰陽 心與性亦然 又云理自理 心自心 心之爲太極 竊謂邵子此句本爲發明先天圖之意 蓋萬化萬事之從心中起 猶儀象卦畫之自太極生 故此渾淪說 若欲的知心性之微有分別 則必如朱子口訣 方爲十分精覈."

44) 『寒洲集』 卷18, 「答李聖養」. "性猶太極, 心猶陰陽 是借諭說 以太極之不離於陰陽 證性之不離於心 然太極本無 (間太極本於無)間於動靜 而性只是靜底太極 心乃一身之主宰 而陰陽之器當不得主宰之實 故朱先生旋謂心之理是太極 動靜是陰陽 如是則的指其實明矣 寧可曰道理不是心 而動靜獨爲心乎."

45) 『寒洲集』 卷18, 「答李聖養」. "朱先生旋謂心之理是太極 動靜是陰陽 如是則的指其實明矣 寧可曰道理不是心 而動靜獨爲心乎."

이 근거하고 있으며, 中年에는 心을 氣의 靈, 性을 心의 理로 보아 氣의 精爽을 위주로 하였는데 이는 洛學이 근거하고 있으며, 만년에는 心을 性情의 統名이며 주재로 보았는데,[46] 이는 자신이 근거하고 있다는 것이다.

결론적으로 이진상은 자신의 심즉리설이 퇴계학설과 충돌하여 서부 경남지역에서 부식되지 못하자 자신의 학설이 주자와 퇴계의 근본취지를 계승하고 있다는 점을 강조함으로써 영남 서부지역에 자신의 문인들이 점차 형성되고 이들을 통해 자신의 학설이 전파된 것으로 이해된다.

Ⅳ. 蘆沙學派와 寒洲學派의 學說交流

1. 主理說에 對한 相互評價 및 受容

이와 같이 1870년대부터 삼가 일대를 중심으로 이후 확산되어가기 시작한 이진상의 학설은 허유를 통해 노사학파와의 정재규와 기정진에게도 전해졌다. 허유는 정재규와 이진상의 학설에 대해 논란을 벌리면서 이진상의 호발설에 대해 기정진이 어떻게 평가하였는가를 알아보자고 제안하였다. 이러한 허유의 제안에 따라 정재규는 이진상의 호발설에 대해 1875년 다음과 같이 기정진에게 질의하였다.

a) 정재규가 장차 師門을 배알하려고 하자 허유가 한주 이진상의 互字說을 기록하고 보이고 말하기를 "선생께 물어보아 주심이 어떠합니까?"고 하였다. 그 설의 대의는 대체로 "理發은 원래 추종하는 바의 氣가 있기 때문에 理가 主가 되지만, 氣發은 타는 바의 理가 없지 않으나 氣가 도리어 중하다. 그러므로 호발이라고 한다."라고 하는 것인데, 음양이 서로 간직하고 文義가 호간할 수 있는 말을 인용하여 호자의 뜻을 증거하니 그 질발이 아닌 것이

---

46) 「答李聖養」, 『寒洲集』 卷18.

분명하였다.

선생께서는 다 보시고 손으로 '理가 主가 된다'와 '氣가 도리어 重하다'는 두 구절을 가리키면서 말씀 하시기를 "이 사람이 또한 리기가 호발하지 않는 뜻을 아는데 이와 같이 분소하니 그 뜻이 심히 애처롭다." 하였다.[47]

b) 四端 理發 七情 氣發의 설의 문목을 만들어 선생에게 올리니 선생이 다 보시고 손으로 '모든 發은 理發인데 이미 발한 뒤로부터 그것이 이와 같음을 보는 것을 氣發이라고 한다'에 점을 찍으시고, 선생이 말씀하시를 "이 뜻이 좋다. 내 뜻과 맞다." 하였다.[48]

a)는 이진상이 互發 즉 리발과 기발 두 가지를 함께 보려고 하는 것은 理發만을 주장하는 것만 같지 못하다는 기정진의 비판이며, b)는 기정진이 理氣가 묘합되어 있어서 사단칠정 역시 모두 리발로 볼 수 있다는 주장한 정재규의 손을 들어 준 것이다. 정재규는 삼가에 들어와 이 내용을 허유에게 전하였는데, 허유는

四端七情이 모두 理가 말한 것이다라는 것은 雲陶(주자와 퇴계: 역자주)의 종지입니다. 읽어 볼수록 감탄스럽습니다. 互發 운운한 것은 대게 두 가지가 交須하여 원래 서로 떨어지지 않는 것이 마치 陰陽이 互藏하고 動靜이 互根하는 것과 같아서 원래 다른 뜻이 아니며 또한 의심스런 뜻도 아닙니다. 兄께서 비록 理氣가 對待한 것을 걱정하시지만 그러나 스스로 발동할 때의 情의 實로부터 말하면 사단칠정이 모두 理發이니 진실로 對待하여 설명한 것이라고 할 수 없습니다.[49]

---

47) 『老栢軒集』 卷27, 沙上記聞. "載圭將謁師門 許友愈錄寒洲李丈互字說以示之 曰稟質間席如何 其說大意 以爲理發元有所隨之氣而理爲主 氣發非無所乘之理而氣反重 故謂之互發 引陰陽互藏文義互看之說 以諡互宇之義 而明其非迭發之謂矣先生覽訖 手指理爲主氣反重二句 而言此人亦知理氣無互發之義 而如此分疏 其情亦可謂戚矣."

48) 『老栢軒集』 卷27, 沙上記聞. "載圭以四端理發七情氣發之說爲問目呈上先生覽畢手自點批於凡發皆理之發而其氣發云者自已發後去見佗如此曰此數句語甚合吾意(右乙亥所聞 1875)."

라고 하여 이진상의 호발설이 사단칠정이 모두 리발이라는 기정진의 견해와 다른 것이 아님을 주장하였다. 이러한 허유의 호발설에 대한 이해는 이진상에게도 반영이 되어 이진상이 二物이 혼융무간하게 一體로 묘합되어 있다는 기정진의 묘합설에 대해 자신의 견해를 밝히기도 하였다.50)

또한 이진상은 영남 서부지역에 자신의 문인들이 늘어남에 따라 1877년 이후 자주 이 일대를 방문하게 됨으로써 노사학파의 인물들과 만나 교분을 나누게 되었다. 이진상은 1877년 삼가의 허유를 방문할 때 정재규를 만나보고,51) 이어 단성의 사월리에서는 조성가와 향음례를 같이 하고 남해의 금산을 함께 유람하였다.52) 이후 이진상은 1880년에 직접 정재규를 방문하고, 성리설에 관해 깊이 논의하였는데, 이진상은 이미 허유 등의 문인들을 통해 기정진의 글을 접한 다음, 허유, 곽종석과 토론을 통해53) 기정진의 학문이 "학술의 精深함이 근세에 보기 드물어 湖洛의 수렁(窠臼)에 떨어지지 않고 高峰의 昭曠한 근원을 직접 접했다"54)고 높이 평가하였다. 그는 정재규와의 문답을 통해

> (蘆沙가) 李公五에게 대답한 글에 "心은 氣의 靈處이니 靈處가 있으면 또한 마땅히 靈底가 있어야 한다"라고 하였으니 靈底는 理로써 明德을 가르킨 것입니다.55)

---

49) 『后山集』卷4, 「答鄭厚允」丙子. "承論四七都是理之發　此是雲陶宗旨　讀之欽歎　互發云云　蓋云二者交須元不相離　如陰陽互藏　動靜互根　初非別意　亦非疑義　吾兄雖以理氣之對待爲憂　然自發時之情之實而言之　則四七皆理發　固不可待對說."

50) 『寒洲集』卷41, 乙未本, 「讀奇蘆沙妙合說」.

51) 『寒洲先生文集』, 附錄, 卷1, 「年譜」, 丁丑年(1877)條.

52) 위의 책; 趙性家, 『月皐集』卷3, 「與李寒洲朴晩醒雙岡趙竹下許南黎作錦山遊二十首」.

53) 『寒洲集』卷15와 卷20에서 許愈, 郭鍾錫과 주고받은 편지 참조.

54) 『寒洲集』卷17, 答鄭厚允載圭. "因南朋知舊　得見下沙文編　學術之精審　近世所罕見　不墮於湖洛窠臼　而直接乎高峯昭曠廣之原."

55) 『寒洲集』卷17, 「答鄭厚允載圭」. "答李公五書　日心者氣之靈處　有靈處則亦有靈底

라고 하고

> 蘆門의 旨訣을 보여 주시니 저의 뜻과 깊이 일치됩니다. 이미 理가 있는 까닭에 靈하다고 하였으니, 氣의 靈은 氣로만 간주할 수 없습니다. 특히 靈은 妙用이며 理는 本體이기 때문에 靈을 곧 理라고 할 수 는 없지만, 妙用은 氣를 타고 출입하는 理가 아닙니까? 心에 쌓인 것이 血肉의 心을 가리킵니까? 心의 本體로 말하면 心은 곧 明德일 뿐입니다."[56]

라고 하여 기정진의 학설의 심의 본체로 말하면 心은 明德이며, 明德은 理로 이해되기 때문에 자신의 학설인 心卽理와 일치될 수 있다고 간주하였다. 정재규도 허유와 곽종석, 이진상과의 토론을 거쳐[57] "性은 理가 未發한 것이요, 情은 理가 이미 發한 것이다. 心은 理가 動靜을 貫通하고 性情을 統攝하는 것이다."[58]라고 하여 이진상의 '心卽理' 학설을 수용하기에 이르렀다.

그는 1886년 이진상이 죽자 곧 만사와 제문을 보내 조문하였다.[59] 그는 제문에서 理를 萬化의 樞紐, 根本으로 삼아 理의 본래 면목을 회복하게 한 이진상의 학설이 노사 선생과 약속을 하지 않은데도 서로 부합되었다고 하여 한주학설과 기정진 학설이 주리설의 입장에서 일치될 수 있음을 강

靈底倘指明德否."

[56] 『寒洲集』 卷17, 「答鄭厚允」. "承示蘆門旨訣 深契鄙懷 旣曰有理故靈 則氣之靈 不可單以氣看 而特以靈是妙用 理是本體 故不可謂靈便是理 然妙用者 特非乘氣出入之理耶 貯於心者 指血肉之心否 若以心之本體言則心便是明德耳."

[57] 특히 허유는 이진상에게 편지를 보내 정재규가 知覺에 관해 農巖을 따라 主氣說라고 주장하고 있으나, 선생께서 한번 밝게 분별해 주시면 정재규가 고집을 부리지 않고 따라 올 것이니, 속히 답장을 해주라고 촉구하였다(「上寒洲先生」, 『厚山集』, 續, 卷2).

[58] 『老柏軒集』 卷4, 「與李寒洲震相」; 이진상은 정재규의 이러한 표명에 대하여 語義가 서로 같다고 하고, 한결같이 理가 이른다는(理到) 말은 氣學이 판치는 세상에 사문의 다행이라고 극찬하였다(「答鄭厚允別紙」, 『寒洲集』 卷17).

[59] 「挽寒洲李公震相三首」, 『老柏軒集』 卷3; 같은 책, 卷39, 「祭李寒洲文」.

조하고, 이어 그는 자신이 한때 지각설에 관해서 異見을 보였으나, 요사이 智가 知를 떠날 수 없는 것이 仁이 愛를 떠날 수 없는 것과 같음을 깨달게 되었는데, 이제 돌아가셨으니 어떻게 할 것이냐고 자신의 슬픔을 토로하였다.

이와 같이 정재규가 기정진과 이진상의 학설이 똑같이 주리를 천명한 것으로 이와 같이 높이 평가하였던 사실은 노사학파와 한주학파가 韓未 같은 주리론의 입장에서 깊은 연대를 갖게 되었다는 점에서 주목할 만한 것이다. 그가 이진상과 마찬가지로 心을 理로서 性情을 주재하고, 性情을 理의 體用이라고 이해한 것에 대해서는 정의림과 이직현이 心을 理와 氣를 합쳐서 보아야 한다고 주장하여 다소 논란이 되었으나,[60] 정재규는 스승인 기정진이 心을 理로 이해하였다는 입장을 견지하고[61] 더욱 한주학파와의 연대를 강화하였다.

2. 鄭載圭와 寒洲門人과의 交遊

영남 지역 노사학파의 한주학파와의 유대 관계는 이진상이 죽은 뒤로도 계속 되었다. 당시 한주문인과 교유를 한 노사학파는 정재규 외에도 조성가와 최숙민 등을 들 수 있다. 조성가와 최숙민은 지역적으로 곽종석의 출신지역인 단성과 가까운 진주 출신으로서 곽종석과 교분이 잇었

---

[60] 정의림은 정재규에게 편지를 보내 心을 理라고 볼 수는 있지만 , 心을 理로만 알고 氣의 측면을 보지 못하는 것은 문제가 있다고 지적하고, 곽종석 등의 한주학파가 理를 주장함이 過한 측면이 있는데 정재규가 거기에 빠져들고 있다고 비판하였다.(『日新齋集』 卷3, 「與鄭厚允」(6)) 또한 정의림은 氣의 靈이 理를 갖추고 있어서 心이 주재할 수 있다고 보았으나, (『日新齋集』 卷3, 「與鄭厚允」) 정재규는 靈은 심의 보조(資助)가 될 뿐이며, 理가 있으면 神이 있게 되어 神은 理의 妙用이기 때문에 主宰할 수 있다고 하였다(『老柏軒集』 卷6, 「答鄭李方」, 壬辰). 이직현도 李永鉉의 心에 관한 질문에 대해 心은 理氣의 合이어야 한다고 보았다.(『是菴集』 卷10, 雜著, 「心說問答」).

[61] 『老柏軒集』 卷6, 「答鄭李方」, 壬辰.

고,[62] 정재규를 통해 허유와도 교분을 나누게 되었다. 특히 조성가와 최숙민은 뇌룡유계에 가입하였던 인물로 자주 뇌룡정에서 허유와 함께 강학에 참여하였으며, 남명의 「神明舍圖」를 비롯한 성리설에 관해 서신으로 토론하였다.

　한주학파와의 지속적이고 깊은 유대 관계는 정재규에 의해서 이루어졌다. 정재규는 이진상의 문인 중에서도 이정모, 허유, 곽종석 등과 깊은 교분을 나누었다. 이정모와 허유는 같은 삼가 출신으로, 이정모가 1876년 31세로 요절하자 이후 주로 허유와 깊은 유대관계가 이루어졌다. 정재규는 허유와 1870년 삼가 향교에서 강학을 함께 한 이후 1872년 四七說을 논의하였다. 또한 정재규와 허유는 임헌회의 문인으로서 삼가 현령으로 부임한 申斗善의 요청을 받아들여 1884년 삼가향교에서 고을의 인재들을 가르치게 되었다.[63] 이 때 정재규는 신두선에게 향약 설치에 관해 조언하고, 뇌룡정 중건을 요청하였으며,[64] 신두선에 의해 뇌룡정이 중건되자 허유와 함께 뇌룡정의 규약을 만들어 매년 춘추로 석채하고 諸生을 강학하였다.[65] 또한 정재규는 1888년과 1889년에 허유와 服制에 관해 논했으며, 1891년 허유의 「神明舍銘或問」을 교정하고, 1897년 10월에는 뇌룡정에서 허유와 함께 『寒洲先生文集』을 읽었다. 이와 같이 정재규가 허유와 함께 강학 활동과 학문에 힘쓰자 당시 한주학파의 종장이었던 곽종석이

---

62) 곽종석은 조성가와 최숙민이 각각 1904년과 1905년에 죽자 만사를 보내 이들을 조문하였다(『俛宇集』 卷9, 「挽趙月皐性家」와 「挽崔元則琡民」 참조).

63) 이하 정재규와 허유의 관련기사는 鄭載圭, 『老柏軒集』, 附錄, 卷1, 「年譜」 참조.

64) 『老柏軒集』 卷4, 「答申候梨山斗善」.

65) 「雷龍亭約會節目」(許愈, 「厚山先生文集續」, 卷5 所載)에 의하면 會目은 3월 15일과 9월 15일로 하고, 마을 단위로 里約을 설치하여 매년 초 3일에 直約, 直講을 선출하여 이들이 善惡籍을 작성하여 회일에 보고하여 勸懲을 하며, 講은 白鹿洞規 등을 낭독한 다음 시작하여 의문 사항을 講長 등에게 질의하고 토론하도록 하였으며, 강을 마칠 때에는 朱熹의 "天地之生萬物 聖人之應萬事 直而已"라는 구절을 낭독하도록 하였다.

1897년 정재규에게 편지를 보내 정재규가 허유와 함께 올바른 도리로 후진들을 이끌어나가 남방 일대가 빛나게 되었으니 서로 合力하여 그 뜻을 변치 말아달라고 당부를 하기까지 하였다.[66] 이후 정재규는 1904년 4월에 허유가 죽자 祭文과 墓誌를 지어 보냈으며, 삭망 때마다 3개월간 곡을 하였다.

정재규는 곽종석과도 깊은 교분을 나누었다. 그는 곽종석이 1874년 정재규를 내방한 이후[67] 주로 서신을 통해 성리학에 관해 토론하였는데, 곽종석은 성리학에 있어서 정재규와 거의 일치를 보았다고 이진상에게 토로하였으며,[68] 정재규의 학문적인 역량과 강학 활동을 높이 평가하였다.[69] 이러한 탓으로 1903년 고종의 命으로 8월 상경하여 書筵官과 經筵官에 제수된 곽종석이 正學을 숭상할 필요성을 역설하면서 許愈, 李承熙 등 자신의 동문뿐만 아니라 정재규를 행실과 학문에 뛰어난 인물로 추천하였던 것이다.[70] 곽종석의 천거 결과 정재규는 그해 10월 肇慶廟 參奉에 제수되었으며,[71] 곽종석과의 관계가 더욱 깊어지게 되었다. 이러한 이유로 1905년 을사 늑약이 체결되자 한주학파와 노사학파를 대표하는 이들이 시종 연합하여 영남 서부지역의 유림들을 이끌어 주리라는 기대가 컸었다.[72] 당시 조칙을 받고 상경하던 곽종석이 정재규에게 일제히 자신을 호응해 달라는 편지를 보내자,[73] 정재규는 위기를 보고 목숨을 바침은 人

---

66) 『俛宇集』卷26, 「與鄭厚允」. 丁亥.

67) 『老柏軒集』, 附錄, 卷1, 年譜, 高宗 11年 甲戌 秋.

68) 『寒洲集』卷17, 「答鄭厚允載圭」.

69) 『俛宇集』卷26, 「與鄭厚允」, 丁亥.

70) 『俛宇先生年譜』卷2, 癸卯 9月 28日;『老柏軒集』卷7, 「與郭鳴遠」癸卯 11月.

71) 鄭載圭, 위의 글.

72) "兄(정재규)과 郭君(곽종석)은 모두 萬億을 위해 마음을 합해야 할 것인데, 오히려 斡旋을 바라는 마음이 있다고 합니다."(「答鄭厚允」,『是菴文集』卷3, 乙巳 10月)라고 한 바와 같이 당시 영남에서는 두 사람에 걸던 기대가 컸던 것을 알 수 있다.

臣의 常法이니 죽음을 각오하고 응변하면 모든 사람들이 일어설 것이라고 답장을 보냈다.[74] 이어 정재규 자신도 을사늑약의 급보를 받자 인근의 유림과 자신의 문인들을 이끌고 상경하였다. 그러나 기대와는 달리 곽종석이 상소를 포기하고 낙향하면서 '어쩔 수가 없었다(無可奈何)'라는 요지의 편지를 정재규에게 전하게 되었다.[75] 이에 따라 곽종석과 연합하려고 했던 정재규의 계획은 포기될 수밖에 없었고, 정재규는 "이번 거사가 명예를 낚는 것이 아니었다면 마땅히 국왕의 명을 기다려 진퇴해야 했다"고 혹독하게 비판하였다.[76] 그 이후로도 정재규는 곽종석에게 1906년 2월 편지를 보내 최익현과 함께 거사를 하자고 종용하였으나, 오히려 곽종석에게서 自靖하는 것이 옳다는 요지의 편지를 받게 되었다.[77] 이후 곽종석은 정재규가 1911년 2월에 죽자, 제문을 보내 자신이 의롭지 못해 정재규를 저버렸으니 자신이 살아 있음이 떳떳하지 못하다고 한탄하였다.[78]

당시 한주학파는 사상적으로 李滉을 발전적으로 계승한 남인계통의 학파라고 할 수 있는데, 영남지역의 노사학파와 더불어 당색과 학맥의 차이를 극복하고 활발한 학문적 토론을 통해 성리학 이해 수준을 높여 나갔다. 또한 비록 곽종석이 낙향한 탓에 연대 투쟁이 실패하고 말았지만, 국권이 침탈되는 과정에서 주리론을 표방하였던 노사학파와 한주학파가 연대하여 투쟁을 전개하였다는 점에서 커다란 의의가 있는 것이다.

---

73) 鄭琦, 위의 글, 乙巳 11月.

74) 위의 글

75) 위의 글.

76) 『老柏軒集』 卷7 答郭鳴遠, 乙巳 11月.

77) 위의 책, 「與郭鳴遠」, 丙年 2月.

78) 『俛宇集』 卷146, 「祭鄭厚允文」, 辛亥.

V. 맺음말

영남지역의 노사학파는 영남 사림들이 기호학통 계통의 인물들과 활발히 교유하면서 형성되었다. 기정진 대에는 함양의 정여창 가문과 장성의 김인후 가문이 혼반관계로 연결되어 있어서 함양의 사림들이 기정진을 자주 찾아오기 시작하였다. 이후 함양의 정여창 가문과 가까운 산청의 여흥민씨 가문을 비롯해서 진주의 趙性家, 崔琡民이 찾아오고, 삼가에서 鄭載圭 등이 찾아오면서 노사학파가 형성되기 시작했다. 이들은 대체로 영남의 노론가문 출신으로, 왜란 때 창의하였거나 이괄의 난 등을 토벌하는데 공을 세웠으나, 상당기간 동안 영락한 집안의 후손들이었다. 이들은 당대나 부친 대에 재산 형성에 성공하고 학문을 통해서 영남지역에 다시 두각을 나타내고자 한 인물들이었다. 이들은 학문적인 역량을 바탕으로 이 지역 노론 가문과 연대를 강화해 나갔으며, 조식과 정여창을 숭앙하는 기풍이 강한 이곳에서 그들의 선양 활동을 다양하게 전개해 갔다. 그러한 결과 하동, 진주, 산청, 함양, 의령 일대에 노사학파가 활동할 수 있는 공간이 마련되어지고, 많은 문인들이 배출되었다.

한편 한주학파는 寒洲 李震相(1818-1886)이 1870년에 이르러서야 허유 등에게 비로소 적극적인 강학활동을 전개하면서 형성되었다. 그러나 영남 서부 지역은 오랫동안 퇴계학설의 영향이 깊은 곳으로 이진상의 심즉리설이 쉽게 받아들여지지 않았다. 이에 이진상은 자신의 심즉리설이 주자와 퇴계설의 근본 취지를 계승한 것으로 설명하였다.

또한 이진상이나 그의 문인들은 정재규와의 논쟁을 통해 호남의 저명한 성리학자였던 기정진으로부터 자신들의 학설을 입증받고자 하였다. 이에 따라 이진상의 호발설이나 명덕, 지각설 등이 기정진에 의해서 검토되었는데, 이진상이나 허유, 곽종석 등은 기정진의 주장에 대해서 사단칠정을 리발로, 명덕을 리로, 지각을 리의 작용으로 이해하게 되었다. 이러한 상호 영향 속에서 영남지역에서는 노사학파가 원래 기호학파였음에도 불구하고 학설의 주리적인 성격이 보다 강하게 나타나게 되었다. 또한 영남지역 노사학파와 한주학파는 이진상 사후에도 지속적인 교류가 이루어져 노사학파의 조성가와 최숙민, 정재규 그리고 한주학파의 허유, 곽종석 간에 밀접한 교분이 있게 되었다. 특히 정재규는 허유와 함께 삼가지역의 학문을 이끌면서 함께 조식을 크게 선양하였으며, 곽종석과도 자주 성리학과 시국에 대해 토론하였다.

이 글은 『孔子學』 제14집(2007)에 수록된 「嶺南地域에서의 蘆沙學派와 寒洲學派의 成立과 學說交流」를 그대로 실은 것이다.

嶺南地域 蘆沙學派의 成長과 門人 鄭載圭의 役割

김봉곤

Ⅰ. 머리말

영호남 간에는 조선시대에도 유학을 중심으로 학문적 교류가 꾸준히 진행되어 왔었다. 사림세력들이 크게 성장하고 있었던 15세기 말부터 16세기까지 金宗直과 蘆禛 등의 전라도 지역의 지방관 부임과 金宏弼, 蘆守愼 등의 유배, 李滉이나 奇大升과의 서신 교환 등을 통해 두 지역 간의 유학교류가 활발하게 일어났다.[1] 특히 이황은 송순이나 김인후 등과 교유하였으며, 사칠 논변을 전개하였던 기대승을 비롯한 다수의 문인을 배출하였다.[2]

---

1) 고영진, 「호남사림의 학맥과 사상」, 『韓國儒學思想大系 Ⅱ : 哲學思想編 (上)』, 한국국학진흥원, 2005.

이러한 두 지역간의 학문적 교류는 19세기 후반에 다시 크게 늘어나서 조선 성리학의 6대가 중의 한 사람으로 평가받는 장성 출신의 奇正鎭 (1798-1879)의 학덕을 존숭하는 蘆沙學派가 영남지역에 성립되기도 하였 다.3) 거의 600여 명에 달하는 기정진의 直傳弟子 가운데4) 기정진 사후 기 정진의 행장을 진주 출신의 月皐 趙性家가 찬하였고, 기정진의 묘갈명을 합천 출신의 老柏軒 鄭載圭가 지었다. 또한 1927년 기정진을 모신 高山書 院이 건립되었을 때, 조성가와 정재규는 石田 李最善, 莘湖 金祿休, 東鳴 曹毅坤, 松沙 奇宇萬 등의 호남지역 문인들과 함께 나란히 서원에 배향되 었으며, 그 봉안문은 정재규의 문인인 단성출신의 權載奎(1870-1952)가 짓 기도 하였다.

---

2) 『陶山及門諸賢錄』에 담양의 유희춘, 나주의 박순, 보성의 박광전, 광주의 기대 승, 장흥의 文緯世, 해남의 尹剛中·尹欽中·尹端中, 창평의 梁子徵, 순천의 金 允明, 화순의 曺大中, 무장의 卞成溫·卞成辰 등 이황의 호남문인 13명이 등재 되어 있다.(고영진, 「호남사림의 학맥과 사상」)

3) 洪英基,「蘆沙學派의 형성과 衛正斥邪運動」,『한국근현대사연구』10집, 1999, 註 43 참조. 19세기 말에는 노사학파 외에도 기호학파 계열의 淵齋 宋秉璿(1836- 1905)과 艮齋 田愚의 문인이 많이 배출되었다. 1927년 宋洛憲 등이 편찬한『溪 山思服錄』에 의하면 송병선의 문인 802명 가운데 영남이 261명(경남이 192명, 경북이 69명)으로 전체 문인 중 27%에 해당되며, 호남 353명(전북 187명, 전 남 166명)에 이어 두 번째로 많이 배출되었다. 또한 전우의 경우에도 1962년 간행된『華島淵源錄』에 수록된 1,488명의 직전제자 중에 호남지역의 문인은 717명, 영남지역에 211명으로 많은 문인이 배출되었다. 따라서 두 학파 내에 서도 영호남 간의 문인교류가 활발하게 전개되었음을 알 수 있다.

4) 洪英基에 의하면 「先生門人編」,『蘆沙先生淵源錄』에 나타난 기정진의 문인은 거주지가 기록되지 않은 1명을 제외하면 모두 593명으로, 지역별로는 광주(95 명), 장성(80명), 능주(39명), 담양(37명) 순으로 되어있어 주로 광주, 장성 등 전남의 중서부 지역에 집중되어 있으며, 영남 서부지역에는 모두 산청(6명), 삼가(4명), 진주(3명) 순으로 되어 있다고 하였다(洪英基,「蘆沙學派의 형성과 衛正斥邪運動」,『한국근현대사연구』10집, 1999, 註 43참조). 이처럼 기정진의 문인의 숫자만을 기준으로 볼 때는 영남지역에서 송병선이나 전우의 문인수 보다 적은 것으로 나타나지만, 송병선이나 전우와 동시대에 활동하였던 노사 학파의 정재규, 최숙민, 김현옥 등의 문인수가 수백 명에 달하기 때문에 송 병선이나 전우의 문인들보다 결코 적은 숫자가 아니다.

이러한 영남지역의 노사학파에 관해서는 琴章泰가 1984년『儒學近百年』에서 鄭載圭와 문인인 南廷瑀를 간단히 소개한 이후,5) 철학계에서는 安晉吾, 朴鶴來, 金忠烈, 趙南旭, 鄭炳連, 朴鶴來 등이 정재규와 崔琡民, 정재규의 문인 鄭琦의 생애와 사상을 검토하였다.6) 역사학계에서는 池承鍾과 金俊亨이 사회사적 측면에서 권재규 가문의 성장과정을 밝혔고,7) 김봉곤은 영남지역 노사학파의 형성배경과 과정에 대해 전반적으로 분석하였다.8) 또한 이상필은 남명학과의 연장선속에서 정재규 등이 어떠한 역할을 수행하였는가를 검토하였고,9) 권오영은 영남우도에서 노사학파가 차지하는 위치와 학문동향에 분석하였다.10) 이러한 연구결과 영남지역의 노사학파에 대한 개괄적인 윤곽과 남명학과의 관련 등이 어느 정도 밝혀졌다

---

5) 琴章泰·高光植,「老柏軒 鄭載圭」,『儒學近百年』, 博英社, 1986; 같은 책,「立巖 南廷瑀」참조.

6) 영남지역 노사학파에 관해서는 安晉吾,『奇蘆沙의 理哲學에 관한 研究』, 동국대학교 박사학위논문, 1988; 朴鶴來,「노사학파·리 일원론에 기한 개혁론자들」,『朝鮮儒學의 學派들』, 예문서원, 1996 등에서 개괄적으로 언급되다가, 정병련이 기정진의 「납량사의」에 대해 정재규가 어떠한 내용으로 방호하였는가를 분석하였고(鄭炳連,「田艮齋의 「納凉私議」 비판과 奇蘆沙 門下의 防護論」,『退溪學報』91, 1996), 1998년 韓國東洋哲學會에서 김충렬은 최숙민, 조남욱은 정재규, 정병련은 정기에 관해 개별 연구를 발표하였다(韓國東洋哲學會編,『蘆沙學派의 唯理哲學과 倫理的 實踐樣相』, 1998). 이후 박학래에 의해 정재규와 조성가에 관한 연구가 심화되었다. 정재규가 기정진의 학설을 계승하여 明理說과 道無對說을 주장하였음을 밝혔고(朴鶴來,「蘆沙學派의 理氣論 -田愚의 蘆沙說 批判에 대한 鄭載圭의 반비판을 중심으로」,『韓國思想史學』19, 2002), 조성가의 노사학파내에서의 학문적인 위상과 업적에 관해 분석하였다.(朴鶴來,「月皐 趙性家의 生涯와 學問,『東洋學』42, 2007)

7) 池承鍾·金俊亨,「社會變動과 兩班家門의 對應-山淸郡 丹城面 江樓里 安東權氏의 경우-」,『慶南文化研究』19, 1996.

8) 김봉곤,「嶺南地域 蘆沙學派의 形成과 活動」,『淸溪史學』15, 2001; 김봉곤,「蘆沙學派의 形成과 活動」, 한국학대학원박사학위논문, 2007.

9) 李相弼,『南冥學派의 形成과 展開 -思想과 學脈의 推移를 中心으로-』, 高麗大學校博士學位論文, 1998.

10) 권오영,「19세기 강우학자들의 학문 동향」,『조선후기 유림의 사상과 활동』, 돌베개, 2003.

고 할 수 있다. 그러나 이러한 연구결과에도 불구하고 여전히 영남지역 노사학파를 형성시켰던 기정진의 학문적 위상이나 영남지역 노사학파의 중앙정계나 향촌사회와의 관계, 노사학파의 성장과정에서의 정재규의 강학활동과 같은 영남지역 노사학파의 이해에 있어서 중요한 문제가 상세히 검토되지 못하였다.

따라서 본고에서는 먼저 노사학파가 형성된 배경에 대해 기정진의 학문에 대한 영남지역 학자들의 평가와 기정진과 그 문인들의 중앙정계의 진출, 영남지역내의 당색간의 교류 등을 검토하여 노사학파가 형성될 수 있었던 배경을 살피고, 이어 노사학파의 성장과정에서 나타난 문인집단의 특성이나 강학 내용 등에 대해서 분석한 다음, 이러한 영남지역 노사학파의 성립과정에서 커다란 공헌을 한 정재규의 역할을 강학, 기정진의 문집간행, 의병 운등 등으로 나누어 검토해보고자 한다. 이를 통해 주리론과 위정척사운동을 특징으로 하는 노사학파가 조선조 말 시대적인 요구에 부응하여 영남지역에서 의리에 기반한 강인한 민족운동을 전개하면서 영남지역에 굳건하게 뿌리내렸음을 밝히고자 하는 것이다.

II. 영남지역 노사학파의 형성 배경

노사학파는 호남 지역 외에도 남인들이 우세한 영남지역에서도 다수의 문인집단이 배출되고, 이들은 기정진의 학설을 고수하여 학파로서의 성격을 뚜렷하게 갖고 있었다. 이와 같이 영남지역에 노사학파가 형성될 수 있게 된 배경으로는 기정진의 도학과 학문적 명성이 영남 일대에 크게 떨쳤을 뿐만 아니라 기정진과 그의 문인들이 세도정치기와 대원군 시기에 정치적 두각을 나타냈다는 것, 그리고 영남 지역에서 점차 당색이 약화되고 다른 당파나 지역간의 교류가 활발하게 진행됨으로서 가능한 것이었다. 이에 대해 차례로 살펴보기로 하자.

첫째, 기정진은 1840년대와 50년대에 걸쳐 영남 일대에도 크게 학문적 명성을 떨치게 되었다. 기정진은 이미 순조 대에 趙鍾永이나 金邁淳으로부터 학자로서 칭찬을 받았고, 순조 31년 생원시에서는 홍석주로부터 기정진의 理學이 前代에 밝히지 못한 부분을 밝혔다고 극찬을 받고 1등 2위로 합격하였다.[11] 이후 그는 1840년대에 이르러 조야에 크게 학문적인 명성을 떨치게 되었다. 그는 1832년(순조 32년)과 1835년(헌종 1년)에 각각 康陵 參奉과 顯陵 參奉을, 1837년(헌종 3년)에 司饔院 主簿를 제수받았다. 이어 1842년(헌종 8년)에는 典設司別除가 제수되었는데, 이 때 기정진이 상경하자 당시 우의정이었던 조인영이 직접 만나보고자 하였다. 기정진은 풍양조씨 세력에 의해 주도된 1839년의 기해사옥과 척사윤음, 각 도의 서원에서의 道學者에 대한 致祭에 대해 조정의 척사정책과 송시열의 치제를 만대에 태평을 여는 정책으로 지지하였으므로[12] 송시열-효종대를 이상적인 사림정치기로 인식하고 산림우대책을 실시하고 있었던 趙寅

---

[11] 기정진을 뽑아준 홍석주와 기정진과의 글이 현재 남아 있지 않아 자세히 알기 어렵다. 다만, 기정진이 1874년에 홍석주의 외손인 韓章錫의 來訪을 받았는데, 당시 한장석은 1874년 2월 全羅左道京試官으로 差任되어 3월과 4월에 걸쳐 和順과 任實에서 과거를 주관하고 돌아가는 길이었다. 한장석은 奇正鎭을 拜謁하고 心經과 近思錄을 講하였으며, 곧바로 홍석주의 묘지명을 찬하였다(韓章錫, 『眉山集』 卷14, 「年譜」, 甲戌 참조). 따라서 한장석이 지은 홍석주의 묘지명은 기정진의 검토를 받은 것으로 판단되며, 기정진의 홍석주와의 밀접한 관계를 짐작케 하는 바이다.

[12] 기정진은 1839년 송시열을 치제할 때에 金在晉이 화양동의 집사로서 지은 시를 차운하여 두 수의 시를 지었다. 첫 번째 시는 서학을 믿는 자들을 형장으로 보내고 사문을 높여 송시열을 치제하니 만세의 태평이 열리겠다는 내용이며, 두 번째 시는 매번 이단의 사설들이 서방으로부터 들어오는데, 오직 우리나라는 춘추를 읽어 대의에 밝아서 옛 일을 표장하고 제사를 바로지낸 다는 것이다(奇正鎭, 『蘆沙集』 卷1, 詩 "己亥冬以洋胡邪說肆行 命致祭儒賢諸院 金平澤在晉執事華陽斐然有述 遙步原韻二首 西妖就斧瞻聆淸 爰揭斯文奠環瀛 大老元爲尊閤地 前王頻降禮齊明 伊川嗟有百年運 洚水反開萬世平 每向櫂歌說九曲 今吾親見華陽行 未回巴水作一淸 黃道昭回祗東瀛 邪禰每自蔥嶺入 別鑿堪讀魯史明 斯文有主表章舊 小相得人祀典平 遙憶襟紳氷雪夜 新詩却似畫中行).

永[13] 등이 기정진을 중용하고자 한 것이라고 할 수 있다. 또한 이때부터 기정진에게 배우고자 하는 문인수가 증가하기 시작하였다.[14]

기정진은 이어 1843년 「考巖書院重修記」를 작성하여 송시열의 뜻을 계승할 것을 천명하였다. 고암서원은 1689년 정읍에서 사사된 노론의 영수였던 송시열을 배향하기 위해 1695년(숙종 21)에 창건된 서원으로 곧바로 사액되었으며, 1785년(정조 9) 송시열의 수제자인 權尙夏가 추가 배향된 대표적인 노론계 서원이었던 것이다. 기정진은 이 서원을 중수한 조철영의 공로를 칭송하면서,[15] 송시열의 도는 우리 동방의 산천과 영원히 함께할 것이니, 서원을 중건하여 제사를 받드는 것에 그치는 것이 아니라 송시열의 도를 본받아 예악명절에 힘써야 한다고 주장하였다.[16]

뿐만 아니라 기정진은 1844년에 「納凉私議」를 지어 理의 지위를 원래대로 회복하여 사상의 근본 토대를 확립하고 이어 군신, 부부, 화이관계를 바로잡을 것을 역설하였다.

아내가 남편의 지위를 빼앗고, 신하가 임금의 지위를 빼앗으며, 오랑캐가 中

---

13) 김명숙은 이러한 산림우대책이 지방사회에서 일정한 영향력을 행사하던 산림 학자들이 '衛正을 위한 斥邪'라는 공론을 이끌어 내는데 일정한 역할을 하리라는 기대치가 작용하였다고 본다(金明淑, 「雲石 趙寅永의 政治運營論」, 『朝鮮時代史學報』 11, 1999, 1999, 168~169쪽).

14) 『蘆沙先生文集』 附錄 卷1, 「年譜」, 憲宗 8年(45세). "四方之士 贊謁日至 而不以師道自居"

15) 조철영은 1840년 담양 도호부사에서 광주목사로 옮겨와 4년간 고암서원을 중수하였다. 기정진은 이 기문에서 조철영에 의해 고암서원의 벽과 누각, 東西齋, 政堂을 다시 짓고, 사방의 빈 땅을 사들여서 서원의 면모를 일신하였으며, 수전 3, 4頃이 설치하고 제사도구 등이 모두 마련되었다고 하여, 조철영의 서원 중건에 대한 공로를 자세히 기록하였다(奇正鎭, 『蘆沙集』 卷21, 「考巖書院重修記」).

16) 奇正鎭, 『蘆沙集』 卷21, 「考巖書院重修記」. "有起而言者曰 老先生之道 與東方流峙相始終 夫人而知誦習焉 夫人而知尊慕焉 然而行不著習不察 日用而不知者皆是也 今日趙侯之意 豈欲其院貌改觀 享祀無忒而已哉 蓋靈臺辟廱 儒之粗也 禮樂名節 儒之實也 若但樂其風雨攸除 鳥鼠攸去 而曰吾事已了則末矣"

華의 지위를 빼앗는 세 가지는 천하의 대변이다. 이제 와서는 氣가 理의 지
위를 빼앗는다면 저 세 가지 변괴는 곧 차제로 올 일이다.17)

이것은 기를 중시하면 리가 천시되어 국가 간이나 군신, 가족 간에 문
제가 발생되었다고 보는 기정진의 인식을 반영한 것이다. 기정진은『납
량사의』에서 기호학계의 호론과 낙론이 모두 理의 분수를 氣로 인하여
생긴 것이라고 이해하고 있기 때문에 氣가 理의 지위를 빼앗고, 천명과
성의 분열이 일어난다고 보았다. 이에 기정진은 理一에 이미 分殊가 내재
되어 있다고 보아야 천명과 성이 일치하며, 구체적인 사물에서 리가 주재
한다고 주장하였다. 이처럼 기정진의 주장은 理의 작용과 역할을 강조한
주리론으로서의 특징을 갖고 있는데, 이는 당시 사회에서 물질적인 이익
과 욕망을 중시하는 기풍에서 도덕과 의리에 바탕을 두는 기풍으로 전환
하고자 함이며, '올바른 도리를 실천하여 四端을 확충하고 三綱五倫을 잘
지켜나간다'18)는 조인영이 작성한 척사윤음에서의 崇正學의 이념을 잘 구
현하고 있음을 알 수 있다. 이처럼 기정진은 1840년대에 조야로부터 서학
을 배척하고 송시열의 도를 실천할 인물로 주목되고 물질적인 욕망보다
는 도덕적인 인식과 실천을 중시하는 학문적인 토대를 세우면서 그의 학
문적 명성이 크게 떨치게 되자 영남에서도 기정진을 찾아오는 경우가 점
차 늘어났게 되었던 것이다. 이중 함양 개평에 거주하고 있었던 정여창의
13세손인 鄭煥弼(1798-1859)은 기정진과 나이가 같고 처가가 장성이어서
자주 찾아왔다.19) 대표적인 경우만을 들더라도 1849년에 濫溪書院의 「風

---

17) 奇正鎭, 『蘆沙先生文集』附錄 卷1, 「年譜」, 憲宗 9年(46세). "妻奪夫位 臣奪君位
夷奪華位 三者天下之大變也 而古亦有之 今也氣奪理位 氣奪理位 則彼三變者 次第
事"
18) 『顯宗實錄』6卷, 현종 5년 10월 18일.
19) 정환필은 장성의 河西 金麟厚의 직계종손인 金章煥(1761-1835)의 딸과 혼인하
였다.(『河東鄭氏族譜』, 1922)

詠樓重建記」를 부탁하기 위해서 찾아왔고. 이후로도 직접 찾아와서「河東鄭氏先彙序」나 鄭弘緖의『松灘集』序文을 부탁하기도 하였다.[20]

이와 같이 영남 지역에서 기정진을 만난 이들은 한결같이 기정진의 도학을 높이 평가하였다. 1855년 여흥민씨 農隱 가문의 산청의 閔在南(1802-1873)은 기정진을 방문하고 대학과 중용, 호락논쟁에 대해 질의한 다음 "蘆翁은 山河의 정기를 타고 나신 분이니 우리 東國의 道統을 전할 사람을 찾는다면, 이 분을 빼고 누구이겠는가."[21]라고 극찬하였으며, 錦谷 宋來熙에게 수학하였던 삼가현 봉산면 술곡의 夢關 崔惟允(1808-1877)은 "지금 道術이 분열되어 각자가 내가 다 옳다고 하니, 쫓아야 할 바를 살피지 않을 수 없는데, 호남에 奇蘆沙丈이 공평광대하여 도체를 통찰하여 보고 있으니, 실로 금세의 正宗이다. 어찌 가서 스승으로 삼지 않겠는가"[22]라고 하였다. 민제남은 이후로도 기정진과 자주 왕래하면서 1857년에는 자신의 제자였던 金顯玉과 從姪인 閔致亮, 閔致完을 기정진에게 보내어 수학하게 하였으며,[23] 崔惟允(1808-1877)은 자신의 문인인 정재규를 기정진에게 보내어 수학하게 하였다.[24] 이처럼 당시 기정진이 주리론을 확립하고 위정척사운동을 전개하면서 조야에 크게 명성을 떨치자 영남지역에서도 그의 문인이 되고자 하는 경우가 많았던 것이다.

둘째, 기정진은 헌종 대 이후 중앙정계나 재야산림들과 교분이 있었으며, 기정진의 일족이나 문인들이 점차 중앙정계와 향촌사회에 두각을 나

---

20) 奇正鎭,『蘆沙集』卷21,「風詠樓重建記」;『蘆沙集』卷19,「松灘集序」;『蘆沙集』卷20,「河東鄭氏先彙序」.

21) 金顯玉,『山石集』卷5,「閔晦亭先生行錄」. "西訪蘆沙奇先生於長城之下沙 充然有得而歸 著潛懷賦 以托其歸依之意 庸學之質疑 湖洛之異同 皆其所相往復也 先生嘗云 蘆翁山河間氣 欲求吾東道通之傳者 舍此翁而其誰哉"

22) 鄭載圭,『老柏軒集』附錄 卷3,「事狀」(鄭冕圭撰). "今道術分裂 人各子聖 所從不可不審 湖南有蘆沙奇丈 公平廣大 洞見道體 儘今世之正宗 盍往師諸"

23) 金顯玉,『山石集』卷5,「閔晦亭先生行錄」.

24) 鄭載圭,『老柏軒集』附錄 卷3,「事狀」(鄭冕圭撰).

타내게 되었으므로 영남의 각지에서 문인이 되고자 하는 경우가 많았다. 예컨대 기정진과 가까운 인물로 중앙 정계나 학계에서 는 순조대의 洪奭周나 李軒求, 현종대의 조철영이나 조인영, 철종대의 鄭元容, 고종 때의 윤육, 尹宗儀, 이응진, 한장석 등이 있으며, 또한 지방에서는 송치규나 송달수, 송병선 등의 송시열의 후손, 임헌회 등의 재야 산림 등이 기정진과 밀접하게 교유하였다.

또한 기정진의 일족들이 18세기 말부터 19세기까지 많은 과거급제자를 배출하였다. 순조 대에는 기정진의 일족인 기재규와 기재선, 기정진 본인, 기윤진, 기익진이 생원시에 차례로 합격하였고, 헌종대에는 기봉진과 기기진이 생원시에 기문현은 문과, 그리고 철종대에는 奇亮衍과 기진연이 진사시에 합격하였으며, 고종대에는 기우만과 기관연이 생원시에 합격하였으며, 기정진의 재종질인 기양연은 문과에 합격한 이후 홍문관에 진출하고 경연에 참여하기도 하였다. 이러한 기정진의 일족들은 장성 일대를 중심으로 모여 있었기 때문에 과거에 합격한 많은 인물과 교제하여 그들의 학문적 역량과 사회적 위상을 키워갈 수 있었다.

결과적으로 기정진의 문인들은 기정진과의 사승관계를 통하여 중앙의 정계나 재야 사림, 지방의 명문집안과 연결되는 통로를 마련할 수 있었으며, 아울러 이들과의 교제를 통해 향촌사회에서 자신들의 위치를 높이고 학문적 역량을 보다 심화시켜 나갈 수 있었기 때문에 영남 지역에서도 다수의 문인이 나타나게 된 것으로 판단된다.

셋째, 영남 서부 지역에서 당색간의 대립이 약화되고 19세기에 이르러 호남지역 간에 활발하게 교류가 일어나 영남지역에 문인이 배출될 수 있었다. 영남 지역은 숙종조 이후 남인의 정치적 진출이 어려웠으며, 戊申亂 이후 계속된 老論化 정책으로 남인들이 기호학통 계열의 인물과 교류가 증대되고, 그 중 일부가 노론으로 당색을 옮겨갔다.[25] 특히 영남 서부 지역은 인조반정으로 인해 북인이 몰락하면서 남인이 늘고 무신란 이후에는 노론으로 되는 경우가 늘었는데, 영,정조 이후에는 탕평책의 실시와 향전의 금지로 점차 당색이 약화되고 19세기에 들어 호남지역과의 교류가 증대하였다.

예컨대 기정진과 밀접한 관련을 맺었던 함양의 정여창의 후손들의 경우 인조 이후 서인 내지 노론이 되었는데,[26] 정여창의 11세손인 鄭德濟(1742-1815)때에 이르러서는 호남지역과 혼인이 늘어나게 되었다.[27] 정덕제는 자신의 넷째 아들 東耉(1779-1849)를 당시 호남의 대부호였던 구례지역의 생원 王學龍(1751-1814)의 딸에게 혼인시켰고, 南原지역의 명문가문이었던 朔寧崔氏 崔恒(1409-1474)의 후손인 崔寬鉉을 사위로 맞았다. 그리고 덕제의 큰 아들 鄭東老(1763-1834)[28]는 넷째 아들 煥祖(1793-1846)를 최항의 후손인 남원의 崔錫一의 딸과 혼인시켰으며, 다섯째 아들인 煥弼(1798-1859)을 김인후의 후손인 장성의 金章煥(1761-1835)의 딸에게 각각 혼인시켰던 것이다.[29]

---

[25] 金鶴洙, 「朝鮮後期 老論化 政策의 推移와 性格」(1998년 5월, 淸溪史學月例發表會 要旨) 참조.

[26] 정여창 후손들이 노론화된 것은 이미 인조 13년 鄭光淵이 성균관에서 이이(1536-1584)와 성혼(1535-1598)의 문묘종사를 주장하였던 사실에서 드러난다. 그 이후 정여창의 후손들은 鄭重獻이 老論인 李縡에게 及門하고, 鄭鎭望이 俞拓基와 이재를 師事하였으며, 이재로부터 鄭世楨, 鄭熙運의 行狀을 받았던 것이다(李在喆, 「18世紀 慶尙右道 士林과 鄭希亮亂」, 『大邱史學』 31, 1986, 24쪽 참조).

[27] 『河東鄭氏族譜』, 1922.

[28] 정동로는 蔭職으로 參奉을 제수받고, 唐津縣監과 僉知中樞府事 등을 역임하였다. 그는 모두 5남 1녀를 두었는데, 長子인 煥輔(1783-1813)는 순조 13년(1813) 增廣 進士試에서 3등 40위로 합격하였으며, 次子인 煥義(1786-1841)는 순조 14년(1814) 式年 文科試에서 乙科 3등으로 합격한 후 執義,右部承旨 등을 역임하였으며, 4子인 煥祖(1793-1846)는 순조 28년(1828) 式年 生員試에서 3등 36위로, 5子인 煥弼(1798-1859)은 송치규의 문인으로 순조 34년(1834) 式年 進士試에서 2등 23위로 합격하였다(『河東鄭氏族譜』(1922); 『CD-ROM 司馬榜目』 참조). 기정진은 1846년 정환조가 죽자 만사를 지었으며(奇正鎭, 『蘆沙集』 卷1, 「挽鄭上舍 煥祖」), 정환필과는 평생 각별한 교분을 나누었다.

[29] 『河東鄭氏族譜』, 1922.

또한 단성의 道川書院이나 신안정사, 의령의 龜巖書院, 진주 白雲洞 골짜기 등에서는 남인과 노론이 함께 강론하고 교유하였으며, 定齋 柳致明 (1777-1861)의 문인이었던 月村 河達弘(1809-1877)의 경우에는 기정진과 교분이 두터워 그 문하에 남인과 노론 출신의 인물들이 나란히 섞여 있었던 것이다.[30]

이 때문에 영남지역 노사학파의 대표적인 인물인 崔琡民의 경우에도 남인출신이었던 부친 崔重吉[31]이 '그 사람이 어질고 어질지 못한 것을 물어야지 당색을 묻는 것은 부당하다. 참으로 어질다면 어떤 사람이 나의 스승이 아니겠는가.'[32]라고 하여 족인들의 반대를 물리치고 최숙민을 기정진에게 보내 수학하게 할 수 있었던 것이다.

III. 영남지역 노사학파의 성장과정

이와 같이 영남지역에서는 사족들의 호남과의 교류가 증대되면서 기정진의 학문과 도학을 숭상하는 이들이 많았고, 기정진의 일족이나 문인들이 중앙 정계나 향촌 사회에서 크게 활동함에 따라 영남 서부 지역에 많은 문인이 배출되게 되었다. 기정진의 문인들은 대체로 1850년대부터 형성되기 시작하였다. 1851년 진주 월횡의 조성가가 기정진의 문인이 되었

---

[30] 김준형, 「19세기 경남서부 지역 유림들의 당파적 입장과 교유양상」, 『문화로 보는 한국사』 1, 이태진교수정년기념논총간행위원회, 태학사, 2009, 202~213쪽 참조.

[31] 崔重吉이 謙齋 河弘度의 후손으로 남인이었던 河德望의 손자 河一聖의 딸과 혼인하였기 때문에 그가 남인 계열의 인물이었음을 알 수 있다. 최중길의 처가였던 하일성의 집안은 하홍도 이후 줄곧 남인으로서 남명 선양 사업에 주도적인 역할을 수행하였다(이상필, 『南冥學派의 形成과 展開 -思想과 學脈의 推移를 中心으로-』, 高麗大學校博士學位論文, 1998, 143쪽).

[32] 崔琡民, 『溪南集』 卷30, 「齊思錄」. "府君日 當問其人之賢不賢 不當問色論 苟賢矣 何人非我師 卒令就學"

고, 1857년경에는 민치완과 김현옥 등이 문인이 되었다. 1860년대에는 崔南斗의 傍孫으로 錦谷 宋來熙에게 수학하였던 삼가현 봉산면 술곡의 夢關 崔惟允(1808-1877)의 인도로 삼가의 묵동에서 정재규가 1864년 기정진을 찾아가 제자가 되었던 것이다.

이들 영남지역의 기정진의 문인을 1961년 長城의 澹對軒(高山書院)에서 간행된 『蘆沙先生淵源錄』을 통해 살펴보면 다음과 같다.[33]

〈표 1〉 기정진 문인의 영남지역 거주지

姓名	字	號	生年	本貫	派　祖	居住地	비고
權雲煥	舜卿	明湖	1853	安東	霜嵒澮	丹城	조성가의 질녀서
曺錫熙	道亨	斯軒	1841	昌山	南冥植	丹城	
金顯玉	豊五	山石	1844	金海	通政東成孫	山淸	閔機容의 사위
閔致亮	周賢	稽樵	1844	驪興	農隱安富	山淸	司憲府執義
閔致完	君實	芝岡	1838	驪興	農隱安富	山淸	參議
曺 璿	仲昭	惺溪	1837	昌山	南冥植	山淸	
鄭冕圭	周允	農山	1850	草溪	西亭玉潤	三嘉	정재규의 종질
鄭載圭	厚允	老柏軒	1843	草溪	西亭玉潤	三嘉	參奉
鄭學仁	道麟	黙守齋	1854	草溪	西亭玉潤	三嘉	
陳 樸	仲文	起巖	1851	驪陽		三嘉	
趙性家	直教	月皐	1824	咸安	漁溪旅	晉州	繕工監監役
趙性宙	季豪	南洲	1841	咸安	漁溪旅	晉州	趙性家의 동생
崔琡民	元則	溪南	1837	全州	茅山琦弼	晉州	

[33] 『蘆沙先生淵源錄』은 기정진과 그의 재전, 삼전 문인들의 집단 전체를 가능한 한 모두 수록하려고 하였기 때문에 노사학파 전반에 걸쳐 일목요연하게 상세히 살펴볼 수 있는 장점을 갖고 있다. 그러나 1960년대에 작성되었기 때문에 기정진 당대나 재전제자의 실제 상황을 제대로 반영하지 못하였다. 예컨대 기정진의 대표적인 제자인 함양 출신의 鄭煥周, 禹琪疇, 禹宅禧이 빠져있고, 정환필의 소개로 함양에서 글공부하러 온 田生이라는 인물이 빠져 있다. 또한 이직현의 伯兄인 이태현이 연원록에 올라 있으나 이태현은 집안이 빈곤하고 부모를 봉양하여야 했기 때문에 직접 기정진에게 수학하지 못하고 대신 자신의 동생인 이직현을 보내어 수학하게 하였다(李直鉉, 『是菴集』卷16, 「伯兄春灘公墓誌銘」).

金應洙	致彦	月堂	1849	金海	節孝公克一	昌原	
李廷鉉	叔瑞	秋灘	1845	江陽	江陽君瑤	草溪	
李直鉉	弼瑞	是庵	1850	江陽	江陽君瑤	草溪	
李泰鉉	元瑞	春灘	1838	江陽	江陽君瑤	草溪	李直鉉의 兄
梁株臣	舜可	雲溪	1824	南原		河東	
崔濟泰	而仰	松窩	1850	全州	茅山琦弼	河東	崔琡民의 從姪

〈표 1〉을 살펴보면 영남지역의 기정진의 문인들이 단성에서는 남명 조식의 후손과 상암 권준의 후손, 산청에서는 농은 민안부의 후손, 진주에서는 모산 최기필의 후손과 어계 조려의 후손, 삼가에서는 서정 정옥윤의 후손, 초계에서는 강양군 이요의 후손 등이 중심이 되고 있음을 알 수 있다. 이 중 단성의 안동 권씨, 산청의 여흥 민씨, 함안 조씨 등은 당시 영남지역의 대표적인 노론 가문이며,34) 또한 초계의 강양 이씨 집안도 무신란 진압에 앞장서고 李縡를 사사하였던 노론 가문이므로35) 영남지역의 노사학파를 형성하고 있는 인물들이 대체로 영남지역의 노론 가문 출신임을 알 수 있다.

이들 가문은 왜란 때 창의하여 적을 토벌하였거나 이괄의 난 등을 토벌하는데 공을 세우기도 하였다. 정재규의 9대조 弘訥의 생부인 震哲은 왜란 때 창의한 공을 인정받아 直長을 제수받았으며,36) 최숙민의 8대조

---

34) 위의 기사와 관련하여 이미 영조 14년 무렵에 정여창의 후손들이 함양에서, 조려의 후손들이 상주에서 노론으로 현저하였으며, 산청에서는 민씨와 배씨, 의령에서는 권씨와 강씨 등이 노론이 되었다(『承政院日記』英祖 14年(1738) 7月 戊午條).

35) 이직현의 6대조인 源谷은 무신란에 창의하여 揚武原從功臣에 錄卷되었으며, 5대조인 東喬는 李縡의 문하였다(李直鉉, 『是菴集』卷16, 「伯兄春灘公墓地銘」: 李直鉉, 『是菴集』卷9, 「湖行日記」참조).

36) 鄭震哲은 이후 1606년 觀武別科로 관직에 올라 秉節校尉 副司果, 內禁衛의 濟物梁水軍萬戶, 司勇司猛 行明川府使 등을 거쳐 1614년에는 僉樞兼五衛將을 역임하였다(『草溪鄭氏庚申大同譜』(1980年)).

琦弼은 家丁 60여 명을 이끌고 진주성 전투에 참여하여 慶尙右兵使 崔慶會와 함께 순절하였다.37) 조성가의 10대조인 益道는 이괄을 토벌한 공로를 인정받아 공신에 책훈되고 「岳王精忠錄」이 하사되었다.38)

그러나 이들의 집안은 당대에 이르기까지 크게 현달한 인물을 배출하지 못하였다. 기정진의 대표적인 제자들인 조성가, 최숙민, 김현옥, 정재규 등의 가계를 살펴보면 5, 6대에 걸쳐 생원 진사나 관직에 나아간 사람이 없다. 대신 조성가나 최숙민의 경우처럼 부친 대에 재산 형성에 성공한 사람들이 많은데, 이는 영남지역의 노사학파가 19세기에 들어서 경제력을 바탕으로 학문을 통해서 영남지역에 두각을 나타내고자 하였던 學團임을 반증하는 것이라고 할 수 있다.

당시 영남지역의 노사학파는 대원군 집권기에 민치완과 민치량 형제가 대원군과 밀접한 관계를 맺고 중앙정계에서 활동하였으며, 조성가나 정재규 등이 향촌 문제에도 관심을 갖고 적극적으로 관여하였다. 산청의 민치완은 從叔인 민재남의 인도로 1857년 봄에 기정진을 배알하여 문인이 된 이후 매년 기정진을 찾아가 가르침을 받았다. 그는 1863년 봄에 상경한 이후 흥선대원군의 처소인 雲峴의 松亭에서 蘭史 李秉悌, 李鶴奎, 高雲〔政 등과 함께 과거공부를 하면서39) 대원군으로부터 각별한 총애를 입었다.40) 그는 1865년 문효전 참봉, 1866년에는 義禁府都事 義盈庫封事를

---

37) 鄭載圭,『老柏軒集』卷48,「溪南崔公行狀」.

38) 趙性家,『月皐集』卷20, 附錄,「家狀」.

39) 閔致完,『芝岡文集』卷5,「家狀」(閔致亮撰).

40) 黃玹은 민치완과 관련하여 민치완이 대원군 밑에서 글씨 쓰는 직책을 1년 정도 맡았는데, 그는 대원군을 온종일 모시면서 발등에 종기가 나고 버선이 찢어져도 물러가라고 말하지 않으면 물러나지 않을 정도로 근신하여 대원군이 매우 총애하였다고 전하고 있다. 또한 황현은 민치완이 대원군의 도움으로 都事가 되었으며, 그의 兄弟와 子姪들도 관리가 되어 그들의 기세가 嶺南 一路에서 막강하였다고 전하고 있다(黃玹,『梅泉野錄』(金準 譯, 교문사, 1994, 147쪽).

제수받고 그 세력이 대단하였으며, 민치완의 권유를 받고 기정진이 「丙寅疏」를 올리기도 하였다.[41] 민치완은 1864년 이후 대원군의 총애를 받아 참봉과 의금부도사를 제수받아 활동하였다. 그는 대원군을 보필하면서 유림들의 이해를 대변하기도 하였다. 즉 1871년 서원철폐에 대해 대원군에게 '어찌 열성조의 유학을 높이고 도의를 중시하는 의리이냐.'라고 항의하였으며,[42] 金炳學에게도 편지를 보내 위로는 조선의 유훈을 계승하고 아래로는 창생의 바램에 부응하기 위해서라도 서원철폐를 막아야 한다고 주장하기도 하였다.[43] 그는 대원군이나 김병학 외에도 閔台鎬, 閔奎鉉 등 여흥민씨 세력이나 申應朝, 李祖淵 등 중앙관료와도 친밀하였다. 이후 그는 대원군이 하야하면서 권력의 부침을 거듭하였으나, 1879년 부친 회갑일에 서울의 고관대작으로부터 지방의 선비들에 이르기까지 수백 명의 인물들이 壽宴詩를 보낼 만큼 대단한 성세가 있었다.[44]

이들 민치완, 민치량 형제 외에 중앙 정계에 밀접한 관련을 맺고 있었던 인물로 조성가를 들 수 있다. 조성가는 대원군 집권기에 민치완을 통해 중앙 정계에 연결하려고 하였으며,[45] 사헌부 정언을 지낸 기정진의 재

---

41) 閔致完, 『芝岡文集』 卷2, 「珍原答問錄」. "又曰 向於丙寅戊辰年間 君之前後錄示 一一得見 彝夷所在 按住不得 以至修疏之擧 大抵其時忿悁之心 弸中而然也"

42) 閔致完, 『芝岡文集』 卷5, 「家狀」(閔致亮撰). "此豈我列聖朝崇儒重道之義耶"

43) 閔致完, 『芝岡文集』 卷1, 「金相國炳學」. "上承祖先之遺範 下副蒼生之顒望 則非徒爲邦家之幸 亦將有辭於天下後世矣"

44) 이후 민치완은 1882년 임오군란이 일어나자 대원군으로부터 다시 부름을 받았고, 갑신정변이 일어났을 때에는 통리기무아문의 책임자로 차출되기도 하였다. 그러나 그는 얼마 후 1886년 1월 서울에 끌려가서 1887년 3월 섬으로 流配命을 받아 扶安의 蝟島에서 6년간 유배생활을 하였으며, 1892년에는 臨瀛(오늘날 강릉)으로 옮겨졌으며, 1894년 석방되었다. 이후 그는 1895년 내부참의, 관찰사로 임명되었으나 취임하지 않고 은거하였다(閔致完, 『芝岡文集』 卷5, 「家狀」(閔致亮撰)). 그가 장기간 유배된 것은 대원군과의 관계가 밀접하여 민비의 미움을 받았기 때문이다.

45) 趙性家, 『趙性家日記』, 「庚午日記」 1월 17일. "三從兄往山淸 故朝裁寄閔都事 幷付寄京各札於都事便"

종질 기양연을 통해서도 1869년 성균관 대사성을 역임한 徐承輔를 소개 받았다.[46] 서승보는 조성가를 孟獻子의 5人 중 한명의 벗으로 여길 정도로 자주 왕래하였는데,[47] 조성가가 1883년 선공감감역이 되었던 것이나[48] 아들 趙宗奎가 1890년 의금부도사가 될 수 있었던 것은[49] 그의 중앙 정계와의 돈독한 관계에 힘입은 바가 크다고 할 수 있겠다. 조성가는 또한 곡식을 3백 석을 마련하여 동생 趙性宙(자는 季豪)를 통해 관아에 바칠 정도로 경제력이 넉넉하였는데,[50] 그는 이러한 경제력과 자신의 지위를 바탕으로 1890년부터는 경상도 관찰사로 부임한 李憲永이나 李容稷, 진주 목사로 부임한 成箕鎬, 李恒儀 등과 교유하면서 향촌 문제에 조언하기도 하였다. 그는 특히 수령들에게 습속을 바로잡을 것을 건의하여 진주 지역에 분서강약을 만들고 춘추로 강론하였으며, 1893년에는 도약정이 되어 진주 지역의 향약을 주관하기도 하였다. 이처럼 그는 영남 지역에서 노사 학파를 대표하여 명망이 높았으므로 1877년 寒洲 李震相(1818-1886)이 조성가를 초청하여 단성의 사월리에서 함께 향음례를 하였으며, 1887년에는 연재 송병선이 다녀가기도 하였던 것이다.

정재규도 일찍부터 학문적 명성이 높았으며 지방 수령과 왕래하면서 향촌문제에 적극적으로 관여하였다. 그는 이미 1867년 진주목사로 부임한 鄭賢奭에게 편지를 보내 민심의 동요를 막기 위해 양전사업을 신중하게 실시해줄 것을 부탁하였고,[51] 1883년 삼가현령으로 부임한 申斗善에게는 고을을 통치하기 위해서는 습속을 바로잡아야 하는데 이를 위해서 향약 설치에 관해 조언하였으며, 이황의 유적지인 雙明軒이나 조식의 강학

---

46) 趙性家, 『月皐集』 卷6, 「與徐判書(承輔)」 己巳.

47) 趙性家, 『月皐集』 卷6, 「與徐判書」 辛未.

48) 『日省錄』 고종 2년(1883) 2월 17일조.

49) 『日省錄』 고종 27년(1890) 6월 9일조.

50) 趙性家, 『趙性家日記』, 「丙子日記」 6월 11일조. "官令執穀見督 余參百石送季豪入納"

51) 鄭載圭, 『老柏軒集』 卷4, 「與鄭參判顯申奭」.

처인 뇌룡정 중건을 요청하였다.[52] 그는 또한 1895년 7월 관찰사인 趙秉鎬에게 편지를 보내 개화파를 난신적자로 규정하고 그들을 처단하여 종묘사직을 지키고 화이와 人獸를 구분하기 위해 거의를 촉구하기도 하였다.[53]

이와 같이 중앙정계뿐만 아니라 지방 수령과 왕래하면서 유교적 습속의 보급과 향약을 실시하여 향촌사회에서의 문제를 해결하려고 하였던 노사학파에서는 영남 서부 일대에 지속적으로 강학활동을 전개하여 많은 문인을 배출하였다. 산청에서는 최숙민, 하동에서는 김현옥, 삼가에서는 정재규, 초계에서는 이직현 등이 중심이 되었다. 최숙민은 1895년 을미사변과 단발령에 반발하여 산청의 부곡으로 피하기 전까지 산천재와 단성의 신안 일대를 중심으로 활발한 강학 활동을 전개하여 자신의 가문뿐만 아니라 안동권씨 권준 가문[54]이나 산청의 창녕조씨 조식 가문에서 그의 제자들이 다수 나타나게 되었다. 그리고 김현옥과 정재규 등은 1890년부터 문인들이 많이 배출되었는데, 김현옥은 산청에서 하동의 악양으로 이주하여 문인들을 다수 배출하였고, 정재규는 삼가 외에도 산청, 진주, 의령 일대에도 문인이 다수 배출되었다. 이직현은 다소 늦은 시기인 1900년대부터 초계에서 문인이 많이 배출되었다.[55]

아울러 영남지역의 노사학파에서는 정여창이나 조식의 추숭사업을 전개하였다. 노사학파와 정여창 후손들과의 관계는 기정진과 정환필 이후에도 계속 유지되었다. 조성가는 자신의 아들 趙宗奎를 정여창의 후손인 鄭東應의 딸에게 결혼시켰고, 1896년에는 정여창을 모신 남계서원 원장이

---

52) 鄭載圭, 『老柏軒集』 卷4, 「答申侯梨山斗善」.

53) 鄭載圭, 『老柏軒集』 卷4, 「與趙方伯秉鎬」 乙未.

54) 예컨대 『蘆沙先生淵源錄』에는 빠져 있으나, 安東 權氏 權濬의 후손인 權載純과 權載采는 부친 權箕煥의 뜻에 따라 모두 崔琡民의 문인이 되었다. 그중 권재순은 최숙민의 딸과 혼인하였다(鄭載圭, 『老柏軒集』 卷41, 「學生權公墓誌銘」).

55) 『蘆沙先生淵源錄』 참조.

되어 강규를 새롭게 정하기도 하였다.[56] 김현옥은 정여창이 지리산에서 학문을 연마하였던 하동의 악양정에서 1891년에 하동 일대의 유림 94명과 함께 「岳陽亭小學講契」를 결성하고 매년 4월 29일에 『小學』을 강학하였다. 김현옥이 결성한 「岳陽亭小學講契」는 정여창의 후손인 鄭煥周나 조성가, 정재규, 李宅煥 등의 영남지역 노사학파의 지대한 관심 속에 꾸준히 강학이 이루어졌으며, 1899년에는 남계서원의 원장을 맡았던 관찰사 曹始永과 하동군수 姜永吉의 지원을 받아 1901년 악양정이 중건되기도 하였다.[57] 정재규도 김현옥과 함께 1891년에 악양정에서 『小學』을 강론하였을 뿐만 아니라, 1892년에 남계서원의 향례에도 참여하여 정여창을 추숭하기도 하였다.

또한 영남의 노사학파에서는 조식의 학문을 탐구하고 추숭사업도 함께 전개하였다.[58] 〈표 1〉에서 살펴보았듯이 조식의 후손인 曹瑢이나 曹錫熙는 기정진의 문인이었으며, 정재규는 조식이 태어난 삼가출신이며, 조성가나 최숙민 등의 거주지도 조식의 마지막 강학처였던 산천재와 그리 멀지 않아서 영남지역의 노사학파는 어느 학파보다도 조식과 인연이 깊은 학문적 집단이었다. 기정진도 이황뿐만 아니라 조식의 학문에도 깊은 관

---

56) 趙性家, 『月皐集』 卷20, 「家狀」(趙鏞肅撰).

57) 『岳亭志』 「岳陽亭重建記」(崔益鉉撰).

58) 남명추숭사업은 노사학파 외에 송병선 등 연재학파에 의해서도 적극적으로 이루어졌다. 특히 송병선은 1904년 송시열이 쓴 『南冥曹先生神道碑』가 조식의 무덤 앞에 세워지자 「南冥曹先生神道碑追記」를 써서 그 사실을 기념하였다. 즉 조식의 학문과 덕행을 극진하게 묘사한 자신의 선조인 송시열의 신도비가 그간 당론에 의해 조식의 무덤 앞에 세워지지 못하고 용암서원에 세워졌다가, 조식의 유풍이 사람들을 감동하기에 이르러 무덤 앞에 세워지게 되었으니, 이는 백세의 공의가 없어지지 않았음을 볼 수 있겠다는 것이다(宋秉璿, 『淵齋集』 卷32, 「南冥曹先生神道碑追記」). 이러한 송병선의 글은 영남우도 지역에서 조식의 신도비 문제를 둘러쌓고 당파나 가문, 인물간의 논쟁이나 대립이 격심하였던 사실을 반증한다. 허목과 송시열이 지은 신도비 건립과 관련하여 당파나 가문간의 갈등은 吳以煥, 「南冥集 釐正本의 成立」, 『南冥學研究論叢』 3집, 1995, 437~457쪽을 참조할 것.

심을 보였는데, 최숙민이 大谷 成運이 지은 묘갈명과 조식이 金孝元에게
준 편지의 구절을 인용하여 '조식의 학문은 아는 것이 정밀해도 더욱 정
밀함을 구하였고, 행함에 이미 힘을 썼어도 더욱 그 힘을 다하였다.'는 것
과 '사대부는 천 길 낭떠러지에 서서 몸뚱이와 사지가 절단되더라도 세속
에 이끌리지 않아야 吉人이 될 있다'고 말하였다고 하자, 기정진은 오늘날
의 학자는 마땅히 조식을 배워야 학문에 진보가 있다고 최숙민을 격려하
였다.59)

이 때문에 영남지역의 노사학파에서는 조식에 대해 깊이 탐구하였으
며, 추숭사업에 대해 힘을 쏟았다. 조성가는 남명집 重刊에 참여하고 허
목 대신 송시열이 지은 南冥 神道碑가 들어서게 하였으며, 최숙민은 산천
재에서 남명의 후손들을 중심으로 강학활동을 하다가 1889년 曺容과 曺垣
淳 등의 요청을 받아들여 德山講約의 講規를 정하고 그 序文을 썼다. 그리
고 정재규는 1892년 겨울 조식의 후손인 復菴 曺垣淳, 厚山 許愈와 함께
뇌룡정에서 남명집을 교열하고, 허목이 지은 덕산비보다는 송시열이 지
은 남명 신도비가 내용이 극진하다고 주장하여 송시열이 지은 신도비가
들어서게 되는 계기를 만들었다.60) 또한 1900년 3월 뇌룡정 강회에서 남
명의 「神明舍圖」에서 논란이 되었던 '國君死社稷'에 관해 國君이 사직을
위해서 순절할 마음이 없으면 나라가 보존이 안 되고, 학자가 도에 죽으
려는 마음이 없으면 마음을 보존할 수 없으니 마땅히 「神明舍圖」에 포함
되어 있어야 한다고 주장하였다.61)

---

59) 崔琡民, 『溪南集』 卷20, 雜著, 「湖上語錄」. "顧琡民曰 君生長南冥之鄕 能道其學乎
琡民擧大谷所撰碣文中 知之已精而益求其精 行之已力而益致其力兩句 以對曰 此語
必有的見 因說道士大夫要須壁立千仞頭分支解 不爲世俗所移 方能做成吉人之語 先
生頷之 曰今日學者 當學南冥 方有一步二步進處"

60) 李相弼, 『南冥學派의 形成과 展開 -思想과 學脈의 推移를 中心으로-』, 高麗大學
校博士學位論文, 1998, 173쪽.

61) 鄭琦, 『栗溪集』 卷9, 「沙上隨錄」, 庚子 3月.

이와 같이 조성가, 최숙민, 정재규 등의 영남지역의 노사학파는 그들의
학문적인 역량을 바탕으로 이 지역의 노론 가문의 연대를 강화해 나감과
동시에 남명 조식과 일두 정여창을 숭앙하는 기풍이 강한 이곳에서 그들
의 선양 활동을 통해 진주와 하동·산청·합천·의령을 중심으로 한 영남
지역에 노사학파가 활동할 수 있는 공간을 계속적으로 넓혀 갔던 것이다.

Ⅳ. 문인 정재규의 역할

정재규는 기정진 사후 기정진의 주리론과 위정척사사상을 계승하여 적
극적으로 강학 활동을 전개하여 많은 문인을 배출하였으며,『答問類編』과
기정진의 문집 간행을 통해 기정진의 주리론을 널리 보급하였고, 외세의
침략으로 국가가 위태로웠을 때 의병운동을 일으켜 유학자로서 시대적
사명을 다하였다. 이러한 정재규의 노력으로 영남 지역의 노사학파는 크
게 성장할 수 있었다. 이에 대해 차례로 살펴보기로 하자.

1. 강학활동

기정진의 학문과 사상은 영남지역에서는 주로 정재규의 강학활동을 통
해 계승되었다. 기정진은 후일 蘆門三子라고 불렸던 金錫龜(1835-1885)와
鄭載圭(1843-1911), 鄭義林(1845-1910) 등을 자신을 계승할 인물로 주목하
고,[62] 1875년부터 자신의 대표적인 저술을 김석구와 정재규, 정의림에게

---

[62] 기정진은 당세의 輔弼致澤의 임무를 맡길 만한 인물로 김석구에 이어 정재규
　　　와 정의림을 손꼽았다(鄭義林,『日新齋先生言行錄』. "微稟日　當今輔弼致澤之任
　　　誰可其人歟　老先生日　景範是也　又日厚允與季方　其亞矣云"). 기정진은 또한 1874
　　　년 문인인 鄭時林에게 정재규와 정의림이 성씨도 같고 나이도 비슷하고 재주
　　　도 비슷하니 자신의 문하에서 절대 우연이 아니라고 하여 정의림, 정재규에
　　　게도 그 사실을 알리게 하였다. 이에 정시림은 정의림에게, 정의림은 다시 정
　　　재규에게 1875년 봄에 편지를 보내 그 사실을 알렸다(鄭載圭,『老柏軒集』卷

전수하기 시작하였다. 그는 1875년 10월에 정재규와 정의림이 찾아왔을 때 김석구, 기우만을 참석시켜 서로 토론하고 질문케 하였는데, 특히 「納凉私議」에 대해서는 4일 동안 침식을 잊고 반복해서 읽고 문답케 하였다. 또한 1879년 정월에는 김석구와 정재규, 정의림에게 「納凉私議」와 「猥筆」을 읽게 하고 그들의 뜻을 물었다. 이에 김석구와 정재규, 정의림은 기정진의 학설을 독실히 따르겠다고 대답하였던 것이다.[63] 당시 정재규의 학문은 1877년 기정진을 찾아온 산청의 민치완을 통해서 영남 일대에 알려지게 되었으며,[64] 삼가에서 함께 학문을 주고 받았던 허유, 이정모, 곽종석 등을 통해 이진상에게도 알려져 1880년 한주 이진상의 내방을 받기도 하였다.

정재규는 기정진 사후 곧바로 강학에 나서지 않고 기정진의 遺文을 교감하면서 기정진의 학문을 계승하는데 힘을 기울였다. 그는 1881년에는 선산 도회소에 나아가 신사척사운동에 참여하고 다음해인 1882년에는 포천에 올라가 최익현을 만나는 등 기정진의 위정척사사상을 실천적으로 계승하는데 노력을 기울이기도 하였다.

그가 강학을 하기 시작한 것은 1884년부터이다. 그는 삼가 현령으로 부임하였던 임헌회의 문인인 申斗善으로부터 초청을 받아 삼가 향교에서

27, 「湖上奇遇錄」; 鄭義林, 『日新齋集』 卷12, 「湖上奇遇錄」. "此人與義林 性氏相同 年紀相近 才性相似 至於所居地名 亦不異 甚非偶然 故留此欲爲義林示之也 : 鄭載圭"; 『老柏軒集』 卷27, 「湖上奇遇錄」). 이는 기정진이 정의림과 정재규가 자신의 뒤를 이어 영·호남 지역의 노사학파를 이끌어주라는 바램이기도 하였던 것이다. 또한 기정진은 1875년 10월경에 3일 간격으로 정재규와 정의림이 장성에 찾아오고, 다시 다음해 4월에 3일 간격으로 정재규와 정의림이 찾아와서 수학하게 되자 曠世의 奇事라고 기뻐하였다(鄭義林, 『日新齋集』, 「湖上奇遇錄」 卷12 및 鄭載圭, 「湖上奇遇錄」, 『老柏軒集』 卷27 참조).

[63] 『蘆沙先生文集』 附錄 卷1, 「年譜」, 己卯 正月. "以納凉私議及猥筆, 示門人金錫龜 鄭載圭鄭義林 曰, 金鄭同侍 先生出以示之曰 曾聞有此錄乎 對曰 聞之矣 讀了 先生曰 於二三子之意 何如 并作而對曰 願篤信焉").

[64] 閔致完, 『芝岡文集』 卷2, 「珍原答問錄」. "曰或有禮文梢知之人乎 曰吾亦素昧 然而 三嘉墨洞鄭生載圭也 稍知禮儀而君或知之否"

강학을 하였으며, 1885년에는 조식의 강학처였던 뇌룡정이 중건되자 허유와 함께 뇌룡정에서 강학을 하였다. 그는 이 때 뇌룡정의 강학에 참여한 인물을 대상으로 雷龍儒契를 결성하여 지속적으로 조식의 학문을 강론하여 인근의 사림들과의 결속을 강화해나갔다.

그가 본격적으로 강학에 나선 것은 1892년부터이다. 그는 이때부터 자신의 서재인 鳳棲齋와 勿溪精舍에서 학생들을 모아「學規」와「勿溪節目」을 만들어 강학에 힘을 기울였다.[65] 그가 당시 봉서재에서 제정한 學規는 1) 立志, 2) 檢身, 3) 主忠信, 4) 厲名節, 5) 正趨向, 6) 闢異端, 7) 立課程 등 모두 7조목으로 되어 있다. 그 중 5) 正趨向에서 우리 동방에서는 理學은 退溪를, 經濟規模는 栗谷을, 禮制는 沙溪를, 春秋大義는 尤菴을 본받아야 한다고 함으로서 老論 위주의 학규를 정하였으며, 6) 闢異端에서는 육상산, 양명학, 노자, 불교, 신불위, 한비자의 순으로 해로운 이단의 순서를 정하여 이단을 철저히 배격할 것을 규정하였다. 또한 그는「勿溪節目」에서 齋生들의 행동 규범과 독서하는 요령을 자세히 규정하였다.[66]

그가 이와 같이 노론 위주의 학규를 제정하고 이황의 성리학을 높이면서 철저하게 이단을 배척하게 되자 삼가와 초계, 의령 등지에서 많은 제자들이 모여들기 시작하였다.[67] 뿐만 아니라 단성의 신안정사에도 자주 방문하고 강학 활동을 전개하자 단성의 안동 권씨 권준과 성산 이씨 이조년 가문

---

65) 鄭載圭,『老柏軒集』卷27,「學規」; 같은 책,「勿溪節目」.

66)「勿溪節目」은 齋生들의 행동 규범과 독서하는 요령을 정한 것으로, 해가 뜨기 전에 일어나 청소하고 의관을 정제하며, 스승에게 나아가 읍례한 후 동서로 나누어 인사하고 정해진 자리에서 독서를 하며, 나이순대로 앉아 식사를 하되 식사가 끝나면 느린 걸음으로 산보를 하며, 글씨는 해서로 쓰고 독서를 할 때 의심나는 부분은 箚記하여 질문하며, 동학끼리 서로 공경하고 責善하며, 한 달에 두 번 강하는 데 추첨하여 考講하며, 스승이 없을 때도 서로 격려하여 더욱 열심히 독서하며, 집에 돌아가서도 서재에서 익힌 것을 잊지 말고 체험에 힘쓰라는 것 등을 자세히 규정하고 있다.(鄭載圭,「勿溪節目」,『老柏軒集』卷27)

67)『老柏軒集』附錄 卷1,「年譜」, 壬辰.

에서도 제자들이 다수 늘어나게 되었다. 이 중에서도 합천 지역의 鄭冕圭(1850-1916, 정재규의 종제), 柳遠重(1861-1943), 鄭琦(1879-1950), 의령 지역의 南廷瑀(1869-1947), 단성지역의 權雲煥,(1853-1918) 權載奎(1870-1952), 李敎宇(1881-1950) 등은 정재규의 대표적인 문인이었으며, 호남지역에도 능주의 黃澈源(1878-1932)와 같은 유학자들이 배출되기도 하였다. 이들은 한말과 일제시기에 정재규의 뒤를 이어 영남과 호남 지역에 노사학파가 굳건하게 뿌리내리는데 커다란 공헌을 하였다.

그런데 당시 정재규의 강학활동에 있어서 크게 주목을 끄는 것은 영남의 여러 곳에 흩어져 있던 기정진의 문인들이 자주 모여 강회를 개최하였다는 점이다. 정재규는 강회가 개최될 때 좌장이 되어 경서나 예학에 관해 주희나 기정진의 뜻에 어긋나지 않게 바로잡아 주어 주리철학과 위정척사를 위주로 하는 노사학파의 순수성을 보존해갔던 것이다. 영남지역의 노사학파가 초기에 주로 모임을 갖었던 강회는 산청의 지곡에서 결성된 會稽講社이다. 이 회계강사는 정재규의 문인인 단성 출신의 權雲煥이 산청의 智谷에 우거하면서 만들어졌다. 이 강사는 최숙민이 1889년 작성한 「觀善禊修案序」에서 '회계강사가 행한 지 6, 7년 만에 4~50명으로 늘었다.'[68] 고 한 것으로 보아 1883년 무렵에 결성되는데, 이 회계강사에는 김현옥이나 조용소, 이병두와 같은 기정진의 문인이나 이택환, 권운환, 권기덕 등의 정재규의 문인이 주축이 되었다.[69] 이 모임은 매년 성대하게 개최되어 영남의 노사학파가 수십 명씩 모여 정재규가 강학을 주도하면서 경사를 토론하였던 것이다.

이 회계강사는 1889년까지 이루어졌는데, 권운환 등이 다시 단성으로 옮겨가자 다시 삼가의 뇌룡정과 단성의 신안정사로 옮겨서 춘추로 회합하여 학문을 연마하는 강약을 정하였다.[70] 삼가의 뇌룡정은 정재규가

---

[68] 崔琡民, 『溪南集』 卷23, 「觀善禊修案序」. "行之六七年 遠近追入 增至四五十"
[69] 『老柏軒集』附錄 卷1, 「年譜」, 丁亥 3月.

1885년 이후부터 강학에 힘써왔던 장소로서 합천이나 의령 등지의 문인들이 자주 회합하였고, 단성의 신안정사는 원래 성주이씨와 안동권씨 등의 노론들이 朱熹와 송시열의 영정을 모셨던 서원인데, 정재규의 문인들이 이곳 출신이 많았기 때문에, 단성이나 산청 등의 노사학파의 인물들이 이곳을 대표적인 강학처로 삼아 자주 회합하였다.

또한 영남지역의 강회에는 호남의 문인들도 참여하여 대규모로 강회가 개최되기도 하였다. 1885년에는 기우만이 삼가의 정재규에게 와서 뇌룡정과 신안정사를 방문하여 함께 강학하였고, 『答問類編』이 완성되었던 1891년 2월에는 정의림이 방문하여 뇌룡정에서 강회를 개최하였으며, 1891년 8월에는 지리산에서 영, 호남의 문인들이 대규모 강회를 실시하였다. 이 때 영남의 정재규와 최숙민, 김현옥 등의 문인은 그해 8월에 악양정을 거쳐 화엄사로 문인들을 거느리고 나갔고, 호남지역에서도 정의림과 鄭時林(1839-1912)이 문인들을 거느리고 화엄사에 나갔다.

이 강회는 노사 사후 10년이 지난 시점에서 서로 멀리 떨어져 자주 만나보지 못하는 영, 호남 문인간의 단결을 위한 중요한 회합이었고, 그간의 문인들의 학문의 성취를 알아보는 시험장이기도 하였다. 이날의 회합은 정시림이 「鍾山講會錄序」를 써서 그 일을 기념하였다.71) 당시 종산강의에는 50여 명이 강에 응했는데, 정재규, 정의림이 受講하였고, 崔琡珉이 平訂을 하고, 金顯玉이 執禮를 하고, 鄭昌林이 讀法을 하여, 나이별로 長, 少, 幼를 세 줄로 나누어 차례로 강론을 하였다. 강론이 끝나면 서로 토론을 했는데, 經史와 子傳, 天人과 性命의 理, 예악과 제작의 도와 고금의 복잡한 일에 대해서까지 講討하였는데, 정재규가 많이 절충하고, 최숙민과 정의림도 많이 보충을 하여 듣는 자가 매우 시원해 했다고 한다.

당시 강회 내용은 정재규의 문인인 權基德(1846-1898)이 지은 「鍾山講

---

70) 崔琡民, 『溪南集』 卷23, 「觀善禊修案序」.

71) 鄭時林, 『月波集』 續編 卷1, 「鍾山講會錄序」.

錄」에 실려 있는데,[72) 이 강회에서 정재규가 기정진의 설을 가장 충실히 계승하여 토론을 전개하였다. 정재규는 자신의 동문들이 기정진의 학설을 제대로 이해하지 못하고 있다고 지적하였다.

정시림이 남당의 주기론에 기울어져 성인과 범인의 마음이 같지 않다고 하자,[73) 정재규는 성인과 범인의 마음은 미발시에는 조금도 차이가 없다[74)고 비판하였다. 또한 정의림이 惡에 대해서 理가 한 것이 아니라 氣가 그리하게 한 것이라고 하고,[75) 최숙민이 一定不易한 理가 惡으로 되는 것을 이해하지 못하자,[76) 정재규는 理에 善惡이 있는 것은 理勢의 부득불 그러한 [不得不然] 측면 즉 理의 常變이 있어서라고 주장하였다.[77) 이는 정재규가 기정진이 閔克中에게 답한 '리의 본연은 실로 순선무악하나 리가 기를 타고서 유행하면 과불급의 차이가 없을 수 없다. 기에 과불급이 없을 수 없는 것 또한 理勢가 그러한 것이다. 조금이라도 과불급이 있으면 악이 이 때문에 생기는 것이다.'라고 하여 惡도 理 때문에 생긴다는 것을 계승한 것이다.[78)

또한 정재규는 理는 必然과 能然, 不得不然 세 가지 측면을 합해 보아야 완비된다고 주장하고,[79) 학자의 공부는 '그 필연의 묘를 주장하고 그 능

<72) 權基德,『三山集』卷3,「鍾山講錄」.

<73) 權基德,『三山集』卷3,「鍾山講錄」. "函丈日 心固有指氣質而言者 而君子不謂之心 月波沈思半餉而言日 果是南塘之見 今日始覺其非也"

<74) 權基德,『三山集』卷3,「鍾山講錄」. "函丈日……雖衆人眞箇有未發時節 則雖瞥眼間 此理渾全 與聖人無毫髮虧欠"

<75) 權基德,『三山集』卷3,「鍾山講錄」, "日新日 是氣之使然也"

<76) 權基德,『三山集』卷3,「鍾山講錄」, "溪丈復理日前餘論日……然理有一定不易之分 氣何敢乃爾"

<77) 權基德,『三山集』卷3,「鍾山講錄」. "函丈日…… 若溪兄所疑 則由不知理之有常變也 有常有變 此理勢之不得不然者"

<78) 奇正鎭,『蘆沙集』卷9,「答閔克中」, "理之本然 固純善無惡 而及其乘氣流行 則不能無過不及之差也 氣不能無過不及者 亦理勢然也 而纔有過不及 則惡之所由生也"

<79) 權基德,『三山集』卷3,「鍾山講錄」. "理字本面甚廣 須合必然能然不得不然三件事而

연의 힘을 이르게 하여 그 부득불 그러한 것을 제어해야 한다'[80]고 하여
철저히 주리론에 입각한 공부 방법을 제시하였다.

정재규는 강회를 마치자 곧바로 그해 9월 기정진의 묘를 참배하고 제
문을 짓고 자신들이 기정진의 학설을 철저히 계승하지 못하고 있다고 한
탄하였다.[81] 이는 정재규가 스승의 유업을 계승하여 노사학파의 정통성
을 지키겠다는 결의이기도 하였다. 이후 정재규는 鳳棲齋에서 더욱 강학
에 힘을 기울이는 한편,[82] 1892년 5월에는 崔琡民의 내방을 받고 김현옥
이나 정면규 등과 「太極圖說」과 「猥筆」을 강론하면서 영남지역에서 기정
진의 학설을 본격적으로 강학하였다.

2. 문집 간행

정재규는 강학 활동을 전개하여 영남지역에 많은 문인들을 배출하였을
뿐만 아니라, 문인들에게 기정진의 학설을 체계적으로 이해하기 위하여
『答問類編』을 편찬하고 기정진의 문집을 목판본으로 만드는데 커다란 공
헌을 하였다.

기정진의 문집편찬은 기정진 사후 곧바로 추진되었다. 기정진의 손자
인 기우만은 나이 어린 승중손 春度를 대신하여 喪을 주관하면서, 사방에
글을 보내 기정진의 글을 모으기 시작하였던 것이다. 기정진의 글은 1880
년 여름 정재규 등의 교감을 거쳐[83] 1881년 여름에 기우만이 기정진의 유

看 方始該備"

80) 權基德, 『三山集』 卷3, 「鍾山講錄」. "故學者之工 必主其必然之妙 而致其能然之力
以制其不得不然者耳"

81) 鄭載圭, 『老柏軒集』 卷39, 「祭蘆沙先生墓文」. "(上略) 然惟諸子不克發揮 其所論辨
或倍師說 未喪已乖 後賢嗟惜 矧茲小子 質菲才薄 飮河之日 猶未充腹 各自離索 其
何能穀 奉繹遺書 豈不反復 毫釐易差 燕越其轂"

82) 정재규는 1892년 鳳棲齋의 學規를 정한 뒤 강학에 힘쓰자 원근에서 많은 제자
들이 모여들었다(鄭載圭, 『老柏軒集』 附錄 卷1, 「年譜」, 壬辰).

83) 鄭載圭, 『老柏軒集』 附錄 卷1, 「年譜」, 庚辰 夏. "校蘆沙先生遺文"

집을 편찬하였으며,84) 이를 바탕으로 1883년 봄에 기정진의 강학처였던 澹對軒에서 活字本으로 간행되었다.85) 이 문집에는 기정진의 詩, 書, 雜著, 序, 跋, 記, 上樑文, 行狀, 墓碣銘 등이 거의 망라되어 있으며 奇陽衍의 序文과 崔益鉉의 跋文이 수록되어 있다. 이 문집은 1883년 김평묵에게도 전달된 것으로 보아 간행된 이후 곧바로 기정진의 문인들에게도 배포된 것으로 보인다. 이 초간본은 기정진의 書齋였던 澹對軒에서 1898년에 한 번 더 간행되기도 하였다.86)

이와 같이 기정진의 문집이 간행되자 이번에는 기정진의 학설을 체계적으로 이해하는 노력이 시작되었다. 기정진의 문인들이 기정진의 학설을 이해하려는 노력은 이미 기정진의 장례를 치렀던 1880년 2월에 시작되어, 김석구와 정의림, 기우만이『답문류편』편찬에 대해 논의하였으며, 편찬을 정재규에게 부탁하였다.87) 정재규는 이에 따라 1880년 여름부터 기정진의 遺文을 校勘하고 의문 사항은 김석구에게 편지를 보내 교정하였다. 그러나 이 작업은 기정진의 글이 다 모아져야 가능한 것이었기 때문에,88) 기정진의 문집이 간행되기 전까지는 일이 일단 중지되었다.

1883년 문집이 간행되자 새로이 산청의 김현옥이 나서서『답문류편』

---

84) 奇宇萬,『松沙集』附錄, 卷1,「年譜」, 辛巳 夏. "編寫老先生遺集"

85) 『蘆沙先生文集』附錄의「年譜」에 임오년에 기정진의 문집이 완성된 것으로 되어 있고(『蘆沙先生文集』附錄, 卷1,「年譜」, 壬午. "文集成"),『松沙集』附錄의「年譜」에 1883년 봄에 기정진의 문집이 간행된 것으로 되어 있다(『松沙集』附錄, 卷1,「年譜」, 癸未 春. "印行老先生遺集").

86) 奇宇萬,『松沙集』附錄 卷1,「年譜」에 1898년 간행된 사실이 기록되어 있고, 鄭載圭,『勿溪稿』卷1,「通湖南士友文」에 두 번에 걸쳐 활자본으로 인쇄되었다고 하였다.

87) 鄭載圭,『老柏軒集』卷37,「答問類編跋」. "此編始於庚辰而今始甫就 蓋門人金錫龜 鄭義林首其議之 孫宇萬贊其決 以屬載圭"

88) 鄭載圭,『老柏軒集』卷37,「答問類編跋」. "竊伏惟念先生在 道在先生 先生沒 道在遺書 梁摧遽矣 微是何述 乃不揆僭妄 編輯爲若干卷 而其有疑不敢專輒者 寄書錫龜 以相訂焉 時以收拾之未完 不能斷手"

편찬 작업을 시작하게 되어 김현옥이 직접 글을 베끼고 종류별로 訂定하여 총 15권으로 만들었다.[89] 이에 정재규는 1887년 정월에 김현옥이 만든 초고를 山淸의 深寂庵에서 교감하고 김현옥과 함께 발문을 지어 1887년 4월경에『답문류편』편찬 작업을 마무리하였다.[90] 이『답문류편』은 호남지역의 정의림 등에게도 검토되고[91] 기양연의 서문을 받아 1890년 완성되었다.[92] 기양연은 이 책의 서문에서 정재규가『답문류편』을 만든 목적이 기정진의 주장을 명확하게 드러내어 문인들이 이 책을 통해 깨달음을 얻기 위해서인데, 기정진의 문집을 태극 성명의 근원, 경전의 오묘한 뜻, 학문하는 방법, 예학, 일상생활에 걸쳐 나누어 편집을 하여 기정진의 주장을 일목요연하게 만들었다고 칭송하였다.[93]

이러한『답문유편』을 포함하여 기정진의 문집을 목판본으로 영구적인 형태로 만든 것이 1901년 단성의 신안정사에서 간행된『蘆沙先生文集』이다. 이 문집은 1901년 5월 신안정사에서 영호남의 기정진의 문인들이 회동하면서 시작되었다. 당시 문집 간행은 정재규의 주도로 논의가 전개되었다. 문인들의 자발적인 出資로 문집을 간행하자고 주장하여 거기에 참여한 사람들의 찬동을 얻었다. 이에 따라 문집 간행에 필요한 경비를 만들기 위해 정재규가 먼저 3백 냥을 적어 내었고 거기에 참여하였던 사람들이 차례대로 돈을 적었으며, 참여하지는 못한 사람들은 소문을 듣고 문집 간행을 위해 돈을 내었다.[94]

일단 모금이 되자 그해 7월부터 간행 작업이 시작되었다. 정재규가 총

---

89) 鄭載圭,『老柏軒集』卷37,「答問類編跋」. "往取湖上　始克成編總十五卷　其收拾繕寫訂定門類　始終致力　金顯玉獨賢焉"

90) 金顯玉『山石集』卷4,「答問類編跋」. "歲丁亥閏四月望後一日　門人金顯玉謹序"

91) 鄭義林,『日新齋集』卷3,「答鄭厚允」.

92) 『蘆沙先生文集』附錄　卷1,「年譜」, 庚寅. "答問類編成"

93) 『答問類編』,「答問類編序」(奇陽衍撰).

94) 鄭琦,『栗溪集』卷9,「溪上隨錄」辛丑.

지휘하고 그의 문인인 권재규나 정기 등이 교감을 맡아 진행되었다. 문집은 총 40권, 20책으로 詩, 疏, 書, 雜著, 序, 記, 跋, 箴, 辭, 上樑文, 祝文, 祭文, 墓表, 行狀, 傳, 遺事와『答問類編』15卷을 비롯해서 年譜, 行狀, 神道碑銘 등이 추가되었다. 重刊本 간행작업은 연말에 거의 일을 마쳤으나, 몇 가지 부분에 대해 수정을 하여 1902년 4월에 완성하고,[95] 판본은 곧바로 장성의 담대헌에 운반되었다.[96]

당시 영남지역에서 이루어진 기정진 문집의 목판본 간행에 대해 黃玹은 그 의의를 다음과 같이 평가하였다.

> 그가 작고한 지 1년도 안되어 그의 문집을 활자로 간행하려 하였으나 영남에 있는 그의 문인들은 활자가 오래 가지 못한다고 생각하여, 신축년(1901)과 임인년(1902) 사이에 丹城에다 刊所를 설치하고 板刻을 새기기 시작하여 1년 만에 작업을 완료하였다. 근세의 문학가로 자칭한 사람 중에서 재상과 유림을 막론하고 작고한 지 얼마 안 되어 문집의 간행이 이렇게 훌륭하게 이루어진 경우가 없었다.[97]

3. 학설논쟁

이처럼 1901년과 1902년에 걸쳐 기정진의 목판본 간행은 성대하게 이루어졌으나, 기정진이 「猥筆」에서 이이의 학설을 훼손하였다고 하여 영남지역의 노론들이 문제를 제기함에 따라 격렬한 학설논쟁이 일어나게 되었다. 특히 의령의 新藩 출신의 司諫院의 司諫을 지낸 權鳳熙(1837-1902)[98]는 「猥筆」이 이이의 학설과 다르다고 하여 최동민 등과 함께 기정

---

95) 鄭琦,『栗溪集』卷9, 雜著, 溪上隨錄, 壬寅 4月; 奇浩元, 「蘆沙文集에 대한 考察」, 『蘆沙 奇正鎭 先生』, 海誠社, 1998, 61쪽.

96) 鄭琦,『栗溪集』卷9, 「溪上隨錄」, 壬寅年 正月과 4月 참조.

97) 『국역 매천야록』(黃玹(金準 譯), 敎文社, 1994) 176~177쪽.

98) 權鳳熙,『石梧集』卷5, 附錄, 「家狀」.

진의 글을 邪說로 규정하고 간행되었던 모든 문집을 불에 태워야한다고 진주와 의령 일대에 통문을 돌렸으며,[99] 호서 지역의 송병선과 송병순, 전우에게도 알리고 협조를 당부하였다.[100] 이에 대해 전우나 송병선, 송병선 등이 모두 권봉희의 행위를 지지함에 따라.[101] 이에 따라 1904년 초에까지도 송병선이나 전우의 문인들이 기정진의 문집을 훼판하고자 하였던 것이다.[102]

이와 같이 전우나 연재학파의 잇따른 공격으로 영남지역의 노사학파는 커다란 곤경과 위기에 처하게 되었다. 평소에 종유하던 사람들이 출입을 끊고 심지어는 정재규의 문인이었던 李道復처럼 "내가 지난날 蘆沙를 존경한 것은 蘆沙를 존경해서가 아니라 선생을 존경해서입니다. 선생께서 평시에 栗谷을 존경하였기 때문에 선생을 존경한 것입니다. 그런데 이제는 이와는 반대되니 차라리 선생을 등질지언정 栗谷을 등질 수는 없습니다."[103]라고 정재규를 비판하고 노사학파와 결별을 선언한 사람들도 있었으며,[104] 조성가의 제자로서 큰 학자로 기대를 모았던 韓愉도 노사학파와 결별하고 전우의 문인이 되기도 하였다.[105]

---

99) 扶鬪錄,「嶺儒通文」, 壬寅(1902) 6月 25日 宜寧鄕校都會所發文(前校理權鳳熙 等 57人).

100) 權鳳熙,『石梧集』卷3,「上宋淵齋秉璿」,「答宋心石秉珣」,「與田艮齋愚」, 壬寅.

101) 송병선은 기정진의 「猥筆」은 사람들이 공분해야 할 일로 마땅히 성토해야 했는데, 권봉희가 먼저 성토한 것은 존현의 지극함에서 나온 것이었다고 권봉희를 두둔하였다(宋秉璿,『淵齋集』卷11,「答權校理鳳熙… 尹達瑞敬植」, 壬寅(1902) 7月. "凡在士林 孰無憤慨之心 其於衛闢之道 宜有此聲討之擧 而諸君子先發之 若非尊賢之至 烏能如是"), 송병순도 주자와 율곡의 도를 밝히려는 행위는 선조인 송시열의 행위와 다름없는 것이라고 칭송하였다(宋秉珣,『心石齋集』卷6,「答權校理鳳熙」, 壬寅六月十二日). 전우도 기정진의 학설은 공맹과 정주에 어긋난 학설이니 그릇된 점을 낱낱이 변박해야 한다고 답변하였다(田愚,『艮齋私稿』卷2,「答權聖岡鳳熙」, 壬寅(1902)).

102) 鄭琦,『栗溪集』卷9, 雜著,「溪上隨錄」.

103) 李道復,『厚山集』卷20,「紀行程曆」. "前日尊蘆沙 非尊蘆沙也 尊門下也 平日尊栗翁 故亦尊 之也 今日則反是 寧負門下 不敢負栗翁也"

104) 鄭琦,『栗溪集』卷9,「溪上隨錄」.

따라서 노사학파에서는 어떻게든 이들의 공격에 맞서 노사학설을 변호하고 문인들의 이탈을 막아야 했는데, 이 일에 가장 적극적으로 나선 인물이 정재규였다. 정재규는 辨誣文을 작성하여 문인들을 비롯한 인근의 사림들에게 글을 보내 기정진이 이이를 계승하여 「猥筆」을 저술하였음을 밝혔다.106) 정재규는 기정진이 송시열의 연원으로서 이이의 '其機自爾 非有使之'가 주기론자들에 의해 오해되는 것을 막기 위해 이이를 위해 「猥筆」을 지어 주리론의 입장에서 이이의 학설을 계승, 보완하였으며, 기정진은 이이의 道德과 經濟 大用을 평소에 높이 숭상한 인물로 결코 이이를 배척하지 않았다고 주장하였다.

이어 정재규는 전우가 「納凉私議」와 「猥筆」에 대한 현란한 辯論을 지어 사방에 유포시키고 있어서 우리 道에 피해가 됨이 막심하니 마땅히 전우의 글에 대해 변파하여 우리 당의 후배들이 그의 말에 현혹되지 않게 해야 한다고 주장하였다.107) 이에 따라 정재규가 「納凉私議記疑辨」과 「納凉私議記疑追錄辨」, 「猥筆辨辨」, 「追錄」 등을 지었으며, 최숙민이 「辨艮齋愚凉議記疑」, 정의림이 「辨田愚所著蘆沙先生納凉私議記疑」와 「辨田愚所著蘆沙先生猥筆辨」, 이직현이 「述猥」를 지었다. 특히 정재규의 문인들이 영호남 각지에서 전우의 주장을 적극 변파하였는데, 영남지역에서 권운환은 「納凉私議記疑小箚」, 「猥筆辨小箚」를, 정기는 「猥筆後辨辨」 「辨艮齋示諸生說」, 「辨田艮齋觀鄭老柏軒集猥筆辨辨」를 지었으며, 호남지역에서는 황철원이 「納凉私議記疑辨」과 「猥筆辨辨」를, 양회락은 「納凉私議記疑辨」을 각각 지어 전우의 주장을 반박하고 학파 내부의 결속을 다지려고 하였다.108)

---

105) 鄭琦, 『栗溪集』 卷9, 「溪上隨錄」.

106) 鄭載圭, 『老柏軒集』 卷29, 「辨誣文示諸同志」.

107) 鄭載圭, 『老柏軒集』 卷7, 「答鄭季方」, 癸卯.

108) 기정진의 「猥筆」에 대한 田愚나 宋秉璿 문인들의 비판, 그리고 이에 대한 기정진이나 정재규 문인들의 재반박한 글에 대해서는 박학래, 「蘆沙奇正鎭의

당시 전우가 「외필」에 대한 비판에서 '機自爾 非有使之'에 대해 氣에 조작과 작용이 있는 것을 말하는 것이라고 이해하고, 氣는 이러한 운동과 작용에 의해 원리나 표준으로서 리를 실현하는 것이지, 작용성이 없는 리가 작용성이 있는 기를 대신해서는 안 된다고 보았던 것에 대해, 정재규는 이이의 '機自爾 非有使之'는 流行邊의 말이라고 전제하고 이이도 源頭處에서는 리의 주재를 설명하였다고 반론하였다. 정재규는 이이나 기정진의 입장은 모두 리의 주재를 주장하는 것이며, 李滉과 朱熹를 인용하여 리에는 조작의 준칙과 작용의 절제가 있기에 리가 동정하고 기를 명령한다고 주장하였다. 만약에 流行邊인 機自爾를 중시하여 인심 곧 마음이 타는 바의 기틀이 도를 넓히는 것이라고 파악한다면 理氣의 상하관계가 혼란해지고, 心의 理 측면인 성의 작용을 무시하게 된다고 주장하였던 것이다.109)

또한 「납량사의」에 대한 비판에서 전우는 분수는 기분수로서 인물의 편전은 기질의 차이에서 발생하는 것이라고 이해하였다. 이에 대해 정재규는 인물의 편전은 리의 분으로 원래부터 갖추고 있는 것이며, 사람과 사물이 완전히 구별된다고 보았다. 인물이 오상을 갖추었다는 점에서는 동일하지만 인물이 각각의 소이연과 소당연의 實理의 차이가 있어서 서로 다르다고 인식하여 전우가 기질의 차이에서 인물을 구분하는 측면을 비판하였던 것이다.110)

이처럼 정재규는 『답문류편』을 편찬하여 기정진의 학설을 체계적으로 알리고 문집을 목판본으로 중간하여 노사학파의 위상을 제고하였다. 그리고 정재규는 이이의 학설을 비판하였다고 하여 기정진을 이단으로 몰

性理說을 둘러싼 기호학계의 논쟁- 猥筆을 중심으로-」, 민족문화연구 48, 2008, 412~415쪽 참조.

109) 김봉곤, 「蘆沙學派의 形成과 活動」, 한국학대학원박사학위논문, 2007, 179~182쪽.

110) 김봉곤, 「蘆沙學派의 形成과 活動」, 한국학대학원박사학위논문. 2007, 182~184쪽.

려고 하였던 송병선이나 전우의 주장에 맞서 기정진의 학설이 주리론으로서 오히려 유학의 정통을 계승하고 있음을 주장하였으며, 동료나 문인들에게도 기정진의 학설을 변호하게 하여 주리론과 위정척사를 바탕으로 하여 노사학파가 영남에서 굳게 뿌리내리게 하였던 것이다.

4. 의병운동

영남지역의 노사학파에서는 기정진의 위정척사론을 계승하여 위정척사운동과 의병운동을 전개하였는데, 이 또한 정재규가 중심적인 역할을 하였다. 기정진의 위정척사방책은 서양과의 통상에 반대하고 침략을 막기 위해 기정진이 1866년 올린 「丙寅疏」의 6조에 제시되어 있다.[111] 기정진의 6가지 방책은 첫째 조정이 방책을 결정하여 서양과의 통상을 절대적으로 금할 것,[112] 둘째, 미리 箚通을 만들어 沿海의 鎭邑의 관원들이 미리 익히게 하여 침략을 대비할 것, 셋째 ,지형을 살펴 두어 육지로 유인한 다음 험한 곳에 의지하여 서양 세력을 邀擊할 것, 넷째, 향촌에서도 군사를 조련하고 弓矢火砲를 제작하여 무예를 익힐 것, 다섯째, 널리 求言하여 신민들의 주장을 받아들이되 격식에 구애되지 말고 한글로 쓰여 진 글이라도 다 받아들일 것, 여섯째, 內修를 통해 外攘을 실천해야 하는데, 內修의 요체인 結人心을 위해 올바로 인재를 등용할 것 등이다.

정재규는 이러한 기정진의 위정척사방책을 1881년 신사척사운동에 거의 그대로 계승해갔다. 정재규는 1881년 정월 善山道會에 참가하였는데, 그는 이 때 태학관에 통문을 보내어[113] 개화파와 일본을 성토하고 태학

---

[111] 奇正鎭, 『蘆沙集』 卷3, 「丙寅疏」.

[112] 기정진은 서양과 통상을 해서는 안 되는 이유로 서양을 천지간의 비상한 妖氣로서 그 淫慾의 사사로움을 이루기 위해 乾淨한 우리나라를 그들의 附庸으로 만들고 우리 땅을 그들의 寶庫로 만들며, 우리들을 그들의 종으로 함고, 부녀자를 약탈하고, 우리를 짐승으로 만들려고 하기 때문이라고 하였다(奇正鎭, 『蘆沙集』 卷3, 「丙寅疏」).

관의 유생들도 斯道를 講明하고 世敎를 부식시기 위해 여러 도를 창도하라고 궐기를 촉구하였다. 그는 통문에서 당시 일반적인 유자들처럼 천하가 이적과 금수의 세상이 되었으나, 홀로 조선만이 乾淨함을 지키고 있어서 이는 群陽이 없어지고 마지막 한 과일만 먹지 않음과 같다고 인식하고, 개화파와 일본을 물리쳐 공맹의 도와 춘추 의리를 회복해야 한다고 역설하였다.

또한 정재규는 조정에도 「斥邪疏」를 올리려고 하였다.[114] 그는 서양과 천주교를 사악한 것으로 파악하고, 이들과의 일체 교류 및 교역을 끊어야 하며, 이들과의 교류를 주장하는 개화파를 죽이고 일본과의 관계를 끊어야 하며, 오로지 선대 왕들처럼 서원을 두고 정학을 숭상하여야 할 것으로 주장하였다.[115] 이러한 정재규의 척사위정에 관한 주장은 기정진의 「丙寅疏」를 계승하여, 서양과 천주교를 사악한 세력으로 규정하고, 그들의 침략을 막기 위해 서양뿐만 아니라 일본과의 교역을 금지하고, 개화를 철저히 부정하였음을 알 수 있다.[116]

이후 1894년과 1895년에 걸쳐 갑오개혁과 민비시해, 단발령이 잇달아 일어나자 영남의 노사학파에서 정재규의 주도에 의해 의병운동이 모색되었다. 정재규는 1895년 7월 관찰사인 趙秉鎬에게 편지를 보내 개화파를 처단하여 종묘사직을 보존하고 人獸와 華夷를 구분하기 위해서도 일어서야 한다고 거의를 촉구하였으며,[117] 민비시해에 이어 단발령이 내려지자 호

---

113) 鄭載圭, 『老柏軒集』 卷27, 「與沔宮諸公」.

114) 鄭載圭, 『老柏軒集』 附錄 卷1, 「年譜」, 辛巳(1881), 正月條, 「製斥邪疏將上未果」.

115) 『老柏軒集』 附錄 卷1, 「年譜」, 辛巳(1881), 正月條, 「製斥邪疏將上未果」.

116) 정재규는 자신이 참여하였던 신사척사운동이 실패로 끝나고 이항로의 문인인 洪在鶴이 죽자 이듬해인 1882년 봄에 포천에 올라가 최익현을 방문하였다. 그는 최익현을 만나 시국에 대해 탄식하고 죽은 홍재학을 위해 비문을 짓고 통곡하였으며, 이항로의 문인으로서 척사운동에 앞장섰던 柳基一을 방문하기도 하였다(『老柏軒集』 附錄 卷1, 「年譜」, 壬午).

117) 鄭載圭, 『老柏軒集』 卷4, 「與趙方伯秉鎬」, 乙未.

남지역에 통문을 보내 단발령은 부모와 先王, 先師를 배반케 하는 것이니 일본과 개화파들과 맞서서 죽음을 각오하고 함께 싸우자고 주장하였다.118) 그는 이러한 주장에 따라 의병운동에도 실제 참여하였다. 그는 趙性璹과 비밀리에 의병운동을 모의하였으며, 진주의 鄭漢容 의진의 軍師로 초빙되었다.119) 그러나 호남지역에서 기우만 의병이 종식되고, 李謙濟의 서울 시위대가 4월 중순경 대구진위대와 연합작전을 펼쳐 진주를 공격하자, 진주의 盧應奎 義陣이 무너지고, 당시 삼가에 있었던 정한용 의진도 차례로 해산됨에 따라 결국 의병운동이 실패하였다.120) 이후 정재규는 관군의 체포를 피해 호남의 정의림이나 정시림에게 옮겨가 몸을 피하다가 그해 10월에 돌아왔다.121)

이어 1905년에 이르러 영남 지역의 노사학파에서는 정재규를 중심으로 다시 의병운동이 모색되어 곽종석이나 최익현, 기우만 등과 연합작전을 펼치고자 하였다. 정재규는 먼저 곽종석과 힘을 합쳐 상경하여 함께 상소를 하여 정치를 바로잡고 인심을 격동시켜 일제에 의해 빼앗긴 권리를 되찾고자 하였다. 그는 1905년 10월 조칙을 받고 상경하던 곽종석이 정재규에게 일제히 자신을 호응해 달라는 편지를 보내자,122) 정재규는 위기를 보고 목숨을 바침은 人臣의 常法이니 죽음을 각오하고 응변하면 모든 사람들이 일어설 것이라고 답장을 보냈다.123) 그는 이 때 충신과 간신을 분간하며 화폐를 바로잡고 병사를 증강시켜 숙위를 엄히 하고 각종 잡된

---

118) 鄭載圭, 『老柏軒集』 卷26, 與湖南諸公, 丙申 正月.

119) 朴敏泳, 「愼菴 魯應奎의 晉州義兵 抗戰 硏究」, 『朴成壽敎授華甲紀念論叢』, 1991, 228쪽.

120) 박민영, 「愼菴 魯應奎의 晉州義兵 抗戰 硏究」, 『朴成壽敎授華甲紀念論叢』, 1991, 224~225쪽.

121) 『老栢軒集』 附錄 卷1, 丙申 四月 「避地湖南十月患」. "時諸道義旅 一齊被捕 先生 遂避地湖南 蓋以彼目先生爲坐主也"

122) 鄭琦, 『栗溪集』 卷9, 「溪上隨錄」 乙巳 11月.

123) 鄭載圭, 『老柏軒集』 卷7, 「答郭鳴遠」 乙巳 10月.

모임을 해산시키되, 田結과 내장원의 잡세를 줄여서 백성들에게 혜택을 주어야 민심이 수습될 수 있다고 주장하였다.[124] 정재규가 이처럼 백성들의 민심을 수습하여 왜적에게 대항하려고 하였던 것은 정재규가 기정진이 병인소에서 결인심을 주장한 방책을 계승한 것임을 알 수 있다.

이어 정재규 자신도 을사늑약의 급보를 받자 곽종석과 호응하기 위해 인근의 유림[125]과 자신의 문인들을 이끌고 상경하였다. 당시 정재규는 1880년대와 1890년대의 위정척사운동과는 달리 이 무렵에는 많은 인물을 동원할 수 있는 상당한 조직과 명망이 있었다. 문인 수만 해도 이미 200여명이 넘었고,[126] 1903년 조정에서 정재규에게 肇慶廟 參奉을 제수하였기 때문에 영남 일대에 그 명망이 높았던 것이다. 정재규의 참봉제수는 1903년 고종의 命으로 8월 상경한 곽종석이 書筵官과 經筵官에 제수받자

---

124) 鄭載圭, 『老柏軒集』 卷7, 「答郭鳴遠」 乙巳 10月. "忠邪黜陟 貨幣釐正 增兵以嚴宿衛 折首以散雜會 皆令之最先急務……又就田結及內掌院雜稅之中 量宜裁減 俾有一分實惠及 然後已散之民心 可以收聚"

125) 정재규가 곽종석과 연합하여 상소를 하기 위해서 올라가려고 하였을 때, 문인이나 동료 외에도 원근의 사우들이 많이 참여하였다(鄭琦, 『栗溪集』, 「溪上隨錄」 乙巳 11月. "門生知舊 數十人從之 遠近士友 聞風而起者 亦數百). 당시 정재규의 거사에 참여하였던 원근의 사우로는 1885년 이래 조직되었던 뇌룡계에 소속된 인물들을 들 수 있다. 현재 뇌룡정에서는 『雷龍儒契座目』 2卷을 소장하고 있는데, 그 중 上卷에는 모두 661명의 명단이 수록되어 있다. 거주지별로는 병목의 금용(40명), 유전(29명) 구평(26명) 토동(26명), 백산의 운곡(23명) 평구(22명) 덕지의 덕촌(18명) 양촌(17명) 등으로 삼가현의 마을들이 주축을 이루며, 멀리 산청에서도 17명 정도가 참여하고 있으며, 의령에서도 19명, 단성 15명, 진주의 덕산에서도 11명 정도가 참여하고 있다. 또한 성관의 분표로는 은진 송씨 71명, 초계 정씨 60명, 인천 이씨 59명, 밀양 박씨 39명, 남평 문씨 38명, 창녕 조씨 35명, 김해 허씨 29명, 안동 권씨 22명, 경주 최씨 17명, 거창 신씨, 진주 강씨, 합천 이씨 등이 각각 16명 참여하고 있다. 비록 남인과 노론으로 분화되어 있어서, 정재규의 상소에는 주로 노론들이 참여하였을 것이지만(김준형, 「三嘉지역의 鄕案入錄을 둘러싼 당파적 갈등」, 『韓國史研究』 147, 2009, 263~269쪽 참조.), 남인인 곽종석과 연합하여 상소하려고 하였기 때문에 남인들도 어느 정도 참여하였을 것으로 생각된다.

126) 1926년 간행된 『老柏軒先生文集附錄』에 도합 228명의 문인들이 기재되어 있다(『老柏軒先生文集附錄』 卷5, 「門人錄」).

許愈, 李承熙 등 자신의 동문뿐만 아니라 정재규를 추천하여 참봉에 제수
되었던 것이기도 하였다.127) 이러한 이유로 1905년 을사 늑약이 체결되자
한주학파와 노사학파를 대표하여 곽종석과 정재규가 시종 연합하여 영남
서부지역의 유림들을 이끌어 주리라는 기대가 컸었다.128)

그러나 기대와는 달리 곽종석이 상소를 포기하고 낙향하면서 '어쩔 수
가 없었다(無可奈何)'라는 요지의 편지를 정재규에게 전하게 됨에 따
라,129) 곽종석과 연합하여 상소운동을 전개하려고 하였던 정재규의 계획
은 포기될 수밖에 없었다.130) 이에 정재규와 함께 상경하려던 인물들이
다수 귀향하게 되어 노선을 수정하게 되었는데, 居昌의 高梯面에서는 기
정진의 「猥筆」을 공박하였던 권명희가 찾아오기도 하였다. 권명희는 송
병선의 동생인 宋秉珣(1839-1912)을 통해 해주에 있는 이이의 후손 李種文
에게 통지하여 柳麟錫과 중국의 袁世凱를 차례로 끌어들여 거사를 하자는
권유를 하였다.131)

그러나 정재규는 유인석이나 원세개를 끌어들이는 것보다는 최익현과
함께 의병운동에 나서는 것이 옳다고 판단하고, 문인 30여명과 함께 음력
12월 3일 충청도 정산의 최익현을 찾아갔다.132) 정재규는 당시 자정하고
있었던 최익현에게 의병운동을 권유하였다.133) 최익현도 정재규의 뜻에

---

127) 『俛宇先生年譜』 卷2, 癸卯 9月 28日; 鄭載圭, 『老柏軒集』 卷7, 「與郭鳴遠」, 癸卯
    11月.

128) "兄(정재규)과 郭君(곽종석)은 모두 萬億을 위해 마음을 합해야 할 것인데, 오
    히려 斡旋을 바라는 마음이 있다고 합니다."(李直鉉, 『是菴文集』 卷3, 「答鄭厚
    允」, 乙巳 10月)라고 한 바와 같이 당시 영남에서는 두 사람에 걸던 기대가
    컸음을 알 수 있다.

129) 鄭載圭, 『老柏軒集』 卷7 「答郭鳴遠」, 乙巳 11月.

130) 당시 정재규는 "이번 거사가 명예를 낚는 것이 아니었다면 마땅히 국왕의 명
    을 기다려 진퇴해야 했다"고 곽종석의 행위를 혹독하게 비판하였다(鄭載圭,
    『老柏軒集』 卷7 「答郭鳴遠」, 乙巳 11月).

131) 權命熙, 『三畏齋集』 卷20, 「行狀」.

132) 崔濟學, 『習齋實記』 卷上, 乙巳 12月 3日.

동의하여, 각지에 을사늑약을 반대하고 賊臣들을 성토하자고 하는 布告文을 보내고 의병을 동원하기 위해 각지에 문인들을 파견하였다. 최익현은 자신의 문인 郭漢紹와 崔濟學을 각각 전우와 기우만에게 보냈으며, 정재규도 鄭琦를 영남에, 柳遠重을 송병선에게 파견하였다.[134] 그러나 거의하기로 한 12월 25일에 노성 궐리사에 기대하였던 곽종석이나 전우, 송병선 등이 오지 않았고, 최익현과 정재규 등의 문인들을 중심으로 인근 지역의 인사들만 참여하여, 武力이 뒷받침되지 않는 상황 하에서 논의가 분분한 탓에 의병운동이 실패하고 말았다.[135]

이후에도 정재규는 다시 기우만, 곽종석과 함께 의병운동을 일으키려고 하였다. 그는 광주에 내려가 우거하고 있었던 기우만을 방문하여 기우만과 함께 1906년 1월 谷城의 道東祠에서 각지에 통문을 보내 의병운동을 일으키려고 하였다. 그러나 의병이 모이지 않아 실패하였으며,[136] 1906년 2월 귀향한 뒤에 곽종석에게 다시 의병운동을 제안하였지만, 곽종석의 거절로 성사되지 못하였다.[137] 이에 따라 한말 국가적 위기에서 국권을 수복하기 위해 최익현이나 기우만, 곽종석 등과 연대하여 의병운동을 일으키고자 하였던 정재규의 시도는 끝내 이루어지지 못하였다. 그러나 이러한 여러 차례에 걸친 의병운동의 시도는 후일 곽종석이 회고하였듯이 '정재규가 의리로 나를 일깨워주었으나 내가 정재규를 저버렸다.'[138]고 하였듯이 의리를 중시하는 영남지역의 노사학파의 위상을 제고하는 데

---

133) 崔濟學, 『習齋實記』 卷上, 乙巳 12月 3日.

134) 崔濟學, 위의 책, 12月 4日條; 『栗溪集』, 「溪上隨錄」 乙巳.

135) 崔濟學, 『習齋實記』 卷上, 12月 25일, 26일, 27日條; 鄭琦, 『栗溪集』, 「溪上隨錄」 乙巳.

136) 鄭琦, 『栗溪集』, 「溪上隨錄」 丙午.

137) 鄭琦, 『栗溪集』, 「溪上隨錄」 丙午.

138) 郭鍾錫, 『俛宇集』 卷146, 「祭鄭厚允文」. "及其暮道之相憂也 厚允規我以義 而俄爲亡國之弊類 余負厚允矣 抑厚允悲我而哭之矣"

크게 기여하였다.

V. 맺음말

지금까지 영남지역의 노사학파의 성립 배경과 성장과정, 정재규의 역할을 살펴보았다. 이상을 요약하면 다음과 같다.

영남 서부지역은 19세기 이래 당색이 약화되고 다른 당파나 지역 간의 교류가 활발하게 진행되면서 주리론과 위정척사에 바탕을 둔 기정진의 학문이 크게 받아들여질 수 있었다. 특히 기정진은 1840년대부터 서학을 배척하고 의리와 도덕의 확산을 꾀하였던 산림학자로서 중앙정계의 주목을 받았으며, 1850년대에는 영남의 노론학자들로부터 동방 도학의 정통을 계승한 인물로 받들어질 정도로 명성이 높았다. 또한 기정진의 일족이나 문인들도 세도정치기와 대원군 집권기에 점차 중앙정계와 향촌사회에 두각을 나타내게 되었으므로, 영남의 각지에서 기정진의 문인이 되고자 하는 경우가 많았다.

이러한 과정을 통해 형성된 영남의 노사학파는 남인 출신도 있었지만 대체로 노론 위주의 인물들이었으며, 새롭게 성장한 경제력을 바탕으로 학문을 통해 가문을 일으키려는 인물이 많았다. 이들은 대원군 집권기에 閔致完 등이 중앙에서 활동하였으며, 향촌질서를 바로잡기 위하여 지방관과 협조하여 향약 실시나 『小學』교육을 중시하였고, 강학활동에 힘써 영남 서부 지역에 많은 문인들을 배출하였다. 또한 이들은 정여창과 조식을 숭앙하는 기풍이 강한 이곳에서 이들을 모신 서원이나 사우의 향례에 참여하거나 강회를 자주 개최하여 진주와 하동·산청·합천·의령 일대의 영남지역에 노사학파가 활동할 수 있는 공간을 계속 넓혀 나갔다.

이러한 영남지역에서의 노사학파의 성장은 특히 정재규의 노력에 힘입은 바가 컸다. 정재규는 기정진 사후 적극적으로 강학 활동을 전개하여 영남지역 내에서 가장 많은 문인을 배출하였는데, 동문이나 문인들과 자주 강회를 열어 성리학과 예학을 강론함으로서 기정진의 주리론이 널리 보급되고 위정척사의 主旨가 훼손되지 않게 하였다.

그는 또한 기정진의 학설을 체계적으로 이해시키기 위해『答問類編』을 편찬하였으며, 1901년 기정진의 문집을 목판본으로 중간했을 때에도 단성의 신안정사에서 직접 일을 주관하였다. 그리고 문집 간행 이후 기정진의 논설인「猥筆」이나「納凉私議」등에 대해 영남지역의 노론이나 송병선, 송병순, 전우 등이 이단으로 배격하였을 때, 정재규는 동문과 문인들에게 기정진의 학설을 변호하게 하였으며, 본인도 직접 論書를 지어 기정진의 주리론이 결코 주희나 이이의 학설과 어긋나는 것이 아님을 강조하였다.

또한 정재규는 영남지역에서 위정척사운동과 의병운동을 일으켜 기정진의 위정척사사상을 계승하였다. 그는 1881년 신사척사운동에 가담하고 1895년에 서부영남의 유림들과 함께 의병운동을 전개하여 개화에 반대하고 일제의 침략에 항거하였다. 이어 그는 1905년에 일제의 국권침탈로 나라가 위태로워지자, 그는 忠邪의 區分 등을 통해 민심을 결집시켜야 한다고 주장하고 곽종석과 함께 상소를 올리려고 하였다. 그러나 곽종석이 낙향하면서 상소를 올리려던 일이 실패하게 되자, 그는 다시 자신의 문인들과 함께 1905년 12월부터 다음해 1월까지 충청도의 최익현과 전라도의 기우만과 함께 의병운동을 일으키려고 하였다. 각지에 포고문을 보내고, 의병을 모으기 위해 문인들을 유생들에게 파견하였으나, 무력이 뒷받침되지 않은 상태에서 의병이 제대로 모이지 않아 실패하였다. 그러나 이러한 여러 차례에 걸친 정재규의 의병운동 시도는 한말 국가적 위기 상황 속에서 의리를 중시하는 영남지역 노사학파의 위상을 제고하는데 크게 기여하였다.

본고에서는 주로 영남지역에 노사학파가 성립된 배경과 과정, 정재규의 활동과 역할 등을 분석하였다. 이 때문에 영남지역 노사학파와 호남지역 문인들과의 관계, 조성가나 최숙민 등의 개인적인 생애와 사상 등이 제대로 규명되지 못하였다. 이러한 부분들은 영남지역 노사학파의 전체적인 모습과 성장과정에서 매우 중요한 부분이므로 반드시 검토되어야 한다. 그러나 여기에 대해서는 지면상 미치지 못하므로 후일을 기하고자 한다.

이 글은 『남명학연구』 제29집(2010)에 수록된 「嶺南地域 蘆沙學派의 成長과 門人 鄭載圭의 役割」을 그대로 실은 것이다.

一

趙性家와 崔琡民을 통해서 본 경상우도 지역에서의 蘆沙學의 전개양상

김봉곤

—

I. 머리말

19세기의 조선은 천주교를 배척하면서 유학의 이념을 보다 강고히 하고, 일상생활에서 삼강오륜 등의 실천을 중시하였다. 이 때문에 성리학계에서도 물질이나 기운을 가리키는 氣보다는 만물의 근거나 사리, 도덕적인 원칙 등을 뜻하는 理를 중시하는 주리철학이 발달하였다. 1839년 기해사옥이 일어날 무렵 송시열의 존화양이의 뜻을 계승하고 척사론을 주장하면서 경기지방의 이항로는 理有爲의 관점에서 理의 작용과 역할을 강조하여 명덕주리설을 확립하였고, 호남의 기정진은 理一에 이미 分殊가 내재되어 있다고 하여 구체적인 사물에서의 리의 주재를 확립한 이일분수설을 수립하였다. 이는 '올바른 도리를 실천하여 四端을 확충하고 三綱

五倫을 잘 지켜나간다'[1]는 1839년 반포된 척사윤음에서의 崇正學의 정책이 존재론과 심성론에 걸쳐 새로운 주리철학의 개념으로 완성되어진 것을 의미하는 것이다. 조정에서도 집권자인 趙寅永 등이 이항로나 기정진의 철학적 이념에 대해 깊은 관심을 갖고 이들의 활동을 지지함에 따라 기호지방에서는 이항로의 문인들이 크게 늘었고, 호남과 경상우도에서도 기정진의 문인수가 크게 증가하였던 것이다.

19세기에 진주를 중심으로 한 경상우도 지역에서도 이전과는 다른 성관집단과 幼學層이 대두하면서 새로운 향촌 질서가 모색되고, 다양한 학풍 속에 학문의 성장이 촉진되었다. 특히 蘆沙 奇正鎭(1798-1879)의 문인이었던 趙性家(1824-1903)와 崔琡民(1837-1905), 鄭載圭(1843-1911) 등은 이들에게 기정진의 이일분수론에 바탕을 둔 의리지학을 전개하면서 진주와 산청, 하동, 합천, 의령 일대에 큰 활약을 하였다.

이러한 경상우도의 노사학파의 활동에 대해서는 기정진의 철학적 측면의 계승이나 영·호남 간의 학문 교류에 대한 관심이 높아지면서 최근 연구가 많이 진행되고 있다.[2] 특히 정재규에 관해서는 경상우도 노사학파

---

1) 『顯宗實錄』 6卷, 현종 5년 10월 18일.

2) 琴章泰가 1984년 『儒學近百年』에서 李最善, 鄭載圭, 奇宇萬, 吳駿善, 孔學源, 南廷瑀 등의 사상과 행적을 간단히 소개한 이후, (琴章泰·高光植, 「老柏軒 鄭載圭」, 『儒學近百年』(博英社, 1984)와 같은 책, 「立巖 南廷瑀」 참조) 劉明鍾, 安晉吾, 裵相賢, 朴鶴來, 金忠烈, 趙南旭, 鄭炳連 등이 기정진의 성리철학을 분석하는 연장선 속에서 정재규, 崔琡民, 鄭琦 등의 생애나 사상을 다루었다.(安晉吾, 『奇蘆沙의 理哲學에 관한 研究』, 東國大學校博士學位論文, 1988; 朴鶴來, 「노사학파·리 일원론에 기초한 개혁론자들」, 『朝鮮儒學의 學派들』(韓國思想史研究會編, 藝文書院, 1996); 韓國東洋哲學會編, 『蘆沙學派의 唯理哲學과 倫理的 實踐樣相』, 1998) 이후 박학래는 정재규가 스승인 기정진의 학설이 이이를 계승하여 理를 밝힌 것(明理)이라 이해하고 기정진의 理尊無對를 현상적으로 드러나는 道無對說로 계승 발전시켰다고 주장하였다.(朴鶴來, 「蘆沙學派의 理氣論 -田愚의 蘆沙說 批判에 대한 鄭載圭의 반비판을 중심으로」, 『韓國思想史學』 19, 2002); 김봉곤은 영·호남의 학술교류라는 측면에서 연구를 진행하였다.(김봉곤, 『蘆沙學派의 形成과 活動』, 한국학중앙연구원박사학위논문, 2007)

의 성장과 관련하여 그의 학문과 사상이 남명학연구소에서 2010년 6월에 집중적으로 검토되었다.[3] 이에 비해 조성가와 최숙민은 경상우도 지역 노사학파에서 차지하는 중요성에 비추어볼 때 아직까지 체계적인 연구가 부족한 편이다. 조성가에 관해서는 생애와 학문이 어느 정도 규명이 되었지만,[4] 최숙민에 관해서는 체계적인 검토가 뒤따르지 못하였고,[5] 당시 경상우도의 학풍이나 노사학 전개 과정에 대한 분석이 결여되어 있다. 따라서 본고에서는 기존의 연구 성과에 힘입어 19세기 진주 일대의 새로운 학풍이 일어나게 된 배경과 과정, 그리고 조성가와 최숙민이 어떻게 노사학을 받아들여 전파해갔는가를 규명해보고자 하는 것이다.

---

[3] 2010년 4월 남명학연구소에서 '老柏軒 鄭載圭의 學問과 思想'라는 제목으로 7편의 기획 논문이 발표되어 관련논문이 2010년 6월, 『南冥學硏究』 29집에 실리게 되었다. 관계 논문은 다음과 같다. 박학래, 「韓末 畿湖學界와 蘆沙 奇正鎭의 학문 활동」; 김봉곤, 「嶺南地域 蘆沙學派의 成長과 門人 鄭載圭의 役割」; 金洛眞, 「奇正鎭과 田愚의 성리학적 쟁점과 鄭載圭의 성리설」; 崔錫起, 「老柏軒 鄭載圭의 학문정신과 『대학』 해석」; 姜貞和, 「老柏軒 鄭載圭의 삶과 학문」; 정우락, 「시로 노래한 학문의 세계 : 老柏軒 鄭載圭論」; 全丙哲, 「老柏軒 鄭載圭의 南冥學 繼承과 19세기 儒學史에서의 의미」.

[4] 조성가에 관해서는 김봉곤이 생애와 학문에 관해 간략히 소개하였으며,(김봉곤, 『蘆沙學派의 形成과 活動』, 한국학중앙연구원박사학위논문, 2007) 朴鶴來가 생애와 성리설에 대해 면밀히 검토하여 조성가가 기정진의 성리설을 충실히 계승하여 강우지역 학자들과 다양한 교유를 하였음을 밝혔다.(박학래, 「月皐 趙性家의 生涯와 學問」, 『東洋學』 42, 2007)

[5] 김충렬은 최숙민이 당색을 초월하여 反復窮理하는 신중한 학문 태도를 가졌으며, 心性情을 一理로 보는 心卽理說을 주장하였다고 하였다.(김충열, 「溪南 崔琡民의 학문경향과 心性論」, 『蘆沙學派의 唯理哲學과 倫理的 實踐樣相』, 한국동양철학회, 1998, 45~55쪽). 김봉곤도 최숙민의 생애와 강학활동에 관해 분석하였으나(김봉곤, 『蘆沙學派의 形成과 活動』, 한국학중앙연구원박사학위논문, 2007) 체계적인 검토에 이르지는 못하였다.

II. 19세기 경상우도의 학풍과 노사학의 전파

　19세기 경상우도는 영남학파나 기호학파 내에서도 학통을 달리하는 다양한 학파가 분기하였다. 같은 영남학파 내에서도 안동의 定齋 柳致明(1777-1861), 김해의 性齋 許傳(1796-1886), 성주의 寒洲 李震相(1818-1885), 칠곡의 四未軒 張福樞(1815-1900) 등을 따르는 학자들은 이황을 추종하면서 계통을 서로 달리하였고,[6] 기호학파 내에서도 梅山 洪直弼(1776-1852), 剛齋 宋穉圭(1759-1838)나 錦谷 宋來熙(1791-1867), 蘆沙 奇正鎭 등을 따르는 학자들도 이이를 추종하면서도 서로 계통을 달리하였다.[7] 이와 같이 19세기에 경상우도에 많은 학파가 분기한 것은 인조반정으로 북인이 몰락하면서 남인과 서인으로 분열되었고, 다시 戊申亂 이후 남인보다 많다고 할 정도로 서인이 증가하면서,[8] 가문의 필요에 따라 학파의 선택이 자유로웠던 탓에 기인한다. 더욱이 영·정조 이후 탕평책의 실시와 향전의 금지로 점차 당쟁이 완화되었고, 18, 9세기에 들어서 크게 성장하였던 새로운 유학층은 굳이 당색에 따라 학파를 선택할 필요가 없었다. 이 때문에 가문의 지위 향상이나 개인의 실력 향상을 위해 학파가 이전보다 훨씬 자유롭게 선택되어 다양한 학파가 출현하였던 것이다.

　또한 과거합격이나 성리학 공부에 있어서도 가문이나 개인 간의 경쟁은 19세기에 이르러 진주권 일대의 학문적 수준을 크게 진작시키는 결과를 가져오게 하였다. 이는 당시 진주 출신의 문과나 생진과 합격자를 이전 시기와 비교해 보아도 잘 드러난다.

---

[6] 琴章泰, 『儒學近百年』, 博英社, 1984, 563~564쪽.

[7] 김봉곤, 『蘆沙學派의 形成과 活動』, 한국학중앙연구원박사학위논문, 2007, 131쪽.

[8] 김준형, 『晉州蓮桂齋沿革』, 가람출판사, 2007.

<表 1> 진주출신 문과, 생진과 합격자의 시기별 분포[9]

	15세기	16세기	17세기	18세기	19세기
문과	60	28	8	13	25
생진과	129	81	47	26	57

문과 급제자의 경우 15, 16세기에 각각 60명과 28명이었던 것이 17, 18세기에 8명, 13명으로 줄었다가 다시 19세기에 이르러서 25명으로 크게 늘어났다. 또한 생진과의 경우 15, 16세기에 129명과 81명이었던 것이 17세기 46명, 18세기 26명으로 줄었다가 19세기에 57명으로 배나 늘었다. 따라서 진주지역은 15, 16세기의 성세를 19세기에 이르러 회복하고 있음을 알 수 있는데, 시기별로 진주의 성관을 비교해 보면 19세기는 15, 16세기와 다른 경향이 나타난다.

<表 2> 15, 16세기 진주출신 문과, 생진과 합격자의 성관별 분포[10]

	시기	진양하	진양강	진양정	밀양손	함안이	전주최	비고
문과	15세기	11	15	7	1	4	5	43/60
	16세기	2	8	2	5	1		18/28
생진과	15세기	22	20	8	5	8	5	68/129
	16세기	17	8	12	1			38/81

<表 2>를 분석해보면 15세기에는 진양하씨나 진양강씨, 진양정씨 등 진주의 토성이 많다. 밀양손씨, 함안이씨, 전주최씨의 경우에도 문과와

---

9) 김준형, 『晉州蓮桂齋硏革』, 가람출판사, 2007, 24쪽의 <표 1> 인용. 이 표는 『晉陽蓮桂案』(乙巳, 1905)을 참조하여 만든 것으로서 가문간의 경쟁으로 다소 부풀려져 있지만, 진주 지역의 대강의 경향을 살피는데 무리가 없다.

10) 김준형, 『晉州蓮桂齋硏革』, 가람출판사, 2007, 39쪽의 <표 2> 문과 급제자의 성씨별, 시기별 분포 및 같은 책, 40쪽의 <표 3> 생진과 합격자의 성씨별, 시기별 분포를 이용하여 합격자가 많은 가문만을 대상으로 다시 작성한 것임.

생진과 급제자를 배출하여, 이들 6개 성씨가 전체 60명에서 43명, 129명에서 68명을 배출할 정도로 압도적 우위를 차지하고 있음을 알 수 있다. 그리고 16세기의 경우도 함안이씨나 전주최씨가 과거합격자를 거의 배출하지 못하였지만, 15세기의 경향이 대체적으로 이어지고 있음을 볼 수 있다. 그러나 〈표 3〉의 19세기 진주출신 문과, 생진과 합격자의 성관별 분포를 살펴보면 19세기에 이르러 문과의 경우 밀양손씨나 함안이씨는 전혀 과거합격자를 배출하지 못하고 있으며, 진양하씨나 진양강씨, 진양정씨 등 진주의 토성보다는 새롭게 성주이씨나 해주정씨, 밀양박씨, 함안조씨가 성장하고 있다. 생진과의 경우에도 남원양씨, 재령이씨, 해주정씨 김해허씨 등의 성장이 두드러지고 있고, 전주최씨는 15세기에 이어 다시 과거합격자를 배출하고 있음을 알 수 있다. 즉 19세기에 이르러 진주권에서는 종래의 전통적인 성관 외에 새로운 성관의 가문의 성장이 두드러지고 있었던 것이다.

〈표 3〉 19세기 진주출신 문과, 생진과 합격자의 성관별 분포[11]

	진양하	진양강	진양정	밀양박	성주이	해주정	함안조	남원양	재령이	전주최	삭녕최	김해허
문과 (25명)	1	3	1	2	3	5	2	1	1	1		
생진과(57명)	3	3	4	1	2	7	2	3	5	5	4	3

따라서 19세에 이르러 진주 지역에서는 새로운 성관집단에 의해 과거 급제자가 크게 늘었음을 알 수 있는데, 이는 새로운 성관집단에서 가문의 家格을 높이기 위해 과거에 합격하기 위한 노력을 게을리 하지 않았던 것과 관계가 깊다. 예컨대 조성가 집안의 경우 1857년 1월 28일 조성가가

11) 김준형, 『晉州蓮桂齋硏革』, 가람출판사, 2007.

자손과 동생, 중숙부와 협의하여 집안에서 과거 응시에 들어가는 비용을 마련하기 위해 科契를 결성하였으며, 그 다음날 2월 1일에도 여러 사촌들과 科契를 결성하였다.[12] 실제 조성가 집안에서는 1866년 3월 조성가의 동생 趙性宙가 慶試에 응시하기 위해 상경하였고, 1867년 2월 26일에도 慶試에 응시하기 위해 조성가의 아들 조종규와 동생 조성주가 상경하였다. 1870년 2월에는 아들 조종규가 生進會試에 응시하기 위해 상경하였고, 1873년 2월에는 동생 조성주가 회시에 응시하기 위해 상경하였다.[13] 이처럼 조성가 집안에서는 과계를 결성한 이후 과거 설행 시 자주 상경하였으며, 과거 시험에 드는 비용도 과계에서 부담하였음을 미루어 짐작할 수 있다.

또한 조성가의 일기를 통해 볼 때 진주 일대에는 19세에 들어와서 많은 서재와 누정이 세워졌다. 옥종이나 북천, 청암, 내동 일대를 중심으로 경제적으로 여유가 있는 가문에서 곳곳에 서재를 축조하였으며, 풍광이 수려한 곳에 누정을 지었는데, 이곳에 유생들이 자주 모여 학문을 토론하고 시를 지어 창화하였다.[14] 이러한 모임에는 이미 당색이나 지역의 구분은 두지 않았다. 또한 자신들의 경지에 만족하지 못한 이들은 지역을 벗어나 저명한 성리학자나 문장가를 찾아가 자신들의 학문적 역량을 높여 나갔다. 이러한 과정을 통해 19세기 중엽 이후 이 지역에는 많은 학자

---

12) 『趙性家日記』, 「丁巳年日記」 1月 28日 및 2月 1日條.

13) 『趙性家日記』, 「丙寅年日記」, 「丁卯年日記」, 「庚午年日記」, 「癸酉年日記」 참조.

14) 서재나 누정이 지어져서 자주 창화하는 모습은 『조성가일기』에 자주 등장한다. 예컨대 『조성가일기』 중 1876년 4월 22일부터 5월 10일까지의 기사를 보면, 4월 22일부터 4월 25일까지는 새로 과거 급제한 인물인 함안의 족질인 진사 昞奎가 와서 曲會를 村齋에서 열기도 하고, 崔孝淑과 그 재종질이 진사시에 합격하여 조성가에게 인사차 다녀갔으며, 정태원을 방문하여 과거에 떨어진 것을 위로하였다. 또한 5월부터는 村塾을 수축하여 경서나 사서를 읽기도 하고, 茶亭에 가서 梁注書 致黙을 만나서 이야기하고 돌아왔다. 이러한 내용을 통해서 볼 때, 당시 진주출신의 유생들이 과거 급제를 얼마나 소중히 여겼으며, 공부나 연회의 장소가 서재나 누정이었음을 알 수 있다.

와 문장가들이 배출되었다.

특히 定齋 柳致明 문하로서 기정진과의 관계가 평생 돈독하였던 월촌 河達弘(1809-1877)은 옥종의 월횡 출신으로서 당색에 관계없이 교유하였고, 시문에 능해 이 지역의 시단을 이끌어나갔다.15) 하달홍은 글은 韓愈나 蘇軾 등을 본받기 위해 노력하였고, 시는 杜甫나 陸游 등을 배워서 청아하면서도 품격이 높았다.16) 그는 옥종의 월횡과 안계 등지의 진양하씨, 북천의 인천과 두양의 전주최씨, 옥종의 남원양씨, 내동의 해주정씨 등 당색을 가리지 않고 교유하면서,17) 지리산과 덕천강 일대의 아름다움 그리고 그 속에서 隱逸自適하는 선비들의 日常과 心得을 노래하였다.18)

진주권에 노사학파가 성립된 것은 바로 이러한 경상우도의 학풍과 관련이 있었다. 조성가와 최숙민은 호남의 기정진에게 수학하러 가기 전에 이미 문장이나 경학에 관해 하달홍 등 인근의 학자들과 소양을 닦았으며,

---

15) 하달홍은 기정진에게 자신의 꿈은 자기가 사는 골짜기 사이로 흐르는 시내가에 두어 칸의 집을 지어 촌의 수재들과 창화하고 싶다고 하였을 정도로, (河達弘, 『月村先生文集』 卷5, 「答奇蘆沙」. "但常念 所居近峽門前十武有淸溪一曲 春夏間紅綠相映 秋冬水益淸而石益白 每欲結數椽於其間 與村秀才 尋行數墨 聊以自遣") 사우들과 즐겨 시문을 창화하였다. 이에 대해 조성가는 근세에 하달홍이 이 지역 詩壇의 盟主였으며, 梁湜永이나 자신이 이웃에 거주하면서 하달홍을 추종하였다고 하였다.(趙性家, 『月皐先生文集』 卷12, 「竹坡詩稿序庚子」. "吾鄕近故月村河公 主盟詩壇也 隣閈而有掉鞅齊驅者 竹坡翁實其人 余亦不辭執鞭而從其後")

16) 河達弘, 『月村先生文集』 卷9, 「行狀」(鄭篪均撰). "嘗曰 吾看韓文時 所作讀之 以韓文中流出 看蘇文時 所作讀之似蘇文中流出…… 詩則專心杜陸 淸而不浮 麗而有則 往往膾炙於世"

17) 하달홍이 함께 唱酬한 경우로서 진주향교, 안계의 慕寒齋, 문산의 月牙山, 지리산 大源菴에서 창수한 시를 들 수 있다. 특히 하달홍이 대원암에서 창수할 때는 진주 출신의 梁湜永, 조성가, 河載文, 崔舜皡, 崔元則 및 함양의 진사 河在九가 참여하였는데, 옛적의 죽림 7현이 다시 모인 것으로 기뻐하고 이백이나 두보의 吹臺나 元積이나 白居易의 慈恩처럼 후대에 길이 전해지기를 기대하였다.(河達弘, 『月村先生文集』 卷6, 「大源唱酬錄序」)

18) 河達弘, 『月村先生文集』 卷6, 「大源唱酬錄序」. "人之處世 以自適爲快 方其迭唱 更酬自得於心也 不知世間何樂復有過於此哉 列敍諸君唱酬 以識騷壇勝事"

학문적으로 보다 높은 경지를 이룩하기 위해 기정진을 찾아간 것이다.[19]
조성가와 최숙민은 기정진에게 수학하기 위해 지리산의 고갯길을 넘어
섬진강을 따라서 장성으로 나아갔다. 예컨대 1859년 작성한 조성가의 「沙
上日記」에 의하면,[20] 조성가는 8월 9일 진주의 월횡을 출발하여 지리산
고갯길을 따라 10일에는 하동의 虎巖에 이르고, 11일에는 화개동에 이르
렀다. 이어 섬진강을 따라 올라가서 11일 저녁에는 구례 천변에 이르고,
다음날 다시 출발하여 12일 저녁에는 곡성 오지촌에 도착하였다. 이후 평
야와 고갯길을 따라 곡성, 옥과를 거쳐 13일에는 창평에 이르렀고, 14일
담양을 거쳐 저녁에야 기정진이 있는 장성 하사에 도착하였다. 지리산 자
락과 섬진강, 곡성, 옥과, 창평, 담양, 하사 등으로 이어진 길인데, 대략 3
백리 되는 길로서 6일 정도 소요되었다.[21]

　이후로도 조성가는 장성의 하사로 갈 때 대체로 이 길을 따라 갔다. 숙
박은 주로 객점을 이용하였다. 1867년 12월 10일 장성의 하사로 떠날 때
에도 횡천면 횡보역에서 1박, 화개시에서 1박, 구례 용두점에서 1박, 개성
왕씨 친구집에서 1박, 곡성의 봉정 族人집에서 1박, 통명령을 넘어 옥과
의 揷亭店에서 1박, 담양의 臘梅店에서 1박을 하고, 12월 17일 기정진의
강학처인 장성의 하사에 도착하였다.[22] 6박 7일이 소요되었으며, 주로 객
점에서 숙박하였음을 알 수 있다. 또한 1876년 8월 2일부터 4일까지에도
하동의 화개점, 곡성의 압록점, 옥과의 梧里院에서 자고, 8월 5일 장성의
진원에 나아갔다.[23] 이처럼 조성가는 객점을 따라 여행하였는데, 영·호

---

19) 河達弘, 『月村先生文集』 卷6, 「送崔君元則遊湖南序」. "崔君元則作湖南行　非遊觀也
　　爲從師也……歸路　過余於月峯草廬　存中而發外者　計非前日元則也"

20) 趙性家, 『月皐集』 卷19, 「沙上日記」.

21) 하달홍도 대략 삼백리 되는 길로서 사행으로 기준하면 6일이 소요되는 것으
　　로 파악하였고(河達弘, 『月村先生文集』 卷6, 「送崔君元則遊湖南序」. "又幾里合三
　　百餘理　使行者日行五十里　不過爲六日之程), 조성가 역시 3백리 길로 파악하였
　　다.(趙性家, 『月皐集』 卷19, 「沙上日記」,"況此去湖門　只三百里哉")

22) 『趙性家日記』, 「丁卯年日記」 十二月條.

남을 통하는 길목에 각종 객점이 형성되어 있어서 여행하는데 큰 도움을 받았다는 것을 알 수 있다.

또한 이 길에는 곳곳에 사족들이 형성되어 있었다. 앞의 「沙上日記」에 는 조성가가 8월 10일에는 하동의 박씨 친구집, 11일에는 구례 천변의 王 師亨 집, 12일에는 곡성 오지촌 安德珍 집, 13일에는 창평 高伯範 집 등을 방문하였고, 돌아올 때는 9월 17일 담양 長田의 李最善 집, 20일 安德珍 집, 21일에는 王師亨 집을 방문하였다고 하였다. 따라서 조성가가 오고 가는 도중에 이들 사족들의 도움을 받았음을 알 수 있는데, 당시 구례 지 역에서는 영조 때 무신란 진압에 참여하여 크게 성장하였던 만석군의 부 호였던 개성왕씨, 곡성 지역에는 남원에서 분파되어 오지리에 거주하고 있었던 기묘명현 安處順(1493-1534)의 후손들, 창평에는 임란 때 유명한 의병장 고경명의 둘째 아들 고인후의 후손, 그리고 담양의 장전에는 19C 에 경제적 부를 축적하여 많은 인물을 배출하였던 양녕대군 후손들이 크 게 활약하고 있었던 것이다. 조성가를 비롯한 진주권 일대의 기정진 문인 들은 이 길을 따라 가면서 이들을 방문하여 시문을 주고 받거나 학문에 대해 논하였기 때문에 후일 이 지역에 기정진의 학문이 전파되어 기정진 의 문인들이 다수 배출되는 계기가 되기도 하였다.[24]

경상우도에 거주하는 기정진의 문인들은 섬진강 외에도 지리산의 북쪽 으로 연결된 길을 따라 기정진에게 나아가기도 하였다. 특히 함양과 산 청, 합천 일대에 거주하였던 기정진의 문도들이 이 길을 따라 왕래하였 다. 1924년 11월 광주 안청의 朴興圭(1889-1869)와 李宏奎 등은 기정진을 享祀하기 위한 서원 건립을 위해 영남지역으로 모금을 하러 떠났다. 이들 은 11월 6일 출발하여 담양 → 순창 → 남원 → 운봉 → 함양 → 산청 → 초

---

23) 『趙性家日記』, 「丙子日記」 八月條.

24) 김봉곤, 『蘆沙學派의 形成과 活動』, 한국학중앙연구원박사학위논문, 2007, 110~ 112쪽.

계→합천→삼가→의령→함안→마산 등지로 나아갔다.[25] 이 지역 일대는 기정진과 교유하였거나 수학하였던 인물들의 후손이 다수 살고 있었기 때문이다. 경상도 지역에는 삼가에는 정재규의 집안이나 崔惟允(1808-1877) 등 최산두 집안, 산청에는 경호강가의 대포리에 사는 閔在南(1802-1873) 등 閔安富의 후손이나 盆城裵氏 집안, 함양의 鄭煥弼(1798-1859) 등 정여창 집안이나 우재희 등 단양우씨 집안 등이 있고, 전라도 지역에는 운봉에는 함양오씨 집안, 남원에는 삭녕최씨 최상중 후손이나 풍천노씨 노진 후손, 순흥안씨 안처순 후손, 순창에는 진주강씨 강희맹의 후손이나 기기진 등 행주기씨 일족 등이 살고 있었다. 따라서 함양, 산청, 합천 일대의 기정진의 문인들은 지리산 북쪽으로 연결된 길을 따라 넘어오면서 이들 사족들의 도움을 받을 수 있었던 것이다.

기정진도 일찍이 이들 지역에 대해 관심이 깊었다. 30세 되던 해인 1827년 봄에 지리산을 다녀왔다. 44세 되던 1841년에는 덕유산에서부터 가야산, 자굴산, 지리산을 거쳐 섬진강을 거슬러 올라 돌아왔다. 이 때 자굴산에서는 일행 중 병환이 있어서 3일간 삼가의 璞院에 머물렀는데, 崔惟允(1808-1877), 鄭誼民 등을 알게 되어 후일 정재규 등 합천 일대에 문인이 생기게 되는 계기가 되었다.[26]

또한 당시 경상우도와 호남지역 간에는 유력한 사족 간에 혼인도 늘어나고 있었다. 예컨대 함양의 정여창의 후손들은 정여창의 11세손 鄭德濟(1742-1815)가 넷째 아들 東喬(1779-1849)를 당시 호남의 대부호였던 구례지역의 생원 王學龍(1751-1814)의 딸에게 혼인시켰고, 南原지역의 명문가문이었던 朔寧崔氏 崔恒(1409-1474)의 후손인 崔寬鉉을 사위로 맞았다. 또

---

25) 朴興圭, 『覺軒遺稿』 卷2, 「高山私錄」.

26) 奇正鎭, 『蘆沙先生文集』 卷1, 「崔誠進惟允鄭德一誼民三嘉秀士也遠來相訪不啻十舍重趼矣臨別用短律賁情」. "山者崛吾曾過 金鰲子又行 面疎黃叔度 巡闕蔣元卿 數夜平生債 千山去後情 惟應朝暮遇 皓首師心明"

한 덕제의 큰 아들 鄭東老(1763-1834)[27]는 넷째 아들 煥祖(1793-1846)를 최항의 후손인 남원의 崔錫一의 딸과 혼인시켰으며, 다섯째 아들인 煥弼(1798-1859)을 김인후의 후손인 장성의 金章煥(1761-1835)의 딸에게 각각 혼인시켰던 것이다.[28] 정환필은 다시 그의 딸을 광주의 奇東敎에게 시집을 보냈다.[29] 이처럼 함양의 정환필로부터 시작된 정여창 집안과 장성의 김인후 집안간의 혼인은 그 뒤로도 계속 늘어나 일제시기까지 계속되었다.

이처럼 두 지역 간에는 섬진강과 지리산 북쪽으로 연결되는 길을 따라 많은 객점과 사족이 형성되어 있어서 여행이 비교적 용이하였고, 유력한 사족간의 혼인이 늘어나면서 정서적으로도 왕래하는데 큰 어려움이 없었다. 1840년 대 이후 기정진의 문명이 영남에 크게 떨치자 1851년 학자로 대성하기를 바랐던 부친의 명으로 조성가가 진주 월횡에서 기정진을 찾아갔고, 1864년 정재규가 삼가에서 기정진을 찾아갔으며, 최숙민이 1869년 조성가의 안내로 기정진을 배알하였던 것은 결코 우연한 일이 아니었던 것이다.

---

[27] 정동로는 蔭職으로 參奉을 제수받고, 唐津縣監과 僉知中樞府事 등을 역임하였다. 그는 모두 5남 1녀를 두었는데, 長子인 煥輔(1783-1813)는 순조 13년(1813) 增廣 進士試에서 3등 40위로 합격하였으며, 次子인 煥義(1786-1841)는 순조 14년(1814) 式年 文科試에서 乙科 3등으로 합격한 후 執義,右部承旨 등을 역임하였고, 4子인 煥祖(1793-1846)는 순조 28년(1828) 式年 生員試에서 3등 36위로, 5子인 煥弼(1798-1859)은 송치규의 문인으로 순조 34년(1834) 式年 進士試에서 2등 23위로 합격하였다.(『河東鄭氏族譜』(1922); 『CD-ROM 司馬榜目』 참조) 기정진은 1846년 정환조가 죽자 만사를 지었으며, (奇正鎭, 『蘆沙集』 卷1, 「挽鄭上舍煥祖」) 정환필과는 평생 각별한 교분을 나누었다.

[28] 『河東鄭氏族譜』, 1922.

[29] 『河東鄭氏族譜』, 1922.

III. 조성가의 교유관계 및 학문활동

1. 교유관계

조성가와 최숙민은 각각 하동의 옥종면 회신리와 북천면 남포에서 출생한 학자로서 기정진에게 수학하여 커다란 학문적 성취를 이룩하였던 인물이다. 그러나 조성가의 경우에 10대조인 益道가 이괄을 토벌한 공로를 인정받아 공신에 책훈되고 「岳王精忠錄」이 하사되었으나,[30] 이후 현달한 인물은 없었다. 최숙민의 경우에도 7대조 灌이 寒岡 鄭逑(1543-1620)나 桐溪 鄭蘊(1569-1612) 등과 從遊하였으나, 이후 과거에 급제하거나 현달한 인물을 배출하지 못하였다. 이들은 부친 대에 이르러서 재산 형성에 성공하면서 비로소 학문에 전념할 수 있는 터전이 마련되었다. 이러한 사실로부터 경상우도의 노사학파가 새롭게 경제력을 바탕으로 학문을 통해서 영남지역에 두각을 나타내었던 학파였음을 알려주고 있다.

예컨대 조성가는 4대조인 元耆가 咸安에서 월횡리에 들어왔으며, 부친 匡植(1804-1879) 대에는 거주지인 회신리를 비롯하여 옥종, 청암 일대에 천석군으로 불릴 정도로 많은 토지를 소유하였다. 재산 형성에 성공한 조성가의 부친은 본인이 학문을 하지 못한 것이 한이 되어 자식들에게 그 성취를 기대하였다. 조성가는 동생들과 함께 학문에 전념하였으며, 1853년에는 공부를 위해 월횡으로 이주하였다.[31] 월횡은 산중인 회신에 비해 비교적 평야가 넓고 안계나 두양, 옥종, 북천 등의 사족들과 왕래하기가 용이한 곳이었다. 뿐만 아니라 이곳은 자신의 고조부가 터를 잡아 조부 대까지 거처하였고, 조모가 조부를 따라 순절한 곳이기도 하여 조성가 집안으로서는 다른 곳보다 유서 깊은 곳이었다. 조성가는 이곳에 이주하면

---

[30] 『月皐集』 卷20, 附錄, 「家狀」.

[31] 『月皐集』 卷20, 附錄, 「家狀」. "壬子陪敎官公 自檜山返月里 定省外 恒處塾舍 冠帶終日 以延賓友 書卷之傍 無餘物 講論之外 無他話焉"

서 본격적으로 문장 공부를 하였다. 당시 월횡에는 문장에 뛰어난 하달홍에 의해서 활발한 시단 활동이 전개되고 있었기 때문이다.

또한 조성가는 부친의 명에 따라 학문 성취를 위해 넷째 동생 性宙와 함께 기정진에게 나아가 수학하였다.[32] 조성가는 아버지의 뜻에 따라 27세인 1852년에 기정진을 배알하고 거의 매년 기정진을 찾아뵙고 수학하였다.[33] 그는 기정진의 문인이 되면서, 기정진의 문인들을 비롯한 많은 호남지역 인물들을 사귀게 되었다. 그가 사귄 대표적인 인물은 장성의 奇陽衍(1827-1895), 奇麒鎭(1830-1903) 등 기정진의 족친을 비롯해서 김인후의 후손으로 호서 지역의 송시열 집안이나 함양의 정여창 집안과 혼인관계를 맺고 있었던 선공감 감역 金祿休(1827-1883), 담양의 양녕대군의 후손으로서 경제력과 학문 모두 높았던 진사 李最善(1825-1883), 19세기에 보성의 천석군으로서 유명한 李箕大(1792-1859)의 아들 李志容(1825-1891), 문장에 뛰어나 월횡에서 하달홍 등과 수십 수의 시를 함께 창수하였던 장흥의 진사 李僖錫(1804-1889) 등과 교유하였다.

그는 기정진의 집안과는 기양연과 밀접한 교분을 맺었다. 기양연은 기정진의 재종질로서 1850년대 초에 상경하여 1867년 문과에 급제하였으며, 홍문관교리 등을 역임하였다. 조성가는 기양연을 통해 1869년 성균관 대사성을 역임한 徐承輔를 알게 되어 자주 왕래하였다.[34] 서승보는 조성가를 孟獻子의 5명의 친구로 여길 정도였다.[35]

조성가는 영남지역에서는 최숙민이나 정재규 등 동문들을 비롯해서 단

---

32) 조성가는 자신의 부친인 匡植(1804-1879)이 赤手空拳으로 가업을 일으켰으며, 학문을 하지 못한 것이 한이 되어 자신의 동생과 자식들에게 그 성취를 기대하였다고 하였다. 또한 조성가는 자신과 막내 동생인 性宙가 기정진을 스승으로 모신 것은 부친의 命이었다고 회고하였다.(『月皋集』 卷18, 「先考贈童蒙教官府君行狀」)

33) 이후 조성가의 행적은 『月皋集』 卷20, 附錄, 「家狀」과 「行狀」 참조.

34) 趙性家, 『月皋集』 卷6, 「與徐判書(承輔)」 己巳.

35) 趙性家, 『月皋集』 卷6, 「與徐判書」 辛未.

성의 權鳳鉉, 진주의 鄭泰元(1818-1877)과 鄭奎元(1824-1880), 鄭宅敎(1827-1889) 등 노론 출신 외에도 朴致馥(1824-1894),[36] 河載文(1830-1894) 등 남인 출신과 교유하였고, 1877년에는 寒洲 李震相(1818-1886) 등과 함께 단성의 사월리에서 향음례를 함께 하고 남해의 금산을 유람하기도 하였다.

1883년에는 조성가에게 선공감감역이 제수되었다.[37] 1876년 진주 일대에 가뭄이 들자 진휼에 필요한 곡식 3백석을 마련하여 관에 보내기도 하였는데,[38] 조성가의 진휼에 대한 공적과 학문이 조정에 인정되었기 때문으로 보인다. 1890년부터는 경상도 관찰사로 부임한 李憲永이나 李容稷, 진주목사로 부임한 成箕鎬, 李恒儀 등과 교유하면서 향촌 문제에 조언하기도 하였으며, 1893년에는 도약정이 되어 진주 지역의 향약을 주관하였다.

그리고 1896년에는 남계서원 원장이 되어 강규를 새롭게 정하였으며, 정여창이 머물렀던 악양정이 1898년 중건되자 「岳陽亭重建上樑文」을 지었다. 또한 그는 남명집 重刊에도 참여하고 허목 대신 송시열이 지은 南冥 神道碑가 들어서게 하였다. 이처럼 그는 정여창과 조식을 선양하는 등 이곳 일대의 학자들에게 큰 영향력을 미쳤다. 이러한 명성으로 1895년 이후 중산리에 은거하였는데도, 최익현이나 송병순 등 당대의 노론 학자들이 찾아가기도 하였던 것이다.

아울러 그는 자신의 학문적 명성을 바탕으로 다음 〈그림 1〉을 통해 알 수 있듯이 당시 경상 우도를 대표하는 하동 정씨 정여창 가문이나 안동

---

36) 조성가는 이진상 외에도 박치복 등 허전의 문인들과도 여러 차례 서신 왕래를 통해 교분을 쌓으면서 학문적 유대를 돈독히 하였다.(박학래, 「月皐 趙性家의 生涯와 學問」, 『東洋學』 42, 2007, 272쪽)

37) 『日省錄』 고종 2년(1883) 2월 17일조.

38) 趙性家, 『趙性家日記』, 「丙子日記」 6월 11일조. "官令執穀見督 余參百石送季豪入納"; 1876년 진주 일대는 1804년 이래 가장 큰 한발을 겪었다.(趙性家, 「丙子日記」, 윤5월 7일. "九十老人云 今年旱災 與甲戌年同 而未秧過之 嗷嗷之情 不可形言) 이에 관에서는 백성들에게 관령으로 곡식을 거두어들였는데, 조성가는 동생 季豪 즉 趙性宙을 통해서 3백 석을 바쳤던 것이다. 1876년 가뭄은 12월에 들어서야 해갈되었다.(夜雨快浥塵 自六月十六日後 始聞簽鈴有聲)

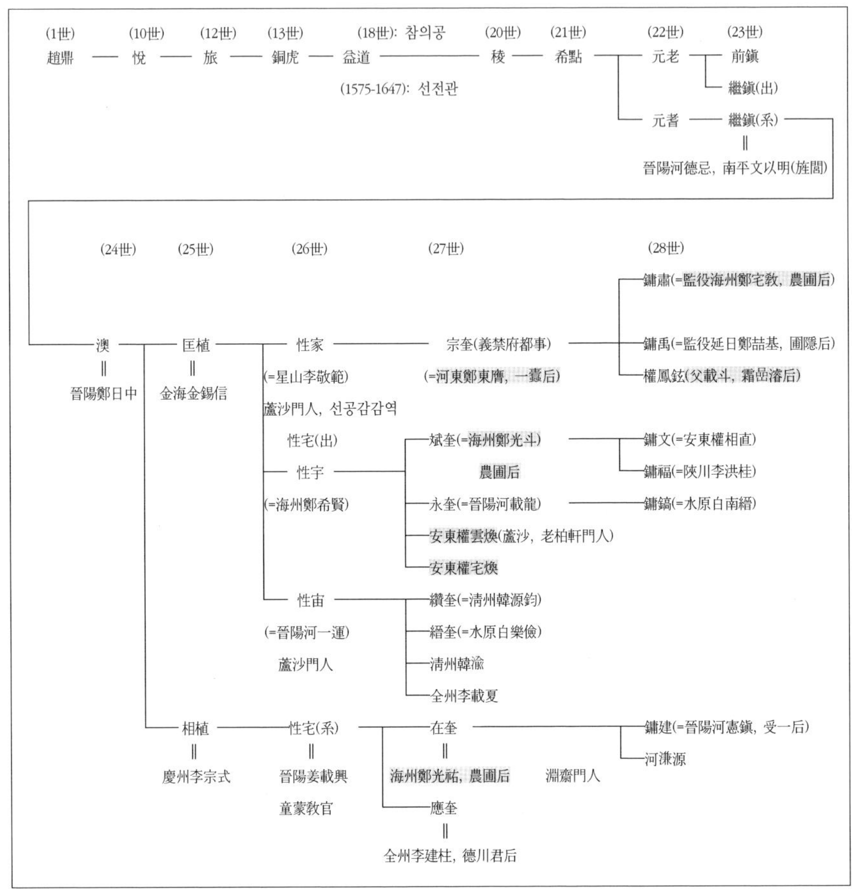

〈그림 1〉 조성가 가계도

권씨 권준 가문, 해주정씨 정문부 가문 등의 대표적인 노론가문과의 혼인을 통해 가문의 위상을 높여 나갔다.[39] 또한 자녀들에 대한 교육에 전념하여 일찍부터 아들 조종규를 상경시켜 과거에 응시하게 하였으며, 과거에 급제하지는 못하였지만, 조종규가 1890년 의금부도사로 임명될 수 있도록 하였다.[40]

39) 『咸安趙氏參議公派世譜』(咸安, 1989).

2. 학문활동

조성가는 기정진을 매년 찾아뵙고 기정진의 학문을 전수받음으로서 기정진의 학문의 정통을 계승하였다. 그는 1859년 기정진을 방문하였을 때, 기정진은 삶의 자세와 태극의 의미에 대해 강론하였다. 기정진은 조성가에게 성인의 가르침과 천명에 따라 살 것을 당부하였다.

> 선생이 말하기를 "성인과 하늘(天)은 하나이다. 하늘은 말하지 않은 성인이고, 성인은 능히 말하는 하늘이다. 무릇 사람은 하늘에는 티끌만한 인위적인 모의함도 그 사이에 간여할 수 없다는 것을 알아야 한다. 모든 일을 단지 하늘이 지어가는 대로 맡기면 心地가 저절로 편안해지는데 만약 하늘에 맡기지 않고 망녕되이 作爲함이 있으면 그 불선함이 이르지 않는 곳이 없게 된다.[41]

성인과 하늘은 하나로서, 인위적으로 모의하지 말고 성인의 가르침과 천명에 따라서 살 것을 당부하기도 하였던 것이다. 또한 기정진은 태극의 의미를 이해시키기 위해 『莊子』의 구절을 들어 설명하기도 하였다.

> 『장자』에 이르기를 '하늘은 움직이고 있는가. 땅은 머물러 있는가. 해와 달은 과연 자리를 다투는가. 누가 이 천지를 주관하고 누가 이 질서를 유지하는가.'[42]라고 하였는데, 이 말에서 태극의 의미를 볼 수 있을 것 같다.[43]

---

[40] 『日省錄』 고종 27년(1890) 6월 9일조.

[41] 趙性家, 『月皐先生文集』 卷6, 「沙上日記」, 己未 9月. "先生日 聖人與天爲一 而天卽不言之聖 聖卽能言之天也 凡人亦當知有天在一毫人謀 豈能其間哉 凡事只信天做去 則心地自可安帖 而若不信天 妄有作爲 則其爲不善 靡所不到矣"

[42] 『莊子』, 外篇, 「天運篇」.

[43] 趙性家, 『月皐先生文集』 卷19, 「沙上日記」, 己未 9月 5日. "莊子日 天其運乎 地其處乎 日月其爭於所乎 孰主張是 孰維綱是 此言似是有見於太極者也"

여기에서 하늘과 땅이 돌거나 정지해 있는 것, 해와 달이 자리를 교대하며 운행하는 것이 어떤 형체가 있어서 명령하는 것이 아니라 보이지 않는 자연의 이치에 따라 움직이는 것이 태극의 의미임을 밝힌 것이다.

이후 조성가는 태극의 의미를 깨닫기 위해 『장자』 등을 즐겨 보았는데,[44] 1877년에는 태극동정과 관련하여 기정진에게 氣機와 所乘之機에 관하여 물었다. 즉 太極이 동한다고 하였는데, 태극이 기력이 있는 것이 아니기 때문에 태극이 동한다고 볼 수 없고, 오히려 氣機 즉 기의 기틀이 그러한 것으로서 기의 움직임에 따라 理가 타는 것이 아니냐는 것이다. 이에 대해 기정진은 '氣機가 動하는 것이 아니라 太極이 動한다'는 한 구절이 主氣論자들의 학설을 깨뜨릴 수 있다고 주장하고서,[45] 所乘之機의 의미 또한 태극이 '動하지 않은 것은 아니지만 또한 스스로 動한 것이 아니다'라는 뜻이라고 설명하였다. 이러한 주장은 이후 「猥筆」에서 '機自爾 非有使之'의 기의 자발성을 인정하지 않는 것의 근거가 되었다. 기정진은 이미 조성가의 질문을 받고 「猥筆」을 작성하기 이전부터 太極의 동정과 리기의 지위에 대하여 생각하였던 것이다.[46]

기정진은 1878년 다시 조성가로부터 이이의 '陰靜陽動 機自爾 非有使之 資也'에 대한 질문을 받고서 「猥筆」을 지어 기정진은 理의 주재성과 理尊無對로서의 理의 絕對性을 강조하는 데 이르게 된다.[47] 조성가는 이이의

----

[44] 조성가가 장자를 읽은 기록은 일기에 자주 보인다. 1868년 3월 장자를 베낀 이후 수년 동안 즐겨 읽었다.(『趙性家日記』 戊辰 3月, 癸酉 3月, 丙子 2月 참조)

[45] 『蘆沙先生文集』 卷9, 「與趙直教」. "朱子只著所乘之機四字 未嘗不動而亦非自動之意 兩下竭盡 其爲後學解紛大矣 (中略) 不曰氣機而曰太極動 只此一句 破盡今世理氣之說 聖人明言太極生兩儀 今之君子兩儀生太極 奈何"

[46] 이 편지는 기정진의 문집에서 조성가에 대답한 편지중 1875년 6월과 1878년 4월 사이에 들어 있다. 그런데 이 편지 뒤에 곧바로 조성가에게 답한 「猥筆」이 작성된 것으로 미루어볼 때, 1877년 말경에 이 편지가 작성되어 조성가에게 보내진 것으로 판단된다.

[47] 安晉吾, 「奇蘆沙의 理의 哲學」, 『東洋思想의 만남』, 螢雪出版社, 1982, 139~145쪽.

'陰靜陽動 機自爾 非有使之資也에 대해서 이것은 그 機의 自然함(스스로 그러함)을 형용하는 것이지 리가 관유함이 없다는 것이 아니라고 주장하였다. 즉 그 소이연에 대해 근원을 추구하면 自爾라는 것도 리가 그리하도록 시킨 것이 아니겠냐는 것이다. 이러한 조성가의 견해에 대해 기정진 역시 이이의 '陰靜陽動 機自爾 非有使之也'에 대해 後人들이 理의 관여 없이 氣가 스스로 움직이는 것으로 잘못 해석하고 있다고 비판하고, 여기에도 理의 주재가 관철되어 있다고 주장하였다. 기정진은 '機自爾 非有使之'의 본뜻은 그 자연함을 형용한 것이긴 하지만, 理가 관여함이 없다는 말이 아니며, 그 소이연을 따져 보면 그 자연스러운 곳은 바로 리가 시켜서 그리된 것이라는 것이다. 기정진은 이이가 '機自爾 非有使之'라고 한 뒤에 곧바로 '그 陰靜陽動한 所以가 理이다'라고 했으니, 이 한 구절만 보아도 理의 주재를 알 수 있는데, 이를 主氣로 해석하는 것은 이이의 설을 왜곡한 것이라고 하면서, 이이가 평소 氣가 주재한다고 하는 주장이 있었는가라고 반박하였다.48)

기정진에게 있어서는 理는 所以然이며 天命이며, 모든 것의 궁극적인 근원으로 결코 쉼이 없는 것이다. 따라서 動靜은 氣이지만, 動하게 하고 靜하게 하는 것은 理요, 動靜은 理가 시켜서 動靜하는 것이기 때문에 理가 주재해야 한다는 것이다. 또한 理는 존귀하여 대거할 수 없으니, 氣 또한 理中의 일이요, 氣는 理의 流行하는 手脚이라고 본다. 이로써 理는 主人이며, 氣는 從으로 氣發이 理發이며, 氣行이 理行이라고 주장하게 되는 것이다.49) 기정진의 이러한 학설은 조성가가 1892년 기정진의 행장을 작성하

---

48) 『蘆沙先生文集』卷9, 「答趙直教」(戊辰 9月). "聞諸人 或指摘栗谷陰靜陽動機自爾也 非有使之者兩句 謂栗翁已啓主氣之弊 竊恐不然 此只是形容其機之自然 非謂於理 無 所關由也 若原其所以然 則其自爾處 卽是理使之然也 是故不旋踵而復解之 曰其所以 陰靜陽動者 理也 觀於此一句 可知若以非有使之謂氣自主張 則此言又何謂也 且栗翁 平日之論 曷嘗有主氣之意乎"

49) 『蘆沙先生文集』卷16, 「猥筆」.

여 그대로 기술하여 결국 기정진의 대표적인 학설로 굳어지게 된 것이다.[50]

조성가는 기정진의 학설을 계승하면서 시와 문장에 있어서도 이 지역 노사학파를 대표하였다. 그는 당시 호남의 학자나 하달홍 외에도 진주의 鄭奎元이나 鄭泰元, 朴致馥, 權秉太 등과 자주 만나 학문을 토론하고 唱酬하면서 하달홍 이후 진주 일대의 문단을 주도하였다.[51] 그는 진주 지역의 문인들을 대표하여 진주의 33가문의 大小科榜의 합격자 명단을 봉안한 蓮桂齋 중수를 기념하기 위하여 1885년 썼던 「蓮桂齋重修記」를 비롯해서,[52] 진주성 내의 涵玉軒이 1888년 3월 중건되자 진주목사를 대신하여 「涵玉軒重修記」[53]를 썼다. 또한 1895년에는 진주향교에서 실시한 향음주례의 서문을 썼으며,[54] 1897년에 함안조씨 참의공파를 대표하여 「咸安趙氏波譜序」를 썼다.[55] 그리고 1892년에는 노사학파를 대표하여 스승인 기정진의 「行狀」을 짓기도 하였다.[56] 그는 이 밖에도 詩, 書簡文, 記, 序, 跋, 上樑文, 祭文, 墓誌銘, 行狀 등 실로 다양한 장르의 많은 글을 남겼다.

---

50) 후일 1902년 『蘆沙先生文集』 간행시 기정진의 「외필」에 대해 영남 지역의 宋秉璿 門人들이 논란을 일으켰을 때, 조성가는 李奎永, 崔琡民, 鄭時林, 鄭載圭, 鄭義林, 趙相燮 등 기정진의 문인과 함께 송병선에게 편지를 보내 논쟁을 중지해줄 것을 요청하기도 하였다.(宋秉璿, 『淵齋集』 卷5, 「答蘆沙門生 趙性家李奎永崔琡民鄭時林鄭載圭鄭義林趙相燮」, 壬寅八月) 그러나 그는 정재규나 최숙민, 정의림 등에 의해 전개된 학설논쟁에는 참여하지 않았다. 이는 송시열을 숭상하는 같은 계열의 학파로서 서로 간에 논쟁이 전개되는 것이 바람직하지 않다고 보았기 때문으로 여겨진다. 대신 조성가는 스승의 학설을 더욱 따르며 백세의 정론을 기다리자고 제안하였다.(趙性家, 『月皐先生文集』 卷20, 「家狀」. "吾輩當益尊所聞 益行所知 以俟百世之定論而已) 당시 송병선의 숙부로서 좌의정을 지낸 宋近洙 역시 조성가처럼 논쟁에 참여하지 않았다.

51) 趙性家, 『月皐先生文集』 卷20, 「家狀」 및 「行狀」 참조.

52) 趙性家, 『月皐先生文集』 卷13, 「蓮桂齋重修記」.

53) 趙性家, 『月皐先生文集』 卷13, 「涵玉軒重修記」.

54) 趙性家, 『月皐先生文集』 卷12, 「鄕飮酒禮唱酬詩序」.

55) 趙性家, 『月皐先生文集』 卷12, 「咸安趙氏波譜序」.

56) 趙性家, 『月皐先生文集』 卷17, 「蘆沙先生行狀」.

조성가는 특히 시에 조예가 깊었다. 1866년 월횡을 찾아온 이희석과 함께 창수한 聯句, 하달홍, 최숙민 등 7인과 함께 대원암에서 창수한 聯句를 비롯해서 시가 7백여 수가 넘는다. 그는 시에 대해 다음과 같이 말하였다.

> 시라는 것은 山水로 骨髓를 삼고, 風月로 性情을 삼는데, 화훼나 조수로 그 맵시를 꾸미고, 비파와 술로 그 풍신을 북돋는 것이다.57)

시라는 것은 산수를 뼈대로 하여 풍월을 마음에 담아 묘사하는 것인데, 조수초목으로 맵시를 내고 비파나 술로 그 품격을 높인다는 것이다. 따라서 시를 지을 때는 '골수가 저절로 드러나고 성정이 자연스럽게 발휘되며 맵시와 풍신이 일신하지 않음이 없어야 한다.'58)라고 하여 자연과 합일되는 많은 서정시를 남겼다.59) 조성가의 이러한 詩觀은 기정진의 이일분수설의 영향을 받은 것이라고 할 수 있다. 왜냐하면 기정진이 주장하는 이일분수론은 物性의 偏이나 人性의 全은 모두 天機의 自放이기 때문에, 삼라만상이 각각 자신의 본성을 발휘하는 속에 태극의 一理가 구현되는 것이다. 조성가가 주장하는 산수의 골수가 저절로 드러나고 풍월의 성정이 자연스럽게 발휘된다고 한 것 역시 태극의 일리가 만물에 관통되어지는 과정이며, 꽃이나 초목, 짐승과 새 등으로 꾸미는 맵시나 비파, 술 등으로 돋구는 풍취가 날로 새롭다는 것은 개별 사물들이 태극의 일리 속에 그 본성이 제대로 발휘되는 속에 비파나 술 등으로 작자의 마음 또한 새로

---

57) 趙性家, 『月皐先生文集』 卷12, 「大源菴詩會序」. "詩之爲物也 骨髓乎山水 情性乎風月 而花卉禽鳥飾其色態 琴嘯杯酒鼓其風神"

58) 趙性家, 『月皐先生文集』 卷12, 「大源菴詩會序」. "骨髓自露 情性自發 色態風神 無不一新"

59) 허권수, 「月皐 趙性家의 學者的 生平과 詩의 特性」, 『남명학의 계승양상과 강우지역의 학술』, 경상대 남명학연구소 210년 제2차 학술대회 발표논문집, 2010. 11.5, 60~64쪽.

워지는 광경을 묘사하는 것이기 때문이다.

조성가는 학문 활동 외에도 유교적 이념의 실천과 도덕적 교화를 위해 많은 노력을 기울였다. 그는 1883년에 동생들과 주위의 士人들과 함께 이이의 해주향약을 본떠 '汾西講約'을 설치하고 강규를 마련하였다. 춘추로 강회를 열어 읽은 책을 背講하고 의심된 바를 질의하게 하였다. 강약을 전후하여서는 揖禮와 鄕飮禮를 행하였다. 이러한 강학 활동을 위해 取水亭을 지어 동생들과 함께 거처하자, 원근의 많은 사우들이 조성가를 찾아가서 시문을 함께 창화하였으며, 1887년에는 淵齋 宋秉璿(1836-1905)이 다녀가기도 하였다.

그리고 1893년에는 도약정이 되어 진주 지역의 향약을 주관하였다. 마을 별로 덕행 있는 자를 뽑아 約長으로 임명하고 강규에 따라 마을별로 교화를 실시하고 춘추에 다시 주에서 약장을 모아 合講하도록 하여 儒道를 부식하고자 하였다. 또한 그 해에 동학이 크게 번성하자 「扶正斥邪論」을 지어 척사의 방책을 제시하기도 하였다. 斥邪는 근본적인 방도를 취해야 하는데, 근본적인 방도는 九經을 講究하는 것이라는 것이다. 의학에서 병을 다스릴 때 본원을 맑게 하고, 원기를 보충하는 것을 위주로 하는 것처럼 구경을 강구하는 것이야말로 정학을 보존하고 邪學을 물리치는 근본적인 대책이 된다는 것이다.[60]

이러한 관점에 따라 조성가는 명성황후 시해와 단발령에도 불구하고 의병운동을 일으키지 않았다. 대신 그는 「扶正斥邪論」에서의 주장처럼 경서를 읽고 도리를 지키기 위해 중산리에 은거하였다. 이는 기정진이 79세 되던 1876년 강화도 조약이 체결되자 그해 겨울 다음과 같은 시조를 읊고 은거하였는데, 조성가 역시 그리하였던 것이다.

---

[60] 趙性家, 『月皐先生文集』 卷12, 雜著, 「扶正斥邪論」 癸巳. "今日斥邪之術 孰先於講九經哉 是乃澄本源補元氣之法也"

功名도 너하여라, 豪傑도 나스르여.

門다드니 深山이오, 冊펴니 師友로다.

오라ᄂᆞᆯ 업건마ᄂᆞᆫ, 興다하면 갈가 하노라.[61]

Ⅳ. 최숙민의 교유관계 및 학문활동

1. 교유관계

최숙민의 경우에도 조성가의 경우처럼, 부친 重吉(1796-1873)대에 이르러서야 가세가 크게 펴게 되고,[62] 重吉이 치산에 성공하자 비로소 아들 최숙민이 학문에 전념할 수 있는 바탕을 만들어 주었다. 최숙민은 이미 15세에 경전과 역사책을 거의 섭렵할 정도로 총명이 뛰어났는데[63] 그는 과거시험보다는 성현경전에 뜻이 있었다. 22세에 과거보러 서울에 올라갔으나 선비의 풍습이 예전과 같지 않은 것을 보고 낙향한 뒤로는 다시는 과거를 보지 않았다. 대신 경서를 읽고 시문을 짓기 위해 노력하여 많은 글을 작품을 남겼는데, 시문에서 소식보다는 주희를 좋아할 정도로 시에서의 도학적 내용을 강조하였던 것이다.[64]

최숙민은 이어 학문의 성취를 위해 부친 重吉에게 말씀드리고 기정진에게 나아가 수학하고자 하였다. 이 때 중길이 진주 지역의 남인 계열에 속하는 인물이어서,[65] 族人들이 반대한 사람도 있었는데,[66] 중길이 '참으

---

61) 『蘆沙先生文集』附錄 卷1, 「年譜」, 丙子.

62) 이후 崔琡民의 부친 重吉에 관한 기사는 崔琡民, 『溪南集』卷31, 「齊思錄」 참조.

63) 鄭載圭, 『老柏軒集』卷48, 「溪南崔公行狀」. 최숙민의 생애에 관해서는 이 글을 주로 참조하였으므로, 이후 특별한 경우 외에는 註를 생략함.

64) 鄭載圭, 『老柏軒集』卷48, 「溪南崔公行狀」. "志在古人之學 而不得其門 汎看群書 閱蘇氏書 悅其文章 頗留意 及見朱子書言蘇學之謬 瞿然自失 遂閣之"

65) 崔重吉이 謙齋 河弘度의 후손으로 남인이었던 河德望의 손자 河一聖의 딸과 혼인하였기 때문에 그가 남인 계열의 인물이었음을 알 수 있다. 최중길의 처

로 어질다면 어떤 사람이 나의 스승이 아니겠는가.'[67]라고 하여 반대를 물리치고 기정진에게서 가서 수학할 것을 허락하였다. 이처럼 族人들의 방해를 물리치고 기정진에게 보낼 수 있었던 것은 앞서 定齋 柳致明(1777-1861)의 문인이었던 河達弘의 경우에서 보는 바처럼, 진주지역에서 남인과 노론사이에 서로 왕래할 수 있는 기풍이 형성되어 있어서 가능한 것이기도 하였다.

이와 같이 최숙민은 조성가를 통해 1869년 기정진을 배알하였으며, 경학이나 성리학에 관해 자주 가르침을 받았다. 기정진 사후에는 1880년대 초에 단성의 교동으로 이주하여 주로 안동권씨 霜嵒 權濬의 후손들을 대상으로 강학활동을 펼쳤다. 1889년에는 산천재에서 조식의 후손들에게 강학하면서 曹秉鎭, 曹容, 曹垣淳 등 조식의 후손들의 요청으로 德山講約의 講規를 정하고 그 序文을 쓰기도 했다.[68] 그리고 경상우도 지역의 기정진의 문인인 조성가나 정재규, 김현옥 등과 뇌룡정이나 악양정, 신안정사 등지에서 자주 회합하여 학문을 講磨하는데 게을리 하지 않았다.

최숙민은 영, 호남지역 기정진 문인뿐만 아니라 김평묵, 최익현, 유기일, 홍재구 등 경기도 지역의 화서학파와도 깊은 교분을 나누었다.[69] 그는 1891년 조헌의 묘를 참배하고 화양동을 방문하여 송시열을 추모한 다음, 서울, 개성을 거쳐 이들을 만났다. 특히 유기일과는 10일을 함께 지낼 정도로 교분이 두터웠다. 최숙민은 유기일이 지은 『斥洋錄』을 함께 읽었

가였던 하일성의 집안은 하홍도 이후 줄곧 남인으로서 남명 선양 사업에 주도적인 역할을 수행하였다.(李相弼, 『南冥學派의 形成과 展開 -思想과 學脈의 推移를 中心으로-』, 高麗大學校博士學位論文, 1998, 143쪽)

66) 鄭載圭, 『老柏軒集』 卷48, 「溪南崔公行狀」.

67) 崔琡民, 『溪南集』 卷30, 「齊思錄」. "府君曰 當問其人之賢不賢 不當問色論 苟賢矣 何人非我師 卒令就學"

68) 崔琡民, 『溪南集』 卷23, 「德山講約序」.

69) 崔琡民, 『溪南集』 卷2, 詩, 「三月生明夕曹參軍子容過余書堂挑以楓岳之遊」, 辛卯(1891) 이하의 詩 참조.

으며, 유기일은 금강산으로 떠나가는 최숙민과의 이별을 슬퍼하였다.[70]
최숙민은 금강산과 태백산, 퇴계의 도산서원을 거쳐 7월 보름에 집으로
돌아온 뒤로도[71] 자주 이들과 서신을 왕래하며 시국에 대한 인식을 함께
하였다.

최숙민의 문집을 살펴보면 김평묵과는 1891년에 1통, 최익현과는 1891
년부터 1901년까지 6통의 편지가 남아 있으며, 유기일과는 1891년부터
1897년까지 5통, 홍재구와도 1891년과 1897년에 보낸 2통의 편지가 남아
있다. 최숙민은 이들과의 교류를 통해 주리설이나 위정척사에 대한 의지
를 더욱 확고히 하였고, 화서학파 내에서도 이항로로부터 김평묵, 최익현
등으로 이어지는 위정척사의 계보와[72] 김평묵, 유기일 계통의 심설을 화
서학파의 정통으로 인정하였다.[73]

또한 최숙민은 后山 許愈, 俛宇 郭鍾錫, 大溪 李承熙 등 한주학파와도 교
유하였다. 최숙민은 특히 허유와 밀접한 교분이 있었다. 정재규 등도 가

---

70) 崔琡民, 『溪南集』 卷2, 詩, 「讀龍溪斥洋錄」 및 崔琡民, 『溪南集』 卷6, 書, 「與柳性
存基一 辛卯」. "平生願覿十日從容 是何等良晤"

71) 崔琡民, 『溪南集』 卷6, 「與金重菴平默辛卯」. "自此取道鐵原 暑潦踰金剛 歷大白 七
月半到家"

72) 崔琡民, 『溪南集』 卷6, 「與金重菴平默辛卯」. "伏惟文丈繼作 尊師道闢鬼敎 斷然以
抑洪驅猛自任" 및 崔琡民, 『溪南集』 卷5, 「與崔勉菴益鉉辛卯」. "一線陽脈之菫菫於
東方者 方且剝盡 幸天降先生 擬之於前而傳之諸公…… 明公樹立尤卓然"

73) 김평묵과 유중교 사이의 심설에 대한 견해 차이에 따라 金平默을 지지하는
柳基一, 洪在龜와 유중교를 지지하는 柳重岳, 柳麟錫, 李根元, 李昭應 등으로
양분되기에 이르렀다.(朴敏泳, 「華西學派의 형성과 衛正斥邪運動」, 『한국근현대
사연구』 10, 1999, 47~57쪽) 노사학파에서는 김평묵과 유기일로 이어지는 심
설을 따랐다. 최숙민도 이항로, 김평묵 등으로 이어지는 심설에 대해 천지가
불변하고 일월이 떨어지지 않는 것과 마찬가지라고 선언하였다.(崔琡民, 『溪
南集』 卷7, 「答柳性存 癸巳」. "天地不變 日月不墜 華西重菴 苦心血誠 相傳心法
焉可誣也 不須多辨) 그러나 후일 최익현과 유기일이 서로 다투자 1897년에 정
재규가 유기일을 비판하는 글을 보냈다.(김봉곤, 『蘆沙學派의 形成과 活動』,
한국학중앙연구원박사학위논문, 2007, 160~161쪽) 최숙민도 정재규와 마찬가
지로 이후 더 이상 글을 보내지 않았다.

입하였던 雷龍儒契에 허유와 함께 가입하여 뇌룡정에서 강학 활동을 하였으며,[74] 남명 조식의 「神明舍圖」나 이진상의 「理學宗要」 등에 대해서도 깊이 논하였다.[75] 이 과정에서 최숙민은 조식의 학설에 정통하였을 뿐만 아니라 이진상의 '心卽理'설에 대해서도 깊은 이해가 있었던 것으로 판단된다.

2. 학문활동

최숙민은 1869년 기정진에게 大學의 明德에 대해서 물은 뒤 주로 經書에 대해 기정진에게서 가르침을 받았다. 그는 기정진에게서 명덕은 마땅히 心字로 보아야 한다는 것과 知性은 物格이며, 盡心은 知至라는 것, 理와 天,道의 구별, 形色이 天性이라는 말의 의미, 仁, 義, 禮, 智 등 성리학에서부터 경서에 나오는 난해한 부분에 대해 가르침을 받았다. 이러한 가르침으로 인해 최숙민은 기정진의 학설을 충실히 계승하여 정재규와 함께 경상우도의 학계를 이끌어가게 되었다.

최숙민은 「明德辨示香玉齋諸生」에서 명덕은 리라는 관점을 제시하였다.

> 명덕은 무슨 물사인가? 주자께서 明德은 心의 表德이라고 하였으니, 마땅히 心字로서 보아야 한다.……대개 심은 곧 사람에게 있는 천리이다. 하늘에 있으면 리이고, 사람에게 있으면 심이다. 다만 세간에 기를 독립하는 리가 없으니 이 心의 妙는 반드시 기를 타고 이에 출입한다.[76]

---

74) 김봉곤, 『蘆沙學派의 形成과 活動』, 한국학중앙연구원박사학위논문, 2007, 165쪽.

75) 崔琡民, 『溪南集』 卷8, 「與李啓道承熙壬辰」. "六月中 會黎兄 雷龍亭 數日從容 此兄亦衰甚 非復昔日 語及綜要校整事 深憂其遷稽 思得一二朋友之助"

76) 崔琡民, 『溪南集』 卷21, 「明德辨示香玉齋諸生」. "明德 何物也 朱子曰 明德 心之表德 明德 當以心字看也……蓋心卽在人之天理也 在天曰理 在人曰心 但世間無離氣獨立之理 此心之妙 必乘氣而出入於是焉"

최숙민은 주자의 견해대로 명덕을 심으로 이해하였는데, 이는 기정진이 명덕을 본심으로 이해하고 있는 것과 일치한다. 이어 최숙민은 다시심은 사람에게 있는 천리라고 하여, 심을 리라고 하여 명덕을 리라고 규정한 것이다. 이와 같이 명덕을 리라고 규정한 것은 이항로나 이진상의 설과도 동일한 것으로서 최숙민과 이들 학파와의 밀접한 관계를 짐작케 한다.77)

이후 최숙민은 전우가 1902년 기정진의 「凉議私議」을 반박하여 「凉議私議記疑」을 지어 반박하자 스승인 기정진의 학설이 타당함을 논증하였다. 도합 13조목에 해당되는 최숙민의 「辨田艮齋愚凉議記疑」은 기정진이 리일분수에 대해 분은 理一 중의 세조리이며, 편전의 성이 본연이라고 했던 것을 옹호하는 것에 집중되어 있다.

만물은 모두 자연히 그러한 까닭이 있으니 이것이 이른바 본연의 성이다. 사람이 선한 것은 사람의 본연이고, 물이 아래로 내려가는 것은 물의 본연이다. 이로서 미루어나가면 개가 지키는 것 한 가지를 잘하는 것은 개의 본연이고, 소가 밭가는 것 한 가지를 잘하는 것은 소의 본연이다. 솔개가 날고 물고기가 뛰며 호랑이가 仁에 밝은 것이나 벌과 개미가 義에 밝은 것이 어찌 본연이 아니겠는가. 지금 선을 도외시하고 사람의 본연을 구하거나, 아래를 떠나서 물의 본연을 구하거나, 지키고 밭 갈고 날고 뛰는 것을 벗어나서 개와 소, 솔개 물고기의 본연을 찾거나, 한 가지 밝은 것을 도외시하고 호랑이와 벌, 개미의 본연을 찾으면 이 어찌 분외에 리가 있으며 성이 體만 있고 用이 없는 長物이 되는 것이 아니겠는가.78)

---

77) 최숙민은 김평묵과의 문답을 통하여 심즉기는 全體大用과 主宰의 권능을 기에 돌리는 것이고, 심합리기는 子莫의 執中과 같이 중심이 없는 것이라고 반대하고, 虛靈精爽과 함께 心을 모두 理로 보는 견해를 제시하였다. 이에 김평묵도 심즉리는 본심으로 돌아가는 것이고, 심즉기는 주기로 돌아가는 것이며, 심합리기는 장수와 군졸, 주인과 손님의 구분을 없게 한다고 하여 반대하였다.(崔琡民, 『溪南集』 卷21, 「雲潭問答」)

78) 崔琡民, 『溪南集』 卷21, 「辨田艮齋愚凉議記疑」, "皆有自然之故　是便所謂本然之性

최숙민이 말하고자 하는 것은 모든 것은 천명으로 주어져 있으며, 그러한 천명은 자연스러운 본성을 형성하고 있기 때문에 편전은 본연의 성이라는 것이다. 이는 전우가 편전을 기질로 이해하여 사람과 동물은 본연에서는 차이가 없으나 기질의 차이 때문에 인물성이 달라진다는 것과는 크게 다른 것이다. 이러한 최숙민의 주장은 기정진이 낙론에 대해서 편전을 기질의 차이로 보는 것을 비판하였던 것을 계승한 것이다. 이 때문에 최숙민은 기질지성에 대해서도 본연지성을 상대하여 말한 것으로 이해하였다.

程頤나 張載가 말한 기질지성은 본연지성에 상대하여 말한 것이다. 본연지성은 무릇 同類者가 서로 같은 것이다. 사람과 사람이 서로 같고, 개와 개가 서로 같으며, 소와 소가 서로 같은 것을 말한 것이다. 기질지성은 동류 가운데 서로 같지 않은 것은 것이다. 예컨대 사람의 성품은 본래 선하지만 어질고 어리석음에 혹 서로 갑절이나 다섯 배 차이가 나서 계산할 수 없는 것 이것이 기질지성이라고 하는 것이다. 이러한 예를 따르면 개가 잘 지키거나 잘 지키지 못함이 있는 것이나 소가 잘 경작하거나 잘 경작하지 못함이 있는 것 이것이 기질이다.[79]

본연지성과 기질지성에 있어서 본연지성이 사람 자체나 개 자체와 같이 서로 종류가 다른 부류에 적용되는 것이고, 기질지성은 사람과 사람 사이, 개와 개 사이의 기질의 차이라고 보는 것이다. 이것 또한 기정진의

也 人之善 人之本然也 水之下水之本然也 以此推之 犬偏於守 犬之本然也 牛偏於耕 牛之本然也 鳶之飛魚之躍 虎狼之仁上一點明 蜂蟻之義上一點明 何莫非其本然也 今外善而求人之本然 外下而求水之本然 外守耕飛躍而求犬牛鳶魚之本然 外一點明而求虎狼蜂蟻之本然 則此豈非分外有理而性爲有體無用之長物乎"

[79] 崔琡民, 『溪南集』 卷21, 「辨田艮齋愚凉議記疑」. "若夫程張所謂氣質之性 則是乃對夫本然之性而言者也 本然之性 凡同類者擧相似也 人與人相似 犬與犬相似 牛與牛相似 氣質之性則同類之中自不相似 如人性本善而有賢愚或相倍徙無算 是乃此謂氣質之性也 以此例之 則犬有善守不善守 牛有善耕不善耕者 是氣質也"

이일분수설을 따라 사람과 동물사이의 차이를 편전의 차이 즉 본연지성의 차이라고 보는 설을 계승한 것이다.

이와 같이 기정진의 학설을 계승하였던 최숙민은 동문들과의 강학활동에도 힘써, 1883년에는 단성 출신의 權雲煥이 결성한 會稽講社에 참여하였다. 최숙민은 1889년 「觀善禊修案序」을 써서 회계강사가 행한 지 6, 7년 만에 4~50명으로 늘었다고 하였다.[80] 이 모임은 매년 성대하게 개최되어 영남의 노사학파가 수십 명씩 모여 경사를 토론하였는데, 권운환 등이 다시 단성으로 옮겨가자 다시 삼가의 뇌룡정과 단성의 신안정사로 옮겨서 춘추로 회합하여 학문을 연마하였다.[81] 그리고 1891년 8월에는 정재규의 문인들과 함께 지리산 화엄사에서 개최된 종산강회에 참여하였다. 이 종산강의에는 영·호남의 문인 50여 명이 함께 모여 강을 한 것인데, 정재규, 정의림이 受講하고, 崔琡珉이 平訂을 하였으며, 金顯玉이 執禮를 하고, 鄭昌林이 讀法을 하였다. 강론이 끝나면 서로 토론을 했는데, 經史와 子傳, 天人과 性命의 理, 예악과 제작의 도와 고금의 복잡한 일에 대해서까지 강토함으로써[82] 기정진 문인들 간에 학파로서의 단합뿐만 아니라 학문적 성취를 크게 높이는 계기가 되었다.

최숙민은 또한 활발한 강학 활동을 전개하여 많은 문인을 배출하였다. 그는 진주의 옥종이나 북천 외에도 단성의 교동 일대나 산천재 등에서 강학활동을 전개하였다. 〈표 4〉에서 개략적으로 볼 수 있듯이 전주최씨 외에도 안동 권씨 권준 가문[83]이나 산청의 창녕조씨 조식 가문에서 그의 문인들이 다수 나타나게 되었다.[84]

---

80) 崔琡珉, 『溪南集』 卷23, 「觀善禊修案序」. "行之六七年 遠近追入 增至四五十"

81) 崔琡珉, 『溪南集』 卷23, 「觀善禊修案序」.

82) 權基德, 『三山集』 卷3, 「鍾山講錄」.

83) 예컨대 『蘆沙先生淵源錄』에는 빠져 있으나, 安東 權氏 權濬의 후손인 權載純과 權載采는 부친 權箕煥의 뜻에 따라 모두 崔琡珉의 문인이 되었다. 그 중 권재순은 최숙민의 딸과 혼인하였다.(『老柏軒集』 卷41, 「學生權公墓誌銘」)

〈표 4〉 최숙민의 문인

최숙민문인			
지역	성관	파조	인원
단성	密陽朴氏	萬樹堂寅亮	1
산청	全州崔氏	茅山琦弼	3
	昌山曺氏	南冥植	1
하동	全州崔氏	茅山琦弼	4
	龍宮金氏	貞烈公存中	4
	順興安氏		1
	全州李氏	護寧大君褆	1
	全州李氏	益安大君 芳毅	1
	陜川李氏	文質公芮	1
진주	晉陽姜氏	殷烈公民瞻	1
	金海金氏	濯纓馹孫	1
	陜川李氏	文質公芮	1
	咸安趙氏	德谷承肅	1
	全州崔氏	竹塘濯	1
	晉州河氏	雲水堂潤	1
사천	全州李氏	益安大君芳毅	1

최숙민 등 경상우도의 노사학파에서는 이 지역 일대에 정여창이나 이황, 조식 등을 선양하는 활동을 펼쳤다. 일찍이 기정진은 「藍溪書院風詠樓重建記」을 지으면서 정여창의 학문이 實學으로서 敬과 義에 바탕을 두어 지키기를 오래하여 活潑한 기상을 이루었다고 하여 깊은 관심을 보였고,[85] 문인들에게 성리학은 이황에 이르러서 대성되고 禮敎는 김장생에

---

84) 『蘆沙先生淵源錄』卷4, 「崔溪南琡民門人」.

85) 奇正鎭, 『蘆沙先生文集』卷21, 「風詠樓重建記」. "第念風詠之旨 與鳶飛魚躍 同活潑
潑地 豈可但以張弛言乎哉……所守之地 豈有他哉 不過所謂敬與義而已 一蠹先生淵
源實學 雖非後生之所蠡測 集諸先生之尙論而想像之 蓋所謂不動而敬 不言而信者
其深厚篤實何如也 及味孤舟下江數句 則隱然有風浴氣像 此豈懸慕企望而得之哉 守

이르러서 갖추어졌다고 하여 성리학설에서 이황을 높이었다.[86] 또한 기정진은 조식의 학문을 깊이 숭상하였다. 기정진이 조식의 학문에 대해 묻자 최숙민은 大谷 成運이 지은 묘갈명에서 말한 '조식의 학문은 아는 것이 정밀해도 더욱 정밀함을 구하였고, 행함에 이미 힘을 썼어도 더욱 그 힘을 다하였다.'는 것과[87] 조식이 金孝元에게 준 편지에서 말한[88] '사대부는 모름지기 천길 벽처럼 우뚝 선 기상과 머리에서 발끝까지 철저한 분석함이 있어서 세속에 이끌리지 않아야 吉人이 될 있다.'는 것을 말하였다.[89] 이에 기정진은 오늘날의 학자는 마땅히 조식을 배워야 학문에 진보가 있다고 최숙민을 격려하였다.[90]

이 때문에 기정진의 문인들은 기정진의 학설을 추종하면서도 정여창이나 이황, 조식을 숭상하였다. 최숙민의 경우에도 앞서 살펴본 조성가나 정재규와 마찬가지였다. 최숙민은 정여창이 공부하였던 악양정에서 정재규, 김현옥 등과 함께 1891년『소학』을 강론하였으며, 정여창이 絶學을 倡明한 공은 송의 周敦頤와 같다고 하였다.[91] 이황에 관해서는 1891년에 경기와 관동 일대를 유람하고 돌아오는 길에 도산서원을 들려 이황을 해동

之久而自至耳"

86) 崔琡民, 『溪南集』卷20, 雜著, 「湖上語錄」. "學問門戶 至退溪而大成 禮敎化俗 至沙溪而寢備 我東儒賢 當以兩先生爲宗"

87) 崔琡民, 『溪南集』卷20, 雜著, 「湖上語錄」. "琡民擧大谷所撰碣文中 知之已精而益求其精 行之已力而益致其力兩句 以對"

88) 『德川師友淵源錄』卷3, 門人, 「金孝元」. "先生答公書有曰, 公資器溫良 灑掃應對 幼穉習慣事也 於今直把大學者 傍探性理大全一二年 常常出入於大學一家 雖使之燕之楚 畢竟歸宿本家 作聖作賢 都不出此 要須壁立千仞 頭分支解 不爲世俗所移 然後方可做成吉人"

89) 崔琡民, 『溪南集』卷20, 雜著, 「湖上語錄」. "因說道士大夫 要須壁立千仞 頭分支解 不爲世俗所移 方能做成吉人之語"

90) 崔琡民, 『溪南集』卷20, 雜著, 「湖上語錄」. "先生頷之 曰今日學者 當學南冥 方有一步二步進處"

91) 『岳陽志』下篇, 「書小學講規後」(崔琡民撰). "竊惟一蠹先生倡明絶學 爲我東濂溪夫子"

의 공자로 여겨 귀의하고자 하는 마음을 나타내었다.[92] 최숙민은 특히 조식을 숭상하였다. 조식의 학문 자세를 본받으려고 하였을 뿐만 아니라 조식이 卜居하려고 하였던 三遊洞과 조식의 묘소를 찾아 그의 정신을 본받고자 하였다.[93] 이와 같이 조식을 숭상하였던 그는 허유와 조식의 「神明舍圖」에 관하여 논하였고, 조식의 강학처였던 뇌룡정과 산천재에서 강학 활동을 전개하여 조식의 학풍을 이어가려고 하였던 것이다.

이후 최숙민은 1895년 흑의령과 단발령이 내리자 위정척사론을 현실적인 실천운동으로 전환하였다. 즉 1894년 갑오개혁에 이어 1895년에 흑의령이 내리자 단성의 葛田에서 仰蒼天 5章을 지어 죽음으로써 항거하겠다는 자신의 결연한 의지를 나타내 보였다. 앙창천 5장은 간악한 일본과 머리 깎은 개화파들에 의해 黑衣令이 내려 강상의 뿌리까지 없어졌으니, 오랑캐처럼 구차히 살기보다는 차라리 신도적처럼 돌을 지고 물에 빠져 죽거나 굴원처럼 연못에 몸을 던지겠다는 것으로 복식의 개변에 대한 최숙민의 강한 저항의지를 보여준 시이다.[94]

이후 그는 그해 11월 단발령이 내리자 역적들이 왜적을 끌어들여 주군을 협박하고 머리를 깎은 중대한 변란행위로 간주하였다. 그는 명성황후

---

92) 崔琡民, 『溪南集』 卷2, 「陶山書院次韻李仲圓贈詩」 二首. "海東闕里宅 墙仞仰彌高 百世摳衣願 平生我退陶"

93) 강정화, 「溪男 崔琡民의 기행시」, 『橘下 崔植民과 溪南 崔琡民의 학문과 사상』, 경상대 남명학연구소·하동문화원 공동학술대회, 2010.12.10, 148~149쪽.

94) 崔琡民, 『溪南集』 卷3, 「仰蒼天」. "聞黑衣令 情不能定信節 走後谷 茫然不知所向 諸生沽酒 追躡至讀書巖 挽衣請行講禮 講罷拈韻 余得一絶 日十數冠童譪譪然 善心方至也如川 忍見吾人八幽谷 臨筵默默仰蒼天 遂足成仰蒼天五章 無體製節調 眞狂歌也 嘻嘻悲夫 1)仰蒼天仰蒼天 蒼天蒼天天胡然 風雨飄搖碩果落 長蛇封豕饞眼睜 2)饞眼睜饞眼睜 妖倀亂鰕舞導前 所營一日毒腸飫 天地綱常滅了專 3)滅了專滅了專 縫掖衣冠瘡眼前 染烏髡猿易天下 先王遺民誠可憐 4)誠可憐誠可憐 忍將彼黑掛我肩 此身雖微 此身雖微 先王齊之禮 父母生之全 毋曰予小子未知臧否 讀書六十年學聖賢 5)六十年讀書學聖賢 出不能堯舜君民 處不能守孔朱之眞詮 夷狄禽獸要苟活 無寧負申徒之石從屈子于淵 仰蒼天 仰蒼天 蒼天蒼天天胡然": 원문 중의 1), 2), 3), 4), 5)는 앙창천 5장의 순서로서 필자의 판단에 따라 임의로 기입한 것임.

시해보다 단발령에 대해서 더욱 크게 반발하였다. 단발령은 우리나라를 夷狄으로 간주한 것이기 때문에 국모를 시해하는 것 보다 더 나쁘다는 것이다. 그리고 이러한 단발령은 모두 군주가 도적에게 협박을 받아 나온 것이므로 군주의 명령이 없어도 이들을 토벌해야 한다고 하여 의병운동의 정당성을 주장하기도 하였다.[95]

이와 같이 단발령에 크게 반발하였던 최숙민은 단발령에 반대하는 수천 자의 언문으로 된 글을 지어 여러 坊曲의 백성들에게 유포시켰고, 백성들도 머리를 깎으려고 하지 않았다. 이에 단성현감에 의해 주모자로 지목되자, 최숙민은 산음의 釜谷으로 옮겨 화를 피하면서 여러 동지들과 일본과 개화파들을 처단하기 위한 의병을 일으키려고 하였다.[96] 그러나 얼마 후 단발령이 철회되고 의병운동이 약화되자 최숙민은 산음에서 북천면의 고향에 돌아가 조성가처럼 자정의 길로 들어서게 되었던 것이다.

이처럼 조성가와 최숙민은 기정진의 학설을 충실히 계승하였으며, 기정진 사후에도 기정진의 학설을 경상우도 지역에서 계승하려는 노력을 게을리 하지 않았다. 이들은 진주 지역의 새로운 계층과 성관집단을 대상으로 경상우도에 크게 영향을 미쳤던 정여창이나 조식 등의 유교적 교화를 다시 회복하려 하였고, 활발한 강학활동이나 도덕적 교화를 위한 향약, 향음주례 등을 실시하여 유교적 도덕과 실천윤리를 부식하기 위해 노력하였다. 또한 기정진의 주리철학을 고수하고, 서양이나 일본 등을 통해 들어오는 새로운 제도나 단발령에 반발하여 위정척사운동을 전개하였던 것이다.

---

95) 崔琡民, 『溪南集』 卷1, 「蘆山謾錄」.
96) 鄭載圭, 『老柏軒集』 卷48, 「溪南崔公行狀」.

V. 맺음말

이상으로 조성가와 최숙민의 활동을 통해 경상우도에서 노사학이 어떻게 전개되었는가를 살펴보았다.

경상우도 지역은 인조반정 이후 북인이 쇠퇴하면서 남인과 서인으로 분열하였고, 다시 무신란 이후에는 서인들이 크게 늘었다. 또한 영정조 때의 탕평책 등의 실시로 당쟁이 약화되고, 19세기에 새로운 성관집단과 유학층이 증가하면서 가문과 개인의 필요에 의해 학파를 비교적 자유롭게 선택할 수 있었다. 각 가문에서는 과거 급제나 학행에 뛰어난 인물 배출을 위해 노력한 결과 진주 일대의 학문 수준은 그 이전시기보다 훨씬 높아지는 결과를 가져오게 되었다.

또한 당쟁이 약화되면서 학파 간에 상호 교류하는 풍토가 생겨나게 되었으며, 각 곳에 서재와 정자 등이 지어져 지리산과 덕천강 일대의 아름다운 풍경과 은일자적하는 선비의 일상생활 및 그 속에서 얻어지는 심득에 대해 노래하였다. 문장 외에도 경학이나 성리학에 뜻을 둔 학자들은 성리학에 대한 깊은 소양과 지식을 얻기 위해 호남의 기정진과 같은 저명한 학자들에게 나아가 수학하였다. 『조성가일기』를 통해볼 때 이들은 지리산과 섬진강 등을 따라 3백리 되는 길을 6일 정도 걸려 장성의 기정진에게 나아갔는데, 곳곳에 객점이 설치되어서 여행이 용이하였다. 또한 가는 길에 분포된 사족들을 방문하여 시문을 주고받기도 하여, 후일 이들 지역에 노사학파가 형성되는 계기가 되기도 하였다. 기정진 역시 가야산이나 자굴산, 지리산에 왕래하여 영남의 산천에 대한 애정이 있었고, 정환필, 민재남, 하달홍, 최유윤 등 영남 인물과의 깊은 교제를 나누기도 하였다. 또한 장성의 김인후나 함양의 정여창의 후손 등 영,호남을 대표하는 사족 간에 혼인도 이루어지고 있어서 호남 지역을 왕래하는데 정서적으로 큰 어려움이 없었다. 이러한 이유 때문에 기정진의 명성이 높아지자 많은 학자들이 기정진을 찾아와서 수학하게 된 것이다.

조성가와 최숙민은 19세기 중엽 기정진에게서 수학한 경상우도의 인물 중 가장 많은 활동을 하였던 인물이다. 그들은 하달홍 등에 의해 전개된 시단에 참여하여 다수의 시를 남겼으며, 장성의 기정진을 찾아가서 주리론에 바탕을 둔 성리학에 잠심하였다. 조성가는 호남지역 문인들과 깊은 관계를 맺고 영·호남간의 노사학파의 가교 역할을 하였으며, 관찰사나 목사 등 지방관과 함께 향약을 실시하여 향촌질서를 수립하고자 하였다. 또한 이진상이나 송병선, 최익현 등이 찾아올 정도로 명망이 높았으며, 남계서원의 원장이 되어 강규를 새롭게 정하거나 조식의 신도비의 일에 주도적으로 관여하였다.

또한 최숙민은 남인 출신이지만 노론이었던 기정진에게 수학한 인물로 이항로나 이진상의 문인들과 교제하면서 기정진의 학설을 심즉리로 이해하였다. 그는 기정진에게서 성리학을 수학한 이후 동문들과 강회를 자주 개최하였으며, 강학에 전념하여 산청과 단성, 진주 일대에 많은 문인들을 배출하였다. 그의 학문은 기정진의 학설을 추종하여 매사에 천명 즉 천리를 구현하는 것이었기 때문에 삼강오륜의 도덕적 질서를 중시하고, 의리나 도리에 어긋나는 일체 행동을 배격하고자 하였다. 이 때문에 그는 1895년 단발령이 내리자 道에 어긋난다고 반발하여 직접 언문을 지어 단성의 吏民들을 효유하여 결국 단발령을 철회하게 하였다.[97]

이처럼 조성가와 최숙민은 각각 이 지역의 문단과 학계를 주도하면서 경상 우도 지역에 의리에 바탕을 둔 노사학파의 학설이 굳게 뿌리내리게 하였던 것이다.

---

[97] 鄭載圭, 『老柏軒集』 卷48, 「溪南崔公行狀」.

지리산권 유학자의 영호남 학문 교류

김봉곤

Ⅰ. 머리말

한반도 남부 영남과 호남은 지리산에 가로막혀 있어서 왕래가 쉽지 않다. 1,915m의 천왕봉을 비롯해서 1,732m의 반야봉, 구례지역의 1,507m의 노고단 등 1,000m가 넘는 20여 개나 되는 높은 산봉우리들이 거대한 장성처럼 영·호남을 가르고 있기 때문이다. 지금도 구례에서 남원, 남원에서 함양을 가기 위해서는 해발 500m가 넘는 밤재나 여원치, 팔량치 등을 넘어가야 한다. 그리고 구례에서 하동, 함양에서 산청으로 가는 길도 깊은 협곡 사이를 흐르고 있는 섬진강이나 남강을 따라 내려가야 한다.

그러나 전통시대에 이들 지역 간에 왕래가 없었던 것은 아니다. 남원과 구례, 진주 일대는 우리나라에서 가장 비옥한 지대에 속하였기 때문에,[1] 예로부터 이 지역은 물산이 풍요로웠으며, 생산품의 교역을 위해 산을 넘거나 강을 따라 왕래하였다. 또한 16세기경에는 이 지역 일대에도 사림세력이 성장하여 주자학의 이념적 동질성을 바탕으로 서로 왕래하고 혼인이 이루어졌다. 그리고 18, 9세기에는 섬진강 수운이 발달하면서 지리산 자락의 비옥한 토지를 배경으로 구례와 하동일대에도 사족들의 성장이 두드러졌다. 이에 구례-화개-하동-진주로 이어지는 길을 따라 사족의 왕래가 잦았다.

이러한 지리산권 사족들의 교류에 대해서는 일찍이 김현영에 의해 남원의 순흥안씨 가문과 함양의 풍천노씨 가문 사이에 통혼권이 형성되었다는 것이라든가,[2] 정재훈에 의해 함양의 노진이 남원의 안처순의 학문적 영향을 받았다는 점이 언급되었다.[3] 주로 16세기 지리산권 사족의 혼인관계나 학문적 특성에 대해서 고찰된 것이다. 그러나 두 지역 사족이나 유학자간의 상호 교류에 대해서는 충분히 고찰되지 않았다. 그리고 19세기의 지리산권의 영호남 유학자들의 학문교류에 대해서도 김봉곤에 의해 영, 호남지역 노사학파의 형성과 활동이 분석되기도 하였으나,[4] 지리산권 유학자들의 전체를 망라하지 못하였고, 20세기의 지리산권의 영, 호남 사족간의 교류에 대해서는 깊이 천착하지 못하였다.

이에 본고에서는 지리산권에서 유학사상이 발달하기 시작한 16세기 이후부터, 유학사상이 크게 꽃을 피운 19세기와 20세기 초까지의 사족들의 형성과정이나 유학사상의 특징 등을 영, 호남 사족들의 상호 교류를 중심으로 살펴보고자 한다. 16세기에는 주로 남원과 함양을 대상으로, 19세기에는 진주, 하동, 구례 지역을 대상으로 이들 지역에 어떻게 사족이 성장

---

1) 『택리지』에서는 전라도 南原과 求禮, 경상도의 星州, 晉州를 우리나라에서 가장 비옥한 지역으로서 손꼽고 있다(『擇里志』 卜居總論, 「生利」). 함양도 택리지에서 토지고 기름지며 함양은 山水窟이라고 칭할 정도로 이름난 곳이라고 하였다(『擇里志』 八道總論, 卜居總論, 「慶尙道」).

2) 김현영, 朝鮮時代의 兩班과 鄕村社會』, 집문당, 1999, 45~49쪽.

3) 정재훈, 「玉溪 盧禛의 정치사회적 활동 -명조, 선조 연간을 중심으로-」, 『韓國思想과 文化』 45, 2008, 164쪽.

4) 김봉곤, 「蘆沙學派의 形成과 活動」, 한국학대학원박사학위논문, 2007.

하였으며, 학문적 교류가 어떻게 진행되었는가, 그리고 그 학문적 특질은 어떠한가를 구명해보고자 한다. 그리하여 두 지역의 역사와 문화는 상호 밀접한 교섭 속에서 발전하였으며, 시대 상황에 따라 다양한 유학사상이 전개되었고, 정치사회적으로도 동일한 유교문화권으로서 강인하게 결합 되어 있음을 밝히고자 하는 것이다.

II. 지리산권 사족의 성장

1. 16세기 남원과 함양지역 사족의 성장

지리산권은 통상 지리산이 위치한 경상남도의 함양, 산청, 하동, 전라 북도의 남원, 전라남도의 구례 지역을 지칭한다. 높은 산들 때문에 왕래 하는데 불편함을 주고 있지만, 수많은 산봉우리와 계곡에서 흘러내리는 물은 지리산 주변의 비옥한 땅을 적셔주고 있다. 특히 남원과 함양 일대 는 평야가 비교적 널리 발달되어 있어서 사람들이 살기에 적합한 곳이 많다.5) 따라서 인구도 다른 지역에 비해서 적지 않았다. 조선 정조 때인 1789년 남원은 총 47개 방에 마을이 411개나 되었다. 16세 이상의 인구도 남자는 23,489명, 여자는 19,982명으로 도합 43,411명이나 되었다. 이는 전 주의 72,505명, 나주의 57,782명에 이어 전라도에서 세 번째로 큰 지역이 다. 함양도 4개 면에 132리나 되었고, 총 인구는 24,100명이나 되었다.6)

이들 지역은 운봉을 통해서 연결되어 있었다. 운봉은 고원지대이지 만,7) 면적이 246.13㎢로서 남원 전체면적인 752.02㎢의 1/3이나 된다.8) 인

---

5) 『擇里志』에서도 "지리산은 계곡이 구불구불 깊고 크며, 토성이 두텁고 비옥하 여 온 산이 모두 사람 살기에 적합하다"고 하였다. 『擇里志』卜居總論, 「山」. "(智異山)洞府盤互深鉅 土性又肉厚膏沃 一山皆宜人居".

6) 서울大學校奎章閣, 「戶口總數 해제」, 『戶口總數』(1789년 간행), 서울대학교 규 장각, 1996, 〈표 6〉, 〈표 7〉 참조.

구도 1789년『戶口總數』를 기준으로 남 3,754명, 여 3,301명 도합 7,055명 이었다. 또한 이 지역은 인구뿐만 아니라 두 지역을 연결하는 관방으로서 중요하였기 때문에,9) 일찍이 현을 설치하고 제한역과 인월역을 설치하여 두 지역을 연결하도록 하였다. 조선 세종 때를 기준으로 함양에서 운봉까지는 20리,10) 운봉에서 남원까지는 22리 정도였기 때문에,11) 대체로 하루 정도 소요되는 일정이었다. 길은 우마가 서로 왕래할 정도의 크기였는데, 도로의 폭을 유지하기 위해12) 관청에서도 도로의 상태를 자주 점검하였다.13) 이 길을 따라 관리들이나 상인들이 공무를 처리하거나 교역을 위해 부지런히 왕래하였던 것이다. 예종 1년(1489)에는 전라도 상인들이 운봉을 넘어 함양지역에서 대거 綿布를 구입하였던 탓에 면포의 값이 2, 3 斗로 폭락할 정도로14) 경제적 교류가 이루어지기도 하였다. 또한 왜란 때에는 수많은 관군과 의병, 관리들이 운봉으로 연결되는 길을 지나갔고, 영·호남 사족들도 이 길을 따라 남원과 함양 지역으로 피난을 가기도 하였다.15)

---

7) 함양읍에서 남원으로 가는 八良峙의 해발 고도는 높이 513m, 다시 운봉에서 남원으로 넘어가는 여원치의 해발고도는 477m이다. 운봉의 북쪽은 磻岩으로 넘어가는 柳峙이며, 동남쪽으로는 지리산으로 이어지고 있어서 높은 고원지대를 형성하였던 것이다(신운성지편찬위원회, 「지리」, 『新雲城誌』, 1997).

8) 신운성지편찬위원회, 「지리」, 『新雲城誌』, 1997, 86쪽.

9) 『擇里志』에서도 운봉현은 팔량치 위에 위치하여 전라, 경상도를 통행하는 대로가 된다고 하였다(『擇里志』, 八道總論, 「全羅道」. "東踰一嶺 卽雲峰縣 在智異山北八良峙上 卽全慶通行之大路").

10) 『世宗實錄地理志』 慶尙道 晉州牧 咸陽郡.

11) 『世宗實錄地理志』 全羅道 南原都護府.

12) 鄭慶雲, 『孤臺日錄』, 1595년 7월 21일. "중국 사신이 남원(南原)에 머물다가 운봉(雲峰)에 이르렀다. 짐바리와 수레를 먼저 보내어 군(郡)에 도착했다. 수레가 6대이며, 말이 백여 필이다."

13) 같은 책, 1595년 6월 30일(辛未). "도사(都事)가 팔량(八良)에 가서 도로의 상태를 살펴보았다."

14) 『睿宗實錄』 卷3, 예종 1년(1469) 2월 28일.

이처럼 함양과 남원 사이에는 운봉을 경유하는 교통로가 개설되어 많은 이들이 왕래하였으며, 15세기 말부터는 함양과 남원의 사족들이 크게 성장하여 자주 왕래하였다.[16] 조선은 15세기 말부터 훈구파세력의 견제책으로 지방에 근거를 둔 사림들을 등용하기 시작하였기 때문에, 영, 호남 지역에 사림세력이 크게 성장하였으며, 지리산권에도 서로간의 왕래를 통해 학문적인 심화가 이루어졌다. 예컨대 金宗直과 盧禛, 金誠一 등 영남 사림의 전라도 지역의 지방관 부임이나 金宏弼, 盧守愼 등의 유배 등으로 호남 사림과의 교유가 이루어지도 하고, 李滉과 奇大升의 경우처럼 장기간에 걸친 서신 교환을 통해 학문적 심화가 이루어지기도 하였다.[17] 지리산권에서도 이미 15세기 후반 남원 중방 출신의 尹孝孫(1431-1503)이 영남 사림의 대표적인 인물이었던 김종직이나 정여창, 김일손 등과 교유하였다.[18] 그리고 함양의 정여창은 악양에 전장을 마련하였기 때문에 남원과 구례를 거쳐 하동에 자주 왕래하였다.[19] 그리고 이들의 교류에 이어 16세기에 들어서서는 혼인관계를 통해 보다 밀접한 관계가 형성되었다.

---

15) 『孤臺日錄』을 살펴보면 전쟁이 시작된 1592년부터 전쟁이 끝난 1598년까지 매년 많은 관군과 의병, 사족들이 왕래하였던 사실이 기록되어 있다.

16) 당시 이 지역 사족들의 왕래에는 평소 교분이 있었던 사족의 도움을 받기도 하였지만, 이 지역에 흩어져 살고 있었던 노비들의 도움을 받기도 하였다. 예컨대 『고대일록』에 의하면 정경운은 운봉과 남원, 부안 일대에 노비가 거주하고 있었다. 이에 정경운은 함양에서 남원을 가는 길에 1594년 11월 8일, 1596년 1월 23일과 2월 5일에 남원의 彦金의 집에서 유숙하였으며, 1597년 2월 4일에는 운봉의 노비 집에서 투숙하였다.

17) 고영진, 「호남사림의 학맥과 사상」, 『韓國儒學思想大系 Ⅱ: 哲學思想編 (上)』, 한국국학진흥원(2005.2.25).

18) 윤효손은 1477년(성종8)에 경상도관찰사가 되어 김종직, 김일손으로 하여금 효경과 주례를 발간케 하여 반포하였다(尹孝孫, 『楸溪先生遺集』 卷3, 附錄, 「年譜」).

19) 정여창은 1482년(성종13) 화개에서 남원의 중방리의 윤효손을 찾아가 함께 朱書를 강론하였다(鄭汝昌, 『一蠹遺集』 卷2, 附錄, 「事實大略」).

　지리산권인 함양은 15세기에 이르러 崔德之, 曺尙治, 鄭從韶, 金宗直, 曺偉 등 성리학자들이 함양군수로 부임하여 지방교육을 진흥시킨 결과 鄭汝昌, 表沿沫, 俞好仁 등을 배출하여 영남사림파의 중심지역이 되었다. 조선시대 대표적인 사족가문이었던 하동정씨, 풍천노씨, 함안조씨, 진주 강씨 등도 15세기에 차례로 함양에 옮겨왔다.[20]

　남원 지역도 고려시대 이래 土姓이었던 南原梁氏, 居寧李氏, 南原楊氏, 長水黃氏, 南原尹氏 등을 비롯해서 여말 선초에 慶州金氏, 興城張氏, 晉州蘇氏, 南陽房氏, 羅州晉氏, 昌原丁氏 등의 성씨들이 入居하여 성장하였다. 그리고 15세기 후반에는 서울 사족인 順興安氏와 朔寧崔氏, 全州李氏 등이 처가를 배경으로 남원에 차례로 입거하였다.

　이들 성씨 중에서도 16세기에 함양과 남원 지역간에 혼인관계를 형성하였던 가문으로는 남원의 순흥안씨, 남양방씨, 삭녕최씨, 南原楊氏 등과 함양의 풍천노씨, 하동정씨 등을 들 수 있다. 먼저 순흥안씨는 安璣(1451-1497)가 綾城縣令을 지낸 林玉山(1432-1502)[21]의 딸과 혼인한 뒤 남원으로 이거하였다. 안기는 부친이 전주부윤 安知歸였으며, 어머니는 형조참판 朴以昌의 딸 사이에서 태어났으며, 그의 형제들 모두 현달하였다. 큰 형 安瑚는 문과에 급제하여 공조참판을 지냈으며, 둘째 형 安琛은 공조판서, 셋째 형 安璿은 濟用監副正을 지냈으며, 넷째 형 安琮은 임실현감을 지냈다. 안기는 이러한 가문적 배경하에 부유했던 임옥산의 딸과 혼인

20) 李樹健, 『嶺南士林派의 形成』, 嶺南大學校出版部, 1979, 128쪽.

21) 임옥산은 본관은 兆陽. 자는 仁甫, 호는 菊軒이다. 부친은 곡성훈도 士綱이며, 모친은 開城高氏로 이조참판을 지낸 淳의 딸이다. 임옥산은 효행에 뛰어나 성종 때에 크게 발탁된 인물이다. 그는 南原 사람으로 進士로서 武科에 합격하여 軍器直長에 제수되었는데, 부모의 喪事를 당하자 『家禮』에 의해 극진히 상례를 치루었으며(『睿宗實錄』 睿宗 1年(1469) 7月 28日), 이 사실이 성종에게 알려져서(『成宗實錄』 卷10, 成宗 2年(1471) 6月 23日) 1474년(성종 5) 선전관과 장수현감에 임명되었으며, 1496년(연산군 2)에는 능성현령을 지내기도 하였다(『한국역대종합인물정보시스템』(한국학중앙연구원)).

하였고, 흑성산 일대에 있었던 조양임씨의 땅을 물려받아 그의 후손들이 세거하게 되었다.

또한 남양방씨는 조선 초에 房漢傑의 증조부되는 行定山縣監을 지냈던 房九成이 南陽에서 남원의 周浦村에 옮겨와서 세거하였다.[22] 남원 양씨는 고려말 집현전 대제학을 지낸 楊首生의 아들 楊思輔가 어머니 光山 卓光茂의 딸을 따라 남원에서 순창으로 이거하여 楊淵, 楊子瞻, 楊培, 楊洪, 楊士衡 등 저명한 사림 출신을 다수 배출하였다.

또한 남원지역은 삭녕최씨의 성장이 두드러졌다. 삭녕최씨는 입향조 최수웅이 사화를 피해 처가를 따라 남원의 둔덕에 내려온 뒤, 손자 최언수가 이미 중종 때 문과에 급제하여 조정에 진출하였다. 최언수의 아들 穎은 좌승지, 顥은 문과에 급제하여 경상도관찰사, 頵은 사헌부 지평, 넷째 迪은 목천현감을 지냈다 또한 영의 아들 최상중은 남원 중방의 윤효손의 손녀와 혼인하여 지리산에서 가장 비옥한 구례 구만리 일대에 터전을 마련하였다. 뿐만 아니라 그는 미암 유희춘의 문인으로서 문과에 급제하고 권율의 종사관으로서 행주대첩에 큰 전공을 세웠다.[23] 이후로도 삭녕최씨는 이 지역에서도 가장 많은 학자와 관리를 배출한 가문으로 발달해 갔다.

함양의 경우도 하동정씨의 族勢가 크게 번창하였다. 鄭招 가문과 鄭麟趾 가문은 조선 초에 상경하여 勳戚勢力으로 발전하였지만, 정여창 가문은 조선 초에 정여창의 증조부인 鄭之義가 寶城宣氏와 혼인하여 함양에 이거하였다. 이후 정여창 가문은 정여창의 부친인 함길도 咸吉道兵馬虞候였던 鄭六乙이 李施愛의 난에 죽고 가정대부 嘉靖大夫漢城府左尹에 증직

---

22) 盧守愼, 『穌齋先生文集』 卷十 碑碣, 「有明朝鮮國南原房君墓碣銘并序」. "曾祖諱九成. 奉列大夫. 行定山縣監. 徙龍城周浦村. 遂爲世居. 祖諱詢文. 奉直郎京畿水運判官. 考諱貴和. 選司馬薦. 授職通訓大夫. 行戶曹佐郎. 外祖. 臨陂縣令姓諱李奉孫"

23) 『朔寧崔氏世譜』(1967年 刊行) 甲編上下.

되었으며,24) 정여창은 정종의 손녀이자 종실인 桃平君 李末生의 딸과 혼인하여 가문을 빛냈다. 정여창은 김종직의 문인으로서 김굉필, 김일손 등과 함께 영남사림을 대표하는 사림으로서 활약하였다. 그는 무오사화 때 경성으로 유배되었으나, 중종 때에 신원되고 1610년(광해군 10)에는 김굉필, 조광조·이언적·이황 등과 함께 五賢의 한 사람으로 문묘에 배향되는 경사가 이루어지기도 하였다.25)

노진가문은 玉溪 盧禛의 증조부 盧叔仝이 함양출신의 경주김씨 金點의 딸과 혼인하면서 창녕에서 함양의 개평으로 옮겨 정착하게 되었다. 김점은 당시 만석군으로서 무남독녀의 딸을 노숙동에게 혼인시킴으로서 노숙동의 후손들이 함양에 정착할 수 있는 경제적 기반을 마련해주었다.26) 또한 김점은 함양 출신의 鄭復周의 사위이기도 하였는데, 정복주는 일두 정여창의 조부였다. 따라서 노숙동의 후손들은 김점의 외손봉사를 하면서 일찍부터 정여창 가문과 깊은 관계를 맺으면서 함양의 대성으로 발전하게 되었던 것이다.

노숙동은 대사헌, 삼도관찰사를 거쳤으며 청백리에 녹선되기도 하였으며,27) 그의 아들 분 역시 1462년(세조 7년)에 문과에 급제하여 예문관 교

---

24) 鄭蘊, 『桐溪集』 卷4, 碑銘, 「文獻公一蠹鄭先生神道碑銘并序」.

25) 鄭蘊, 『桐溪集』 卷4, 碑銘, 「文獻公一蠹鄭先生神道碑銘并序」.

26) 예컨대 노숙동의 손자 노우명은 할머니 김씨에게 사랑을 입어 넉넉하게 토지와 재산을 주고자 하여도 사양하였다는 점으로 보아(盧禛, 『玉溪先生文集』 卷三, 墓碑誌, 「有明朝鮮國從仕郎行顯陵參奉贈資憲大夫吏曹判書兼知義禁府事府君墓誌」. "少被鞠愛于王母貞夫人金氏. 屢欲優賜田産. 卒辭不受"), 김점의 재산이 상당하였음을 알 수 있다.

27) 노숙동은 25세인 1427년(세종 9) 문과에 급제하여 승문원 박사를 시작으로 校理·사헌부감찰, 집현전 修撰을 역임하였으며, 1436년 文科重試에 급제한 이후로는 호조참판, 예조참판, 한성부윤, 춘추관, 시강원빈객, 예문관, 홍문관 제학(提學), 대사헌, 삼도관찰사를 제수받는 등 청환직을 두루 거쳤다. 그리고 세종 때에 『資治通鑑訓義』, 『治平要覽』, 문종 때에 『고려사』의 紀·志·연표 집필에 참여하였다. 또한 그는 문망이 높아 예조참판으로서 1457년(세조 3) 明의 頒詔使 陳鑑과 高閨을 맞아 接伴使로 활약하였으며, 1462년(세조 8)에는 同知中

리에 올랐다. 노분의 아들 우량, 우명, 우영도 모두 과거에 합격하는 등 뛰어난 인물들이었다. 특히 정여창의 문하에서 수학한 노우명은 1518년 경상도 관찰사 金安國(1478~1543)에 의해 천거되어 顯陵參奉에 제수됨으로서,[28] 사림들의 이념을 실현시킬 인물로 기대되었다. 김안국은 조광조·奇遵 등과 함께 김굉필의 문인으로서 향교에『소학』을 권하고, 향약을 시행하여 향촌 교화에 힘썼는데,[29] 노우명은 그러한 소학과 향약의 이념을 실현시킬 수 있었던 인물로 간주되었던 것이다. 이후 함양의 풍천노씨 가문은 사림가문으로서 발전해갔으며, 노우명에 이어 노진이 학문적으로 대성하게 되었다.

남원과 함양에 자리 잡은 이들 가문들은 서로 혼인관계를 통해 연결되었다. 먼저 15세기 후반 남원의 남양방씨와 함양의 하동정씨 사이에 혼인이 이루어졌다. 즉 남양방씨 방귀화의 딸이 함양의 하동정씨 정여창의 아들 희직과 혼인하였다. 이어 남원의 순흥안씨와 함양의 풍천노씨 사이에서도 혼인이 이루어졌다. 안지귀의 다섯째 아들 안기가 노숙동의 손자 노우명과 혼인하고, 노우명의 아들 노진이 안기의 다섯 째 아들 안처순의 딸과 혼인하여 연혼관계를 형성하였던 것이다. 두 지역간의 혼인관계는 16세기 후반 함양의 정여창의 현손 鄭弘緒가 남원양씨 楊士衡의 딸과 혼인하였으며, 정홍서의 누이는 남양방씨인 방원진과 혼인하였다. 그리고 풍천노씨 노철은 최상중의 딸과 혼인하였다. 이처럼 두 지역 사족들은 15세기 말부터 16세기에 이르러서도 줄곧 혼인관계로 연결되었던 것이다.[30]

樞院事)로서 명에 謝恩使를 다녀왔다. 그는 세종, 문종, 단종, 세조의 4朝를 거치면서 부정이나 청탁, 이권을 멀리하여 세조 때 청백리에 錄選되었으며, 후손들에게 修己治人의 요체를 담은 誠信廉公謹簡和惠 8자 유훈을 남겼다(『한국역대종합인물정보시스템』(한국학중앙연구원)).

[28] 盧禛,『玉溪先生文集』卷3, 行狀,「考從仕郎行顯陵參奉 贈資憲大夫 吏曹判書 兼知義禁府事 府君盧友明行狀」.

[29]『한국역대종합인물정보시스템』(한국학중앙연구원).

[30] 김봉곤,「15, 16세기 지리산권(남원·함양) 사족의 혼인관계와 정치·사회적

2. 19세기 진주, 하동, 구례 일대의 신흥 사족의 성장

19세기에 이르면 진주, 하동, 구례 일대에 신흥 사족이 크게 성장하였다. 이들 지역에서 먼저 주목되는 바는 18, 9세기에 인구가 크게 증가하였다는 점이다. 예컨대 1789년 조사된『호구총수』에 따르면 구례는 8면 81개 마을이 있었다. 인구도 총 호수 1,788호에 8,831명(남 4,692, 여 4,139)이나 되었다. 이는 인근 곡성의 3,504호에 8,453명(남 4,506, 여 3,947) 등에 비해 인구가 상대적으로 훨씬 많다. 이는 구례지역이 토지가 비옥하여 인구를 부담할 능력이 다른 지역보다 상대적으로 컸던 것을 의미한다.『택리지』에서도 구례는 전라도의 남원이나 경상도의 성주·진주와 함께 우리나라에서 가장 비옥한 곳으로 손꼽고 있다. 벼 1말에 볍씨를 뿌리면 140두를 수확할 수 있고, 적게 나도 80말은 수확할 수 있다고 하였다.[31] 하동도 이 무렵 4,221호에 20,549구(남 10,084, 여10,465)로서 인구가 크게 늘었다. 호당 구수도 4.9명으로 구례 지역과 동일하다. 하동 지역 역시 그만큼 토지가 비옥하였으며, 인근에 바다가 있어서 물산이 풍요로웠던 것을 반영하는 것이다.

이러한 경제적 성장이나 인구 증가를 바탕으로 19세기에 들어서서는 진주, 하동, 구례지역 일대에 기존의 사족 외에 새로운 사족들이 성장하였다. 예컨대 진주의 경우 새로운 사족들이 성장했다는 것은 17, 18세기의 과거합격자와 비교해보면 잘 드러난다. 진주 출신의 과거합격자를 모은『晉州蓮桂齋沿革』의 기록을 검토해보면, 진주지역 과거합격자가 17세기에는 문과 8명, 생진과 47명이며, 18세기에는 생진과가 47명, 26명이었는데, 19세기에 들어와서는 문과 25명, 생진과 57명으로 증가하였다. 문과나 생진과 모두 이전 시기보다 크게 늘고 있었다.[32]

결속」,『歷史學硏究』49, 2013, 87~91쪽.

31)『擇里志』, 卜居總論, 「生利」.

32) 김준형,『晉州蓮桂齋沿革』, 가람출판사, 2007, 39쪽 〈표 2〉와 40쪽 〈표 3〉 참조.

또한 성관별로도 19세기는 그 이전 시기와 다른 경향이 나타난다. 15세기 진주지역 문과 합격자는 총 60명이었는데, 그 중에서도 진양하씨나 진양강씨, 진양정씨 등 3개 토성이 33명으로 과반수가 넘는다. 생진시 합격자도 총 129명에서 이들 3개 토성의 합격자가 50명이나 된다. 그러나 19세기에 이르면 문과의 경우 진양하씨나 진양강씨, 진양정씨 보다는 외부에서 이주해온 해주정씨, 성주이씨, 밀양박씨, 함안조씨 등이 합격자를 더 많이 배출하였으며, 생진시도 해주정씨, 전주최씨, 삭녕최씨, 남원양씨, 재령이씨, 김해허씨 등의 외부에서 이주해온 가문에서 합격자를 더 많이 배출하였다. 이처럼 19세기에는 진주 지역에서 과거합격자가 증가하고 새로운 사족의 성장이 두드러지고 있음을 알 수 있다.

또한 이러한 신흥 사족층은 자신의 가문의 격을 높이기 위한 노력을 계속하였다. 예컨대 노사 기정진의 제자 趙性家는 1857년 1월 28일 자손과 동생, 숙부와 협의하여 科契를 결성하였으며, 2월 1일에는 여러 사촌 형제들과 科契를 결성하였다.33) 과거에 응시하기 위해서 비용이 많이 들어가기 때문에 경제적인 뒷받침을 해야 했기 때문이다. 이후 조성가 가문의 경제적인 지원을 받아 자주 상경하였다. 예컨대 1866년 3월 조성가의 동생 趙性宙가 慶試에 응시하기 위해 상경하였고, 1867년 2월 26일 경시에 응시하기 위해 조성가의 아들 조종규와 동생 조성주가 상경하였다. 1870년 2월에는 아들 趙宗奎가 생원시 회시에 응시하기 위해 상경하였고, 1873년 2월에는 동생 조성주가 회시에 응시하기 위해 상경하였다.34) 이처럼 조성가 집안에서는 과계를 결성한 이후 과거 설행 시 자주 상경하였으며, 이를 통해서 과거에 합격하려고 했던 것이다.

또한 이 무렵 진주 일대에는 19세에 들어와서 많은 서재와 누정이 세워져서, 유생들이 자주 모여 시를 짓고, 학문을 토론하였다.35) 남인이나

---

33) 『趙性家日記』, 「丁巳年日記」 1月 28日 및 2月 1日條.

34) 『趙性家日記』, 「丙寅年日記」, 「丁卯年日記」, 「庚午年日記」, 「癸酉年日記」 참조.

노론 등 당색을 따지거나 어느 지역에 사는가는 지역을 따지기 보다는 그 사람이 갖고 있는 문장이나 학문 등을 더 중시하는 경향이 있었다. 또한 자신들의 경지에 만족하지 못한 유생들은 지역을 벗어나 저명한 성리학자나 문장가를 찾아가 자신들의 학문적 역량을 높여 나갔다. 이에 진주나 산청, 하동 등에서 구례를 거쳐 호남을 찾거나 반대로 호남 쪽에서 진주나 산청 등으로 공부하러 가는 학자도 많아졌다.

예컨대 지리산을 거쳐 호남 하동 옥종의 월횡에 살았던 月村 河達弘(1809-1877)은 섬진강과 지리산을 따라 연결되어 있는 길을 따라 전라도 장성에 찾아가서 기정진과 교유하였고, 조성가와 최숙민도 기정진에게 수학하기 위해 지리산의 고갯길을 넘고 섬진강을 따라서 장성으로 나아갔다.

또한 이들이 거쳐갔던 섬진강이나 지리산 자락에는 18~19세기경에 많은 사족들이 형성되고 있었다. 예컨대 구례 지역의 경우 광의와 용방을 관통하는 서시천 주변의 넓은 평야지대를 배경으로 영조 때 무신란 진압에 참여한 개성왕씨와 전주이씨를 비롯해서 18세기 말부터는 청주한씨, 제주양씨, 제주고씨, 보성오씨 등도 성장하고 있었다. 즉 정유재란 때 이들의 선조인 王得仁·王義成·李廷翼·韓好誠·梁應祿·高貞喆·吳琮 등 칠의사가 의병을 일으켜 구례와 하동 경계인 석주관에서 싸우다 순절하였다는 사실이 알려지게 됨에 따라36) 1804년 국가에서 이들에게 관직을

---

35) 서재나 누정이 지어져서 자주 창화하는 모습은 『조성가일기』에 자주 등장한다. 예컨대 『조성가일기』 중 1876년 4월 22일부터 5월 10일까지의 기사를 보면, 4월 22일부터 4월 25일까지는 새로 과거 급제한 인물인 함안의 족질인 진사 昞奎가 와서 曲會를 村齋에서 열기도 하고, 崔孝淑과 그 재종질이 진사시에 합격하여 조성가에게 인사차 다녀갔으며, 정태원을 방문하여 과거에 떨어진 것을 위로하였다. 또한 5월부터는 村塾을 수축하여 경서나 사서를 읽기도 하고, 茶亭에 가서 梁注書 致默을 만나서 이야기하고 돌아왔다. 이러한 내용을 통해서 볼 때, 당시 진주출신의 유생들이 과거 급제를 얼마나 소중히 여겼으며, 공부나 연회의 장소가 서재나 누정이었음을 알 수 있다.

36) 1798년 2월 화엄사 대웅전 중수시 천정에서「寄華嚴寺和尙僧弘○檄文」과 「華嚴

내리고 포상함에 따라 이들 가문은 구례지역을 대표하는 사족가문으로서
성장하였던 것이다. 이들은 1814년에는 광의면 남전리 일대에 순절하였
던 인물들을 합사하는 충효사를 건립하여 사족가문간의 단합을 꾀하기도
하였다.

이처럼 19세기에는 하동에서 구례, 곡성 등으로 이어지는 지리산 자락
과 섬진강가에 사족이 크게 성장하였으며, 이러한 사족을 배경으로 조성
가의 경우 하동에서 장성으로 나아가는 동안 하동의 밀양박씨, 구례의 개
성 왕씨, 곡성의 順興安氏, 창평의 長澤高氏, 담양의 全州李氏 등을 도움을
받아 차례로 스승이 거처하였던 장성에까지 나아갈 수 있었던 것이다.

III. 16세기 남원, 함양 지역 유학자간의 학문교류

지리산권은 원래 불교가 유행한 지역이었으나, 조선이 건국된 이후 국
가적으로 불교대신 유학을 장려함에 따라 점차 유교적 예속이 널리 보급
되고 곳곳에 많은 유학자들이 배출되었다. 특히 남원과 함양은 15세기 중
엽 이후 유교적 지식인의 지방관 파견이나 서울이나 진주 등지의 사족
가문이 다수 유입됨에 따라 유학의 기풍이 크게 일어나게 되었다. 남원의
윤효손이나 함양의 정여창은 효행과 실천으로서 이 지역 일대의 사림들
의 모범이 되었고, 16세기에는 기묘명현인 남원의 안처순, 이조판서의 지
위까지 오른 함양의 노진, 왜란 때 남원 의병장이었던 변사정 등에 의해
영, 호남간의 학문교류가 촉진되었으며, 경세와 실천을 중시하는 유학의
기풍이 성행하였다.

먼저 안처순은 안기의 다섯째 아들로 남원 흑성방에서 태어났으나, 다

寺僧丁酉日記」가 우연히 발견되어 정유재란 때의 7의사 행적이 널리 알려지
게 되었다.

른 형제들과는 달리 어린 시절 서울에서 중부인 판서 琛의 집에서 자랐다. 이에 그는 당시 서울의 많은 사림파 인물들과 교유하게 되었으므로, 중종 9년(1514) 별시문과에 급제하자 곧바로 홍문관에서 조광조, 金淨, 表憑, 기준, 鄭譍 등 당대의 사림들과 새로운 정치를 실현하기 위해 노력하였다. 그는 대학의 경세론과 근사록의 성리설을 중시하여, 국왕과 학문을 토론하는 경연에서 국왕이 덕성을 함양하고 모범을 보이는 수기치인의 정치를 주장하였으며, 훈구파의 전횡을 비판하고 사림의 등용을 촉구하였다.37)

또한 안처순은 남원이나 구례 일대에 유학을 장려하고 유교적 예속의 보급을 위해 노력하였다. 그가 1518년 구례현감에 제수되자 국왕이나 조광조·김정·기준·최산두 등의 기묘사림들은 안처순에게 효제 충신의 실천적인 교육을 당부하였다. 이에 안처순은 구례에 향교를 세웠으며, 『近思錄』을 간행하여 학문과 道에 들어가는 방법을 제시하였다.

중종 14년(1519) 기묘사화로 인해 조광조 일파로 지목되어 파직되었으나, 모친 조양임씨가 별세하자 삼년상을 극진히 치루는 등 유교적 예속의 실천에 솔선수범하였다.38) 뿐만 아니라 그는 조정에서의 경연, 고을 수령으로서의 경험, 향촌사회에서의 생활을 바탕으로 上·下 두 책으로 되어 있는 『思齊篇』을 만들어 후손들에게 전하였다. 안처순은 명나라에서 간행된 『四書大典』의 내용 중에서 학문과 일상생활에 필요한 글을 뽑아 새롭게 책을 재구성하였다. 사제편 상편에서는 요순과 다름없는 심성을 바탕으로 덕성을 함양하고 기질을 변화시키는 공부 방법을 제시하였고, 하

---

37) 김봉곤, 「16세기 지리산권 유학사상(1) -남원·함양의 安處順, 盧禎, 邊士貞을 중심으로」, 『韓國思想史學』 12, 2012, 187~190쪽.

38) 실록에서도 안처순에 대해 안처순이 광조의 일로 파직되어 시골에 살았는데, 어머니가 죽자 侍墓살이를 하면서 죽만 먹었고 3년 동안을 울기만 하였으므로 온 고을이 칭찬이 자자했다고 평하였다(『中宗實錄』 卷55, 중종 20년(1525) 10월 12일).

편에서는 이러한 학문을 바탕으로 삼강오륜의 실천, 향당에서의 일상생활의 원칙을 제시하였다.39)

이러한 대학의 경세론과 실천적인 유학에 바탕을 둔 안처순의 유학의 학풍은 그의 사위인 함양 출신의 盧禛에 의해서 계승되어갔다. 노진은 노우명과 노우명의 둘째 부인 안동권씨 시민의 딸 사이에서 태어났다. 6세 때에 부친 노우명이 타계하였으나, 이복형인 노희와 어머니 안동권씨의 극진한 보살핌을 받아 학문에 몰두할 수 있었다. 그는 13살 때에 남원의 안처순을 찾아가 학문의 자질을 받았으며, 삼년 뒤에는 안처순의 딸과 혼인하였다.

이후 노진은 처가인 남원 등을 왕래하며 과거공부에 힘썼다. 1537년 생원시에 합격한 이후로는 성균관에서 河西 金麟厚를 비롯해서 蘇齋 盧守愼, 耻齋 洪仁祐 등 당대의 학자들과 교류하였다. 그리고 1546년 문과에 합격한 이후로는 사헌부와 홍문관의 직책을 제수 받아 경연과 近侍의 반열에 참여하였고,40) 이조좌랑, 형조참의, 이조참의 등 요직을 거쳐 1575년(선조8)에는 예조판서, 1578년(선조11)에는 병조판서, 대사헌, 형조판서, 이조판서 등을 제수받았다.

노진의 교유관계는 중앙이나 지방 두루 걸쳐 있다. 그는 함양의 정희보에게 수학하였기 때문에, 이후백·양희·오건·강익·정복현·임희무 등 함양이나 산청 일대의 지리산권 사족들과 깊은 교분을 맺었다. 또한 성균관 수학시에는 김인후·홍인우·노수신 등과 교분이 깊었다. 그리고 姊兄 신잠의 권유로 문과에 급제한 이후에는 김안국의 추천을 받아 조정에 진출하여 당대 사림을 대표하는 인물들이 노진의 후원자가 되었다. 그

₃₉₎ 김봉곤, 「16세기 지리산권 유학사상(1) -남원·함양의 安處順, 盧禛, 邊士貞을 중심으로」, 190~191쪽.

₄₀₎ 『明宗實錄』 卷27, 明宗16년 3월 19일. "臣以孤寡餘喘 生長草野 叨被聖眷 出入經幄近侍之列"

리고 그는 조정이나 학계에서 기대승·이항·김계휘·방응현 등 기호사림, 이황·조식·오건·양희·임훈·정유명 등 영남사림과 두루 친하였다. 이러한 대외적인 명망과 함께 노진은 많은 문인을 배출하였다. 그 중에서도 변사정·金益福·양사형·申翼秀·趙宗道·河孟寶·林希秀·林希榮 등은 남원과 함양 지역의 대표적인 문인들이다.[41]

이처럼 노진은 함양 출신이지만, 처향인 남원지역을 자주 왕래하였으며, 두 지역의 많은 인물들과 교유하였다. 문인들도 다수 배출하였다. 이에 그가 선조 11년(1578) 타계하자 남원과 함양 지역에서는 곧바로 노진을 제향하기 위한 서원건립이 추진되었다. 남원에서는 房應賢·張伋·邊士貞 등 노진과 교유하였거나 문인들이 중심이 되어 선조 12년(1579) 남원부사 李璥의 지원을 받아 다음해 가을 古龍書院을 건립하였다.[42] 이후 이 서원은 선조 33년(1600)에 滄洲書院으로 사액되기도 하였다.[43] 또한 함양에서도 선조 12년(1578) 조종도·변사정·鄭惟明·成彭年 등 노진과 교유하였거나 문인들이 葛川 林薰에게 품정하여 서원건립을 논의하였다. 이에 선조 14년(1581)에 新溪書院이 건립되었으며, 현종 1년(1660) 溏洲書院으로 사액되었다.

노진은 김인후 등의 영향을 받아 성리설에서 氣보다는 理를 중시하고

---

41) 정재훈, 「玉溪 盧禛의 정치사회적 활동 -명조, 선조 연간을 중심으로」, 『韓國思想과 文化』 45, 2008; 김봉곤, 「16세기 지리산권 유학사상(1) -남원·함양의 安處順, 盧禛, 邊士貞을 중심으로」, 2012, 183~184쪽.

42) 『龍城誌』 卷3, 書院, 「古龍書院」.

43) 『玉溪先生續集』 卷4, 外集, 「古龍書院事蹟」. 고룡서원이 창주서원으로 사액된 것에 관해서는 다소 논란이 있다. 창주서원은 후일 함양의 신계서원이 현종 1년(1660) 당주서원으로 사액되면서 이후 창주서원은 사액서원으로 인정받지 못하였다. 이에 『용성지』에서도 당주서원이 사액되었기 때문에 고룡서원은 사액되지 못하였다고 기술하였다(『龍城誌』 卷3, 書院, 「古龍書院」). 이 때문에 노진의 후손들이 반발하여 예조와 관찰사에 글을 올려 창주라는 액호를 다시 내려주도록 계속 청원하였다(「南原儒生盧塘盧錫孝盧光勛等泣血仰籲于巡相閣下」, 盧甲煥氏所藏古文書).

인륜의 실천을 중시하였다. 그는 노수신이 1559년 진도에서 「人心道心辨」
을 지어 明의 羅欽順이 『困知記』에서 주장한 人心道心體用說에 동의하자,
1562년 담양 龍泉寺에서 이항과 회동하고 노수신의 학설을 반박하였다.
순임금 때에 체용의 설이 있을 수 없으며, 체용을 말할 때에는 체를 먼저
말한다는 것, 그리고 체용에 대해서 위태롭다거나 은미하다는 것을 적용
할 수 없다는 점을 들어서 노수신처럼 인심, 도심을 체용관계로 없다고
주장한 것이다.44) 이후 그는 기대승이 인심도심설에 관해 형기와 성명의
관계로 풀이하고, 理氣一物說은 도, 기의 구분이 없게 된다고 주장하자 이
에 찬동하였다.

또한 노진은 정치적으로 안처순처럼 간언을 중시하였으며, 군자와 소
인의 엄격한 분별을 주장하였다. 그는 명종 14년(1559) 언로를 넓히라고
주장하였으며,45) 調停辨46)을 지어 소인들 등용하면 그 세력을 모아 끝내
군자를 없애게 될 것이라고 하여47) 소인의 등용을 적극 반대하였다. 이
러한 노진의 주장은 훈구파에서 사림들로 정권이 바뀌는 과정에서 언로
를 통해 사림정권의 확립에 공헌하였음을 보여주는 것이다.

노진은 군자의 잘못에 대해서도 비판하였다. 그는 「觀過知仁論」을 지
어 군자의 잘못은 치우침(偏)에서 생기고, 소인의 잘못은 사사로움(私)에
서 생긴다고 하였다.48) 예컨대 인과 지는 천리에서 나온 것이어서 소인

---

44) 같은 글. "整庵旣以人心道心爲體用 則當舜之時 果可有體用之說 而若言體用 則先
用而後體 無奈倒了耶 且至變之用不可測兩言 其於釋危微二字之義 果穩貼而無所病
耶 若果如是 則所謂精之者何物耶 於體用 亦可着精字耶"

45) 명종 14년 기미 / 명 가정(嘉靖) 38년) 1월 29일(신축) 1번째 기사 : 정재훈도
노진이 임금에게 간언을 받아들이는 것의 중요성을 역설하였는데, 이는 성리
학에 기반을 둔 실천이라고 주장하였다(정재훈, 「玉溪 盧禛의 정치사회적 활
동 -명조, 선조 연간을 중심으로」, 165쪽).

46) 노진, 『玉溪先生文集』 卷5, 雜著 「調停辨」.

47) 같은 글. "況小人之性 必邀結朋比 以援其數 夤緣和▨ 以固其勢 如鬼如蜮 千歧萬
轍 必至於勝君子而去之然後已"

48) 노진, 『玉溪先生續集』 卷3, 論, 「觀過知仁論」. "君子之過 生於偏 小人之過 生於私"

의 인욕과는 구별되어야 하지만, 군자 역시 마음가짐을 불편불의의 理에 두어 지와 인을 지나치게 해서는 안 된다고 하였다.[49] 노진이 이처럼 지와 인이 지나치게 되었을 때 나타나는 문제점을 언급한 것은 그가 1575년(선조8)이래 사림정권이 동, 서로 분당되면서 서로 군자당을 자처하여 극단적인 대립으로 치달았기 때문이라고 할 수 있다. 이에 노진은 아무리 군자라고 해도 지와 인이 지나칠 수 있다는 점을 들어 동, 서의 화합을 꾀하였다고 할 수 있는 것이다. 그러나 노진의 기대와는 달리 당쟁이 극심해지자, 노진은 조정의 복잡한 정치에서 벗어나 조용히 은거를 결심하기도 하였다. 그는 1575년 임훈을 만나 은거터를 상의하였고, 변사정으로 하여금 운봉의 도탄에서 먼저 살게 하였던 것이다.[50]

이러한 노진의 대표적인 문인이 변사정이다. 변사정은 1529년(중종 24) 邊灝와 초계정씨 鄭玉堅의 딸 사이에서 서울에서 태어났으나, 20세에 남원의 경주김씨 金點의 딸과 결혼한 이후 남원으로 내려왔다. 그는 21세에 인척이 되는 노진을 뵙고 성리학을 배웠으며, 25세 이후에는 완전히 남원으로 이주하였다. 이후 그는 운봉에 도탄정사를 짓고 학문에 몰두하였으며, 영·호남의 많은 학자들과 사귀었다. 영남쪽 인물로는 함양의 河孟寶, 姜翼, 산청의 曹植, 안음의 林薰, 鄭惟明 등과 교유하였고, 호남쪽 인물로는 安璪이나 安昌國 등 안처순의 후손이나 金千鎰, 奇孝諫 등 이항의 문인, 광주출신의 奇大升, 朴光玉, 화순의 崔慶會, 남원의 丁焰, 梁大撲, 崔尙重, 楊士亨, 金玷, 吳遂性, 安文寶 등 많은 인물들과 교유하였다.

변사정은 노진과 이항의 영향을 받아 성리학에서 도통을 중시하고 이

---

49) 같은 글. "淸明剛果之過也 則有硜硜捐介之病 忠厚仁愛之過也 則有柔異優游之失 以至施爲之際 酬酢之間 亦或有詿繆舛錯之患"

50) 노진, 『玉溪先生文集』 卷5, 「年譜」. "(先生五十七歲)是年春 會曹南冥於獐項 議定築室之地 又會林葛川於玉山 卜地拓基 又送門下士邊士貞 使先居于雲峯桃灘上 而自後家患連仍 又遭大故 竟不得就焉". 1575년에 조식과 장항동에서 만나 집을 지을 땅을 議定하였다 하나, 조식은 1572년(선조5)에 타계하였으므로, 사실과 다르다.

기일물설을 주장하였다. 그는 태극의 리를 궁구하고 仁義中正에 靜을 주장한 것은 周濂溪의 학문이고, 주염계의 학문을 배워 物理에 一을 주장한 것은 程明道의 학문이며, 위로 사우의 도움과 아래로 부형의 어짐을 힘입어 敬으로서 주장을 삼은 것은 程伊川의 학문이며, 격물치지로써 공을 삼고 사물에 임하여 謹畏한 것은 朱子의 학문이라고 하여[51] 주염계-정명도, 정이천-주자로 이어지는 성리설에서 도통을 중시하였다.

그는 이기설에서는 理氣는 태극 속에서 혼연히 하나의 物을 이루고 있다고 주장하였다. 변사정은 '氣에 있는 것이 水이나 기는 리 가운데에 있고, 말을 타는 것은 사람이 말을 타고 있는 것처럼 리가 기위에 있다'[52]고 하여 리기가 함께 유행한다고 보았다. 변사정이 이처럼 이기를 혼연한 일물로 간주한 것은 심성과 이기를 혼연한 일물로 보아 리의 근원성과 기의 운동성을 동시에 파악하고자 한 이항의 견해를 따른 것이다.[53] 이항의 견해는 이기가 구분되지만 일체가 되고 있다는 점을 중시한 것으로서, 리를 형이상학적인 실체가 아니라 기의 조리에 불과하다고 하는 나흠순의 견해와도[54] 다른 것이다. 그는 유학 외에 다른 사상에 대해 배척하였다. 그가 말년에 운봉의 도탄에서 후학들을 가르치고 있을 때, 실상사의 철불이 영험하다고 사람들이 신봉하자, '성인의 도는 천지의 도이니 천지의 밖에 무슨 도가 있겠는가. 불도는 사특한 것이다. 허무하고 적멸하여 한갓 愚俗만 현혹시킬 뿐이다.'[55]라고 하여 불교를 배척하였던 것이다.

---

51) 변사정, 『桃灘集』 卷1, 策, 「問四先生氣象」. "究太極之理而主靜乎仁義中正者 元公之學也 學元公之學而主一乎物理者 伯子之學也 上有師友之益下賴父兄之賢 亦以敬爲主者 叔子之學也 以格物致知爲功而臨事物謹畏者 遯翁之學也": 元公은 周敦頤(호는 濂溪)의 시호, 白子는 程顥(호는 明道), 叔子는 程頤(호는 伊川), 遯翁은 朱熹의 호임.

52) 같은 글. "在氣者水 而氣在理中 乘馬者人 而理乘其上"

53) 오항녕, 「一齋 李恒의 生涯와 學問」, 『南冥學研究』 3, 1993, 91~92쪽.

54) 陳來/안재호 역, 『송명성리학』, 예문서원, 1997, 421쪽.

55) 변사정, 『桃灘集』 卷2, 「上一齋李先生」. "聖人之道 亦天地之道也 而天地之道外 更

변사정은 정치적으로는 당쟁의 격랑을 피해가지 못하였다. 그는 안처순이나 노진처럼 정치적으로는 直諫과 『대학』의 통치이념을 중시하여 사림으로서의 모습을 보여주고 있으나, 당쟁이 격화되자 서인을 표방하고 서인정권 수립을 위해 노력하였다. 예컨대 그는 1583년 서인인 이이와 성혼이 탄핵되어 쫓겨나자 이들을 변호하는 상소를 올렸고, 1590년에는 인군의 정치는 『대학』의 正心만한 것이 없음을 강조하고56) 善人과 악인에 대한 조치는 순 임금 때의 四凶처럼 물리치고, 선인은 八元을 중용하듯 하여야 기강이 확립된다고 하였다.57) 즉 동인에 대한 철저한 응징과 서인의 중용을 촉구한 것이다. 이 무렵 변사정 외에도 최상중이 1583년 동인들에게 곤경을 당하고 있었던 이이를 신구하기 위해 호남 유생을 이끌고 상소를 올렸다.58) 점차 지리산권은 당쟁으로 인해 남원은 서인, 함양은 동인으로 개편되어 간 것이다.

그러나 두 지역은 1580년대 당쟁으로 인해 관계가 완전히 단절되지는 않았다. 여전히 사족들의 혼인관계가 이루어지고 있었고, 많은 인물들이 학문적으로 서로 왕래하였다. 전술하였듯이 함양의 정여창의 증손 鄭大民의 아들 鄭弘緖는 양사형의 딸과 혼인하였으며, 정대민의 딸은 남양방씨인 방원진과 혼인하였다. 또한 함양의 노진의 손자 철(喆)은 남원의 최상중의 딸과 혼인하였고, 노진의 형인 노희의 손자 胖의 딸은 남원의 房明烜, 노진의 동생인 노관의 손자 肱의 딸은 안처순의 현손 安壽恒과 각각 혼인하였던 것이다.59)

56) 변사정, 『桃灘集』 卷2, 「庚寅疏」. "夫人君爲治之要 莫如正心 心一正則衆理具而萬事應焉 大學所謂欲治其國者 先正其心者也"

57) 변사정, 같은 글. "臣子人君之喉舌也 而言路閉塞於左於右 無直諫爭死之忠 之南之北 無敷化濟泉之功 此由於殿下善善而不能用 惡惡而不能去……殿下特加赫然一怒 斷自聖衷 如大舜之去四凶擧八元 能盡惡惡之極"

58) 崔尙重, 『未能齋集』 下, 附錄, 「行蹟」. "癸未間 栗谷李先生爲群小搆捏 事將不測 先生倡率湖南儒生 詣闕抗章".

뿐만 아니라 함양 지역에서는 점차 서인이 되어가는 인물이 많아졌다. 예컨대 노희의 아들 盧士豫(1538-1594)는 1578년 정철에 의해 동몽교관·선공감역에 추천되었는데, 1594년 영남유림들이 기축옥사의 위관이었던 정철을 추죄하기 위해 노사예를 疏首로 추천하자, 노사예는 이를 거절하고 오히려 정철을 옹호하였다. 이에 노사예와 그의 문인인 정홍서는 북인인 정인홍이나 그의 문인들에게 미움을 받아 서로 대립하였다.[60] 이후 정홍서의 아들 광연은 1635년 성균관에서 이이와 성혼의 문묘종사를 주장하였으며,[61] 정여창의 후손들은 서인으로 자정하였다.[62]

IV. 19세기 이후 진주, 하동, 구례 유학자간의 학문교류

지리산권에서는 16세기에 이어 19세기에 영, 호남 유학자간에 다시 크게 교류가 일어났다. 17세기, 18세기에도 남원과 함양 지역은 정여창이나 노진 후손과 삭녕최씨 최언수의 후손, 순흥안씨 안처순의 후손 사이에 서

---

⁵⁹⁾ 김봉곤, 「15, 16세기 지리산권(남원·함양) 사족의 혼인관계와 정치·사회적 결속」, 『歷史學硏究』49, 2013, 87~90쪽.

⁶⁰⁾ 노사예, 『弘窩盧先生實記』, 年譜.

⁶¹⁾ 정홍서의 아들 정광한은 인조 11년(1633) 생원 3등 6위로 합격하였으며, 동생 정광연 역시 그 해에 진사 2등 14위로 합격하였다. 이 후 정광연은 1635년에 대다수 영남 사림들과는 달리 朴以熹와 함께 이이와 성혼의 문묘종사를 청하였다(鄭光淵, 『滄洲集』卷4, 家狀, 乙亥遊大學 時館中 將疏請栗牛二先生從祀 嶺儒 率多立異 公與朴上舍以熹 定議聯名). 정광연은 이이의 도덕문장은 청천백일과 같아서 이이가 한 때 불교를 배웠다고 하여 문묘종사를 하지 못한 것은 옳지 못하다고 하였다(정광연, 『滄洲集』卷3. "李珥道德文章 如靑天白日 無可指點改 但 拈學禪一事 以爲頰舌之資 有識聞之 不滿一哂耳).

⁶²⁾ 예컨대 정광연의 증손 鄭重獻이 老論인 李縡에게 及門하였다. 그리고 정중헌의 족제 鄭鎭望은 俞拓基와 이재를 師事하였으며, 이재로부터 鄭世楨, 鄭熙運의 行狀을 받았던 것이다(李在喆, 「18世紀 慶尙右道 士林과 鄭希亮亂」, 『大邱史學』31, 24쪽 참조).

로 혼인관계가 맺어지기도 하고, 학문적으로도 상당한 교류가 있었지만, 두 지역 간에 학문적 교류가 크게 일어난 것은 19세기 후반의 일이다.

조선 후기 서부 경남 지역은 인조반정으로 인해 북인이 몰락하면서 남인과 서인으로 분열되었고, 다시 戊申亂 이후 남인보다 많다고 할 정도로 서인이 증가하였다.[63] 이에 이들 지역에서는 당색보다는 개인의 학문적 성취나 가문의 성장을 위해 학파의 선택이 비교적 자유로워졌다. 특히 18, 9세기에 들어서 크게 성장하였던 새로운 幼學層은 기존의 당색과는 무관하였기 때문에, 굳이 당색에 따라 학파를 선택할 필요가 없었다. 이 때문에 과거합격이나 성리학 공부에 있어서 가문이나 개인 간의 경쟁을 촉발하여 19세기에 이르러 경상 우도 일대의 학문적 수준이 크게 높아진 것이다.[64]

영남지역의 노사학파도 바로 이러한 배경에 의해 형성되었다. 노사학파는 호남 장성의 노사 기정진의 학설을 추종하여 형성된 학파인데, 1840년대부터 기정진은 중앙 정계로부터 산림학자로서 주목을 받았으며, 1850년대에는 영남의 노론학자들로부터 동방 도학의 정통을 계승한 인물로 추앙되었다. 뿐만 아니라 기정진의 일족이나 문인들이 세도정치기와 대원군 집권기에 중앙정계와 향촌사회에 두각을 나타내었다. 이 때문에 영남의 많은 학자들이 기정진을 찾아가 수학하여 학문 수준을 높이는 한편, 기정진의 문인이나 일족과의 교유를 통하여 중앙과 향촌에서의 사회적 위상을 제고하려고 하였던 것이다.[65]

당시 지리산권을 비롯한 영남지역에서 기정진을 찾아간 인물들은 대부분 노론가문 출신이다. 영남지역은 단성에서는 남명 조식의 후손과 상암

---

63) 김준형, 『晉州蓮桂齋沿革』, 2007, 가람출판사.

64) 김봉곤, 「趙性家와 崔琡民을 통해서 본 경상우도 지역에서의 蘆沙學의 전개양상」, 『남명학연구』 30, 경상대학교남명학연구소, 2010, 5~9쪽.

65) 김봉곤, 「嶺南地域 蘆沙學派의 成長과 門人 鄭載圭의 役割」, 『남명학연구』 29, 경상대학교남명학연구소, 2010, 33~40쪽.

권준의 후손, 산청에서는 농은 민안부의 후손, 진주에서는 모산 최기필의 후손과 어계 조려의 후손, 삼가에서는 서정 정옥윤의 후손, 초계에서는 강양군 이요의 후손 등이 중심이 되었다. 특히 정치적으로는 산청의 閔致完(1838-1910)과 閔致亮(1844-1932) 형제가 현달하였다. 민치완은 고종이 왕이 되기 전부터 함께 수학하였으며, 대원군 정권에서 크게 활약하였다. 기정진은 민치완의 권유로 1866년 프랑스의 침략을 받자 내수외양의 방책을 담은 「丙寅疏」를 올림으로써,[66] 대원군 정권하에서 조야에 명성을 떨치는 계기가 되었다. 민치완의 동생 민치량 역시 1870년 문과에 장원급제하여 대원군 정권에서 사간원 사간을 역임하였다.

학문적으로는 조성가, 崔琡民(1837-1905), 鄭載圭(1843-1911), 金顯玉(1844-1910) 등이 저명하였다. 조성가(1824-1904)는 하동 옥종 회신리, 최숙민은 하동 옥종의 두방리, 김현옥은 산청 출신으로 정재규를 제외하고는 모두가 지리산 자락에 거주하였다. 조성가는 27세 때인 1851년에 가장 먼저 문인이 되었고, 이후 1864년 정재규, 최숙민은 1869년, 김현옥은 1870년에 기정진을 찾아뵙고 문인이 되었다. 이들은 기정진을 통해 성리학의 깊은 요체를 터득하였으며, 자신들의 거주 지역을 중심으로 활발한 강학활동을 전개하기도 하였다. 최숙민은 1880년대 이후 단성의 산천재와 신안 일대를 중심으로 활동하였으며, 김현옥은 함양에서 하동 화개로 이거하여 1890년대 이후 많은 문인들이 배출되었다. 정재규는 기정진의 삼대제자로 불리우는 인물로서 학문적으로 가장 뛰어난 경지에 이르렀다. 그는 고향인 합천이나 의령 외에도 단성, 산청 등지에 수많은 문인을 배출하였다.

이들 영남지역의 노사학파 인물들은 기정진 사후로도 자주 회합하여 강학을 통해 기정진의 학설을 비롯하여 성리학에 관한 이해를 심화시켜

---

66) 김봉곤, 「嶺南地域 蘆沙學派의 成長과 門人 鄭載圭의 役割」, 『남명학연구』 29, 경상대학교남명학연구소, 2010, 43~44쪽.

나갔다. 단성의 權雲煥이 중심이 되어 산청의 지곡에서 會稽講社를 조직하여 매년 강학을 위한 모임을 가졌다. 이 회계강사는 정재규를 필두로 조용소, 이병두와 같은 기정진의 문인, 단성의 권운환이나 이택환, 권기덕 등 정재규의 문인이 중심이 되었다.[67] 매년 노사연원의 인물이 모여 노사학설을 비롯한 성리설에 대해 깊이 논란을 벌였다.

이후 권운환이 단성으로 이거하자 다시 삼가의 뇌룡정과 단성의 신안정사에서 노사학맥의 문인들이 모이게 되었다.[68] 뇌룡정은 정재규가 1885년 이후부터 강학에 힘써왔던 장소로서 합천이나 의령 등지의 문인들이 자주 회합하였고, 신안정사는 원래 성주이씨와 안동권씨 등의 노론들이 주자와 宋時烈의 영정을 모셨던 서원이었는데,[69] 이 무렵에는 단성이나 산청 등의 노사학파의 인물들이 이곳을 강학처로 삼아 자주 회합하였다. 때로 이들 강회에 호남의 기정진 문인들이 참여하기도 하였다. 1885년 장성의 기우만은 삼가의 정재규에게 와서 뇌룡정과 신안정사를 방문하여 함께 강학하였다. 『答問類編』이 완성되었던 1891년 2월에는 화순의 鄭義林(1845-1910)이 방문하여 뇌룡정에서 함께 강학을 하기도 하였다.

그리고 1891년 8월에는 만나 영, 호남의 문인들이 지리산 화엄사에서 대규모 강회를 개최하였다. 이 때 영남에서는 정재규와 최숙민, 김현옥 등과 그의 문인이 참여하였고, 호남지역에서는 鄭時林(1839-1912)과 정의림 등과 그의 문인들이 참여하였다. 이 강회는 기정진 사후 10년이 지난 시점에서 서로 멀리 떨어져 자주 만나보지 못하였던 영, 호남 문인간의 단결을 위한 중요한 회합이었고, 그간의 문인들의 학문의 성취를 알아보

---

67) 鄭載圭, 『老柏軒先生文集附錄』 卷1, 「年譜」, 丁亥 3月.

68) 崔琡民, 『溪南集』 卷23, 「觀善禊修案序」.

69) 池承鍾・金俊亨, 「社會變動과 兩班家門의 對應-山淸郡 丹城面 江樓里 安東權氏家門의 경우」, 『慶南文化硏究』 19, 경상대학교경남문화연구소, 1997, 240~241쪽.

는 시험장이기도 하였다. 이 강회에서 정재규와 그의 문인들이 두각을 나타내었다. 정시림이나 정의림은 主氣說에 빠져 있으며, 최숙민은 리의 상변에 대한 이해에 문제가 있다고 진단되었다. 이후 정재규는 그해 9월 기정진의 묘를 참배하여 제문을 짓고 자신들이 기정진의 학설을 철저히 계승하지 못하고 있다고 한탄하고서,[70] 1892년 5월 최숙민, 김현옥, 정면규 등과 함께 「太極圖說」과 「猥筆」을 본격적으로 강론하면서 기정진의 학설을 계승해갔다.

또한 영남지역의 노사학파에서는 기정진의 학설을 체계적으로 이해하기 위해 1890년 총 15책의 『답문류편』을 만들었으며, 1901년에는 기정진의 문집이 목판본으로 간행되었다. 그러나 목판본 간행시 영남 지역에서는 기정진이 지은 「외필」이 이이의 학설을 훼손하였다고 영남지역의 연재 송병선 문인들이 문제를 제기하였다. 특히 의령의 신번 출신의 權鳳熙(1837-1902)[71]는 「외필」이 이이의 학설과 다르다고 하여 기정진의 글을 邪說로 규정하고, 崔東敏 등과 함께 기정진의 문집을 불에 태워야한다고 진주와 의령 일대에 통문을 돌렸다.[72] 호서 지역의 송병선, 송병순, 전우도 이에 동조하고,[73] 기정진의 학설을 주자나 율곡의 설과 배치되는 것으로 규정하였다.[74]

---

[70] 鄭載圭, 『老柏軒先生文集』 卷39, 「祭蘆沙先生墓文」. "(上略) 然惟諸子不克發揮 其所論辨或倍師說 未喪已乖 後賢嗟惜 矧玆小子 質菲才薄 飮河之日 猶未充腹 各自離索 其何能穀 奉繹遺書 豈不反復 毫釐易差 燕越其轂"

[71] 權鳳熙, 『石梧集』 卷5, 附錄, 「家狀」.

[72] 扶鬪錄, 「嶺儒通文」, 壬寅(1902) 6月 25日 宜寧鄕校都會所發文(前校理權鳳熙 等 57人).

[73] 權鳳熙, 『石梧集』 卷3, 「上宋淵齋秉璿」, 「答宋心石秉珣」, 「與田艮齋愚(壬寅)」.

[74] 송병선은 기정진의 「猥筆」은 사림들이 공분해야 할 일로 마땅히 성토해야 했는데, 권봉희가 먼저 성토한 것은 존현의 지극함에서 나온 것이었다고 권봉희를 두둔하였다(宋秉璿, 『淵齋集』 卷11, 「答權校理鳳熙…尹達瑞敬植」, 壬寅(1902) 7月. "凡在士林 孰無憤慨之心 其於衛闢之道 宜有此聲討之擧 而諸君子先發之 若非尊賢之至 烏能如是"), 송병순도 주자와 율곡의 도를 밝히려는 행위는 선조인

이러한 연재나 간재문하의 공박으로 인해 정재규의 문인 李道復, 조성가의 문인인 韓愉 등은 노사학파와 결별하고 연재 송병선의 문인이 되기도 하였다.[75] 이에 정재규는 辨誣文을 작성하여 기정진이 이이를 계승하여 「외필」을 저술하였음을 밝혔다.[76] 또한 정재규는 「猥筆辨辨」과 「納凉私議記疑辨」을 지어 기정진의 학설을 적극적으로 옹호하였다. 즉 「외필변변」에서 정재규는 이이나 기정진의 입장이 모두 리의 주재를 주장하는 것이며, 이황과 주희 역시 리에는 조작의 준칙과 작용의 절제가 있기에 리가 동정하고 기를 명령한다는 설을 주장하였다고 하였다. 만약에 유행변인 機自爾를 중시하여 인심 곧 마음이 타는 바의 기틀이 도를 넓히는 것이라고 파악한다면 리기의 상하관계가 혼란해지고, 心의 理 측면인 性의 작용을 무시하게 된다는 것이다.[77] 또한 정재규는 「납량사의기의변」에서 기정진의 학설을 옹호하였다. 즉 인물의 편전은 리의 분으로서, 인물성이 오상을 갖추었다는 점에서는 동일하지만 각각의 소이연과 소당연의 실리(實理)의 차이가 있다고 하여, 간재 전우가 기질의 차이에서 인물을 구분하는 측면을 반박하였다.[78]

정재규는 다른 문인들에게도 변무문을 작성할 것을 부탁하여 지리산권을 중심으로 기정진의 학설을 변호하는 많은 글이 나오게 되었다. 예컨대 하동 북천의 최숙민은 「辨艮齋愚凉議記疑」, 초계의 이직현은 「述猥」, 단성의 권운환은 「納凉私議記疑小箚」, 「猥筆辨小箚」 등을 각각 지었다. 그리고

송시열의 행위와 다름없는 것이라고 칭송하였다(宋秉珣, 『心石齋集』 卷6, 「答權校理鳳熙」, 壬寅六月十二日). 전우도 기정진의 학설은 공맹과 정주에 어긋난 학설이니 그릇된 점을 낱낱이 변박해야 한다고 답변하였다(田愚, 『艮齋私稿』 卷2, 「答權聖岡鳳熙」 壬寅).

75) 같은 글.
76) 鄭載圭, 『老柏軒先生文集』 卷29, 「辨誣文示諸同志」.
77) 김봉곤, 「蘆沙學派의 形成과 活動」, 한국학대학원박사학위논문, 2007, 179~182쪽.
78) 같은 글, 182~184쪽.

호남지역에서도 노백헌 문인인 능주의 황철원이 「納凉私議記疑辨」과 「猥筆辨辨」를, 양회락은 「納凉私議記疑辨」을 각각 지어 전우의 주장을 반박하고 학파 내부의 결속을 다지려고 하였다.[79]

또한 1905년 을사늑약으로 일제에 의해 국권이 침탈되자, 정재규는 지리산권의 문인들을 대동하고 1905년 12월 3일 충청도 정산에 거주하고 있었던 최익현을 찾아가 의병운동을 모색하였다. 그리고 다시 1906년 1월에는 호남의 기우만과 함께 의병운동을 일으키기 위해 谷城의 道東祠에서 회합하였다. 이들 의병운동은 무기가 열세하고 의병이 제대로 모집되지 않아서 실패하고 말았지만,[80] 한말 국가적 위기를 당하여 국권을 수복하기 위한 의병운동을 전개했다는 점에서 큰 의의가 있다.

정재규 이후 지리산권 유학자의 교류는 일제시기에 합천에서 구례로 이주한 정기에 의해 적극 추진되었다. 정기는 본관은 瑞山, 초명은 在赫이며, 자는 景晦, 호는 栗溪이다. 1879년 합천군 율곡면 율전리에서 태어났다. 그는 21세 때인 1899년 정재규의 문인이 되었고, 1914년부터 합천의 泰巖山 아래 무산정사를 짓고 스승인 정재규처럼 학규를 정하여 강학에 힘썼다. 그가 마련한 학규는 1)추향을 바르게 한다(正趨向) 2)방심을 수습한다(收放心) 3)과정을 세운다(立課程) 4)언행을 삼간다(謹言行) 5)명절에 힘쓴다(勵名節) 6)복식을 삼간다(愼服飾) 7)욕심을 적게 한다(寡嗜慾) 8)과실을 살핀다(省過失) 9)이단을 배척한다(闢異端) 10)붕우를 가린다(擇朋友) 등으로서 성인의 학문에 뜻을 두어 마음과 행실을 바르게 하고, 잘못을 살피며 이단을 배척하는데 문인들의 교육목표를 삼았다.[81]

---

[79] 기정진의 「猥筆」에 대한 田愚나 宋秉璿 문인들의 비판, 그리고 이에 대한 기정진이나 정재규 문인들의 재반박한 글에 대해서는 박학래, 「蘆沙奇正鎭의 性理說을 둘러싼 기호학계의 논쟁- 猥筆을 중심으로-」, 『민족문화연구』 48, 고려대학교민족문화연구소, 2008, 412~415쪽 참조.

[80] 崔濟學, 『習齋實記』 卷上, 12月 25日, 26日, 27日條; 鄭琦, 『栗溪集』, 「溪上隨錄」 乙巳.

그는 1921년 이후 3번이나 요서지방을 들어가고자 하였으나 여의치 못하자, 그는 가족을 이끌고 1927년 10월 지리산 아래 구례군 토지면 五美里로 이주하였다. 이 때 金琪錘, 周基仁, 鄭泰圭, 金琫雲 등이 정기에게서 수학하고 있었던 鄭河錘, 金文鈺, 周禹錫, 鄭鉉福과 鄭敏奎, 金奎泰 등의 가족을 거느리고 함께 옮겨왔던 것이다.[82] 이후 이들을 중심으로 지리산권에서는 영·호남간에 많은 학문적 교류가 이루어진 것이다. 정기는 문인들과 함께 五愛齋와 德川亭을 짓고 강학과 학문에 힘썼다. 그는 문장뿐만 아니라 성리설에서도 탁월하였기 때문에, 많은 인물들이 찾아와 수학하였다.『노사선생연원록』에 의하면 정기의 문인들은 고흥(3) 광주(3) 구례(28), 낙안(1), 남원(1), 담양(1), 순천(2) 의령(3), 합천(21)의 문인이 수록되어 있다. 구례와 합천일대에 가장 많은 문인들이 분포하였음을 알 수 있다.

정기의 문인들은 그 중에서도 소위 曉堂 김문옥, 荷堂 정하종, 顧堂 김규태 등 삼당과 綗堂 吳柱錫, 弘庵 金圭祥, 久庵 金在峰, 惟堂 정현복, 吾堂 沈鎭宅, 兼山 安秉柝 등이 저명하였다.[83]

김문옥은 본관은 광산, 자는 聖玉, 호는 曉堂이다. 그는 1901년 합천군 용주면 伊沙里에서 김기수와 현풍 곽씨 사이에서 차남으로 태어났다.[84] 원래 김문옥의 선조들은 줄곧 광주 각화동 일대에서 세거하였는데, 부친이 결혼한 이후 합천으로 이주하였기 때문에 김문옥이 합천에서 태어난 것이다. 이후 김문옥은 14세(1913)에 정기에게 나아가 문인이 되었으며, 19세(1918) 때부터는 곽종석의 문인인 金銖의 권유로 김창협과 한유의 문장을 익혀 명성이 土友들에게 자자하였다. 그는 1927년 10월 구례로 이주

---

81) 鄭琦, 「學規十條示從遊諸君」 丙辰, 『栗溪集』 卷10, 1915.

82) 曉堂先生記念事業會, 「曉堂 金文鈺先生 事蹟」, 1993, 2쪽.

83) 朴金奎, 「曉堂 金文鈺의 生涯와 詩」, 『漢文敎育硏究』 6, 1997, 238쪽.

84) 김문옥에 관한 기사는 曉堂先生記念事業會, 「曉堂 金文鈺先生 事蹟」, 1993을 참조.

한 이후 스승인 정기의 강학활동을 돕는 한편, 당대의 문장가들인 정인보, 안재홍, 변영만, 홍명희 등과 교유하였다. 이에 그의 명성이 전국에 떨쳐 정인보, 李玄圭 등과 더불어 당대의 3대 문호로 손꼽히기도 하였다. 그러나 그는 독립운동을 한 혐의로 1933년 5월에 체포되어 임실과 순창 등지에서 6개월간 옥고를 치룬 이후, 1934년 10월 광산 김씨 동족들이 살고 있는 동복의 남면 節洞에 이거하였다. 그는 동복 외에도 이양면 五柳里, 장흥군의 부산면과 장평면, 보성군 복내면 일대에서 강학활동에 전념하다가 1960년 타계하였다. 『연원록』에 의하면 김문옥의 문인은 58명이다. 강진(3), 고창(1), 고흥(1), 구례(3), 나주(3), 담양(1), 나주(3), 담양(1), 무안(1), 보성(17), 보은(1), 승주(2), 장성(2), 장흥(11), 진주(1), 화순(11)에 분포하고 있으며, 김문옥의 문인들은 보성과 장흥, 화순 등 전남 동부 지역 전역에 분포하였음을 알 수 있다. 대표적인 문인으로는 具喆壽, 曺敦承, 尹丁鎬, 魏啓道, 羅甲柱, 金永裁, 朴泰桓, 閔丙宰, 黃應圭, 孫平琦, 李孝甲, 李栢淳, 梁東廈 등을 들 수 있다.

이어 정기의 문인 중 김문옥과 함께 구례에서 큰 활약을 한 인물이 김규태이다. 김규태는 본관이 서흥으로 김굉필의 후손이며, 자는 景魯이며, 호는 顧堂이다. 그는 현풍의 池洞에서 태어나 1919년 합천의 伊泗로 이사한 후 그 해에 부친의 명으로 정기에게 나아가 문인이 되었다.[85] 이어 그는 1927년에는 스승 정기를 따라 김문옥 등과 함께 구례로 이주하였고, 그곳에서 스승인 정기와 함께 강학활동에 전념하였으며, 1966년에 타계하였다. 그는 특히 서예에 능하여 주변에 많은 작품들을 남겼다. 김규태의 문인으로는 『연원록』에 31명이 기재되어 있는데, 그 중에서도 구례 출신이 24명이며, 나머지는 장흥이 4명, 보성 2명, 승주 1명 정도에 불과하다. 따라서 김규태의 문인들은 주로 구례에 활동하였음을 알 수 있다.

---

[85] 金奎泰, 『顧堂文集』 卷16, 「先考止堂府君家狀」.

일제 강점기에도 지리산권의 노사학파에서는 위정척사운동을 계속 강인하게 실천해 나갔다. 척사론을 견지하면서 서학을 배척하고, 단발에 반대하였으며, 성리학을 변호하고자 하였던 것이다. 또한 고종이나 순종이 죽자 대한제국의 신민으로서 3년 상의 의리를 주장하기도 하였다. 구례에 정착한 정기는 邪說이 유학에 해를 끼치는 것은 마치 피가 곡식에 해를 끼치는 것과 같아서 피가 무성하면 곡식이 자라지 않으므로 곡식을 잘 자라게 하려면 피를 제거하지 않을 수 없는 것처럼 이단을 배척하는 것이 바로 유학을 밝히고 행하는 것이라고 하여 위정척사의 정당성을 주장하였다.86) 이러한 정기의 위정척사설은 이미 1908년 10월에 「答客說示諸同志」87)라는 글을 통해 그 기틀이 마련되었다. 정기는 이 글에서 夷狄의 복장을 입고 이적의 행동을 하여 이적이 되어간다고 탄식하고 正道를 회복할 것을 주장하면서 客의 말을 빌려 당시 유학에 대한 비판적인 견해를 제시한 다음 자신의 견해를 밝히고 있다.88)

정기는 이 글에서 첫째, 공자나 주자의 학문이 기술이나 무기를 가르치지 않아서 쓸모가 없다는 비판에 대해서 사람에게 가장 귀한 것은 仁義로써 이 도리가 무너지면 人理가 무너지고 인리가 망하면 나라의 치란을 논할 것이 없다고 반박하였다. 그는 정도가 邪氣를 이기는 것은 理의 상常이며, 邪氣가 정도를 범하는 것은 氣數의 變이기 때문에 오랑캐의 도가 세상에 성행하는 것은 運氣가 뒤집힌 일시적인 것이지만, 인의의 도가 한

---

86) 김규태, 『顧堂文集』 別集, 卷1, 『經學提要』, 「斥邪說篇」: 邪說之吾道 猶稊稗之於 嘉穀也 稊稗盛則嘉穀不長 欲培嘉穀 不除稊稗 可乎 (中略) 不斥異端 吾道不明 不 斥邪說 吾道不行也(出栗溪集).

87) 정기가 「答客說示諸同志」에서 글 말미에 戊寅之陽月이라고 밝혔기 때문에 1908 년 10월에 작성된 것을 알 수 있다(『栗溪集』 卷10, 「答客說示諸同志」(戊寅, 10 月)). 이 기사는 후일 김규태가 그의 저서인 『經學提要』의 『經學提要』「斥邪說 篇」에서 거의 그대로 인용하였던 것으로 보아, 정기와 그의 문인들의 척사론의 구체적인 지침이 된 것으로 이해된다.

88) 『栗溪集』 卷10, 「答客說示諸同志」.

번 굽혀지면 천지가 무너지고 만물이 길러지지 않으며 인류가 멸절될 것이라는 것이다. 따라서 누구나 요순이 될 수 없으나 요순의 도를 행해야 人紀를 닦을 수 있고, 천지를 세울 수 있으므로 仁義에 바탕을 둔 공자와 주자의 학문을 배워야 한다는 것이다. 또한 정기는 漢法과 漢文을 쓰면 사람이 되고 이것을 쓰지 않으면 금수가 되는데, 어찌 아녀자들도 원한을 품고 있는 원수인 왜놈들에게 금수의 도를 배워 백성들에게 가르쳐야 하냐고 당시 세태를 한탄하였다.

둘째, 모든 나라가 부국강병을 숭상하고 생산력에 치중하는데 우리나라가 그리하지 않다고 하는 비판에 대해서는 명분이 바르지 않으면 말이 순조롭지 못하고 일이 이루어지지 않는다고 반박하였다. 원나라 때 許衡(1209-1281)이나 명말 청초 때의 魏禧(1624-1681), 顧炎武(1613-1682)가 명분이 바르지 못해 끝내 욕을 당한 실례를 들고, 지금도 안으로 공맹을 주장하고 밖으로 新學으로 보완하여 나라를 회복할 계책을 꾀하자고 하였던 자들도 1, 2년 내에 머리를 깎고 오랑캐 옷을 입고 저 충성스러운 종이 된다고 비판하였다. 지금 세상에 나아가면 온갖 신기한 물건들이 心知를 좀먹고 보고 듣는 것이 현란하여 끝내 동화되어 몸을 보존하지 못하게 되어 오랑캐의 옷을 입고 머리를 깎게 되어 예악과 경학을 모두 버리게 된다는 것이다. 이리되면 君父의 원수를 잊고 夷狄을 충성을 다해 섬기게 되어 결국 우리의 산천을 그들의 寶庫로 삼고 우리의 부녀자들을 그들의 약탈 대상으로 삼게 하여 종묘사직을 팔고 군왕과 부모를 시해하게 된다는 것이다. 이러한 정기의 척사론은 기정진의 「병인소」와 정재규의 「척사소」등에서 서양과의 통상과 개화가 우리의 인의도덕을 멸절시키고, 우리 땅을 그들의 寶庫로 만들며 우리나라의 부녀자들을 약탈대상으로 삼으며, 우리들을 그들의 노예로 만들려고 한다는 주장을 그대로 계승한 것이기도 하다.

셋째, 이적들의 학문을 배우고 그들의 행실을 배워야 목숨을 보존할 수 있다는 지적에 대해서 정기는 정도를 지키는 것이 반드시 죽는 것이 아니며, 만약 하늘이 착한 자를 이적에게 죽게 하는 것은 이는 節死이지 헛되이 죽은 것은 아니므로 단발하여 금수가 될 수 없다고 주장하였다.

넷째, 두발이 별로 중요하지 않다는 비판에 대해서는 先聖이나 先王이 '櫛縰笄總, 머리 빗고 비단으로 머리 감싸고, 비녀 꽂고 상투 짜는 것'이나 '身體髮膚를 감히 훼손하지 않는다.'고 한 것은 신체의 일부인 두발을 철저히 보호하기 위함이었다고 주장하였다. 그는 머리를 깎으면 우리가 이적이 되는데, 이는 우리를 낳아주고 길러주고 가르쳐주신 부모와 列聖朝, 聖師를 배반하는 것이 되며 결과적으로 천명을 어기게 되어 사람의 대열에 설 수가 없다고 주장하였다.

다섯째, 산림에 은거하여 옛날의 도리를 강구하는 것이 무슨 소용이 있느냐는 비판에 대해서는 현달하면 천하를 겸하여 善하게 하고, 궁하면 홀로 그 몸을 선하게 하는 것이 고금의 공통된 의리인데, 선비는 국가의 원기이며 천지의 陽脈이 붙이고 있는 바이므로 지금 겨우 남아 있는 한 줄기 양맥을 붙잡아 다른 날의 太平의 根基를 여는 것이 선비 된 자의 막중한 책임이라고 주장하였다. 결코 화복을 두려워하거나 이해를 계교해서는 안 된다는 것이다.

이러한 기정진과 정재규를 계승한 정기의 척사론은 일제강점기 이후로도 자신뿐만 아니라 문인인 김문옥이나 김규태, 안병탁 등이 계속 계승해 갔다. 김문옥은 두발을 깎으려고 하자 '우리나라 5백 년 정신이 이 두발에 있는데, 네가 한국 사람으로서 倭警이 되어 우리나라의 정신을 없애려고 하니 내가 두발을 보존하는 정신이 될지언정 두발 없는 사람이 되지는 않을 것이다.'라고 물리쳤으며, 끝내 두발을 보존하였다. 또한 김규태는 유학의 도통을 확립하고 이단과 서학을 배척하였으며, 관혼상제의 예나 육예를 복구하고자 하였다. 그는 「道統篇」[89]을 지어 요순과 공맹, 정주로 이어지는 유학의 정통성을 확립하고, 「闢異端」과 「斥邪說」을 지어 양주,

묵적, 불교 등의 이단과 서학이나 서양물건을 배척하고자 하였다. 또한 「復衣髮編」을 지어 의발을 복구하고, 「六藝」편을 지어 禮樂射御書數의 기예를 익히고 「二倫篇」을 지어 형제와 붕우뿐만 아니라 종족이나 사제간의 관계를 회복하고자 하였던 것이다. 또한 정기와 교분이 두터웠던 황철원도 일제 강점기에 공자와 주자를 없애자는 주장에 대해 공자는 천지와 같고, 주자는 별과 같은데, 이를 배척하는 것은 천지를 속이고 해와 달을 등지는 행위로 배격하고[90] 공맹과 정주로 이어지는 성리학을 변호하고자 하였다. 안병탁은 1933년 장흥에서 구례 문척 토금리로 이주하여 정기에게서 수학하였으며, 1994년 타계할 때까지 평생 두발을 보존하고 선비 복장을 고집하였다. 문인들에게 마음속에 피리춘추가 있어야 한다고 주장하였으며, 평생 세로쓰기를 하고, 남녀유별을 철저히 지켰다. 학덕 또한 훌륭하여 근세에 유례를 찾아볼 수 없을 정도로 600여 명에 달하는 문인 집단이 배출되었다.

지리산권의 노사학파에서는 구례의 정기와 그의 문인들 외에도 단성의 권재규 등에 의해 영, 호남간의 유학자의 교류가 이루어졌다. 예컨대 능주의 황철원의 고종에 대한 삼년복을 권재규가 찬동하였다. 당시 고종이 승하하자 영남의 深齋 曺兢燮(1873-1933) 등은 망국의 군주는 복을 입는 것이 마땅하지 않다는 이른바 無服論을 주장하였다. 조긍섭은 고종이 승하하자 망국의 임금으로 종묘사직의 죄인인 고종에게 상복이란 있을 수 없다고 하였던 滄江 金澤榮(1850-1927)의 견해에 동조하여 고종황제에 대한 복제가 근거가 없으며, 일제로부터 이태왕의 작위를 받았기 때문에 군

---

89) 김규태의 「道統篇」은 이황이 작성한 屛銘에 경서와 근사록 등에 나타나 있는 글을 통해 그 근거를 제시한 것으로 김규태의 도통관이 잘 드러나 있다. 도통의 연원은 다음과 같다. 堯欽 → 舜恭 → 禹祗 → 湯慄 → 文翼翼 → 武極 → 周乾惕 → 孔憤樂 → 曾省戰兢 → 顔克復 → 戒懼愼獨 → 孟操存集義 → 周主靜 → 程吟弄 → 伊川主一 朱博約(『顧堂文集』別集, 卷1, 『經學提要』「道統篇」).

90) 황철원, 위의 책, 「三從叔重軒先生行錄」(黃采五撰).

왕으로 받들 수 없다고 주장하였다.[91] 이에 대해 황철원은 1)고종에 대해 기년복을 입자는 설은 단지 明·淸의 諸儒들의 의논에 근거한 것으로서, 오히려 鄭玄의 註와 賈公彦의 註의 古禮에서는 上皇과 今皇을 나누지 않고 모두 3년으로 말하였다는 것 2)宋 高宗이 上皇이 되었을 때 3년 복을 입었다는 것 등을 예로 들어 고종에 대한 3년 복의 정당성을 주장하였다. 또한 고종이나 순종을 군왕으로 받들 수 없다는 주장에 대해『通鑑綱目』을 근거로 1)한 漢獻帝가 죽었을 때 '魏의 山陽公이 죽었다'라고 特書한 것은 대개 그 사직을 위해 죽지 않고 公의 지위에 봉해진 것을 달게 받았던 것을 폄하하기 위해서였으나, 장사한 곳에서 '魏가 孝獻皇帝를 禪陵에 장사지냈다'라고 특서한 것은 대개 曹氏들이 제위를 찬탈함을 토벌하고 헌제가 천자와 같음을 드러내기 위한 것으로 여기에서 춘추의 의리를 볼 수 있다는 것 2)한 헌제는 董卓이 세웠으나 강목에서 帝로 썼고, 晉 恭帝도 劉裕가 세웠으나 또한 帝로 썼다는 것을 들어 고종이나 순종을 군왕으로 받들어야 하며, 삼년 복을 입는 것이 마땅하다고 주장하였다.[92]

이처럼 황철원은 3년복을 주장하였던 바, 같은 노사학파였던 단성의 松山 권재규도 평소 친분이 두터웠던 澹山 河祐植 (1875-1943)에게 편지를 보내 고종의 승하는 사직이 망한 날이라고 개탄하고, 삼년복이 마땅하다고 주장하였다.[93] 그리고 상복을 입지 않아야 한다고 주장한 것에 대해서는 奸吏가 붓을 왜곡되게 놀리는 것으로서, 무도한 지경에 이르게 되는 것을 모르는 행위라고 개탄하였다.[94] 더욱이 권재규는 일제 통치를 오랑

---

91) 서동일, 「1919년 儒林의 服制논쟁과 파리長書運動」, 『역사와 실학』 34, 2007.

92) 황철원, 『重軒文集』 附錄 卷10, 「三從叔重軒先生行錄」(黃采五撰).

93) 權載奎, 『而堂先生文集』 卷11, 「答河聖洛」 己未正月. "太皇賓天 遺民無歸之痛 又是屋社之日 際承惠狀 滿紙縷縷 無非此話 不覺執書涕泗也 國服有三年三月之異論 而以愚之見 吾儕是韓國遺民 則當服韓國五百年先王之制 古禮三月 恐非所論也 不知尊意以爲如何"

94) 權載奎, 『而堂先生文集』 卷17, 「答張子平志衡」 己未三月. "某人不服 論雖多援據而恰是奸吏舞文手段 且全不識太皇之苦心 時義之異古 張皇立論 不自知其歸於無道之

캐들의 노예 치하라고 규정하고,[95] 일제의 통치가 오천 년 역사의 우리나라 강토를 약탈하고 예의를 말살하였다고 하였다. 그는 문인들에게 예의는 우리의 정신이고 강토는 우리의 혈육이라고 할 수 있는데, 예의가 없으면 우리 몸이라고 할 수 없고 혈육이 없으면 정신을 담을 수 없으므로, 결코 일제치하에서도 우리의 정신을 잃지 않아야 우리 강토를 회복할 수 있다고 하였던 것이다.[96] 이러한 견해를 갖고 있었던 권재규는 일제에 무력으로 항거하는 대신 우리의 정신과 예의를 고수하여 유학에 근본을 둔 국맥이 끊이지 않게 하려고 하였다. 그는 일제가 패망할 때까지 仁谷書堂과 신안정사에서 강학을 멈추지 않았으며, 문인들에게 주리설에 바탕을 둔 위정척사사상을 敎授하고 유교적 예속을 철저히 실천하였던 것이다. 이처럼 일제강점기에도 노사학파에서는 기정진과 정재규를 뒤이어 척사론을 계속 견지하고 서학이나 단발에 반대하였으며, 군왕에 대한 의리를 강조하는 등 위정척사운동을 강인하게 전개하였다고 할 수 있다.

지리산권에는 이러한 노사학파 외에 한말과 일제시기에 산청과 거창 일대에 활동하였던 俛宇 郭鍾錫(1846-1919) 곽종석의 영향이 컸다. 곽종석은 1896년 의병운동이 실패한 이후 유학 외에도 신학문에 많은 관심을 보이고 있었다. 그러다가 일제가 러일전쟁에 승리하고 1905년 을사늑약을 강제하자, 국권회복을 위해서는 신학문을 수용해야 한다고 주장하였다. 즉 곽종석은 1905년 을사늑약이 체결되자 상경하여 고종에게 상소하였으나 아무런 효과가 없자, 거창의 다전에 돌아와서 함양 백전의 李炳憲이나 하동 옥종의 河謙鎭 등의 문인들에게 유학은 실무에 어두워 시국에 대처

科 可駭而可惜也"

95) 權載奎, 『而堂先生文集』 卷5, 「聞乙酉七月八日之報志喜」 五絶. "三十六年讎虜隷"

96) 權載奎, 『而堂先生文集』 卷24, 雜著, 「泉上問答」. "蓋禮義疆土俱是祖國五千年傳授之舊物 而禮義其所傳之神髓也 疆土其所傳之血肉也 二者孰輕孰重 無血肉 則神髓固無載處 而無神髓而徒有血肉 則這箇血肉 便非吾身矣 吾輩今日立義 須要不失吾神髓 而以復吾血肉也"

하지 못한다고 병폐를 지적하였다. 그리고 유학을 보존하기 위해서는 시세의 변화에 따라야 하며, 公法이나 外交關係, 物理, 兵制 등을 알아야 하며, 농공이나 기예가 있는 사람도 재주에 따라 교육해야 한다고 주장하였다. 그는 1909년 함양의 權道鎔에게도 성인이 태어난다면 오늘날 사용하는 機器를 사용할 것이며, 서양의 법도 성인이 쓰게 되면 성인의 법이 된다고 하여 서양의 기술과 제도를 긍정하였다.[97)]

이러한 곽종석의 동도서기적 인식은 그의 문인들에게 확산되어 구례의 金澤柱 (1855-1926), 함양의 李炳憲 (1870-1940) 등도 구학과 신학을 겸비한 학교를 세우려고 하였다. 김택주의 경우를 예로 들면, 김택주는 1895년 을미사변 이후 1896년 기우만이 의병을 일으키자 동조하였으나 의병운동이 실패하자 구례의 산동에 은거하였다. 이후 그는 곽종석을 만나고서 점차 東道西器論的 인식을 갖게 되었다. 이에 그는 舊本新參의 취지에서 결성된 대동학회 취지에 찬동하여 1908년 대동학회에 가입하고,[98)] 서양의 지리나 역사, 산술, 체조, 자연과학, 공학, 어학 등을 체계적으로 배워야 한다고 주장하였다. 1910년에는 「私立智山學校趣旨書」를 작성하여 나라의 흥망이 학교의 흥폐에 관련이 되어 있으며,[99)] 공자의 六藝의 가르침에는 내수와 외양의 방책이 함께 마련되어 있다고 주장하였다.[100)] 국력 배양과 인격 완성을 위해서는 오늘날의 교육제도를 따르는 것이 시의에 맞는 처신이라고 보았던 것이다.[101)]

---

97) 權道鎔, 『秋帆文苑原集』 卷16, 「程曆下○叢文十四」. "首以新學爲戎 余問今日學校 與四代學校無異乎 日然 然則世人奚爲不欲使子弟入學耶 日以不務實學而先換心腸也 不然奚而不可學耶 又問使聖人生於今日則諸般機器皆用之乎 日然 然則夷狄之法聖人 且用之乎 日何爲其然也 自古機器之興 豈皆出於聖人乎 雖出於夷狄 聖人用之 卽爲 聖人之法 不可更謂夷狄之法也"

98) 김택주는 1908년 2월 간행된 대동학회의 『大東學會月報』 창립호에 이름이 등 재되어 있다(『大東學會月報』 1호(1908.2).

99) 김택주, 「私立智山學校趣旨書」. "國之盛衰 實關於校之興廢也"

100) 같은 글. "夫子六藝之敎 文武必備 可以內修 可以外攘"

V. 맺음말

지금까지 남원과 함양 등 지리산권 북부 지역과 진주와 하동, 구례 지역 등 지리산권 남부 지역을 대상으로 16세기와 19세기 이후 영, 호남 유학자간의 상호 교유와 사상적 특징에 대해서 고찰해보았다.

남원과 함양 지역은 지리산에서 흘러내리는 물이 비옥한 땅을 적셔주고 있기 때문에 사람들이 살기에 적합한 곳이 많다. 이에 15세기 후반부터는 다른 지역 못지않게 사족들이 크게 성장해갔다. 특히 남원의 순흥안씨, 남양방씨, 삭녕최씨, 南原楊氏 등과 함양의 하동정씨, 풍천노씨는 세조 대에 공신을 배출한 가문으로서 이 지역의 유력한 사족들과 혼인관계를 통해 정착하였다. 이들은 점차 성리학적 이념과 예학을 수용하여 사림 가문으로 전환되어 갔으며, 서로 간에 혼인도 잦았다.

그리고 19세기에는 진주에서 하동, 구례로 이어지는 지리산권 남부 지역에 섬진강의 수운이 발달하고 인구가 크게 증가하였으며, 과거에 응시할 수 있는 유학층이 성장하여 기존의 사족층 외에 새로운 사족층이 다수 성장하였다. 이들은 종래의 당색에 구애되지 않고 과거급제자나 뛰어난 학자를 배출하기 위해 노력한 결과 이 지역에 유학의 기풍이 크게 일어났다. 특히 이 지역에서는 당대의 대학자였던 장성의 노사 기정진에게서 수학하였던 인물이 많았다. 이들은 18, 19세기경에 새롭게 형성된 사족들의 분포지를 따라서 하동에서 섬진강을 따라 구례를 거쳐 장성까지 자주 왕래하였던 것이다.

16세기에는 이 지역의 유학은 기묘사림의 전통을 계승하여 소학의 실천과 대학의 경세론을 동시에 추구하는 학풍이 발달하였다. 이러한 학풍

---

101) 같은 글. "地誌當看作古之禹公 體操看作古之舞蹈 銃丸看作古之射御 則雖先聖復起 必不得專捨新制矣 況六洲汽舶往來如隣 以體智德三育相尙 生乎今世者 稍有醒悟 則安得膠瑟守株乎"

은 안처순 등 기묘사림의 영향에서 비롯된 바가 크다고 할 수 있다. 남원 출신의 안처순은 어린 시절부터 서울에 거주하여 조광조나 김준 등 기묘 사림과 친분이 두터웠으며, 문과에 급제한 이후 사림들과 함께 홍문관에서 경연을 담당하였으며, 대학이나 중용에 근거하여 국왕의 심성의 도야와 도덕에 기반한 통치철학을 제시하였다. 구례에 향교를 세우고 근사록을 간행하였으며, 사제편을 저술하여 향촌사회에 유학의 기풍이 크게 일어나게 하였던 것이다.

이러한 안처순의 학풍은 사위인 함양의 노진이 이어 받았다. 노진은 대학의 통치 이념을 중시하였으며, 소인과 군자의 엄격한 분별을 주장함으로서 사림정권 확립에 기여하였다. 성리설에 있어서는 주리설의 입장에서 나흠순의 인심도심체용설을 비판하였다. 사림정권이 들어선 뒤에는 동인과 서인의 극심한 대립 속에서 중도에 입각한 정치 철학을 제시하였으며, 문인들도 다수 배출하였다. 이에 그가 타계하자 남원과 함양 지역에서는 곧바로 노진을 제향하기 위한 서원건립이 추진되어 남원에는 고룡서원, 함양에는 신계서원이 건립되었으며, 그의 문인들이나 후손들이 노진의 뜻을 이어갔다.

특히 남원의 변사정은 노진의 문인으로서 안처순이나 노진의 뒤를 이어 소인과 군자의 분별을 주장하고 통치에서 대학의 이념을 중시하였다. 그는 이항이나 노진의 영향을 받아 성리설에서 도통을 중시하였으며, 이기설에 있어서도 이기일물설을 찬동하였고, 불교를 이단으로 배척하였다. 이에 지리산권 유학은 점차 소학과 대학의 실천적이고 경세론적인 유학에서 점차 사변적이고 이단론적인 성리학의 색채를 강하게 띠게 되었다.

이후 지리산권은 19세기에 이르러 영, 호남 유학자 간의 교유가 심화되었다. 특히 장성의 기정진은 1840년대부터 중앙 정계로부터 산림학자로서 주목을 받았으며, 1850년대에는 영남의 노론학자들로부터도 동방 도학의 정통을 계승한 인물로 추앙되었다. 이에 세도정치기와 대원군 집권기에 영남의 많은 학자들이 기정진에게서 수학하여 학문 수준을 높이면서, 기정진 일족이나 문인들과의 교유를 통하여 사회적 위상을 높이고 중앙에 진출할 수 있는 발판을 마련하고자 하였다.

특히 기정진의 문인들은 단성과 산청, 진주 일대에 많이 분포하였는데, 이들은 대체로 노론 가문출신이며, 산청의 민치완 형제처럼 대원군 정권과 깊은 관계를 맺는 인물도 있었다. 이들은 기정진 생전뿐만 아니라 사후에도 기정진의 주리설과 위정척사 사상을 고수하여 학문적으로 깊이 결속하였다. 기정진 사후 이들은 합천의 노백서사 외에도 단성의 지곡이나 신안정사와 같은 지리산 지역에서 자주 회합하여 학문을 심화시켜 나갔다. 이들은 강회에 기우만이나 정의림과 같은 호남 지역의 인물도 초대하여 함께 강학하기도 하고, 때로는 지리산에서 영, 호남 문인들간에 대규모 회합을 통해 서로간의 학문적 성취를 시험하기도 하였다.

또한 노사학설에 대한 체계적인 이해를 위해 기정진의 저술이 지리산에서 간행되기도 하였다. 1890년에는 합천의 정재규와 산청의 김현옥 등이 노사학설을 체계적으로 분류하여 총 15권의 『답문유편』을 만들었고, 1901년에는 기정진의 문집이 단성의 신안정사에서 목판본으로 중간하기도 하였다. 특히 목판본 간행 시에는 영남지역의 연재 송병선 문인이나 간재 전우 등이 노사학설에 대해 문제를 제기하였으나, 지리산권의 기정진의 문인들은 기정진의 학설이 율곡 이이의 주장을 본지에 맞게 주리설로 발전시킨 것이라고 주장하고, 학파내의 굳은 결속을 이루었다.

또한 노사학파에서는 1896년과 1905년에 의병운동을 일으켰다. 1896년에 일어난 의병운동은 명성황후 시해사건과 단발령, 고종의 아관파천 등에 반발하여 일어난 것으로서 정통유학과 국권을 동시에 지키기 위한 것이었다. 그리고 1905년 전개된 의병운동은 을사늑약으로 일제에 의해 외교권을 뺏기자 정재규 등이 면암 최익현 등 충청도 내지 경기도 지역의 유생들과 공동으로 국권회복을 모색한 것이었다.

일제시대에도 노사학파는 지리산 일대에 위정척사운동을 지속적으로 전개하였다. 정재규의 문인으로서 합천에서 구례에서 이주한 정기와 단성의 권재규가 그 대표적인 인물이라고 할 수 있다. 정기는 정재규 사후 합천 등지에서 강학활동을 전개하다가 1927년 10월에 문인들과 함께 지리산 아래 구례군 토지면 오미리로 이주하였다. 정기는 이곳에 은거하여 강학과 학문에 힘썼으며, 호남의 많은 인물들을 교육시켰다. 정기의 문인 중에서는 김문옥과 김규태, 안병탁 등이 저명하였다. 김문옥은 정기를 따라 합천에서 구례로 이주하였으며, 당대의 문장가과 교유하면서 文名을 크게 떨쳤다. 김규태 역시 정기를 따라 구례로 이주하였으며, 1966년 타계할 때까지 많은 문인을 배출하였다. 그는 특히 서예에 능하여 많은 작품을 남겼다. 안병탁은 1933년 장흥에서 구례 문척 토금리로 이주하여 1994년 타계할 때까지 훌륭한 학덕으로 600여 명에 달하는 많은 문인들을 배출하였으며, 항상 자기정신을 가져야한다고 하여 세로쓰기를 고집하시고 남녀유별을 강조하셨다. 권재규는 고향인 단성을 떠나지 않고 일제 강점기에 척사론을 견지하면서 서학을 배척하고, 단발에 반대하였다. 그는 일제시대에 지리산을 대표하는 지식인으로서 고종과 순종이 타계하자 3년 상의 의리를 주장하였으며, 기정진과 정재규로 이어지는 노사학을 고수하였다.

노사학파 외에도 지리산권에는 한말과 일제시기에는 산청과 거창 일대에 거처한 곽종석의 영향이 컸다. 곽종석은 1905년 을사늑약을 강제하자, 국권회복을 위해서는 신학문을 수용해야 한다고 하였다. 유학을 보존하기 위해서라도 시세의 변화에 따라야 하며, 서양학문을 수용하고 신분에 관계없이 널리 교육해야 한다는 것이다. 이러한 곽종석의 견해는 구례의 김택주나 함양의 이병헌 등 문인들에게도 전해졌다. 김택주 역시 공자의 六藝의 가르침이 오늘날의 교육제도가 큰 차이가 없기 때문에 국력 배양

과 인격 완성을 위해서는 신식교육제도를 따르는 것이 시의에 맞는 처신
이라고 보았다.

　이처럼 16세기 이후 20세기까지 지리산권에서는 영·호남 유학자간에
상호 교류를 통하여 실천적인 유학에서부터 사변적인 유학, 위정척사론
적 유학에서부터 동도서기론적 유학까지 다양한 유학의 학설이 풍미하였
으며, 시대와 현실에 적응하려는 노력을 게을리 하지 않았던 것이다.

제2부

지리산권 유학자의 성리학과 수양론

溪南 崔琡民의 性理思想

理氣論과 心性論을 통해서 본 哲學史的 좌표

김기주

Ⅰ. 들어가는 말

다카하시 도루(高橋亨, 1878-1967)라는 인물이 있었다. 그는 식민지시기에 활동했던 일제의 어용학자이면서, 동시에 최초로 근대적인 방법론을 통해 조선성리학을 연구한 학자이기도 하다. 그는 26세 때인 1903년에 조선으로 건너와 68세에 패전으로 귀환할 때까지 약 40여 년을 이 땅에서 생활하였다. 그 40여 년 동안 그는 우리 민족의 문화 전반에 대해 광범위한 자료정리와 연구를 진행하였고, 그 가운데 조선성리학 역시 그의 주요한 연구대상이었다. 그는 조선성리학에 대한 연구를 마무리하며, 그 특징을 주자학에만 골몰한 '고착성', 주자의 진의에 합치되는가 여부만을 문제삼은 '사대성', 정당과 학맥이 결합하여 정쟁을 일으킨 '분열성' 등이라고 결론지었다.[1] 뿐만 아니라 이러한 사실로부터 조선의 국민성을 고착적, 사대적, 분열적인 것으로 규정하였다.

다카하시 도루 이후, 오랫동안 조선성리학에 대한 일반적인 이해는 그것이 주자학을 정태적으로 단순하게 전승한 것에 불과하다고 오해되어 왔고, 그의 그림자는 오늘날까지 여전히 일정 부분 영향을 끼치고 있다. 그러나 다카하시에 의해 왜곡된 부분을 벗겨내고 보면, 조선성리학의 전개는 결코 그가 주장하듯 고착적이거나 정태적이지 않다.[2] 조선 중후기 이후 주자학에 대한 학자들의 이해가 심화될수록 그 내용과 형식이 풍부하고도 다양하게 변화, 발전되어 왔고, 또한 그 변화와 발전에 일정한 지향점이 있었다는 점은 쉽게 확인된다. 특히 그러한 변화의 흐름은 후기로 내려 갈수록 더욱 구체적이고 확연하게 나타난다.

오늘 우리가 분석의 대상으로 삼은 溪南 崔琡民(1837-1904)은 기정진의 제자이자, 다양하게 전개되어 온 기호학맥의 끝자락을 장식한 인물이다. 특히 그는 그의 스승 기정진과 함께 율곡학파에 귀속되긴 하지만, 그의 성리학적 구도는 율곡학이나, 이이의 시각을 수정 없이 그대로 계승한 계열과 많은 차별성을 보여준다.[3] 우리는 아래에서 먼저 최숙민의 성리학

---

[1] 다카하시 도루 지음, 이형성 편역, 『다카하시 도루의 조선유학사』, 예문서원, 2001, 95~96쪽.

[2] 분열성의 근거로 그가 제시한 당쟁이나 정쟁 역시 왕권과 신권, 신권과 신권의 상호 견제를 통해 정치적 합리성을 담보할 수 있다는 측면에서 부정적인 의미만을 가지는 것이 아니라, 긍정적인 의미를 가진다.

[3] 전체적인 논의의 논리적 연관성에서 보자면, 이이의 율곡학이 어떤 특징을 보여주고 있는지부터 분명하게 제시한 후, 최숙민의 성리학을 논함으로써 양자 사이에 어떤 공통점과 차별점이 있는지를 보여주는 것이 옳을 것이다. 하지만 율곡학의 특징은 그 자체로 충분히 한 편의 논문거리가 될 뿐만 아니라, 이 글의 제4절에서 율곡학 혹은 율곡학파의 특징을 제한적이나마 논하고 있으므로, 일단 이 글에서는 율곡의 성리학이 보여주는 특징을 퇴계학과의 비교에서 드러나는 몇 가지 특징, 즉 퇴계학파에 비해 상대적으로 기의 역할에 더욱 주목하는 '氣發理乘一途'와 과 '心卽氣'를 통해 확인되는 심론을 중심에 두거나 혹은 전제한 상태에서 논의를 진행한다.

이 어떤 측면에서 이러한 학자들의 관점과 차별성을 보여주고 있는지 그의 리기론과 심성론에 대한 분석을 통해 확인할 것이다. 아울러 그러한 차별성에도 불구하고 그가 왜 여전히 율곡학파의 일원으로 분류될 수 있는지, 그리고 그의 성리학이 조선성리학의 전개사에 있어서 어떤 좌표에 위치해 있는지를 확인할 것이다.

그리고 이와 같은 최숙민의 성리학에 관한 연구는 좁게는 최숙민 개인의 성리학 내지는 노사학의 전개사에 대한 이해의 폭을 확장하는 것일 뿐만 아니라, 조선성리학의 특징을 고착성, 사대성, 분열성으로 규정했던 다카하시의 관점이 옳지 않았음을 보여주는 충분한 증거가 된다. 뿐만 아니라 보다 적극적으로는 조선의 성리학이 치열한 문제의식을 토대로 끊임없이 자신을 새롭게 전개시켜 온 것임을 확인시켜 주게 될 것이다.

II. 主理的 理氣論

성리학, 특히 주자학에서 리기론은 우주와 그 우주 속에 존재하고 있는 인간을 포함한 모든 사물·사건의 생성과 변화, 그리고 궁극적으로는 도덕실천의 보편적이고 객관적인 근거나 토대를 설명하는 하나의 틀이다. 이 설명이 두 개의 개념, 곧 리와 기를 통해 이루어지는 까닭에 리기론이라 부른다. 그러므로 리기론은 성리학자들에게 있어서 세계관인 동시에 인간관의 토대가 되고, 도덕의 객관성과 보편성을 담보하는 것이기도 하다. 그리고 이와 같은 리기론적 구도 속에서 이해되는 세계는 '완성의 과정(becoming process)' 혹은 '본연(자기)을 실현하는 과정' 속에 있다. 그 완성을 사물에서 본다면, 바로 正物(各得其正)이고, 사람에서 본다면 성인(成聖)으로, 그 과정은 반드시 현상세계와 인간의 신체라는 氣적인 매개물을 통해서 진행된다.

그리고 그 과정에서 리와 기가 어떤 역할을 수행하는지를 설명하기 위해 다양한 주장과 설명 틀이 등장하게 되는데, 그것이 바로 理同氣異와 氣同理異, 理氣不離不雜과 理의 動靜문제, 그리고 理氣의 先後 문제와 理一分殊 등이다. 이들 가운데 학파의 분화를 초래할 만큼 확연한 차별성을 보여주는 것이 리의 동정문제, 그리고 리기불리와 부잡 가운데 어디에 무게중심을 둘 것인가에 있었다면, 나머지 문제들에 대해 대부분의 성리학자는 상대적인 차별성만을 보여줄 뿐이다.

1. 理氣의 先後

이와 같은 문제에 대해 최숙민이 비교적 직접적으로 자신의 관점을 분명하게 표현하고 있는 부분이 있다면 먼저 리와 기의 선후 문제와 관련된 것이다. 그는 이 문제에 대해 다음과 같이 말한다.

> 성인이 이미 말한 것에서 보면, '태극이 양의를 낳는다', '크구나 건원이여 만물은 이것에 바탕하여 비롯(始)된다', '천도가 유행하여 만물을 발육한다'는 말들은 모두 리가 기를 낳은 것이다. 이 리가 없으면, 이 기도 없을 뿐이다.[4]

여기에서 최숙민은 기에 대한 리의 우선성을 분명하게 주장하고 있다. 성리학에서 리와 기는 존재론적인 측면에서 사물을 구성하는 두 가지 수평적인 요소이지만, 가치론적인 측면에서는 반드시 기에 대한 리의 우선성을 인정하는 종적이고 수직적인 관계가 요청되어질 수밖에 없다. 그것은 성리학의 궁극적인 목표가 존재의 해명이 아니라 가치의 실현에 있었고, 기의 실현에 있는 것이 아니라, 리의 실현에 있었기 때문이다. 그럼에

---

[4] 崔琡民, 『溪南集』 卷19, 「書, 答濟泰姪問目 戊戌」. "以聖人已說底觀之 則太極生兩儀 大哉乾元萬物資始 天道流行發育萬物 都是理生氣也 無此理 則無此氣耳"

도 불구하고 일반적으로 栗谷 李珥(1536-1584)를 중심으로 한 율곡학파는
퇴계학파에 비해 상대적으로 리와 기의 수직적 관계보다는 수평적 관계
에 더 큰 관심을 기울였다는 점에서 그의 주장은 약간의 차별성을 보여
준다.

2. 理氣의 動靜

하지만 이보다 그의 리기론에서 가장 논란이 될 만한 문제는 리의 동
정과 관련된 것이다. 리의 동정과 관련해서 최숙민은 한 편지글에서 다음
과 같이 말하고 있다.

> 活潑潑이란 당시의 방언이다. 그 의미에 있어서는 먼저 ‘活’자는 죽어서 굳
> 어진 것이 아니고, 말라 죽은 것이 아니라는 뜻이다. ‘潑潑’이란 사물에 물이
> 올라 널리 상쾌하고 윤택하다는 뜻이다. 이 리는 본래 죽어서 굳어진 것이
> 아니다.5)

그는 어디에서도 退溪 李滉(1501-1570)처럼 ‘理發’이나 ‘理動’이라는 용어
를 사용하지 않았지만, 여기에서 ‘활발발’이라는 용어에 대한 설명을 통해
리가 결코 죽어서 활동할 수 없는, 혹은 작용하지 않는 리가 아니라, 살아
있으며 활동하고 작용하는 것이라 설명하고 있다. 물론 여기서 최숙민이
말한 리가 ‘죽어서 굳은 것이 아니’라는 표현이 구체적으로 어떤 의미를
가지는지 그의 전체 이론체계와의 비교분석을 통해 보다 정밀하게 정합
성을 검증받을 필요가 충분히 있다고 판단된다. 하지만 ‘리발’이나 ‘리동’
이라는 표현자체가 율곡학파 계열에서 거의 금기시되어 왔고, 율곡학에
서 리는 無造作·無情意·無計度의 특징을 가진다는 점을 상기한다면, 그

---

5) 崔琡民, 『溪南集』 卷19, 「書. 答子濟立」. "活潑潑 此是當時方言 而其意思 則活字
  是不死硬 不枯燥之意 潑潑則以水灑物普徧快洽之意 蓋此理本非死硬之物"

의 이 말이 가진 의미가 그리 가볍지 않음을 알 수 있다.[6]

3. 理氣不離不雜

'理氣不離不雜'의 문제에 있어서도 그는 정통적인 율곡학파의 학자들과
는 다른 색깔을 약하게나마 드러내고 있다. 원론적인 측면에서 본다면 대
부분의 성리학자는 '理氣가 섞여있지 않다(不雜)'는 측면과 '理氣가 떨어질
수 없다(不離)'는 측면을 동시에 긍정하며 어느 한 쪽을 부정하지 않는다.
그것은 이 두 명제가 하나는 본원의 측면에서 다른 하나는 현상의 측면
에서 리와 기의 관계를 설명하는 것이기 때문이다. 주자학에서 리와 기는
본원적으로 독립된 위상을 가지지만, 현실적인 세계 안에서는 통일적 전
체를 구성하고 있는 두 가지 요소인 것이다.

하지만 주지하듯 이황과 이이는 '理氣不離不雜' 명제에 대해 다른 이해
의 태도를 취하였고, 그것은 양자의 사유를 특징짓고 구분하는 주요한 기
준이 되기도 한다. 특히 정통 율곡학파는 이이의 관점을 크게 벗어나지
않으면서, '리기불상리', 곧 현실 세계 안에서 리와 기가 통일적 전체를 구
성한 것에 강조점을 두어왔다. 최숙민의 관점도 아래의 인용문에서 확인
할 수 있는 것처럼 일견하기에는 율곡학파의 관점을 충실하게 반영한 듯
이 보인다.

器도 道이고 道 또한 器이다. 器 밖에 다른 道가 없고, 도 밖에 다른 기가 없
어서, 원래 서로 떨어지지 않으면서도 서로 섞이지 않는 신묘함(妙)이 있다.

---

[6] 성리학이 추구하는 궁극적인 지향에서 보자면, '기에 대한 리의 주재성'은 공
통의 목표였지만, 어떤 방식으로 기에 대한 리의 주재성을 확보하는 가에 있
어서는 계열에 따라 상이한 태도를 보여준다. 어떤 형태로든 '기에 대한 리
의 주재성'이 본연적으로 주어져 있다는 점을 인정한다 하더라도, 그것이 현
실태로 주어져 있는 것인지, 아니면 가능태로 주어져 있는 것이냐에 따라 공
부의 방법이 달리 설정된다면, 율곡학은 분명 퇴계학에 비해 후자의 성격을
강하게 보여준다.

단지 유형과 무형의 구별이 있을 뿐으로, 이 형체에 담겨져 있는 무형의 신묘함을 가리켜 도라고 하고, 이 형체에서 그 지반인 형태의 흔적을 가리켜 기라고 한다.[7]

‘器도 道이고 道 또한 器’라는 그의 말 속에는 형이상학적 원리로서의 리와 형이하학적 질료 혹은 에너지로서의 기가 현실 세계에서는 하나로 통일되어 있다는 의미가 함축되어 있다. 또한 다른 곳에서도 "기를 떠나 독립해 있는 성이란 없다"고 분명하게 주장한다.[8] 이러한 측면에서는 ‘리기불상잡’보다는 ‘리기불상리’에 무게 중심을 두고 강조하는 전형적인 율곡학파의 시각을 확인할 수 있다.

하지만 ‘서로 떨어지지 않으면서도 서로 섞이지 않는 신묘함(妙)이 있다’는 말에서 이미 예측되듯, 최숙민은 ‘리기불상리’의 측면에만 머물지 않고, 또 다른 색깔을 드러낸다. 즉 그는 율곡학파의 전형적인 관점을 일견 보여주는 듯하지만, 다른 한편으로 다음과 같이 차별성을 느끼게 해주는 주장을 펼친다.

그러나 기의 소이연자 그것을 리라 하고, 리기는 본래 일반사람들이 보기에 서로 떨어져 있지 않다. 다만 기를 볼 뿐 리를 보지는 못한다. 그렇기 때문에 성인은 서로 떨어져 있지 않는 가운데 서로 섞여 있지 않은 신묘함(妙)을 늘 제시하여 사람들이 밝게 따라 기를 제어하도록 하였다.[9]

<ol start="7">
<li>崔琡民,『溪南集』卷17,「書, 答李敬恒 錫庸 問目 庚子」. "蓋器亦道道亦器 器外無道道外無器 元不相離而有不相雜之妙 只是有形無形之別 卽此形而指其所載無形之妙謂之道 卽此形而指其地盤有形之迹謂之器"</li>
<li>崔琡民,『溪南集』卷17,「書, 答李敬恒 錫庸 問目 庚子」. "性無離氣獨立之性"</li>
<li>崔琡民,『溪南集』卷21,「雜著, 明德辨示香玉齋諸生」. "但氣之所以然者是之謂理 理氣元不相離衆人之眼 但見其氣不見其理 故聖人於不相離之中 每每提示不相雜之妙 使人明而循之以率氣焉"</li>
</ol>

여기에서도 최숙민은 먼저 리기는 서로 떨어져 있지 않다는 점을 전제한다. 그러나 그 뒤를 이어서는 그것만이 아닌, 간과할 수 없는 또 다른 중요한 측면이 있다고 주장한다. 즉 리와 기는 현상 세계에서 하나의 통일체를 형성하고 있으므로, 일반적인 시각에서 보자면 서로 떨어져 있지 않다. 그리고 사람의 감각기관을 통해 직접적으로 감각되는 것은 리가 아니라 기이기 때문에, 사람들은 기만을 볼 뿐 리를 보지 못하게 된다는 것이다. 그래서 성인은 서로 떨어져 있지 않다는 점을 이야기 하면서도 서로 섞여 있지 않다는 점 또한 지적함으로써, 기를 제어할 수 있는 토대를 마련한다고 그는 말하고 있다.

다시 말해서 보통 사람들은 리기가 분리되어 있지 않다는 점을 보고 그것을 강조하지만, 성인은 여기서 한 걸음 더 나아가 리기가 서로 섞여 있지 않다는 점까지 지적함으로써 진정으로 무엇을 추구해야 하는지를 보여준다는 말이다. 그의 이 말은 단순히 두 가지 측면을 모두 긍정하는 원론적인 측면에서 읽기보다는 기존의 정통 율곡학파의 시각과 차별성을 보여주는 부분으로 이해할 수도 있을 것이다.

4. 理一分殊

이밖에 성리학적 리기론에서 빠질 수 없는 것이 바로 '理一分殊' 문제이다. '리일분수' 문제는 伊川 程頤(1033-1107)와 龜山 楊時(1053-1135)가 橫渠 張載(1020-1077)의 『西銘』에 대해 토론하는 과정에서 제기되었다. 일반적으로 리일분수 명제는 성리학에서 존재론적 측면과 가치론적 측면이라는 두 가지 방향에서 이해되고 해석된다. 존재론적인 측면에서는 하나인 리가 현상 세계를 구성하는 각각의 사물에 내재해 들어가 그 사물의 성, 곧 物性이나 人性이 되는 것을 의미한다. 그리고 가치론적인 측면에서 리일분수는 선진유가에서 강조하던 時中과 權經처럼, 보편적 원리인 리(道)가 구체적 현실 속에서 때와 장소에 따라 다른 모습이나 형태로 표현되거나

실현되는 것을 의미한다.[10)

  그것이 존재론적이든 가치론적이든 리일분수 명제는 일반적으로 다음과 같은 의미를 가진다. 즉 리는 초월적 원리로, 기를 통해 현상세계에 자신을 한정적이면서 구체적으로 드러내는 존재론적 특성을 지니고 있다.[11) 이와 같은 특징을 가진 초월적 원리로서의 리가 기를 통해서 자신을 드러낼 때, 기는 다시 리를 한정하는 하나의 요소가 됨으로써, 존재와 실천의 다양성을 설명하게 되는 것이다. 비록 理一의 리와 分殊의 리가 질적으로 차이가 있는 것은 아니지만, 분수된 리가 사물을 생성하기 위해서는 기와 관계 맺게 되고, 그 관계로 인해 실현하거나 드러나는 부분에서 한편으로 제한을 받으면서 차별성을 드러내거나, 또 다른 한편으로는 자신을 구체화하게 되는 것을 뜻하였다. 그런데 이 리일분수에 대해서도 최숙민은 차별적인 시각을 제시한다.

---

10) 여기서 '가치론'은 단순히 도덕이나 윤리이론, 혹은 행위의 선악과 관련되어 있기 보다는, 가치와 그것의 실현과 관련되어 있으며, '리일분수'는 바로 여기에서 가치와 그것을 실현하는 방식을 설명할 수 있는 하는 하나의 이론 틀로 설정될 수 있다. 선진시기에 이미 제시된 '經權'과 '時中' 등에는 이미 구체적인 시간과 장소에 따라 다른 모습의 실천행위를 통해 동일한 가치를 실현한다는 의미가 담겨져 있다. '리일분수' 역시 구체적인 시간과 장소에 따라 다른 모습의 실천행위를 통해 동일한 혹은 하나의 가치를 실현할 수 있다는 의미로 해석가능하며, 이것이 바로 '리일분수'의 가치론적 해석이다.

11) '理氣不離不雜'은 모순된다기 보다는 리와 기 혹은 리와 기의 상호관계를 어떤 측면에서 바라보는가에 따라 제시될 수 있는 두 가지 대답이다. 리와 기가 결합하여 우주 안에 존재하고 있는 사물들이 생성된다고 주장하는 성리학의 기본적인 시각에서 보자면, 현상과 그 현상 너머의 본연이라는 두 가지 측면에서 리와 기의 관계는 설명할 수 있다. 즉 '리기불리'는 바로 리와 기가 결합하여 생성한 사물, 곧 현상의 측면에서, 그리고 '리기부잡'은 리와 기가 결합하여 사물을 생성하기 이전 리와 기 본연의 측면에서 그 관계를 설명한 명제이다. 그리고 여기서 '리는 초월적 원리'라는 말이 不離不雜으로 리기의 관계를 설명한 것과 논리적으로 맞지 않는다고 생각하는 것은 적절하지 않다고 판단된다. '리가 초월적인 원리'라는 의미는 理氣不雜의 명제에 이미 함축되어 있는 것일 뿐만 아니라, 그렇듯 초월적이기에 보편적이고 절대적일 수 있기 때문이다.

리는 본래 하나이지만, 기가 유행함으로 인해 구체적인 차이가 있게 되었다고 말하는데 이러한 설명은 어떻습니까? 분수된 리 역시 하나 가운데 본래 있던 리이지, 기로 인해서 있게 되거나 특히 기로 인해 드러나는 것이 아니다.12)

최숙민의 말은 分殊의 구체성과 차별성이 기로 인해서 생겨나거나 기로 인해서 드러나는 것이 아니라, 이미 理一 가운데 내재해 있다는 뜻이다. 이와 같은 주장은 기정진이 지은 『납량사의』에 대해 전우가 『양의기의』를 지어 비판하자 이것에 대해 다시 비판한 「辨田艮齋愚凉議記疑」에서도 등장한다.13) 기의 운동과 변화뿐만 아니라, 기를 통해 드러나고 확인되는 차별성마저 모두 리에게서 찾고 있는 그의 시각은 분명 기의 역할을 극단적으로 축소하고, 그만큼 리의 역할을 강화해 가는 모습이며, 이 측면에서 그의 리기론은 강한 '주리'적인 특징을 가진다고 말할 수 있을 것이다.

이상의 논의에서 드러나듯, 최숙민의 리기론은 리기의 선후관계, 리의 동정과 리기불리부잡 그리고 리일분수 문제에 있어서 정도의 차이는 있지만, 전체적으로 정통 율곡학파의 관점이나 문제의식으로부터 일정부분 벗어나 차별적인 시각을 보여준다. 그 차별성은 다름 아닌 '리 중심' 혹은 '리 중시'의 주리적 특징에서 확인된다. 단순히 율곡의 관점을 계승한 것이 아니라, 일정한 방향에서 새로운 사유의 틀을 지향하고 있음이 확인되고 있는 것이다. 이와 같은 정통 율곡학파와의 차별성은 심성론에서 보다 확연하게 나타난다.

---

12) 崔琡民, 『溪南集』 卷19, 「書, 答濟泰姪問目 戊戌」. "或曰理本一 而因氣流行乃有分殊 此說何如 分是一中本有之理 非因氣始有特因氣而見也"

13) 崔琡民, 『溪南集』 卷21, 「雜著, 辨田艮齋愚凉議記疑」. "世儒將分殊屬氣看 艮齋知其爲一中本有之理儘卓然矣 但旣知分是一中本有之理 則於凉議之說宜其釋然 而今曰驟看則無可疑 有若熟看則有可疑者 然何也"

Ⅲ. 心卽理의 心性論

　　성리학에서 리기론이 인간을 포함한 우주의 생성과 변화를 설명하는 하나의 틀이라면, 심성론은 인간의 의식과 행위, 특히 도덕 행위와 실천을 설명하고, 도덕의 주관적 근거나 토대를 담보하기 위한 틀이다. 이 두 가지 이론 틀은 성리학의 근본명제인 '성즉리'를 통해 사실상 연결되어 있으며, 상호정합적인 고리를 형성하고 있다.

　　일반적으로 심성론에서 다루어지는 주요한 문제는 본연지성과 기질지성, 인심과 도심, 인성과 물성의 동이, 미발과 이발, 심통성정 등이 있다. 그러나 이 같은 여러 문제들은 심의 역할을 중심으로 하여 심을 어떻게 규정했는가에 따라 각 문제의 해법이나 명제들의 의미도 달라진다. 다시 말해서 심을 어떻게 규정하는가에 따라 본연지성과 기질지성의 구도, 인심과 도심의 구도, 인성과 물성, 이발과 미발, 심통성정의 의미가 달라지는 것이다.

　　심에 대한 규정이 그토록 중요한 까닭은 '심'이란 성리학에서 리를 실현하는 주체이기 때문이다. 리의 실현여부는 실천적인 측면뿐만 아니라, 논리적인 측면에서도 심에 대한 규정과 깊이 관련되어 있다. 따라서 심을 어떻게 규정하느냐에 따라 리기뿐만 아니라 성정과의 관계, 그리고 공부나 수양의 방향과 내용이 달라지는 것이다. 그렇다면 여기에서 먼저 우리가 확인해야 할 것은 최숙민이 과연 심을 어떻게 혹은 무엇으로 규정하고 있는가 하는 점이다. 그리고 이어서 그러한 심의 규정을 토대로 그의 전체 심성론의 틀이 어떻게 구성되어 있는지를 찾아가 보자.

1. 心卽理

　　일반적으로 특정 성리학자의 심에 대한 규정은 심을 리와 기 가운데 어디에 분속시키고 있는지, 그리고 심과 성정의 관계를 어떻게 설정하고 있는지 살펴봄으로써 확인된다. 그런데 「운담문답」에서 최숙민이 제시하고 있는 것처럼, 리기의 관계 속에서 심을 규정할 때, 심은 단지 3가지로 규정될 수 있을 뿐이다.14) 그는 이 세 가지 설에 대해 다음과 같이 설명하고 있다.

> 영남의 心說에는 3家의 설이 있는데, 심즉리, 심즉기, 리기합이 그것이다. 이들 주장은 知者의 입에서 나온 것으로, 옛 현인들 역시 언급한 것이 있다.15)

당시 영남 지역에서 전개된 세 가지 심설 가운데 '심즉리'는 寒洲 李震相(1818-1886)의 입장이고, '심즉기'는 이이의 관점을 계승한 淵齋 宋秉璿(1836-1905)의 영남지역 문인들, 그리고 '리기합'은 이황의 시각을 계승한 학자들의 관점이다. 리기와의 관계 속에서 심을 규정할 때 성리학이 제시할 수 있는 경우의 수는 사실상 이렇게 세 가지 心論으로 한정된다.

이 가운데 '심즉리' 명제는 기본적으로 '심과 리의 질적 동일성'을 뜻한다.16) 그리고 '심즉리' 명제 아래에서 심은 성과 일치할 뿐만 아니라, 리

---

14) 「운담문답」은 金平黙(重庵, 1819-1888)과의 문답이라 추측된다. 그가 강학하던 곳이 바로 포천 영평의 운담정사이기 때문이다. 그런데 문답의 내용만 기록되어 있을 뿐, 구체적인 화자가 기록되어 있지는 않다. 다만 문맥과 문집 편집의 일반적인 형식에서 첫 째 칸을 뛰어 쓰지 않은 단락이 최숙민의 말이라고 판단된다.

15) 崔琡民, 『溪南集』 卷20, 「雜著, 雲潭問答」. "嶺中心說有三家 心卽理也 心卽氣也 理氣合也 此言出於知者之口 則昔賢亦有云處"

16) 최재목은 「양명 심학에서 '卽'의 의미 : 〈심즉리설〉검토를 위한 예비적 고찰」, 『제16회 한국철학자대회보』, 한국철학회, 2003, 392쪽에서 '心卽理'를 그 읽는 방식에 따라 최소한 3가지 의미로 해석할 수 있다고 주장한다. '心卽理'로 읽을 경우 그것은 리가 다른 곳이 아니라 심에 있음을 의미하게 되고, '心 卽 理'로 읽을 경우 심과 리가 동등함을 뜻하며, '心 卽理'로 읽을 경우 심의 발동이 리에 수반 혹은 종속되어 있음을 뜻하게 된다는 것이다. 황갑연은 「仁과 心性 그리고 良知의 殊別義와 共通義」, 『제16회 한국철학자대회보』, 한국철학회, 2003, 419쪽에서 '心卽理'를 '도덕규범에 대한 의지의 입법성'으로 파악하고 있다.

와 일치하므로, 심에 의한 리의 실현은 논리적인 필연성을 확보하게 된다. 리를 실현하는 실천의 주체와 실현되어야 할 리 사이에 어떤 간극도 없다. 공자가 말한 '종심소욕'이 가리키는 것, 즉 심과 심의 욕구가 분리되지 않는 것처럼, 심과 성 또한 분리되지 않음으로써 논리적으로나마 실천적인 필연성을 확보하게 되는 것이다. 이와 같은 구도 속에서 성리학적 무게중심은 리기론을 통해 해명되는 우주의 생성과 변화, 혹은 도덕의 객관성과 보편성에 치중하기 보다는, 필연적으로 도덕적 행위의 주관적이고 내재적인 근거와 방법에 우선적으로 관심이 집중 될 수밖에 없다.

반면 '심즉기' 명제는 리기론에서 리와 기를 각각 형이상과 형이하로 분리한 사유구조에 따라 작용과 형적이 있는 심을 기에 귀속시킨 관점이다. 이것은 리기론적 틀에 심성론을 대입함으로써 한편으로 리기론과 심성론의 정합성은 충분히 유지할 수 있었지만, 심과 성, 심과 리를 이질적인 것으로 분리시킴으로써, 심은 여러 공부 방법을 통해 그렇게 분리된 성리와의 관계를 회복하여 궁극적으로는 양자의 동질성을 회복하는 것, 그것이 핵심적인 역할이 되었다.

마지막으로 심을 '리기합'으로 보는 관점은 '심즉리' 명제와 마찬가지로, '심즉기' 명제에 대한 반성과 비판으로부터 등장한 것이다. '심즉리'와 '리기합' 명제의 차별성은 '리기론적 구도'의 해체 정도, 혹은 리기론을 통해 설명하는 우주의 생성과 변화에 대한 관심의 정도에서 확인된다. 주자학적 구도를 해체하고 새로운 이론 체계를 세운 왕수인은 말할 것도 없고, 주자학적 구도 속에서 '심즉리'를 주장한 이진상이나 이항로 또한 그 관심의 무게 중심은 리기론이 아니라 심성론에 있었음은 설명이 필요 없는 것이다. 따라서 심을 '리기합'으로 규정하는 시각은 '심즉기' 명제를 통해 충분히 확보하기 어려운 도덕실천의 필연적인 가능근거를 문제 삼은 것으로 이해된다.

최숙민이 제시한 이 세 가지 관점 가운데 김평묵은 "진정한 앎에서 말한다면, 심즉리라고 할 수도 있고, 심즉기라고 할 수도 있으며, 심이 리기의 합이라 할 수도 있다"[17]고 주장하며, 어떤 측면 혹은 어떤 典據에서 바라보는가에 따라 다른 주장이 가능하다고 말한다. 이와 같은 설명에 대해 최숙민은 다음과 같이 말하고 있다.

> 비록 이 세 가지 관점이 하나를 추구하는 논이지만, 결국 어느 관점이 옳아서 따라야 하는가? 옛 성현들이 수많은 가르침을 제시하였지만, 모두가 리를 밝히려는 것이고, 리를 위주로 하여 심을 일신의 주재로 삼았으므로, 심즉리가 아마도 심의 본래 의미에 가장 가까운 것 같은데 어떠한가?[18]

심을 비록 학자에 따라 '심즉기', '리기합', '심즉리'라고 주장하지만, 그리고 그러한 주장에 나름의 근거가 있을 뿐만 아니라, 그 주장들의 궁극적인 목표가 다르지 않지만, 그럼에도 불구하고 '심즉리'가 심의 본래 의미에 가장 가깝다고 최숙민은 조심스럽게 주장하고 있는 것이다.

그렇다면 그는 왜 이 세 가지 심설 가운데 '심즉리'의 관점이 심의 본래 의미에 가깝다고 주장하는가? 이 물음에 대한 대답은 다음과 같은 그의 말에서 확인된다.

> 근래에 심과 성을 두 개의 것으로 확연하게 나누고, 심을 기에 소속시킴으로서 형이하의 사물로 만들어 버린 사람들도 있다. 만약 그렇게 되면 存心이라는 것은 결국 存氣가 되고, 正心이라는 것은 正氣가 되며, 그 마음을 온전히 실현하는 것(盡心)은 그 기를 온전히 실현하는 것(盡氣)이 되어 버리고, 從心所欲不踰矩는 從氣所欲不踰矩가 되어 버리며, 일신을 주재하는 것은 기일

---

17) 崔琡民, 『溪南集』 卷20, 「雜著, 雲潭問答」. "眞知而言 則謂心卽理可也 謂心卽氣可也 謂理氣合可也"

18) 崔琡民, 『溪南集』 卷20, 「雜著, 雲潭問答」. "雖然就此三者 而求致一之論 則畢竟何說爲長竊以爲從 古聖賢許多立敎 皆要明理 以理爲主而心旣爲一身之主 則卽理之論 恐最近如何"

뿐이니, 이럴 수 있는가?[19]

　만약 '심즉기'를 주장한다면,『맹자』의 '존심',『대학』의 '정심',『맹자』의 '진심',『논어』의 '종심소욕불유구' 등은 성립되지 않으며, 일신을 주재하는 것 역시 리가 아니라 기가 되어 버리는 결과를 초래한다는 말이다. 주장과 그 주장의 근거인 논거의 관계가 비록 적절한 것은 아니지만, 그의 문제의식은 분명하게 확인된다. 특히 성리학의 지향이 리의 실현에 있고, 그것은 곧 기에 대한 통제나 조절을 함축하고 있다면, 의식이나 행위의 주체가 기로 규정될 경우 리에 의한 기의 통제가 아니라, 기에 의해서 기를 통제하는 모습이 되어 버리니 이것이 어떻게 가능한가 최숙민은 되묻고 있는 것이다.

　결국 최숙민의 문제의식은 기에 대한 리의 통제력 혹은 주재성을 논리적으로 혹은 실천적으로 확보하는데 있었고, 이 문제를 해결하기 위해서는 심이 기일 수 없으며, 반드시 리가 되어야 한다고 생각했던 것이다. 이와 같은 문제의식에서 보자면 그의 관점은 정통 율곡학파의 '심즉기' 명제가 안고 있었던 문제와 맞닿아 있고, '심즉리'는 곧 이 문제를 해결하기 위해 제시한 그의 답이었던 셈이다.

　여기에 더하여 심을 '리기합'으로 보는 관점에 대해서도 그는 다음과 같이 비판한다.

　　심은 곧 리기가 합한 것이라 말하는 사람은 마치 하나의 리와 하나의 기를
　　동쪽과 서쪽에서 모으고 합한 것과 같아서, 그 또한 子莫의 執보다 나을 것
　　도 없으니, 천박한 사람들의 미혹됨이 더욱 심하다.[20]

---

19)　崔琡民,『溪南集』卷21,「雜著, 心說」. "近世或有分心性判然別作兩箇物事　直以心專屬之氣爲形而下之物　若然則所謂存心是存氣　所謂正心是正氣　盡其心爲盡其氣　從心所欲不踰矩爲從氣所欲不踰矩　而一身主宰氣而已　可乎哉"

20)　崔琡民,『溪南集』卷20,「雜著, 雲潭問答」. "合理氣爲說者　如有一箇理一箇氣東西

'심즉기' 혹은 '심즉리'라 말하는 것이 아니라, 리와 기 두 가지 측면을 모두 가지고 있다고 주장하는 것이 마치 '중中'의 덕으로 여겨져 사람들을 미혹시키고 있지만, 그것도 자막의 집執과 다르지 않다는 말이다. 여기서 자막의 집과 다르지 않다는 것은 결국 '심즉기'보다 나을 것이 없다는 의미로 이해된다.

2. 心統性情

이와 같이 『계남집』의 서간문이나 잡저에서 확인되는 최숙민의 심에 대한 규정은 '심즉리'로 요약할 수 있다. 그리고 성리학의 대전제인 '성즉리'와 '심즉리'를 결합하면 '심즉성', 곧 심과 성의 동질성이 긍정된다. 이와 같은 구도에서는 심통성정의 일반적인 의미 역시 변화를 겪게 되는데 그것은 다음과 같은 최숙민의 글에서 확인된다.

> 심통성정이니, 심과 성은 본래 둘로 나누어졌다고 보면 안 된다. 그러나 그 이름을 상대해서 말한다면, 천명을 성이라 하고, 몸에서 주재하는 것을 심이라 한다.[21]

心統性情에서 '統'은 주자학적 이론 구조 속에서 統率 혹은 主宰의 의미 외에, '연결' 혹은 '관계 맺음'(兼)의 의미 역시 가진다.[22] 그리고 후자는 전자보다 선행되며, 후자가 선행된 결과로 전자가 성취된다. 그러나 최숙

湊合樣 亦不免子莫之執 賤子之惑滋甚"

[21] 崔琡民, 『溪南集』 卷10, 「書, 與鄭厚允」. "蓋心統性情 心與性本不可作二物看 但以其名位而對言之 則天命之謂性 主於身之謂心"

[22] 『朱子語類』 卷98에는 "心統性情 統猶兼也"라고 주자는 말한다. 兼으로 統을 해석하고 있는데, 그 의미는 性情과의 '연속적인 관계 맺음'이다. 그러면서도 주희는 '統'을 다시 '主宰'의 뜻으로도 해석하는데, 같은 卷에 다음과 기록이 있다. "問 : 心統性情 曰 性者 理也 性是體 情是用 性情皆出於心 故心能統之 統 如統兵之統 言有以主之也"

민이 논하고 있는 심통성정은 주희의 의미와는 다르다. 그것이 다를 수밖에 없는 것은 양자의 심에 대한 규정 자체가 다르기 때문이다. 앞에서 살펴봤듯이, 최숙민은 심을 리라고 이해한 반면, 주희의 경우 단 한 번도 단언적으로 '심즉리' 혹은 '심즉기'라 주장하지 않았음에도 불구하고 그가 논하고 있는 심은 결국 기의 영역에 속하는 것이기 때문이다.[23] 물론 주희에게서도 '심즉리' 명제의 사용이나 주장 역시 가능하지만, 그것은 그의 철학이 추구하고 있는 궁극목표인 동시에 공부의 결과일 뿐, 그것이 심 본연의 모습은 아니다.

심과 성을 형이상과 형이하로 구분 독립시키는 주자학에서 심성의 관계를 이어주고 연결시켜야 하는 숙제가 생긴다면, 심성을 동질적인 것으로 설정하는 최숙민에게 있어서 그러한 우회도로는 필요가 없었던 것이다. 따라서 최숙민에게 있어서 '심통성정'의 '통'은 '兼'이나 '주재'의 의미가 아니라, '統一' 혹은 '貫通'의 의미가 강하다.[24] 그렇기 때문에 그는 '심통성정이니, 심과 성은 본래 둘로 나누어졌다고 보면 안 된다'고 말하는 것이다. 즉 그에게 있어서 심과 성정의 관계는 서로 연결되고 관계 맺어진 후 주재되어야 하는 것이 아니라, 이미 통일되어 있고 관통되어 있는 것이다.

3. 人心과 道心

이러한 심에 대한 규정으로부터 그의 인심과 도심에 대한 관점 역시

---

[23] 주희의 심론에 대해서는 김기주의 「주희의 심론: 퇴계심학을 위한 예비적 고찰」(『철학논총』 제40집, 새한철학회, 2005)과 「주희와 왕수인의 비교를 통해서 본 퇴계심학의 가능성」(『철학연구』 제94집, 대한철학회, 2005)을 참고할 것.

[24] 주희 이래로 대부분의 주자학자는 '心統性情' 명제를 긍정하며 논하였지만, '심'을 어떻게 규정하느냐에 따라 그 '심통성정'의 의미는 달라질 수밖에 없다. '心卽氣'를 주장하는 이이에게 있어서의 '심통성정'과 '心是理氣之合'을 주장하는 이황에게 있어서의 '심통성정', 그리고 '心卽理'를 주장하는 이진상이나 최숙민에게 있어서의 '심통성정'이 동일한 의미일 수는 없다.

분석되어 나오지만, 그의 육성을 통해 이해한다면 다음의 글이 주목할 만
하다. 鄭蓍卿의 질문에 대한 짧은 대답이지만, 인심과 도심에 대한 그의
관점은 충분히 확인된다.

> 인심은 형기에서 생겨나고, 도심은 성명에 근원을 둔다. 또 말하기를 인심
> 이 곧 도심이다. 「향당」편의 내용처럼, 음식과 의복의 절목이 허다한데, 인
> 심으로 보이지만, 그 하나하나가 중절하면 바로 도심이다.25)

'인심은 형기에서 생겨나고, 도심은 성명에 근원을 둔다'는 주장은 심을
리기지합으로 규정하는 이황과 그 후계자들의 관점이다. 리적인 요소와
기적인 요소의 결합으로 심을 설명하는 이황은 심의 리적인 요소로부터
등장하는 것과 기적인 요소로부터 등장하는 의식활동을 구분하려 하였
고, 그것을 통해 인심과 도심의 뿌리를 나누어 논했던 것이다. 반면 '인심
이 곧 도심이다'라는 주장은 '심즉기'를 주장하는 이이와 그 후계자들의
시각이다. 심을 기적인 요소 하나로 설정하는 그들에게 심이란 곧 인심이
지만, 후천적인 수양과 공부 등을 통해 그 인심을 도심으로 전환할 수 있
고, 만약 수양과 공부가 지속되지 않을 때, 도심도 인심으로 전환될 수 있
다고 주장하는 것이다.

정시경의 질문은 이 두 사람의 관점을 제시하며 인심과 도심, 그리고
양자의 관계를 어떻게 이해해야 하는지 물었던 것으로 예상된다. 이 물음
에 대해 최숙민은 이이의 시각과 유사하지만, 또 다른 구조를 통해 설명
한다. 즉 심을 리적인 요소 하나로 설명하는 그에게 심이란 결코 인심이
될 수 없으며, 사람의 심은 '인심처럼 보이지만' 본원적으로 모두 도심으
로, 다만 어떤 이유에서 중절하지 못할 경우 그것이 바로 인심이 될 뿐이

---

25) 崔琡民, 『溪南集』 卷17, 「答鄭蓍卿問目 中庸」. "人心生於形氣 道心原於性命 又曰
人心卽是道心 如鄕黨篇 許多飮食衣服之節 見是人心而一一中節便是道心也"

라고 설명하고 있는 것이다. 이이처럼 인심과 도심의 상호 전환을 주장하고는 있지만, 그 토대와 내용은 이렇듯 차별적이다.

4. 人性과 物性

끝으로 '심즉리'라는 심의 규정을 토대로 그가 인성과 물성에 대해 어떤 태도를 취하였는지를 살펴보자. '심즉리'에서 드러나듯, 최숙민의 성리학은 강하게 '리'를 강조하고 있고, 이렇게 리를 강조하는 이론체계에서 인성과 물성에 대해서는 동론의 입장을 취하게 되는 것은 논리적으로 필연이다. 인물성동론의 입장은 만물이 리라는 하나의 존재론적 근원을 가진다는 관점이다. 또한 그것은 하나의 존재론적 근원인 '리'로부터 현상의 다양성을 설명하는 방식이기도 한데, 이와 같은 이론 체계에서 강조되는 것은 다름 아닌 리이다.

반면 인물성이론은 현상의 다양성인 기를 토대로 하여 성리를 이해하는 방식이다. 사람과 사물은 리라는 하나의 존재론적 근원을 가지긴 하지만, 그것은 항상 '기'를 매개로, '氣'적 제한 속에 존재하며, 그 '기'적인 제한 속에서 성리 역시 제한적으로 드러나고 표현됨으로써 결국 개별 존재자의 성은 다르게 나타날 수밖에 없다고 주장한다. 이렇듯 동론은 리에, 이론은 기, 그리고 동론은 모든 존재자를 묶어주는 하나의 존재론적 근원에, 이론은 각각의 존재자가 드러내 보여주는 현상의 다양성에 주목하는 확연한 차이를 보여준다. 그리고 리를 주목하고 강조하는 최숙민의 성리학은 분명 리로부터 현상의 다양성을 설명하는 구조이므로 인물성동론의 입장은 필연적이라 말하는 것이다. 그리고 이러한 관점은 다음과 같은 그의 주장 속에 분명하게 드러난다.

천명은 만물의 동일한 근원을 가리키는 것이 아닌가? 몸에서 주재하는 것이
만물의 다른 형체를 가리키는 것이 아닌가? 주자는 만물의 동일한 근원에서

논한다면 리는 같으나 기가 다르다고 하였으니, 리가 같음을 알 수 있고, 그
러므로 인성과 물성은 같다. 또한 만물의 다른 형체를 논한다면, 기는 서로
비슷하지만, 리는 결코 같지 않으니, 리가 다름을 알 수 있다. 그러므로 인
심과 물심은 같지 않다. 그러나 같은 것도 리이고, 다른 것 또한 리이다.26)

‘만물의 동일한 근원’은 곧 존재론적 근원을 의미하며, 그것은 곧 리(성)
이기도 하다. 그리고 이 측면에서 보면, 인성과 물성이 결코 다르지 않다
는 입장을 그는 분명히 제시하고 있다. 그러면서 그는 인성과 물성이 아
닌, 인심과 물심의 차별성을 통해 사람과 사물을 구분한다. 사람과 사물
의 차이는 성에 있는 것이 아니라, 심에 있다는 주장이다. 이러한 주장의
배경은 그에게 있어서 심은 일신을 주재하는 것이고, 리를 실현하는 주체
라는 점에서 찾아진다. 즉 리를 실현할 수 있는 사람의 심과 리를 충분히
실현하지 못하는 사물의 심을 구분하는데, 이것은 사람과 사물은 성에서
구별되는 것이 아니라, 심에서 구별된다는 관점이다.

이상의 논의를 요약 정리해 보면 최숙민의 심성론은 ‘심즉리’설을 토대
로, 심통성정, 인심과 도심, 인성과 물성 등의 문제에 대해 기존 율곡학파
의 정통적인 관점과는 상당히 구별되는 시각을 드러낸다. 심통성정, 인심
과 도심, 인성과 물성 등에서 그러한 차별성을 보여주게 된 것은 그가 규
정하고 있는 심이 이이를 중심으로 한 정통 율곡학파의 심에 대한 규정
과 완전히 달랐기 때문이다. 그렇다면 왜 그는 이이가 닦아놓은 길이 아
닌, 새로운 길을 가야했을까?

---

26) 崔琡民, 『溪南集』 卷10, 「書, 與鄭厚允」. “天命非是指萬物之一原乎 主於身非是指
萬物之異體乎 朱子曰論萬物之一原 則理同而氣異 是知理同 故人物性同 又曰論萬
物之異體 則氣猶相近理絶不同 是知理絶不同 故人物心不同, 然而同亦理也 不同亦
理也”

Ⅳ. 계남 성리학의 철학사적 좌표

앞에서 우리는 최숙민의 리기론과 심성론의 주요 내용을 살펴봄으로써, 그가 기존의 율곡학파가 보여준 시각으로부터 상당한 거리를 두고 있다는 사실을 확인하였다. 리기론에서는 주리적인 특징을 유감없이 드러내 보여주었고, 심성론에서는 율곡학파에서 금기시하던 심즉리설을 통해 심통성정, 인심과 도심, 인성과 물성 등의 문제를 새로운 시각에서 접근하여 설명하였다. 그런데 이렇게 그가 보여주고 있는 율곡학파와의 차별성을 어떻게 이해할 수 있을까?

특히 최숙민은 영남의 강우지역 성리학자인 동시에 율곡학파의 문제의식을 계승한 기정진의 문인으로 알려져 있다. 그런데 앞에서 살펴본 것처럼, 최숙민의 성리학에서는 율곡학파로 분류할 만한 시각을 확인하기 어렵다. 율곡학과의 공통분모를 찾기 어려운 것이다. 여기에 더하여 기정진과 그 제자들의 주요활동은 호남과 경상우도지역으로, 일단은 정통적인 율곡학파의 활동지역이 아니다. 그리고 기정진의 경우 선대 율곡학파의 인물들과 사실상 직접적인 사승관계를 가지지도 않았을 뿐만 아니라, 일반적으로 알려져 있는 기정진의 사상체계 역시 정통 율곡학파의 관점과는 상당한 차별성을 보여주었다.[27]

그럼에도 불구하고 기정진을 비롯해 최숙민까지도 흔히 율곡학파로 분

---

[27] 박학래 「노사 기정진의 성리설을 둘러싼 기호학계의 논쟁-「외필」을 중심으로」(『민족문화연구 제48호, 고려대학교 민족문화연구원, 2008)의 내용에 따르면, 기정진이 생전에 『납량사의』, 『외필』 등 그의 주요 저술을 외부에 공개하지 않았다는 것에서, 그 스스로 이 저술들의 내용이 기호학계의 일반적인 시각이나 율곡학과 차별성을 가지고 있다는 점을 자각하고 있었던 것으로 추측할 수 있다. 그러나 그 차별성은 심에 대한 규정의 차이라기 보다는 기의 작용과 관련되어 있다. 박학래 「기정진 성리설에 있어서의 선악문제」(민족문화연구 제36호, 고려대학교 민족문화연구원, 2002), 258쪽에 근거해 보자면, "기에 대한 리의 적극적인 주재를 강조하기 위해 이이가 제시한 '機自爾, 非有使之'라는 기의 자발적인 운동 변화를 부정"한 것으로 이해된다.

류되는 것은 무슨 까닭인가? 단순히 지역성이나 사승, 혹은 정치적 입장이나 혼맥 등이 아닌, 그가 보여주고 있는 철학적 문제의식과 그 문제를 해결하기 위해 그가 제시한 답안을 중심으로 그가 어떻게 기호학맥과 연결되어 있고, 그렇게 연결됨으로써 철학사 혹은 조선성리학사에서 그의 좌표가 어디인지를 확인해 보자.

먼저 율곡학파의 연원부터 살펴보자. 율곡학파는 기본적으로 이황과 기대승의 사단칠정논쟁에 뿌리를 두고, 훗날 이이가 이황의 관점을 비판함과 동시에 기대승의 관점에 동의함으로써 성립되었다. 따라서 율곡학파의 특징에 대한 이해는 '사단칠정논쟁'에서 드러나는 관점의 차이와 무관하지 않을 뿐만 아니라, 퇴계학파와의 비교 속에서 두 학파의 관점을 대비할 때 그 특징은 더욱 뚜렷하게 나타난다. 이렇듯 퇴계학파와 대비 속에서 확인되는 율곡학파의 기본적인 특징은 다음과 같은 몇 가지로 요약 정리될 수 있다.

우선 '사단 칠정 논쟁'에서 드러나는 두 학파의 관점은 퇴계학파가 사단과 칠정을 분리 독립해서 본다면, 율곡학파는 사단을 칠정에 포함된 것으로 설정한다는 점이다. 이렇게 사단과 칠정의 관계를 다르게 설정한 까닭은 그들이 전제하고 있는 리기론과 심성론이 다른 구조를 가졌기 때문이다.

리기론에서 퇴계학파는 본원적인 측면에서 리와 기를 확실하게 구분해 보는 '理氣不相雜'에 무게 중심을 두고, 氣發과 함께 理發까지 인정한 반면, 율곡학파에서는 현상세계에서 리와 기가 함께 하나의 사물을 구성하고 있다는 관점인 '理氣不相離'에 무게 중심을 두고, 리발은 인정하지 않으면서 오직 기발만을 긍정하였다. 율곡학파가 리발을 인정하지 않은 것은 리란 형이상학적 원리라는 점을 고수한 까닭이고, 이것은 리발을 긍정하는 퇴계학파를 비판하는 주요한 근거가 되기도 하였다.

그런데 퇴계학파의 경우 리발을 긍정하면 리의 형이상학적 의미가 훼손될 수 있다는 점이 문제되지 않았다. 그들에게 있어서 리의 형이상학적 의미를 지키는 것 보다는 차라리 도덕실천의 필연성을 논리적으로라도 확보하는 것이 더욱 중요하였다. 반면 율곡학파는 리발의 부정을 통해 리의 형이상학적 의미를 지켜낼 수는 있었지만, 발할 수 없는 리의 무위성이 강조됨으로써 기에 대한 리의 주재성을 현저하게 떨어뜨리는 문제는 감내해야만 했다. 기에 대한 리의 주재성이 약화된다는 것은 기적 현상을 리가 직접적으로 주재하거나 통제하지 못함을 의미하고, 그것은 결국 도덕실천의 필연성 역시 충분하게 확보되지 못하는 결과를 초래하였다.

심성론의 측면에서도 두 학파는 현저한 차별성을 보여주는데, 그것은 심心에 대한 규정과 깊이 관련되어 있다. 이미 앞에서 논하였듯, 이황은 '심을 리기의 합(心是理氣之合)'으로 규정함으로써 그의 理氣互發을 긍정하는 리기론과 정합적인 심성론의 틀을 제시한다. 반면 이이는 심은 기(心是氣)라고 규정함으로써, '氣發理乘一途'의 리기론적 틀과 동일한 심성론의 구도를 제시하였다.

이렇듯 양자는 차별적인 인성론을 전개하였지만, 그럼에도 불구하고 퇴계학파이든 율곡학파이든 실천이나 행위, 의식의 주체는 다름 아닌 심이다. 그러나 차별적인 인성론으로 인해 양자에게 있어서 심은 그 본질적 작용에 있어서 뚜렷하게 구분된다. 성리학에서 도덕실천이란 다름 아닌 리를 실현하는 것이며, 성을 현실화하는 것이다. 본성의 실현이라는 측면에서 그것은 곧 자아를 실현하는 것이기도 하다. 그런데 이 리를 실현하고 성을 현실화하는 주체는 바로 심이다. 그리고 바로 여기에서 심과 성·리의 관계가 문제된다.

이황의 경우 심은 리기의 합이므로, 리적 측면과 기적 측면의 양 방향으로 심을 이해할 수 있다. 그 가운데 심의 리적 측면은 그 동질성을 토대로 곧바로 성·리와 연결될 뿐만 아니라, 그러한 관련성을 통해 성리의 직접적인 실현 역시 가능하게 된다. 이황이 주장하는 리발 역시 동일한 구도에서 이해된다. 즉 그가 말하는 리발이라는 것이 심을 배제한 상태에서 성리가 직접 자신을 드러내는 것이 아니라, 성리와 동질적인 심이 작용함으로써 자연스럽게 성리가 드러나고 실현되는 것이다. 이렇게 심과 성리의 동질성을 전제함으로써 필연적인 도덕실천의 토대를 최소한 논리적 혹은 이론적으로 마련하였다는 것, 이것이 바로 퇴계학 혹은 퇴계학파의 가장 큰 성과이기도 하다. 필연적인 도덕실천의 이론적 근거를 마련하는 것, 그것은 성리학이 추구하였던 궁극적인 목표였다. 그럼에도 불구하고, 주자학은 이 문제를 충분하게 정초하지 못하였고, 여기에 대한 비판적 대안으로 중국에서는 육구연의 상산학과 왕수인의 양명학이, 조선에서는 이황의 수정된 주자학, 곧 주자학적 심학이 등장하였다고 판단된다.

그러나 이황의 이 같은 심에 대한 규정은 현대인들에게 쉽게 이해되지 않는다. 그것은 근대적 학문이란 기본적으로 서양전통으로부터 수립된 체계이고, 이 서양의 학문체계가 전제하고 있는 근원적인 원리는 바로 형식논리학의 동일율이다.28) 이러한 기준에서 본다면 이황의 '심시리기지합'이라는 명제는 '무한하면서 동시에 유한한 것이 존재한다'는 말처럼 모순적인 것이다. 물론 이황은 형식논리학적 사유를 통해 그 학문체계를 구성하지 않았다. 따라서 그의 '심시리기지합'이라는 명제를 형식논리학적 사유를 통해 해명하려는 시도가 적절하거나 합리적일 수는 없다.

반면 이이는 이황에 비해 상대적으로 형식논리학적 사유에 좀 더 접근해 있다고 생각된다. 또한 그는 우주의 생성과 변화를 설명하는 리와 기

---

28) 형식논리학을 정초하는 원리인 동일률은 'A는 A이다', 혹은 'A는 -A가 아니다'라는 형식을 가진다. 이러한 동일률의 형식을 만물에 적용해 보면, 만물은 다른 사물과 그 자신을 구분하는 명확한 경계선을 지니게 된다. 그렇지 않으면 그것은 하나의 동일성을 지닌 통일체가 될 수 없기 때문이다. 이와 같은 사고방식은 구체적인 사물을 하나의 형식을 통해 인식하여 체계화하고 추상화하는 데는 편리하고 효율적이다. 하지만 세계 혹은 자연의 모든 것이 다른 어떤 것으로부터도 독립되어 완벽하게 정태적으로 존재하는 것으로 가정되고 있다.

의 수평적 틀을 도덕실천의 가능근거를 설명하는 심성론에 그대로 적용할 수 있다고 믿었다. 따라서 그의 이론체계에서 활동하고 흔적이 있는 의식으로서의 심은 리에 포함될 수 없었고, 결국 기의 세계에 남겨지게 되었다.

이황에 비해 현재의 우리들에게 보다 뚜렷하고 이해하기 쉬운 구도를 제시한 것은 분명하지만, 그로 인해 이이는 도덕실천의 필연성을 논리적으로 충분히 확보하지는 못하였다. 그 원인은 심을 기라고 규정함으로써, 심과 성리를 이질적인 것으로 분리시킨 것에서 찾아진다. 그리고 이이가 제시한 모든 공부는 사실상 이질적인 것으로 분리된 심과 성리를 어떻게 연결할 것인가에 집중되어 있고, 그 연결의 성공여부에 도덕실천의 가능여부도 달려있게 된다.

당연히 이와 같은 구도의 이론체계에서는 기에 대한 리의 주재성은 상당부분 약화될 수밖에 없고, 주재성을 확보한다고 하더라도 그것은 간접적일 수밖에 없다. 그리고 율곡학에 내재해 있는 이러한 문제는 율곡학에 대한 이해가 깊어갈 수록 표면화되었고, 율곡학파 내부에서 논쟁과 학파 분열의 원인으로 작용하였다. 송시열 이후, 퇴계학파에서는 크게 논쟁으로 비화하지 않았던 人性과 物性의 同異에 관한 문제가 유독 율곡학파 내부에서 낙학과 호학의 분화를 가져왔을 만큼 격렬하게 진행되었을 뿐만 아니라, 그것이 근 200년 동안 지속적이고 반복적으로 논쟁의 대상이 되었던 이유 역시 바로 여기에서 찾아진다. 그리고 기정진의 노사학 역시 사실상 율곡학파의 학문적 토대 위에서, 율곡학이 안고 있는 문제를 나름대로 해결하기 위한 노력의 결과였다면, 최숙민의 성리학은 그 정점에 있다고 볼 수 있을 것이다.

이렇게 본다면 율곡학파라는 명칭은 단순히 기대승과 이이의 리기론과 심성론을 계승한 학자들만으로 구성되는 것이 아니라, 기대승과 이이의 이론 속에 내재해 있는 문제들을 인식하고 그것을 해결하려 시도한 학자들까지 포함하게 된다. 최숙민의 성리학이 율곡학과 그 내용이나 체제에 있어서 분명한 차별성을 보여주고 있음에도 불구하고, 그를 여전히 율곡학파에 귀속시키는 까닭을 바로 여기에서 확인할 수 있다. 최숙민의 성리학이 드러내는 문제의식의 뿌리는 다른 곳이 아닌 바로 율곡학이었던 것이다. 이렇듯 율곡학파의 역사는 한편으로 기대승과 이이의 성리학을 계승하며 그 내용을 심화시키는 과정이면서, 동시에 그들이 남겨둔 문제를 자각한 후, 그것을 해결하기 위해 치열하게 고민하고, 그 고민의 결과로 여러 대안들을 제시하였던 역동적인 과정이었다. 이 과정의 어느 지점에서도 우리는 다카하시 도루가 지적했던 고착성과 사대성을 발견할 수 없다.

그리고 최숙민의 성리학이 가진 의의와 좌표 역시 바로 여기에서 확인된다. 최숙민의 성리학은 선대 율곡학파 학자들의 고민이 담겨져 있을 뿐만 아니라, 그 고민의 결과로 나름의 답안을 제시하고 있다. 특히 율곡학의 중심세력권으로부터 멀리 떨어져 있고, 한주학파의 활동반경과 가까운 곳에서 생활하였으며, 화서학파 계열의 학자들과 깊이 교류한 것은, 율곡학의 권위로부터 벗어나 더욱 자유롭게 사유할 수 있었던 외적인 조건이었다고 생각된다. 그리고 이것은 그의 성리학에서 스승인 기정진과도 구별되는 특징을 갖도록 만들었을 것이라 짐작된다. 이미 그 주리적인 특징을 완연하게 드러내 보여주었지만, '심즉리'를 긍정하지 않았던 기정진으로부터 분명하게 '심즉리'를 내세우며 리가 주도하는 세상, 리를 실현하는 사람을 그리고 있는 최숙민은 율곡학파 내부에서 율곡학이 남긴 문제를 해결하기 위해 노력한 노선의 마침표였던 것이다.[29]

---

[29] 최숙민의 스승인 기정진은 '심즉리'를 주장하지 않았으며, 심에 대해 단독으로 논할 때는 "性卽太極, 心卽陰陽耳"(『蘆沙先生全集』, 「問答類編」, 卷3)의 원칙을 고수한다. 이 말은 성은 곧 리이지만, 심은 곧 기라는 주장이다. 음양은 기이기 때문이다. 다만 '明德'을 본심으로 해석하며, 소극적으로나마 심과 리를 직접 연결할 수 있는 길을 열어두고 있다.

Ⅴ. 맺는 말

　　최숙민의 성리학을 연구하는 사람은 세 번 놀란다. 세상에 그리 이름이 알려져 있지 않은 그의 문집이 10책 30권이나 된다는 사실에 한 번 놀라고, 그 내용을 살펴보고 서간문을 비롯한 여러 잡저에서 확인되는 그의 성리학이 시골선비의 글이 아님에 또 한 번 놀란다. 그리고 마지막으로는 충분히 연구의 대상이 될 수 있는 의미와 가치를 가진 인물임에도 아직 관련 연구가 거의 진행되지 않았다는 것에 다시 한 번 놀라게 된다.

　　앞에서 살펴봤듯, 최숙민의 성리학에는 율곡학파 300년의 고민이 담겨져 있다. 그 고민의 결과가 리기론에서는 주리적인 성격의 강화로, 심성론에서는 심즉리의 긍정으로 나타났다. 물론 이것은 최숙민의 문제해결 방식이다. 그리고 그의 철학체계는 혹 또 다른 문제를 낳을 수 있겠지만, 최소한 율곡학파가 고민하던 문제에 대해 그 나름의 해결책을 제시했다는 점에서 큰 의의를 가진다.

　　조선 후기, 등장한 기정진을 비롯한 이항로와 이진상의 철학은 유사한 문제의식을 통해 대체로 한 곳을 향해 나아간 철학체계이다. 그들의 문제의식과 지향은 비록 유사하다 해도 그 문제의식의 뿌리는 동일하지 않았다. 기정진과 이항로의 주리적 철학이 율곡학에 대한 반성에서 비롯되었다면, 이진상의 '심즉리'설을 중심으로 한 주리적 철학은 퇴계학 혹은 이황의 문제의식을 더욱 철저하게 관철시킨 결과라고 여겨진다.

　　중국에서는 남송에서 명대로 이어지는 기간 동안 주자학에 대한 반성으로부터 주자학의 리기론적 구도를 해체해 버리고, 심즉리설을 핵심으로 하는 육왕의 심학적 흐름이 등장하였다. 반면에 조선에서는 퇴계학과 율곡학을 일정부분 수정하며 심즉리설을 핵심으로 하는 성리학이 등장하였다. 비슷한 방향으로 흘러간 두 가지 흐름을 그냥 우연이라 볼 수는 없을 것이다. 육왕학의 심즉리와 조선후기에 등장한 심즉리설이 차별성을 가지고 있는 것은 어쩌면 당연할 것이지만, 지역과 시대를 뛰어넘어 필연적인 리의 실현이 요청되었고, 그것을 이론적 혹은 실천적으로 확보하기 위한 다양한 노력이 계속되었다는 점을 이러한 흐름에서 뿐만 아니라, 최숙민의 성리학에서도 확인할 수 있다.

이 글은 『남명학연구』 제30집(2010)에 수록된 「계남 최숙민의 성리사상」을 그대로 실은 것이다.

―

梅泉 黃玹과 性理學:
『梅泉野錄』을 중심으로

김기주

―

Ⅰ. 들어가는 말

黃玹(梅泉, 1855~1910)은 1910년 8월 29일 대한제국이 일본에 병합된 후, 그 해 9월 10일 절명시 4수를 남기고 자결한 지사로 잘 알려져 있다. 망국 이후 행해진 그의 자결은 공자가 말한 '殺身成仁'과 맹자가 말한 '捨生取義'의 정신과 연결될 수 있을 뿐만 아니라, 흔히 성리학적 가치관에서 강조하고 있는 忠節의 실천으로 이해되었다. 이러한 측면에서 보자면 그는 유가 혹은 성리학과 어떤 형태로든 관련되어 있는 인물로 판단된다.

하지만 그가 남긴 저술에서 유학이나 성리학에 대한 체계적인 연구나 천착의 흔적을 찾을 수는 없다. 그런 이유 때문인지 일반적인 관점에서도 그는 역사학자 혹은 문학자로 인식되고 있을 뿐, 성리학자 혹은 유학자로 분류되지는 않는다. 그리고 그와 그의 저술에 대한 연구 역시 바로 이러한 시각에 토대를 두고 진행되어왔다. 그렇다 하더라도 그가 유학적 이념을 토대로 하고 있는 지식인이었음을 부정할 수는 없다고 생각되며, 이러한 측면에서 그가 유학이나 성리학과 얼마나 깊이 관련되어 있고, 그리고 유학의 어느 계열과 보다 밀접하게 연결되어 있는지를 분석하고 확인시켜주는 연구 역시 필요하다고 생각된다.

즉 그가 어떤 유학 계열의 이념을 그 가치관 혹은 세계관의 토대로 설정하고 있었는가? 그리고 그러한 이념이 그의 삶과 저술활동에 어떤 모습으로 영향을 주었고, 그것이 구체적으로 어떻게 드러나고 있는가? 등의 문제를 제기하고 그것의 답을 찾아가는 길은 매천에 대한 이해와 함께 그의 역사서와 문학서를 또 다른 지평에서 이해하도록 우리를 안내해 줄 것이라 생각된다. 이 글은 바로 이 물음에 대한 답을 찾아가는 첫걸음이기도 하다.

따라서 이 글의 목적은 황현의 성리학적 특징이나 그의 성리철학을 분석하기 위한 시도가 아니라, 먼저『매천야록』에 수록되어 있는 성리학자들에 대한 황현의 시각을 가늠해 봄으로써 그가 성리학에 대해 어떤 태도를 보여주고 있는지를 확인하고자 한다. 이러한 우리의 노력은 다음과 같은 매우 제한적인 의미를 가진다. 즉『매천야록』에 관한 기존의 연구가 주로 황현의 문학자 혹은 역사학자적인 면모에 주목하였다면, 이 글은 『매천야록』에 간접적으로 녹아있는 황현의 성리학에 대한 인식의 단편을 재구성하고 있다는 점이 될 것이다.

II.『매천야록』과 그곳에 수록된 학자

주지하듯『매천야록』은 1864년(고종 원년)에서부터 1910년까지 47년 동안 국내외의 정치·경제·사회·문화 전반의 변화와 사건에 대해 기록한 역사서이다. 내용의 대부분은 황현이 직접 기록한 것이지만, 1910년 8월 22일 합방조약이 체결된 후 10여 건의 기록은 문인인 고용주가 추가하여 기록한 것이다.

『매천야록』의 전체 내용은 모두 7책 6권으로 구성되어 있으며, 각 책의 권별 기록 연대는 다음과 같다.

제1책 권1상 : 1864년(고종 원년)부터 1887년(고종 24)년까지
제2책 권1하 : 1888년(고종 25)부터 1893년(고종 30)까지
　　　　권2 : 1894년(고종 31) 정월부터 같은 해 6월까지
제3책 권2 : 1894년(고종 31) 7월부터 1898년(광무 2)까지
제4책 권3 : 1899년(광무 3)부터 1903년(광무 7)까지
제5책 권4 : 1904년(광무 8)부터 1905년(광무 9) 10월까지
제6책 권5 : 1905년(광무 9) 11월부터 1907년(융희 원년) 7월까지
제7책 권6 : 1907년(융희 원년) 8월부터 1910년(융희 4) 8월까지

이 중에서 1864년에서 1893년까지 30년의 기록은 그 기간에 비해 기록한 내용이 많지 않다. 또한 체제에 있어서도 경우에 따라 명확한 날짜가 기록되어 있지 않거나 시간적 선후가 뒤섞여 있는 점에 근거해 본다면, 『매천야록』의 본격적인 집필은 1894년 갑오개혁을 전후하여 시작된 것으로 판단된다.

이러한 『매천야록』의 다양한 내용 중에서 우리가 주목하는 부분은 성리학자 혹은 유학계열 학자에 대한 황현의 서술이다. 『매천야록』에서 이름이 거론되고 있는 유학계열 관련 학자는 宋時烈(尤庵, 1607~1689), 鄭仁弘(來庵, 1535~1623), 李恒老(華西, 1792~1868), 奇正鎭(蘆沙, 1798~1879) 등 27인에 이르지만,[1] 그 중에서 이항로와 그 문인인 崔益鉉(勉菴, 1833~1906), 朴文一(懲菴, 1822~1894), 朴文五(誠菴, 1835~1899) 형제, 그리고 기

정진과 그의 손자인 奇宇萬(松沙, 1846~1916), 그리고 李震相(寒洲, 1818~1886)과 그의 문인인 郭鍾錫(俛宇, 1864~1919), 任憲晦(鼓山, 1811~1876)와 그의 문인인 田愚(艮齋, 1841~1922), 그리고 조선 양명학자인 李建昌(寧齋, 1852~1898)과 실학자인 丁若鏞(茶山, 1762~1836) 등 모두 12인에 대해서는 독립적인 항목으로 그 행적을 기술하고 있다. 그리고 이 중에서 가장 많은 분량을 할애하고 있는 인물은 단연 최익현으로 여러 차례에 걸쳐 비교적 자세하게 그 행적을 소개하고 있다.

이 12인의 학자들을 그 학파적 계보에 따라 분류한다면 대체로 다음과 같다.

학파	이름	관계	학문적 경향과 주요 주장
기호학파	이항로		율곡학의 수정, 심의 주리적 성격 강화
	최익현 김평묵 유중교 박문일 박문오	이항로의 문인	
	기정진		율곡학의 수정, 심의 주리적 성격 강화
	기우만	기정진의 손자	
	임헌회		율곡학의 계승, 心卽氣
	전우	임헌회의 문인	
영남학파	이진상		퇴계학의 강화, 心卽理
	곽종석	이진상의 문인	
강화학파	이건창		조선양명학
실학파	정약용		조선 후기 실학의 집대성

1) 사실상 이 문제와 관련해서도 전혀 논란거리가 없는 것은 아니다. 유학자 혹은 성리학자라는 개념의 외연을 어떻게 규정하느냐에 따라 그 규모는 확대되거나 축소될 수 있기 때문이다. 이 글에서는 일반적으로 철학사 혹은 성리학사에서 등장하는 인물과 그의 직전 문인들에 한정하여 그 수를 확인하였다.

Ⅲ. 『매천야록』에 수록된 학자들의 계보와 학문적 특징

앞에서 살펴봤듯, 『매천야록』에서 비교적 자세하게 거론되는 성리학자는 기호학파를 중심으로 영남학파와 강화학파를 꼽을 수 있고, 반성리학 혹은 탈성리학적 성격을 강하게 보여주고 있는 실학파의 인물까지 망라되어 있다. 이제 그 각각의 계열이 보여주고 있는 특징을 그러한 특징이 등장하게 되는 배경에서부터 살펴보면 다음과 같다.

주자학을 포함한 전체 유학의 목표는 '인격의 완성을 통한 성인됨'(內聖成德)에 있었다. 이 '인격의 완성을 통한 성인됨'은 결국 '인격의 완성을 통한 인간됨'이기도 하다. 유학자는 선험적이거나 선천적인 것에 토대를 두고, 후천적 '工夫'나 '수양'을 함으로써 완성된 인격을 성취할 수 있다고 믿었다. 선진시대의 유학으로부터 현대의 신유학에 이르기까지 각 시대에 등장했던 다른 모습의 유학은 그 시대의 상황에 따라 해결하기 위해 고민했던 문제의식에서 약간의 차별성을 보여주긴 하였지만, 동일한 하나의 목표, 즉 성인을 지향하고 그곳에 다다를 수 있다는 믿음을 간직한다는 점에서 공통점을 가진다.

이렇듯 유학은 내적 인격의 완성을 통해서 성인 혹은 진정한 인간이 되고자 노력하였지만, 그러한 노력이 단순히 개인적이거나 내적인 차원에만 머무른 것은 아니다. 성인이란 개인적으로는 인격이 완성된 사람이지만, 사회적으로는 그 완성된 인격을 통해 세상을 구제하는 사람이다. '인간됨' 역시 홀로 독립해서 살아가는 하나의 인간이 되기 위한 노력이 아니라, 다른 사람과 더불어 함께 살아가는 인간이다. 따라서 성인에게 있어서 사회적인 실천이나 활동은 필수불가결한 것이기도 하였고, 그렇기 때문에 유가의 본질은 '修己'와 '治人' 혹은 '內聖'과 '外王'을 겸비하는 것이라고 보는 것이다.

하지만 시대에 따라 수기와 치인, 즉 개인적 인격완성과 사회적 실천이라는 두 가지 측면 가운데 어느 한쪽을 특별히 강조하기도 하는데, 漢대나 淸대의 유학이 수기나 내성 보다는 치인이나 외왕에 치중하였다면, 송명시대에 체계화된 성리학은 '성인'에 대한 지향, 곧 수기와 내성의 측면을 특히 강조하였다. 뿐만 아니라 더욱 정교한 이론, 즉 형이상학적 이론으로 무장하며 성인의 길을 제시하고자 노력한 이들이 바로 송명시대의 유학자들이었다. 그리고 그 정점에 바로 주희가 위치하고 있다.

주희가 그 정점에 위치해 있다고 말할 수 있는 것은 단순히 그가 앞 시대 인물의 성취를 뛰어 넘었기 때문만은 아니며, 그의 뒤에 등장하는 다양한 학파와 학자들에게 직간접적인 영향을 주었기 때문이다. 즉 남송과 명대의 육구연과 왕수인의 심학적 흐름이 등장하는 배경, 그리고 청대의 실사구시적 학풍이 등장하는 배경에 주자학이 자리 잡고 있는 것은 쉽게 부정되지 못한다. 그리고 이러한 현상은 조선에서도 예외가 되지 않는데, 조선 후기에 등장한 실학의 탈주자학적 성격과 강화학파의 심학적 지향도 주자학과의 상관성 속에서 이해될 수 있다.

그렇다면 주자학은 어떤 측면에서 후대에 그토록 큰 영향을 주었으며, 어떻게 그런 역할을 수행할 수 있었는가? 앞에서 이미 전제하였듯 주희 철학, 곧 주자학의 근본지향은 바로 성인됨에 있었다. 그리고 그의 모든 철학적 이론체계(곧 리기론, 심성론, 공부론)는 바로 성인을 향한 지향, 즉 그것의 가능근거와 방법을 해명해 내는 데 초점이 모아지고 있다. 즉 리기론은 우주와 그 우주 속에 존재하고 있는 인간을 포함한 모든 사물·사건의 생성과 변화, 그리고 궁극적으로는 도덕실천의 보편적이고 객관적인 근거나 토대를 설명하기 위한 이론적 틀이다. 동시에 리기론은 주자학적 세계관과 인간관의 토대가 되고, 도덕의 객관성과 보편성을 담보하는 것이기도 하다. 반면에 심성론은 인간의 의식과 행위, 특히 도덕 행위와 실천의 내적인 토대와 도덕의 주관적 근거를 설명하기 위한 이론 틀이고, 공부론은 리기론과 심성론에서 확보된 도덕의 초월적이고 내재적인 토대와 근거를 현실화하는 길을 제시한 방법론이다.

하지만 주자학이 이렇듯 치밀하게 기획된 철학체계였지만, 그것이 본래 추구하였던 목표를 충분히 달성시켜주지는 못하였다. 그가 설정하고 있는 성인의 가능근거로부터 시작하여, 그가 제시하고 있는 성인에 이르는 방법을 실천할 경우에도, 반드시 성인이 될 수 있음을 최소한 논리적으로도 보장받지 못하기 때문이다.[2]

그렇다면 주자학의 이러한 문제는 도대체 어디에서 연유한 것인가? 그것은 그가 자연을 바라보는 시각 그대로 인간을 바라보았기 때문이다. 주희는 인간에게 내재하는 도덕적 요구로써의 仁과 性으로부터 자신의 철학체계를 세우는 것이 아니라, 리기론의 틀 속에 심성론을 끼워 맞추는 방식, 즉 현상세계의 변화와 운동으로부터(然) 그러한 변화와 운동의 근거(所以然)를 추론해 내는 시각 그대로 인간을 바라보았던 것이다.[3] 이것은 존재론적이고 또 인식론적인 방식이다. 이것은 주희가 우주의 생성과 변화를 설명하는 리기론에서 수평적 상호관계로써 파악되는 '리'와 '기'의 구도를 도덕실천의 가능성과 방법을 설명하는 심성론과 공부론에 아무런 수정없이 그대로 적용하였다는 것을 뜻하는 것이기도 하다.[4]

그의 이러한 철학적 구도는 다양한 문제를 낳게 된다. 즉 理(性)의 가치론적 우선성, 혹은 기에 대한 리의 주재력이 충분히 확보되지 못하는 문제뿐만 아니라, 기인 마음과 리인 성의 근원적 이질성으로 인해 性善이 心善을 보장하지 못하는 문제가 발생하였고, 나아가 기질을 악의 근원으

---

[2] 이 문제와 관련해서는 김기주의 「주희의 심론: 퇴계심학을 위한 예비적 고찰」(『철학논총』 제40집, 새한철학회, 2005)을 참조할 것.

[3] 이것은 주희가 도덕의 객관성과 보편성을 지나치게 의식하였음을 뜻하기도 하는데, 그것은 불교 특히 선종과의 차별성을 보여주기 위한 노력의 일환으로 이해할 수도 있다.

[4] 김기주, 「기발리승일도설로 본 기호학파의 3기 발전」(『철학연구』 제87집, 대한철학회, 2003) 참조.

로 설정함으로써 악은 근원적으로 극복할 수 없는 것이 되어 버리는 문제 등을 낳았던 것이다. 그리고 이렇듯 주희가 남겨둔 문제는 그 계승과정에서 끊임없는 수정과 비판의 대상이 되었다.[5]

퇴계철학 역시 이러한 주자학의 문제를 인식하고 그것을 보완하고 수정하는 과정을 통해 형성되었다. 이황은 '마음은 氣'라는 주희의 주장을 '마음이 리와 기가 합하여 이루어진 것'(心是理氣之合)으로 수정함으로써,[6] 주희가 남겨두었던 문제, 즉 '기'인 마음이 어떻게 근본적으로 이질적인 '리'로써의 성과 관계 맺을 수 있고, 인간의 氣적 활동인 情을 통제 혹은 주재할 수 있는가 하는 문제에 대한 나름의 해법을 제시할 수 있었다.[7] 이것은 성선이 심선을 보장하지 못하는 문제, 악의 근원적 극복불가능성 등 주자학이 남겨둔 몇 가지 문제들 역시 한꺼번에 해결할 수 있는 방법이었다.

이황은 주자학의 구조적 문제는 '마음'과 '리'를 구분하는, 즉 '마음과 리의 근원적 이질성'에 근원한다고 생각하고 이 문제를 해결하기 위해서는

---

5) 주희와 대립각에 서 있는 王守仁의 철학 역시 넓게는 주자학에 내재하는 문제의 인식으로부터 비롯되었고, 그러한 의미에서 주자학의 비판적 계승이라고 말할 수 있다. 왕수인의 '心學'은 '心卽理'의 명제를 통해 '마음으로부터 직접적으로 도덕의 필연성을 확보'함과 동시에 '마음에 능동적인 도덕실천 능력이 구비되어 있음을 인정'하면서, 주자학의 리기론적 구도를 해체하고 있다.

6) 주희의 "心者, 氣之精爽"(黎靖德, 『朱子語類』 卷5); "所覺者, 心之理也. 能覺者, 氣之靈也"(黎靖德, 『朱子語類』 卷5); "靈處只是心, 不是性, 性只是理"(黎靖德, 『朱子語類』 卷5): "性猶太極也, 心猶陰陽也. 太極只在陰陽之中, 非能離陰陽也. 然至論, 太極自是太極, 陰陽自是陰陽. 惟性與心, 亦然"(黎靖德, 『朱子語類』 卷5) 등의 말에 근거해 볼 때, 주희는 비록 직접적으로 '心是氣'라고 말하지는 않았지만, 그에게 있어 마음은 '氣'의 영역에 속할 수밖에 없다는 점 역시 분명하게 드러난다. 다만 주자학에서도 간접적으로나마 '心是理'라는 주장이 가능한데, 그것은 工夫의 결과 혹은 궁극적인 경지로 표현된 것이다.

7) 李滉, 『退溪全書』 卷13, 7a-7b, 「與洪應吉」 "性卽理, 固有善無惡. 心合理氣, 似未免有惡, 然極其初而論之, 心亦有善無惡者. 心之未發, 氣未用事, 唯理而已, 安有惡乎? 惟於發處, 理蔽於氣, 方趨於惡, 此所謂幾分善惡, 而先儒力辨其非, 有兩物相對而生者也."

무엇보다 성(리)과 마음의 근원적 동질성을 어떤 방식으로든 확보해야 하며, 이로써 마음을 통한 리의 직접적 작용을 보장받아야 한다고 생각했다. 그래서 그는 주자학에서 氣에 귀속되는 마음을 理와 氣의 통일체로 이해했던 것이다. 주자학에 대한 이황의 이와 같은 수정은 마음이 리로서의 성과 기로서의 정을 실질적으로 연결시킬 수 있는 능력을 가지고 있는 것으로 설정할 수 있는 근거를 제공해 준다. 뿐만 아니라 '合理氣'로서의 마음에 대한 규정은 마음의 작용에 있어서도 리의 측면을 위주로 이해하거나, 기의 측면을 중심으로 이해할 수 있는 가능성을 함축하고 있다. 이러한 퇴계학은 주자학적 체계가 품고 있는 한계를 이황 스스로의 방식으로 해결하는 과정에서 탄생한 것이며, 동시에 주자학의 자기 반성으로부터 성립한 것이라고 할 수 있을 것이다.

이렇듯 이황의 퇴계학은 이미 주희의 성리학에 담겨져 있는 문제를 간파하고 심을 '리기지합'으로 규정함과 동시에 '리기호발설'을 제시함으로써 일정부분 주희가 남겨둔 문제를 해결하고 있다. 하지만 주자학의 수정을 통한 문제해결은 결국 주자학과의 차별성으로 드러나게 되었고, 퇴계학이 가진 주자학과의 차별성은 영남학파가 안고가야 할 주요한 고민이면서, 동시에 그 내부에서 학파가 분화되는 원인으로 작용하였다.

주희의 관점이 모든 학문의 시비를 판별하는 기준이자 진리로 받아들였던 당시의 상황 속에서 주자학과의 차별성은 곧 비진리임을 자인하는 것과 같은 것이었다. 따라서 퇴계학파 내에서는 한편으로 퇴계학이 보여주고 있는 주자학과의 차별성을 약화시키고 어떻게든 이황을 주자학적인 구도 속에 편입시키려는 일련의 흐름이 있었다면, 이황의 관점을 보다 적극적으로 전개함으로써 그 차별성을 보다 뚜렷하게 드러내는 흐름이 있다. 이 양자의 흐름 가운데 이진상은 후자에 속한다고 할 수 있다.

이와 같이 주자학에 대한 직접적인 반성으로부터 등장한 것은 아니지만, 주자학을 계승하고 있는 이이 철학의 수정을 통해 이황의 문제의식과 유사한 지향을 보여주는 또 다른 하나의 노선이 있다. 그것은 宋時烈(尤庵, 1607~1689) 이후 기호학파 내부에서 하나의 흐름을 형성한 낙학이다. 우리는 이들로부터 이황과는 다른 또 다른 하나의 주자학에 대한 수정을 시도하는 흐름을 확인할 수 있다. 낙학의 원류라고 할 수 있는 金昌協(農巖, 1651~1708)은 기본적으로 율곡학의 기본전제인 '氣發理乘一途說'을 계승하고 있지만 또 다른 한편으로는 理의 주재성을 확보하기 위해 노력한다.[8]

기대승에 의해 제기되고 이이에 의해 체계화된 '기발리승일도설'은 氣가 理를 현실화하는 역할을 담당할 뿐만 아니라, 현상세계의 모든 능동성 혹은 활동성은 모두 기에게 귀속하는 시각의 표현이다. 형이상자인 리는 초경험적인 것이므로 당연히 形迹이 있을 수 없고, 無造作, 無情意, 無計度하지만, 기는 경험적인 것이므로 형적이 나타나며, 凝聚하여 사물을 구성할 수 있는 것이다. 이러한 구조 속에서 리는 현상세계의 변화와 운동의 所以然 또는 근거이지만, 스스로를 현실화 할 수 없는 수동적인 것에 불과하다. '기발리승일도설'의 이론체계에서 리(곧 性)의 실현여부는 오직 그것을 현실화할 수 있는 능동성을 갖춘 기의 순수성 여부에 의해 결정될 뿐이다.

김창협은 이이가 제시한 '기발리승일도설'에서 리의 無爲性이 지나치게 강조됨으로써 기에 대한 리의 주재성이 상당부분 상실되거나 약화되었고, 리는 스스로를 실현할 수 없는 추상적인 원리가 되었다고 생각하였다. 따라서 그의 학문적 노력은 '기발리승일도설'의 체계를 무너뜨리지 않

---

8) 金昌協, 『農巖全集』, 「答閔彥暉」. "栗谷人心道心說, 善者淸氣之發, 惡者濁氣之發.……栗谷說, 誠少曲折, 蓋氣之淸者, 其發固無不善, 而謂善情皆發於淸氣則不可, 情之惡者, 固發於濁氣, 而謂濁氣之發其情皆惡則不可.……特以父子之愛, 於天性最重, 故到急切處, 不覺眞心發出, 於此可以見人性之善, 於此可以見天理之不容已. 此豈可曰淸濁之所爲哉, 理雖曰無情意無造作, 然其必然能然當然自然有如陳北溪之說, 則亦未嘗漫無主宰也. 是以人心之動, 理雖乘載於氣, 而氣亦聽命於理. 今若以善惡之情, 一歸之於氣之淸濁, 則恐無以見理之實體而性之爲善也."

으면서도 리의 주재성을 확보할 수 있는 길을 찾는 데 집중되어 있었다.

후기 기호학파에서 이러한 김창협의 문제의식을 계승하여 등장한 학자들이 바로 『매천야록』에 수록되어 있는 李恒老(華西, 1792~1868) 그리고 기정진 등이다. 이항로는 '主理發'과 '主氣發'의 개념을 통해 소극적으로나마 理의 발을 인정한다는 점이다. 그의 관점은 리와 기를 구별해서 본다면 분명히 리는 선험적 원리로써 무정의·무조작하는 무위의 속성을 가지는 반면 기는 발하며 작용하는 有爲의 속성을 가진다. 그러나 기의 그러한 유위는 결국 기에 대한 리의 주재성에 의해 리의 유위와 같은 것으로 파악된다.9) 물론 이러한 의미가 이미 이이의 율곡학 속에 함축되어 있다고 말 할 수도 있으며, '리발'이라는 명제가 상당히 다의적이어서, 성리학자라면 누구나 할 수 있는 말이라고 주장할 수도 있다. 하지만 이황이 말한 리발과 이항로가 말한 리발이 그 의미에 있어서 동일한 것일 수 없듯이, 리발 혹은 기에 대한 리의 주재를 특히 강조하는 방향으로 이론의 무게중심을 이동시켰다는 측면에서 보자면, 이미 이이와 이항로의 철학적 문제의식 혹은 이론적 구조는 어떤 형태로든 차별적인 거리가 생겨났음을 예상할 수 있다.

이와 같은 차별적인 거리는 이항로의 다음과 같은 문제의식에서 구체적으로 확인된다. 즉 율곡학이 설정하듯 리의 무위성이 강조될 경우, 리의 직접적인 활동은 부정되고 그렇듯 동정이 없는 리는 공허한 리로 氣적 운동을 주재할 수 없다고 생각했던 것이다.10) 또한 이항로는 직접적으로 '심즉리'를 주장하지는 않았지만, 그의 주장 속에는 이미 그러한 의미가

---

9) 李恒老, 『華西集』 권15, 「沙上隨錄」 2. "理氣對言, 故曰理無爲而氣有爲, 然氣之所爲卽理之所爲也, 單言則凡氣之所爲者, 是理也."

10) 李恒老, 『華西集』 권24 「太極說」. "蓋太極者一動一靜之本體也." 같은 책, 같은 곳. "太極若不能自會動靜, 而陰陽之氣自會動靜, 則所謂太極是無實無用之位而已." 『華西雅言』 권1, 「臨川」. "今日太極無動靜, 而動靜專仰於氣機, 然則太極淪於空寂, 而不足爲氣機之本源矣, 氣機疑於專擅, 而反作太極之主宰矣."

함축되어 있는데, 이와 같은 측면에서 그의 철학체계가 '심즉기'를 기본으로 한 율곡학에 대한 수정이자, 리의 주재성 회복 혹은 심과 리의 동질성 회복을 목표로 하고 있음이 분명하게 드러난다.

이항로가 보여주고 있는 문제의식은 기정진에게서도 강하고 적극적인 모습으로 등장하여 마침내 정통 기호학파에서 금기시되었던 '리발' 혹은 '리동'을 긍정하기에 이른다. 이런 까닭에 기정진의 주요 저작인『외필』과『납량사의』는 그의 생전에 출간되지 못하다가, 사망 후 26년이 지난 1902년에 손자인 기우만에 의해 겨우 발간되기도 하였다. 결국 이항로나 기정진의 성리학은 주자학 혹은 율곡학에 대한 반성인 동시에 그것에 내재해 있는 문제를 나름대로 해결하기 위한 노력의 결과였다. 반면에 이러한 율곡학을 이론적으로 수정하는 것에 반대하며 정통적인 관점의 묵수나 계승에 치중한 계열의 인물이 바로『매천야록』에 등장하는 임헌회와 전우 등이다.

그리고 황현과 깊이 교류하며 영향을 주고받았다고 전해지는 이건창이 계승한 강화학파는 주자학의 나라 조선에서 양명학파로 이해되었고, 강화 지역에서 鄭齊斗(霞谷, 1649~1736) 이후 가학으로 전승되었다.『매천야록』에 등장하는 이건창의 학문은 정제두의 손자사위인 李匡明에 연원을 두고 있다. 그리고 강화학파는 일반적으로 주자학적 구도를 비판하며 등장하였던 왕수인의 양명학을 계승한 학파로 이해되고 있지만, 중국의 양명학이 주자학의 리기론적 구도를 해체해 버렸다면, 조선의 양명학은 그러한 구도를 유지하고 있다는 측면에서 일정한 차별성을 보여준다. 이것은 반대로 그만큼 주자학과의 친연성을 보여주고 있는 측면이라고 이해할 수도 있을 것이다.

반면 정약용은 널리 알려져 있듯, 탈주자학 혹은 반주자학적 성격을 강하게 가진 실학자이다. 그러면서도 그의 학문세계는 여전히 유학적 성격을 강하게 보여주는 특징을 가지고 있다. 정약용에 의해 집대성된 실학이

'탈주자학적 성격' 혹은 '반주자학적 성격'을 가진다는 점은 일반적으로 긍정되는 부분이지만, 그 '탈주자학적 성격'이 무엇인지를 규정하는 것에 있어서 아직 학계에서는 일치된 의견을 보이지 않는다. 탈주자학적 성격을 조선성리학을 포함한 주자학과의 단절로 이해하거나, 혹은 더 나아가 이러한 탈주자학적 지향을 암묵적으로나마 근대적 지향으로 읽으려는 입장이 있다면,[11] 탈주자학적 지향을 공맹유학 본질로의 회귀로 읽으려는 입장도 있고,[12] 그리고 실학을 단순히 근대적 지향성만으로 파악하거나 공맹유학 본질로의 회귀만으로 읽을 수 없으며 이 두 가지 시각의 통일을 시도하는 관점도 있다.[13] 이러한 시각에 근거해 본다면, 정약용에 의해 집대성된 실학이 비록 탈주자학적 성격을 강하게 보여주고 있지만, 그렇다고 하더라도 유학의 테두리로부터 벗어난 완전히 새로운 이론 체계 역시 아니라는 점도 확인된다.

조선 중후기의 학술이 이렇게 전개되었다면, 그것은 주자학을 중심에 둔 것이었다고 단언할 수 있다. 다시 말해서 주자학에 대해 우호적이거나 혹은 비판적인 시각, 즉 주자학을 계승하거나 수정하는 계열이든, 양명학을 계승한 강화학파이든, 아니면 탈주자학의 성격을 강하게 보여주고 있는 조선 후기 실학이든 그 문제의식의 뿌리는 모두 주자학이었던 셈이다.

Ⅳ. 학자들에 대한 매천의 평가

앞에서 『매천야록』에 등장하고 있는 유학자 혹은 성리학자들이 그 철학적 전개사에 있어서 어디에 위치해 있는지 그 좌표를 간단하게 살펴보

---

11) 윤사순, 「실학 의미의 변이」, 『실학의 철학』, 예문서원, 1996 참조.
12) 이을호, 「實學槪念論辨의 是非」, 『다산학보』 제2집, 다산학회, 1979 참조.
13) 한우근, 『이조후기의 사회와 사상』, 을유문화사, 1961, 363쪽 참조.

앞다. 이제 유학자들을 서술하는 황현의 시각으로부터 드러나는 특징을
살펴보자. 무엇보다 먼저 확인되는 특징은 거론된 인물들이 다양한 학파
에 걸쳐 있다는 점이다. 임헌회, 전우와 같은 정통적인 율곡학의 관점을
고수하는 인물을 포함해서 후기 기호학파 여러 계열의 인물들을 망라하
고 있고, 여기에 영남학파의 이진상계열과 조선양명학, 조선후기 실학파
에 속하는 인물들을 골고루 언급하고 있는 점이 확인된다. 이것은 황현이
유학의 어떤 특정한 학파나 관점에 매몰되지 않고, 당시에 유행하던 다양
한 학파에 대해 객관적인 시각을 가지려 노력한 태도를 보여주는 것이라
고 생각된다.

하지만 그렇다고 해서 특정 인물이나 학파의 계열에 대한 황현 본인의
시각이 전혀 표현되지 않은 것은 아니라고 판단된다. 거론된 인물들의 성
향을 볼 때 비교적 비정통적인 노선에 서 있는 인물들에 대한 언급이 많
을 뿐만 아니라, 이러한 인물들에 대한 평가 역시 보다 우호적이라는 점
이다. 영남학파의 정통적 관점을 잇고 있는 인물들에 대해서는 전혀 서술
하지 않고 있고, 기호학파의 정통적 관점을 계승하고 있는 인물들에 대해
서는 비록 서술은 하고 있지만 그 분량이 많지 않을 뿐만 아니라, 비판적
인 시각을 숨기지 않는다.

예를 들어 임헌회와 전우에 대해 서술하면서 다음과 같이 기록하고 있
다.

> 任憲晦는 옛것과 오래된 것을 좋아한다. 일찍이 鶴氅衣를 입고 溫陽을 지나
> 가매 童子들은 모두 머리를 총각으로 하고, 사계삼을 입고 따라갔다. 縣 사
> 람들은 크게 놀라며 외국 사람으로 착각하고 구타하려 하였다.[14]

---

14) 황현, 『매천야록』, 대양서적, 1973, 105~106쪽. "任憲晦好古而迂, 嘗衣鶴氅衣, 過
溫陽, 童子皆總角, 四襏衫以從之, 縣人大驚, 以爲外洋人, 欲毆之, 審知其爲任山林,
乃止."

艮齋 田愚는 그의 문인들에게 모두 深衣·幅巾·緇布冠을 걸치게 했으며 비록 일을 할 때라도 벗지 못하게 했다. 또는 혹 대나무로 만든 갓(竹纓)을 쓰고 나막신(木屐)을 신고 이상한 복장을 차렸다. 목천군에 鴉川場이 있는데 벌판에 있는 큰 시장이다. 장이 서는 날이면 매양 심의·복건·치포관에 대나무 갓을 쓰고 나막신을 신은 자가 꾸부리고 조심스럽게 상점 거리를 지나는데 시장 사람들이 쳐다보고 이 사람들은 田學者의 문인이라 하였다.15)

외국 사람으로 착각되어 구타를 당할 뻔한 임헌회와 그 문인들, 그리고 심의, 복건, 치포관을 걸치고 상점 거리를 꾸부리고 조심스럽게 지나가는 전우의 문인들을 묘사하는 황현의 목소리에는 조롱과 풍자가 섞여 있는 듯하다.

반면에 기정진의 문집이 출간된 후, 宋秉璿을 중심으로 이이의 학설을 모욕했다는 핑계로 기정진의 문집 판각을 불사를 것을 요청한 것에 대해서는 다음과 같이 기록하고 있다.

어떤 이는 비웃으며 말하기를 '기정진은 비록 율곡과 다른 이론을 세웠으나 그것은 스스로 터득한 것을 표현한 데 지나지 않으니 그대로 보존했다가 후세의 公眼을 기다리는 것이 옳지 어찌 급급하게 무리들이 함께 결판을 내려고 하느냐?' 하였고, 어떤 이는 비웃으며 꾸짖어 말하기를 '이들은 亂民이나 똑같다. 그들의 伏闕을 기다려 마땅히 뽑아다 군인에 편입시키라'는 이도 있었다. 이로 말미암아 모였던 유생들은 스스로 흩어져서 차차 고향으로 돌아가 일은 그것으로 끝이 났다. 이것을 평하는 사람은 이르기를 '이퇴계의 후손들이 이진상의 『寒洲集』을 불사른 것이나 송병선이 기정진을 廢錮하려고 한 것은 똑같이 그들을 시기한 때문'이라고 하였다.16)

---

15) 황현, 『매천야록』, 대양서적, 1973, 104쪽. "愚勒其門人, 皆深衣·幅巾·緇布冠, 雖執役不脫, 又或系竹纓, 着木屐, 服飾詭異, 木川郡有鴉川場, 野中大市也, 每市日 深衣·幅巾·緇布冠, 而系竹纓, 着木屐者, 傴僂相屬於廛肆之畔, 市民目之曰, 此田學者之門人也."

梅泉 黃玹과 性理學: 『梅泉野錄』을 중심으로 · 265

여기에서 '어떤 사람'이 직접적으로 황현 본인은 아니라 하더라도, 송병선에 대한 그 '어떤 사람'의 견해에 동조하는 황현의 태도가 충분히 읽혀질 뿐만 아니라, 간접적으로나마 기호학파의 정통적인 시각과 차별성을 보여주는 기정진에 대한 우호적인 시각이 드러나고 있다. 이러한 시각은 인물에 대한 평가에서만 나타나는 것은 아니다. 대원군의 서원철폐령에 의해 화양동서원(만동묘) 등이 훼철된 것에 대해서 황현은 다음과 같이 서술하고 있다.

> 서원을 철폐하라고 명령을 내린 것을 어찌 고칠 수 있을까만은 그것이 대원군에게서 나왔다는 것이 옳지 못하며 그래서 비난을 받는 것이다. 바야흐로 이때에 백성들은 별다른 일이 없었으나 非常之變을 당한 서원 내의 유생들은 하루 아침에 장소를 잃고 미쳐서 날뛰며 반대하는 伏閣上疏가 연달았으니 良識있는 이들의 비웃음을 받았다.17)

여기에서 황현은 이미 본래적인 가치를 상실하고 변질되어 버린 서원을 훼철되는 것은 당연한 일이지만, 그것이 대원군에 의해 이루어졌다는 점을 문제 삼고 있다. 하지만 훼철에 반대하여 상소를 올리는 행위를 비웃는 태도에서 사회적 변화를 무시한 보수적이고 정통적인 유학자에 대한 비판적 시각 역시 읽을 수 있다.

이와는 반대로 비정통적인 계열이나 탈성리학적 인물, 특히 이항로와 기정진, 정약용과 이건창, 그리고 이들 계열 학자들에 대해서는 상당히

---

16) 황현, 『매천야록』, 대양서적, 1973, 103쪽. "或嗤之曰, 奇蘆沙雖與栗谷立異, 不過鳴其自得耳, 存之以待後世公眼可也. 何汲汲黨同決勝爲哉. 或嗤嗎之曰, 此亂民也, 待其伏闕, 當選以充兵, 由是會者自沮, 稍稍散歸, 事得已, 論者謂, 溪李之焚寒州集, 淵齋之欲錮蘆沙, 同一㤼悴云."

17) 황현, 『매천야록』, 대양서적, 1973, 39쪽. "撤院之令, 烏得己哉, 不可以其出於雲峴, 而并非之也. 方是時, 民狃習熟, 如遇非常之變, 儒生輩之窟宅於院者, 一朝失所, 尤猖狂叫號, 伏閣相屬, 識者笑之."

긍정적인 평가와 함께 호감을 드러내고 있다. 이항로와 기정진에 대해서는 "학술·문장은 당대를 억압할 수 있었고, 立身 또한 本末이 있었을 뿐 아니라, 갑작스레 관직에 나가 권세 있는 사람에게 머리를 굽실대는 것과는 완연히 달랐다"[18]고 평가하였다. 이건창과 정약용에 대해서도 각각 "청렴결백하여 악을 미워했으며 시국과 더불어 俯仰하지 않았고 벼슬길을 탐탁하게 생각지 않은"[19], 그리고 "古今을 연구했으며 民生國計에 마음을 두고 討論한 것을 저술하니 내용이 매우 깊으며 현실에 필요한 학문으로 모두가 후세 법으로 삼을 만한 것이었다"[20]고 평가하였다.

전체적으로 볼 때, 황현은 정통적이고 보수적인 유학자와 그 계열에 대해서는 비판적인, 그리고 탈성리학적 계열이나, 성리학계열 속에서도 개혁적인 성향을 보여주는 인물에 대해서는 우호적인 태도를 취하였음이 확인된다.

V. 나오는 말: 황현과 성리학

앞에서 살펴본 황현의 성리학 혹은 넓은 의미로써의 유학에 대한 태도로부터 그의 『매천야록』이나 『오하기문』과 같은 역사서의 저술, 그리고 궁극적으로는 망국과 함께 자결하는 그의 태도를 어떻게 이해할 수 있을까?

황현이 어떤 유학 계열에 속하는지 그의 태도나 이론적 사유로부터 직접적으로 확인되는 것은 없다. 하지만 그가 이황이나 이이의 정통적인 관

---

18) 황현, 『매천야록』, 대양서적, 1973, 49쪽. "兩人學術文章, 能厭衆望, 立身亦有本末, 其視昔時捷徑於仕宦, 而屈首權要者, 迥然不同."

19) 황현, 『매천야록』, 대양서적, 1973, 216쪽. "淸介嫉惡, 不與時俯仰, 蹭蹬仕路."

20) 황현, 『매천야록』, 대양서적, 1973, 62쪽. "研究古今, 留心民生國計, 討論著述, 窮源極委, 要爲有用之學, 而皆可謂後世法."

점을 고수하는 계열에 대해서는 부정적이거나 소극적인 태도를 보여주면서, 개혁적이거나 수정적인 계열 특히 이항로와 기정진 계열에 대해 우호적이고, 강화학파와 실학파에 대해서도 긍정적인 평가를 내리는 모습에서 대략 그의 위치를 확인해 볼 수 있다.

이항로와 기정진의 성리학은 심의 주리적 성격, 혹은 기에 대한 리의 직접적인 주재성을 강화해 가는 특징을 보여지고 있으며, 이것은 결국 기와 뒤섞이지 않는 리의 순수성 혹은 리의 주재성을 확장하기 위한 노력이기도 하다. 이항로의 이러한 학문적 지향이 위정척사운동으로 이어지고, 그의 제자인 최익현에 이르러 왕성한 의병활동으로 이어졌다는 점 역시 이러한 철학적 사유와 무관하지 않다. 그리고 황현이 현실을 개탄하며 『매천야록』을 서술한 것이나, 망국이후의 자결 역시 리의 순수성이나 기에 대한 리의 주재성을 강조하는 학문적 전통 위에서 이해해 볼 수 있을 것이다.

이 글은 『남도문화연구』 제19집(2010)에 수록된 「매천 황현과 성리학-『매천야록』을 중심으로」를 그대로 실은 것이다.

지리산권 지식인의 마음 공부

「神明舍圖銘」 관련 남명학파 문학작품에 나타난
재해석의 면모와 시대적 의미

전병철

Ⅰ. 머리말

본고는 지리산 권역의 남명학파가 가지는 학파적 특징을 이해하는 것으로 목적을 삼는다. 다른 지역의 학파와 구별되는 남명학파의 변별적 특질은 무엇인가? 그러한 요소들이 형성된 근원은 어디에 있으며, 지리산 동쪽 아래 진주를 중심으로 형성되었던 남명학파의 지리적 요건은 어떠한 영향을 끼쳤을까?

이와 같은 목적과 문제 의식을 전제한 가운데, 남명학파의 마음 공부에 관해 살펴보고자 한다. 남명학파의 특징은 '敬義之學'이란 말로 요약할 수 있는데, 남명은 「佩劍銘」에서 '內明者敬 外斷者義'라고 하여 '敬義'를 철저하게 수양론적 관점에 입각하여 해석하였다. 수양론의 측면에서 敬과 義를 이해한다면, 둘 중에 보다 근원적이고 본질적인 것은 敬에 있다고 할 수 있다. 敬이 전제되지 않은 義란 존재할 수 없는 것이며, 올바른 사회적 실천을 위해서는 엄격한 내면 수양이 확립되어야 한다.

남명학파의 마음 공부를 일목요연하게 살필 수 있는 자료는 무엇일까? 그것은 다름 아닌 南冥 曺植(1501-1572)의 「神明舍圖銘」과 이것을 계승한 후대 학자의 저술이라고 할 수 있다. 남명의 「신명사도명」은 한 인물이 자신의 마음을 어떻게 수양하여 성인의 경지에 이를 수 있을까를 고민하고 이겨내는 과정을 다룬 것[1]으로, 그의 엄격한 수양론을 극명하게 드러내고 있기 때문이다. 그러므로 본고에서는 남명의 「신명사도명」을 계승한 남명학파 학자들의 문학 작품 5편을 통시적으로 살펴봄으로써,[2] 지리산권 지식인의 마음 공부를 이해하는 일단의 실마리로 삼고자 한다.[3]

---

[1] 이상필, 「龜巖 李楨의 學問 標的 - 「神明舍賦」의 분석을 중심으로-」, 『남명학연구』 제23집, 남명학연구소, 2007, 281쪽.

[2] 필자가 조사한 바에 의하면, 남명의 「신명사도명」을 계승한 남명학파 학자의 문학작품으로는 본고에서 다룰 5편이 파악되었다. 차후에 보다 광범위하고 면밀하게 조사한다면 이 외의 문학 작품들도 발굴할 수 있으리라 기대되지만, 현재로서는 조사하여 파악된 자료를 대상으로 연구를 수행할 수밖에 없음을 밝혀둔다.

[3] 남명의 「神明舍圖銘」에 관해서는 이미 상당한 연구성과가 축적되어 있다. 따라서 본고에서 별도의 장을 마련하여 논하지는 않으며, 논의를 전개하는 과정에서 필요한 부분만 경우에 따라 살펴보기로 한다. 남명의 「神明舍圖銘」만을 주제로 다룬 대표적 연구성과물을 소개하자면 아래와 같다.
全炳允(1991), 崔錫起(1994), 姜信杓(2002), 金忠烈(2002), 조일규(2004).

II. 「神明舍圖銘」의 문학적 계승 양상

1. 龜巖 李楨의 「神明舍賦」

龜巖 李楨(1512-1571)은 1544년 그의 나이 33세 이후 퇴계를 사사하여 그 학문을 표적으로 삼아 자신의 학문을 이루려 하였음은 물론, 인근 고을에 거처하던 남명과도 끊임없이 친분 관계를 유지하며 그 고상한 정신 경계를 추앙하여 자기화하려는 노력을 게을리 하지 않았다. 구암의「神明舍賦」는 남명의「신명사도명」과 명칭만 유사한 것이 아니라, 남명 사상의 핵심이라 할 敬義 사상을 자기화하려는 노력의 일환[4]이라고 볼 수 있다.

이 장에서는 구암이 지은「신명사부」의 전문을 분석함으로써, 그가 남명의「신명사도명」을 계승한 측면은 무엇이며, 스스로 발전적으로 나아간 부분은 어떠한 것인가를 이해하고자 한다. 구암의「신명사부」는 크게 8단락으로 나누어 볼 수 있는데, 첫째 단락부터 차례대로 살펴보기로 하겠다.

> 천지 사이 세운 작은 움막, 중간 지역이 좁아 안타깝도다. 혼돈과 벗하여 서로 이끄니, 沖漠한 곳에 조용히 정신이 노닌다. 마음속 허령한 곳을 돌아보니, 神明舍가 내려다보이네. 아득히 확 트여 끝이 없고, 드넓게 중정하여 비길 것이 없네. 머물러 쉴 곳이 있어 기쁘지만, 가는 길 아는 사람 적어 안타깝네.[5]

---

[4] 이상필, 「龜巖 李楨의 學問 標的 -「神明舍賦」의 분석을 중심으로-」, 『남명학연구』 제23집, 남명학연구소, 2007, 281쪽.

[5] 李楨, 『龜巖集』續集 卷1, 「神明舍賦」. "立天地之小幕 憫中區之隘陜 友混沌以相携 澹遊神於沖漠 顧方寸之中虛 瞰神明之有舍 洞廣豁而無外 廓中正而不亞 喜止宿之有地 恨識路之蓋寡"

첫째 단락은 문제를 제기하여 神明숨에 주목하도록 환기시키고 있다. 사람의 몸이란 천지 사이에 세워진 작은 움막과 같아 규모가 매우 왜소하다. 그런데 그 속에 자리하고 있는 신명사는 아득히 확 트여 끝이 없고 드넓게 중정하여 비길 것이 없다. 小幕의 자그마한 몸 속에 광대한 신명사가 자리하고 있다고 말함으로써, 담고 있는 것과 담겨 있는 것의 포함 관계가 서로 뒤바뀌었다. 외형의 몸과 내면의 마음을 극명하게 대비시켜 무엇이 더 중요한 것인가를 역설적으로 강조한 것이다. 그리하여 이처럼 중요한 신명사에 대해 분명하게 인식할 것을 촉구하였다.

> 無極을 끌어당겨 근원을 생각하고, 거슬러 올라가 태초의 시작을 살피네. 사람이 처음 생겨날 때로부터, 一理에서 끝없이 변화하고 변화했네. 陰陽의 오묘한 기틀을 움직여, 五行의 극치를 응결시켰네. 계획하고 경영하여 흩어 베푸니, 배 안에 신명사를 마련했네.[6]

둘째 단락은 신명사의 기원을 설명하고 있다. 周敦頤는 「太極圖說」에서 사람이 어떻게 생겨났는가를 성리학적 이론으로 설명하였는데, 구암은 여기에 근거하여 신명사의 기원을 이해하였다. 無極이면서 太極인 一理의 근원으로부터 파생되어 陰陽·五行의 작용을 통해 사람이 생겨나며, 신명사는 그렇게 형성된 사람의 몸 안에 자리를 마련하게 된다고 하였다.

> 德을 의지하고 禮에 근거하며, 다시 信義로써 다져 기틀을 공고히 하였네. 많은 善을 서까래로 삼아 단단히 연결하고, 三綱을 기둥으로 세워 튼튼히 지탱하게 했네. 크고 중후한 仁山을 마주 바라보고, 맑은 물결의 智水을 마시네. 활짝 만개한 肝木 그늘을 드리우고, 곱고 청정한 脾土 가득히 메워있네. 참으로 형세가 평이하니, 어찌 괴이하고 험악하리요?[7]

---

[6] 上同. "援無極而玄想 究權輿之經始 自寅開之初載 匆化化於一理 運二氣之妙機 凝五行之極致 茲經綸而散施 奠茲舍於腔子"

셋째 단락은 신명사의 구조를 설명하였다. 德과 禮를 기반으로 삼으며, 그 위에 다시 信義로써 다져 기틀을 공고히 하였다. 여러 善들을 서까래로 삼아 단단히 연결하고, 三綱을 기둥으로 세웠다. 집 앞으로는 仁山이 마주 보이고, 智水의 물가에 임해 그 물을 마신다. 肝木은 꽃그늘을 아름답게 드리우고 있으며, 곱고 청정한 脾土가 가득히 메워져 있다. 이렇게 세워진 신명사는 야단스럽거나 별난 모습을 추구하는 것이 아니라, 평이한 형세를 지니고 있다.

> 하지만 주인이 없으면 혼란하니, 天君에게 명하여 거주하게 했네. 한 집의 주재자가 되어, 찬란한 이름 밝게 걸려 있네. 온갖 이치를 모두 갖추고서, 크고 작은 무수한 일에 응한다네. 일상의 정밀하거나 거친 이치이거나 간에, 무엇인들 허령한 마음에 근본하지 않겠는가? 자식으로 효도하고 신하로서 충성하며, 부모로서 자애롭고 임금으로서 명철하네. 모두 이 집으로 말미암아 밝고 밝아, 각기 운용하고 헤아려 어긋나지 않네. 신명이 이루어낸 일이건만, 오묘하여 헤아리기 어렵네. 햇빛이 비추고 하늘이 갠 것처럼, 신령이 들어오고 잡귀가 나간 듯. 두루 포괄하여 사물의 골간이 되니, 마땅히 군자가 주인 삼을 바이네.8)

넷째 단락은 신명사의 본체와 작용을 설명하였다. 신명사의 주인은 天君이다. 천군이 주재하는 신명사는 온갖 이치를 갖추고서 만사에 응한다. 신명사에 대한 이와 같은 묘사는 다름 아닌 주자가 明德을 풀이한 것에 근거하고 있다. 주자는 "명덕이란 사람이 하늘로부터 얻은 것으로서 虛靈

---

7) 上同. "旣依德而據禮 又築信而鞏基 椽衆善而固結 棟三綱而善持 對仁山之博厚 蘸智水之淸波 蔭肝木之敷榮 鎭脾土之靜嘉 信體勢之平易 豈怪惡而險阿"

8) 上同. "然無主則乃亂 命天君而是宅 作一舍之主宰 儼渙號之昭揭 總具我之衆理 應萬事之巨細 彼日用之精粗 孰不本於虛靈 子而孝兮臣而忠 父而慈兮君而明 咸明明於玆舍 各運斟而不忒 是神明之所致 固厥妙之叵測 若日曬而天晴 似神入而鬼出 猗包括而體物 宜君子之攸適"

하여 어둡지 않아 衆理를 갖추고서 萬事에 응하는 것이다[明德者 人之所得 乎天 而虛靈不昧 以具衆理 而應萬事者也].”라고 설명하였다.

이 부분은 주목할 만한 점이다. 구암은 천군이 주재하는 신명사를 일 반적인 ‘心’이 아니라 『大學』의 ‘明德’으로 파악하였다. 첫째 단락에서 “마 음속 허령한 곳을 돌아보니, 신명사가 내려다보이네.”라고 표현한 구절을 심상하게 넘길 수 없는 이유가 바로 여기에 있다. 구암은 신명사를 명덕 으로 해석함으로써 성리학적 체계 속에서 그 개념을 자리매김하였다.

이와 같은 맥락에서 구암은 신명사의 본체와 작용을 명덕과 동일한 것 으로 파악하였다. 일상의 온갖 일들과 그 속에 내재한 이치가 모두 허령 한 신명사에 근본하며, 子孝·臣忠·父慈·君明 등의 윤리도 이것으로부 터 나온다. 그러므로 신명사는 군자가 주인으로 삼아 공경해야 하는 것이 다.

> 그런데 道心은 은미하여, 向背가 한결같지 않네. 가까운 곳에 두고도 소란스 레 멀리서 찾으니, 마침내 잡귀의 집에서 넘어지리라. 보아도 보이지 않고 들어도 들리지 않으니, 도깨비와 더불어 이웃으로 지내네. 이런 까닭에 군 자가 敬을 주로 하며, 넓고 넓은 天眞을 양성한다네. 誠意의 관문을 통하여 출입하니, 외침이 틈타지 못하게 막아내네. 利慾의 비바람이 거세게 몰아쳐 도, 서까래 하나 기울어지지 않네.9)

다섯째 단락은 신명사를 보존하는 방법에 대해 설명하였다. 모든 사람 들의 마음속에 신명사가 자리하고 있다. 하지만 올바른 도리를 추구하는 道心은 은미하고 욕망을 채우려는 人心은 강렬하여 신명사를 보존하느냐 그렇지 못하느냐의 向背가 달라진다. 또한 모든 이치를 갖추고서 온갖 일

---

9) 上同. “然道心之惟微　有向背之不一　紛在邇而求遠　竟顚倒於鬼室　視不見兮聽無聞 與魑魅而爲隣　故君子之主敬　養浩浩之天眞　關誠意而出入　杜外侮之來窺　雖利慾之 風雨　曾一榱之不欹”

을 처리할 수 있는 신명사가 바로 자신의 마음속에 있음에도 불구하고, 사람들은 자기로부터 가장 가까운 내면의 신명사를 버리고 외면의 무엇을 찾아 헤맨다. 그리하여 『대학』에서 "마음이 있지 않으면 보아도 보이지 않고 들어도 들리지 않으며 먹어도 맛을 알지 못한다."라고 말한 상태로 추락하여 도깨비와 더불어 이웃으로 지내며 살아간다. 이것은 남명이 「신명사도」에서 표기한 鬼·夢의 상태라 할 수 있다.

구암은 일반적인 사람들이 신명사를 보존하지 못하여 이처럼 잘못된 상태로 살아가는 것을 지적한 후, 신명사를 보존할 수 있는 방법을 제시하였다. 敬을 주로 하여 넓고 넓은 天眞을 양성하며, 誠意의 관문을 엄하게 단속하여 외부의 사물이 틈타지 못하게 막아내는 것이다. 주자는 致知와 誠意에 대해, "致知와 誠意는 학자에게 있어 두 개의 관문이다. 치지는 夢과 覺의 관문이요, 誠意는 善과 惡의 관문이다. 치지의 관문을 통과할 수 있다면 覺하게 되며 그렇지 못하다면 夢하게 된다. 성의의 관문을 통과할 수 있다면 善하게 되고 그렇지 못하다면 惡하게 된다."[10]라고 그 중요성을 강조하였다. 남명이 「신명사도」에서 성곽 밖에 鬼·夢을 표기한 것은 주자의 이 설을 계승한 것이며,[11] 구암 역시 동일한 맥락에서 마음 수양에 있어 誠意가 가지는 중요성을 공감하였다고 이해할 수 있다.

구암이 신명사를 보존하는 방법에 관해 설명하면서 敬과 誠意만 언급하고, 義에 관해서 말하지 않은 것은 무엇일까? 이 역시 주자의 설과 남명의 「신명사도」에서 그 답을 얻을 수 있다. 주자는 "敬은 비유하자면 거울과 같으니, 義는 이 거울이 사물을 비출 수 있는 것이다."[12]라고 하였다. 그리고 "敬에는 죽은 敬이 있고 살아있는 敬이 있다. 만약 '主一'의 敬만을

---

10) 朱熹, 『大學章句』, 「經1章」 '古之欲明明德於天下者'節 細註(학문문화사 영인본 49쪽). "誠意 是人鬼關 過此一關 方會進 格物 是夢覺關"

11) 曺植 엮음·경상대학교 남명학연구소 역주, 『사람의 길 배움의 길 - 學記類編』, 한길사, 183쪽. "誠意 是人鬼關 過此一關 方會進 格物 是夢覺關"

12) 朱熹, 『朱子語類』 69卷, 「易五」. "朱子曰 敬比如鏡 義便是能照底"

고집하다가 일을 만났을 적에 義로써 재단하여 시비를 분변할 수 없다면 살아있지 않은 것이다. 익숙해진 후 敬 속에 義가 있으며 義 가운데 敬이 있어 고요할 적에는 敬과 不敬을 살피고 움직일 때에는 義과 不義를 살피게 된다. 문을 나서서는 大賓을 만난 듯이 하며 백성을 부릴 적에는 大祭를 받들 듯이 한다면, 不敬이 어느 때에 생기겠는가? 앉아 있을 때에는 尸童처럼 하며 서 있을 적에는 재계하는 듯이 한다면, 不敬이 어느 때에 일어나겠는가? 모름지기 敬·義를 함께 유지하여 끝없이 순환한다면 내면과 외형이 서로 통하여 막힘이 없을 것이다.”13)라고 하였다.

이처럼 주자는 敬과 義를 體用의 관점에서 이해하여 본체가 함양된다면 작용이 올바르게 되며 작용이 제대로 실행될 때 본체가 온전히 발현될 수 있는 것으로 설명하였다. 그러므로 남명이 「신명사도」에서 敬을 성곽의 중앙에 표기하여 그 역할의 중요성을 강조한 것에 비해 義를 별도로 표기하지 않은 것과 구암이 이 단락에서 敬과 誠意만을 언급한 까닭은 敬을 통한 내면의 함양이 제대로 이루어진다면 외물과 접하여 처리하는 義의 실현이 자연스레 올바르게 된다고 이해하였기 때문이라고 볼 수 있다.

> 옛 성인들 우러러 생각해보니, 그분들 善에 거처하고 中庸을 지켰네. 요임금 순임금 전수하신 말씀 아름답고, 탕임금 무왕 세우신 표준 기뻐하네. 하물며 여러 길 높다란 담장 안에, 孔子 행하신 중용이 있음에랴. 아아 杏壇의 풀이 시들어, 후대의 자취 끊어짐을 슬퍼하네. 그러나 이 집이 그대로 있으니, 濂溪와 洛陽에서 다시 빛을 밝혔네.14)

---

13) 『性理大全』 제46권, 「學四 存養」. “敬有死敬 有活敬 若只守着主一之敬 遇事不齊 之以義 辨其是非 則不活 若熟後敬便有義 義便有敬 靜則察其敬與不敬 動則察其義 與不義 如出門如見大賓 使民如承大祭 不敬時如何 坐如尸立如齊 不敬時如何 須敬 義夾持 循環無端 則內外透徹”

14) 李楨, 『龜巖集』 續集 卷1, 「神明舍賦」. “仰往古之羣聖 咸善宅而中規 嘉堯舜之相傳 喜湯武之建極 況數仞之墻高 有將聖之允執 噫杏壇之草沒 悲後代之絶迹 然茲舍之自 若 復潤輝於濂洛”

여섯째 단락은 성현의 心法 전수와 中庸을 말하였다. 성리학적 도통론에 입각하여 유가의 心法은 堯·舜으로부터 전수되어 湯·武를 거쳐 孔子에 의해 찬란한 꽃을 피웠으며, 이후 오랜 세월 동안 끊어졌다가 송대 濂洛關閩의 제현들에 의해 다시 부흥하게 되었다고 설명하였다. 그리고 유가 心法의 최고 핵심은 中庸이라고 밝혔다. 이 부분에서 구암의 마음 수양이 지향하는 목표를 알 수 있다. 그가 마음을 수양함으로써 궁극적으로 도달하고자 한 것은 中庸의 온전한 실천을 통해 유가의 성현들이 전수하고 실천하신 心法을 계승하고 그 분들처럼 높은 인격을 성취하는 것이다. 구암이 주자의 해설에 따라 『중용』을 성리학적으로 파악하되, 道體, 즉 형이상학적 본체론 보다는 수양론에 중점을 둔 것[15]도 이것과 무관하지 않으리라 생각된다.

> 부지런히 씻고 닦아 때를 벗기며, 지저분한 찌꺼기를 제거하네. 나의 뜻이 이것에 있으니, 잠시라도 게을리 할 수 있으랴? 은미한 데에서 지키고 살피노니, 천군께 고하여 스스로 경계하네.[16]

일곱째 단락은 마음 수양의 의지와 결심을 밝혔다. 자신이 추구하는 삶의 지향이 마음을 수양하는 데 있으므로, 잠시라도 게을리 할 수 없고 은미한 곳에서도 지키며 살핀다고 하였다. 그리고 마음 수양의 의지와 결심이 해이해지지 않도록 천군에게 고하여 자신을 신칙하였다.

> 箴에 이르길, 나에게 한 집이 있으니 性과 情을 통섭한다네. 왼쪽은 天根에 연결되어 있고, 오른쪽은 道境에 접하고 있네. 내가 어찌 남에게 줄 수 있으

---

15) 이세동, 「龜巖 李楨의 中庸學」, 『퇴계학과 한국문화』 제44호, 경북대학교 퇴계학연구소, 2009, 288~289쪽.

16) 李楨, 『龜巖集』 續集 卷1, 「神明舍賦」. "勤藻雪而滌垢 去查滓之溷濁 我所志之在兹 敢怠忽於頃刻 肆存省於隱微 告天君而自飭"

며, 남도 어찌 나에게서 빼앗을 수 있으랴! 敬이여! 義여! 반듯하고 곧게 하
라. 神이여! 明이여! 활짝 열고 넓혀라. 공경하여라, 신명사가 있음이여! 비
우지도 황폐하게도 말지니, 성곽처럼 굳게 지킬지어다.17)

　여덟째 단락은 箴의 형식으로 전체적인 내용을 총괄하였다. 사람의 몸
속에 자리하고 있는 신명사는 性과 情을 통섭하는 것이라고 하였다. 이
말은 성리학의 핵심 명제인 '心統性情'과 같은 뜻으로, 신명사와 마음을
동일한 것으로 파악하고 있다. 넷째 단락에서는 신명사가 명덕과 동일한
것으로 표현하였는데, 여기에서는 일반적인 마음과 같은 것으로 설명하
였다. 이 두 표현이 서로 모순되는 듯하지만, '主宰의 主體'라는 측면에서
서로 통한다. 명덕은 온갖 이치를 모두 갖추고서 크고 작은 무수한 일에
응하는 것이며, 心統性情의 心은 性과 情을 주재하고 통솔하는 것이다. 따
라서 천군이 주재하여 다스린다는 의미에서, 신명사의 개념은 명덕 및 심
통성정과 상호 호환될 수 있다.
　天根은 동방의 별이름인데 여기서는 품부 받은 천성을 상징하며, 道境
은 도통을 수수하는 경지를 의미한다. 신명사에서 천군이 성정을 잘 통섭
함으로써 도통을 수수하는 성인의 경지에 이를 수 있다. 이것은 남에게
줄 수도 없는 것이고 남이 빼앗아갈 수도 없는 것이다.18)
　구암은 결말 부분에서 신명사를 보존하기 위해 '敬以直內'와 '義以方外'
의 수양이 필요함을 다시 한 번 역설하였다. 敬과 義가 있어야 신명사의
'神明'함이 활짝 열리고 넓혀질 수 있기 때문이다. 그런데 敬·義를 통한
마음의 수양은 한 때의 노력을 통해 성취할 수 있는 것이 아니다. 잠시라
도 비우거나 황폐하게 해서는 안 되며, 성곽을 굳게 지키듯이 언제나 깨

---

17) 上同. "箴曰 我有一舍 統攝情性 左連天根 右接道境 我豈與人 人豈我奪 敬乎義乎
　　 方之直之 神也明也 闢矣廓矣 敬哉有舍兮 毋曠毋荒 守之如郭"

18) 이상필, 「龜巖 李楨의 學問 標的 -「神明舍賦」의 분석을 중심으로-」, 『남명학연
　　 구』 제23집, 남명학연구소, 2007a, 280쪽.

어서 경계하고 삼가야 한다. 구암이 「신명사부」의 끝부분에서 箴의 형식을 통해 마음 수양의 치열하고 부단한 노력을 환기시켜 강조한 까닭은 그가 이 글을 지은 목적이 어디에 있는가를 드러낸 것이라고 이해할 수 있다.

이상의 내용을 요약하자면, 구암의 「신명사부」는 남명의 「신명사도명」을 계승하여 마음의 주재성을 강조하고 경과 의의 수양법을 역설하였다. 그리고 치열하고 부단한 노력을 쏟아 성현이 이룩한 마음 수양의 경지에까지 도달하고자 하였다.

다른 한편으로 구암은 신명사의 개념을 성리학적 이론 속에서 정립하였으며, 마음 수양의 최고점을 유가 성현의 도통론에서 파악하여 중용을 강조하였다. 남명의 「신명사도명」이 마음 수양의 구체적 방법과 전개 과정을 생생하게 표현한 것이 특징이라고 한다면, 구암의 「신명사부」는 마음 수양의 당위성과 목표를 성리학적 관점에서 이해하고 실천하려 한 것이라고 구분해 볼 수 있다.

2. 東岡 金宇顒의 「天君傳」

東岡 金宇顒(1540-1603)은 남명의 친구 七峰 金希參(1507-1560)의 아들로, 1563년 남명의 外孫壻가 되고 이후 자주 남명을 배알하였다. 그는 1563년에 처음 남명에게 執贄했는데, 이 때 남명으로부터 '惺惺子'라는 喚醒用 도구를 받고, 1566년에 「神明舍圖」와 「神明舍銘」을 참고로 「天君傳」을 짓기를 命받았다.[19] 남명의 학문과 수양에 있어 「신명사도명」과 성성자가 가지는 의미가 각별한 것임을 생각할 때, 남명이 동강에게 건 기대가 얼마나 큰 것이었던가는 이 두 가지 일을 통해 짐작하고도 남음이 있다.

동강의 「천군전」은 5단락으로 구분해 볼 수 있다. 첫째 단락은 도입부

---

19) 이상필, 『남명학파의 형성과 전개』, 와우출판사, 2005, 108~109쪽.

로서 ‘天君’과 ‘有人國’의 기원에 대해 설명하였다. 천군은 乾元帝의 胤子인데, 하늘을 다스리는 아버지의 명을 받아 下土의 萬國을 다스리게 되었다. 명을 내릴 적에 仁義之室[20] · 禮智之琛과 같은 王府의 진귀한 보물을 하사하였으며, ‘敬이 勝하면 길하고 怠가 勝하면 멸망할 것이라’는 말로 경계시켰다. 그리고 太史에게 有人國의 疆域을 구획하고 胤子를 이곳에 봉하도록 명하였다. 이에 유인국의 백성들이 윤자를 높여 천군이라고 존칭하였다. 천군의 초명은 ‘理’인데, 유인국에 봉해진 후에 이름을 ‘心’이라고 고쳤다.[21]

둘째, 셋째, 넷째 단락은 천군이 처음 즉위하여 통치 기반을 이룩하고 올바르게 나라를 다스린 일로부터 간신의 꾐에 빠져 향락을 추구하다가 나라를 잃은 후 잘못을 뉘우치고 각고의 노력을 한 끝에 다시 나라를 회복하는 과정을 서사적으로 그리고 있는 행적부에 해당한다. 둘째 단락은 천군의 즉위 원년에 神明殿에서 조회를 받으며 太宰 敬 · 百揆 義와 더불어 君臣 간에 서로 권면하고 경계하는 것을 묘사하였다. 천군이 두 재상의 말을 깊이 받아들였으므로, 그들은 충성을 다할 수 있었다. 그리고 여러 신하들이 크게 화합하고 나라 안이 잘 다스려졌으며, 천하만국이 모두 유인국에 속하였다.

셋째 단락은 천군이 말년에 八駿馬를 타고 마음대로 주유하다가 결국 나라를 잃게 되는 것을 묘사하였다. 먼저 公子 懈와 公孫 傲가 일을 꾸며

---

[20] 전후 문맥과 뒷부분의 禮智之琛 · 軒轅氏之珠 · 隋侯之璧 등과의 조응을 생각해 볼 때, 仁義之室의 ‘室’자는 ‘宝’자의 誤字가 아닐까 의심된다.

[21] 理一分殊의 관점에서 乾元帝를 ‘本原之理’로 이해하고, 天君을 ‘分殊之理’로 해석하는 데에는 별다른 이견이 없다고 생각된다. 그런데 천군의 초명이 ‘理’였다가 유인국에 봉해진 후 ‘心’으로 바뀌었다는 것은 성리학적 측면에서 중요한 논쟁점이 될 수 있다. 理와 心을 동일한 것으로 파악한 것은 한주학파의 ‘心卽理說’과 맥락을 같이 한다고 볼 수 있기 때문이다. 이 문제는 동강의 理氣心性論을 이해함에 있어 중요한 것일 뿐만 아니라, 남명학파 성리설의 특징과 의의를 규명하는 데에까지 논의를 진전시킬 수 있지 않을까 기대한다.

태재 경이 쫓겨나고 백규 의가 떠나가게 된다. 다음으로 銀海路의 妖賊인 華督 등이 三關에서 처음으로 난을 일으킨다. 銀海는 도교와 의학에서 사람의 눈을 가리키는 말이며, 三關은 눈·귀·입에 해당한다. 마침내 도적이 유인국의 수도인 胸海를 습격하였는데, 천군이 밖에서 주유하고 있어 아무런 방비가 없었으므로 칼날에 피 한 방울 묻히지 않고 성곽에 들어갈 수 있었다. 靈臺 아래에서 유인국의 군사들이 크게 패하였고, 장군 剛은 전사하였다. 도적의 우두머리 柳跖이 스스로 임금이 되어 方寸臺에 거처하였으며, 궁궐을 비롯한 온 나라가 도적에 의해 무참히 더럽혀졌다.

넷째 단락은 천군이 나라를 잃은 후 뒤늦게 뉘우치고 각고의 노력을 통해 다시 나라를 회복하는 과정을 그리고 있다. 천군이 나라를 잃자 대대로 벼슬을 지낸 가문이나 신하들마저 모두 떠나갔다. 그런데 오직 公子 良이 차마 떠나가지 못하고 祈招의 시를 지어 간언하였다. 이에 천군이 깊이 뉘우쳐 수레의 방향을 돌이키고 흩어진 병사들을 수습하였으며, 태재 경을 다시 재상의 자리에 앉혔다. 그러자 백성들이 구름처럼 몰려들었다. 나라를 회복하겠다고 기약한 지 10년 만에 천군이 다시 국경 안으로 들어갈 수 있었다. 大將軍 克己가 四勿旗를 세우고 선봉에 섰으며, 公子 志는 원수로서 무리를 통솔하였다. 대장군 극기의 孤軍이 적진에 깊이 들어가 생사의 기로에서 적들과 맞붙어 필사의 각오로 싸워 크게 무찔렀다. 드디어 천군이 신명전에 다시 오르게 되었으며, 백규 의가 돌아와 태재 경과 함께 안팎을 나누어 다스렸다. 이후로도 적들이 여러 차례 변방을 침입하였지만 굳건히 방비하여 물리쳤다.

마지막인 다섯째 단락은 太史公이 전체를 총괄하여 평하는 것으로 논평부에 해당한다. 태사공은 천군이 유인국을 잘 다스릴 수 있었던 까닭은 오로지 태재 경으로 인한 것이며, 태재 경의 존재 여부에 따라 나라를 얻기도 하고 잃기도 한다고 논평하였다.

동강의 「천군전」은 이와 같이 5단락의 서사 구조를 가지고 있는데, 이 가운데 넷째 단락이 가장 특징적인 면모를 보여준다. 넷째 단락을 네 부분으로 나누어 자세히 살펴보기로 하겠다.

天君이 나라를 잃게 되자 대대로 벼슬한 가문이나 신하 중에서도 따르는 이가 한 명도 없었다. 다만 公子 良이 그 와중에 일을 주선하였는데, 비록 쓰이지는 못했지만 차마 버리고 떠나지 못했다. 그리하여 祈招의 시를 지어 천군을 경계시켰다. 천군이 비통하게 돌이켜 뉘우침이 있어 즉시 수레를 정비하여 방향을 돌이키도록 명하였다. 흩어진 병졸들을 불러 모으고 太宰 敬이 행재소에 나아오자 본래의 지위로 회복시키니, 이에 백성들이 구름처럼 몰려들었다.[22]

華督 등이 눈·귀·입의 三關에서 먼저 난리를 일으키자 여기저기에서 도적들이 봉기하였다. 수도인 胸海가 함락되었으며, 천군의 군대가 靈臺 아래에서 패전하고 將軍 剛이 전사하였다. 柳跖이 스스로 임금이 되어 方村臺에 들어가 거하였으며, 궁전을 비롯한 온 나라가 추악한 자들에 의해 더럽혀졌다.

더욱이 公子 懈와 公孫 傲 등의 농간으로 태재 경이 쫓겨나고 백규 의가 떠난 상황에서, 임금과 나라를 위해 나서서 힘쓰는 사람이 아무도 없었다. 이 때 오직 公子 良이 일을 주선하여 수고를 하였으며, 祈招의 시를 지어 천군의 마음을 돌이키게 하였다. 그 다음으로 태재 경을 다시 재상의 자리에 회복시켰다.

동강은 마음을 亡失한 상태에서 다시 회복하기 위해서는 무엇보다 먼저 良心의 깨우침이 있다고 보았다. 꺼지지 않은 불씨처럼 마음속 깊이 남아 있었던 良心의 목소리가 자신의 상황을 돌아보게 하고 뉘우치게 하

---

[22] 金宇顒, 『東岡集』 卷4, 「天君傳」. "天君旣失國 故家遺臣無一從者 惟公子良 尙周旋 其間 雖不見庸 不忍棄去 乃作祈招之詩 以警其君 君惻然省悟 卽命整駕回轡 收召 散卒 太宰敬詣行在 使復其位 於是百姓雲集"

는 것이다. 양심을 통해 그러한 반성과 돌이킴이 있은 연후에 持敬에 의
한 내면의 안정을 되찾는 데로 나아갈 수 있다고 본 것이다.

> 나라를 회복할 것을 기약한 지 10년 만에 천군은 다시 국경[殼子] 안에 들어
> 갔다. 大將軍 克己가 四勿旅를 세우고 선봉이 되었으며, 公子 志는 무리를 통
> 솔하여 원수가 되었다. 대장군의 孤軍이 적진으로 깊이 들어가 생사의 기로
> 에서 적과 맞붙었는데, 밥해 먹던 솥도 깨부수고 주둔하던 막사도 불사르도
> 록 명하여 사졸들에게 必死의 각오를 보였다. 백 번이나 혈전을 벌인 끝에
> 적들이 크게 궤멸되었고, 천군은 神明殿에서 왕위를 바르게 할 수 있었다.
> 百揆 義도 돌아와 태재 경과 함께 안팎을 나누어 다스렸다.23)

천군이 반성하고 뉘우쳤다고 해서 금방 나라를 되찾을 수 있는 것이
아니다. 무려 10년이라는 긴 시간이 걸려서야 국경 안에 들어갈 수 있었
다. 公子 志는 원수로서 무리를 통솔하여 안정된 질서를 유지하였다. 그
리고 大將軍 克己는 孤軍奮鬪하여 생사의 기로에서 목숨을 건 전투를 벌
였다. 밥해 먹던 솥도 깨부수고 주둔하던 막사도 불사르도록 명하여 죽지
않고는 결코 돌아오지 않으리라는 사생결단의 각오를 가지고 전투에 임
하였다. 그리하여 백 번의 전투를 벌인 끝에 적들이 크게 궤멸되었으며,
천군은 왕위에 다시 오를 수 있었다. 이러한 안정을 되찾자 百揆 義도 다
시 돌아와 태재 경과 함께 內外를 나누어 다스렸다.

동강은 이 대목에서 마음의 본래성을 회복하기 위해서는 통렬한 각오
와 치열한 노력을 얼마나 쏟아야 하는가에 대해 분명하게 보여주고 있다.
이겨도 되고 져도 되는 그런 싸움이 아니라, 죽을 각오로 반드시 이겨내
야 하는 그런 싸움이며 수양이다. 이것은 다름 아닌 남명이 견지한 '廝殺

---

23) 金宇顒, 『東岡集』 卷4, 「天君傳」. "克期恢復十年 天君復入殼子裏 大將軍克己 建四
勿旅爲前鋒 公子志 統大衆爲元帥 大將軍孤軍深入 遇賊于生死路頭 命破釜甑 燒廬
舍 視士卒必死 血戰百合 賊衆大潰 君正位于神明殿 百揆義亦來 太宰分治內外"

的 存養省察'의 수양법을 서사를 통해 역동적으로 그려내고 있는 것이다. 「浴川」이란 시에서 "만약 五臟 안에 티끌이 생긴다면, 지금 당장 배를 갈라 흐르는 물에 부쳐 보내리라."라고 표현한 것을 통해 선명하게 볼 수 있듯이, 남명은 私欲 또는 惡念이 일어났을 경우 이를 물리치지 못하면 곧 죽음뿐이라는 철두철미한 '廝殺'의 정신 자세를 견지하였다.[24]

> 태재 경이 임금에게 권하여 성벽을 견고히 하고 들판을 깨끗이 하며 要害處를 진압하게 하였다. 적의 무리가 여러 번 변방을 침입하였지만, 대장군이 기세를 엄하게 하여 성곽을 순시하자 적들이 모두 달아나 감히 그 칼끝을 당해낼 수 없었다. 대장군이 추격하여 모조리 베어버리고 병사를 진격시켜 그들의 소굴을 뒤엎었다. 乾元帝가 내려주신 영역을 전부 회복하고 군대가 돌아와 丹墀에서 勝捷을 고하였다.[25]

천군이 왕위로 오르고 태재 경과 백규 의가 재상의 지위로 돌아왔다고 해서 완전한 회복이 이루어진 것이 아니다. 성벽을 견고히 하고 들판을 깨끗이 정리하며 요해처를 진압해야 한다. 그리고 여전히 수시로 침범하는 적의 무리를 추상같은 기세로 몰아붙여 모조리 베어버리고 근거지를 소탕해야 한다. 그리하여 乾元帝가 내려주신 본래의 영역을 온전히 회복한 후에야 丹墀에서 승첩을 고할 수 있는 것이다.

> 이로부터 三宮이 안정되고 사방의 들판은 고요하며 천리땅 국토가 깨끗하여 흠이 없었다. 천군이 두 손을 모으고 옷을 드리운 채 있어도 나라가 잘 다스

---

24) 이상필, 『남명학파의 형성과 전개』, 와우출판사, 2005, 62쪽.

25) 金宇顒, 『東岡集』 卷4, 「天君傳」. "克期恢復十年 天君復入殼子裏 大將軍克己 建四勿旗爲前鋒 公子志 統大衆爲元帥 大將軍孤軍深入 遇賊于生死路頭 命破釜甑 燒廬舍 視士卒必死 血戰百合 賊衆大潰 君正位于神明殿 百揆義亦來 太宰分治內外 太宰勸上 堅壁淸野 控制要害 賊黨數犯邊 大將軍厲氣巡城 賊皆却走 莫敢當其鋒 將軍追擊盡斬之 進兵覆其巢穴 盡復乾元帝所賜之地界 師還告捷于丹墀"

려졌다. 태재 경은 천군의 덕을 보좌하여 萬化의 근본을 맑게 하였으며, 백규 의는 일의 변화에 응하여 一本의 작용을 베풀었다. 각자 자신의 직분을 공손히 행하여 나라에 아무런 일이 없었다. 임금이 재위한 지 백년 만에 六龍을 타고 건원제의 조정에 조회하러 갔다가 돌아오지 않았다.[26]

마지막 부분에서는 본래의 모습을 되찾은 유인국의 풍경을 묘사하고 있다. 三宮은 안정되고 사방의 들판은 고요하며 온 국토가 깨끗해져 흠이 없었다. 그리고 堯舜의 태평시절과 같이 임금이 나서서 통치하지 않아도 나라가 저절로 다스려졌다. 태재와 백규 두 재상이 자신의 역할을 충실히 수행하고, 다른 신하들도 자신의 직분을 공손히 행하였다.

여기에서 태재 경과 백규 의가 맡은 역할에 관한 설명을 주목할 필요가 있다. 이것은 동강이 敬과 義를 어떻게 이해하고 있는가를 알 수 있는 것이기 때문이다. 동강은 태재 경에 대해 '천군의 덕을 보좌하여 萬化의 근본을 맑게 한다'고 하였는데, 마음의 본래성을 보존하고 함양하는 의미로서 存養省察에 해당한다. 백규 의에 대해서는 '일의 변화에 응하여 一本의 작용을 베푼다'고 말하였는데, 외부의 사물에 접하여 마음의 본래성을 발휘하여 베푼다는 뜻으로서 處事接物이라고 할 수 있다. 그렇다면 萬化의 근본이 맑아야 一本의 작용이 올바르게 베풀어질 수 있으므로, 敬을 통한 廝殺的 存養省察이 이루어진 후에야 義에 의한 方斷的 處事接物이 제대로 발휘될 수 있는 것이다.

이러한 맥락을 고찰할 때, '태재를 쫓아내자 백규가 지위를 불안하여 여겨 떠나갔다', '백규 의도 돌아와 태재와 함께 내외를 나누어 다스렸다' 등의 표현이 비로소 이해가 된다. 그리고 마지막 단락에서 '천군이 임금 노릇을 할 수 있었던 것은 태재 경의 보좌에 힘입은 것이다'라고 말하여

---

26) 金宇顒, 『東岡集』 卷4, 「天君傳」. "自是三宮淸晏 四野寧謐 金甌千里 瑩淨無痕 天君拱己垂衣而治 太宰輔君德以淸萬化之本 百揆應事變以宣一本之用 各恭其職 國家無事 上在位一百年 乘六龍朝帝庭不還"

백규 의에 대한 언급이 없는 것과 남명의 「신명사도명」에서 冢宰로서의
敬을 義에 비해 절대적으로 부각시키고 있는 점에 대한 의문이 풀릴 수
있다. 경과 의를 체용론의 관점에서 이해하였기 때문에, 본체인 경에 대
한 강조는 작용으로서의 의가 항상 그 이면에 맞물려 있음을 알 수 있다.

  동강의 「천군전」은 「신명사도」·「신명사명」에 함축되어 있는 남명의
心學과 修心法을 傳이라는 형식을 통해 서사적으로 생생하게 묘사하였다.
그림으로 그려진 「신명사도」의 平面的 停止를 서사의 방법을 통해 力動的
展開로 서술하였으며, 銘으로 표현된 「신명사명」의 함축성을 傳의 형식을
통해 자세하게 묘사하였다. 심성의 원리는 추상적인 개념으로 논술되어
이해하기 어려운 점이 있기에 圖와 銘을 통해 난해한 심성의 원리를 설명
하고 한 것이 「신명사도」와 「신명사명」이라면,27) 「천군전」은 圖와 銘이
가지는 제한성을 다른 측면에서 보완하여 계승하고 있는 것이다.

  아울러 「천군전」은 남명이 견지한 敬과 義의 상호연관성을 자세하게
설명한 반면, 특히 敬의 '廝殺的 存養省察'에 더욱 밀착하여 생생하게 묘사
함으로써 마음 수양의 단호하고 준엄한 면모를 역동적으로 드러낸 것이
특징이라 할 수 있다.

3. 寒沙 姜大遂의 「神明舍記」

  1614년 2월에 桐溪 鄭蘊(1569-1641)은 永昌大君을 살해한 江華府使 鄭沆
을 목베고 영창대군의 位號를 追復해야 한다는 내용의 「甲寅封事」를 올렸
다. 來庵 鄭仁弘(1536-1623)의 문인들 가운데 급제한 인물은 중앙정계에
진출하여, 동계의 일로 인해 두 부류로 나뉘었다. 동계의 주장에 찬동했
던 이는 中北으로 분류되며, 이들은 광해군 정권 동안에 유배를 가기도
하고 유배지에서 죽기도 하였는데, 인조반정 이후에도 살아 있었던 사람

---

27) 정현섭, 『天君傳』의 意味構造와 思想的 演繹」, 경상대학교 한문학과 석사학위
    논문, 2004, 45쪽.

들은 다시 벼슬길에 나서기도 하였다. 동계의 주장을 외면하였던 인물은 大北으로 분류되는데, 이들은 광해조 후반기에 淸要職을 두루 맡았었고 인조반정 이후에는 伏誅 또는 竄逐당하거나 廢錮당하였다.[28] 寒沙 姜大遂 (1591-1658)는 中北에 속한 인물로, 1615년(광해군 7년) 2월에 동계를 斗護 한다고 탄핵을 받아 削奪官職되고 강원도 淮陽으로 유배되었다가 1623년 仁祖反正이 일어나 다시 벼슬길로 나아갔다.

「신명사기」는 회양으로 귀양 갔을 때인 1620년에 지은 것으로, 크게 3단락으로 구분해 볼 수 있다. 첫째 단락은 신명사의 유래에 대해 설명하였다. 冲漠의 고을 丹田 위에 집 한 채가 있는데, 神妙不測하고 虛靈不昧하여 '神明' 또는 '靈坮'로 일컬어진다고 하였다. 둥근 하늘과 네모진 땅을 본받아 지어졌고 仁山이 鎭定하고 智水가 둘러쳐 있으며 환하게 툭 트인 언덕 위에 자리하고 넓고 큰 연못가에 임해 있어 높고도 아름답다고 묘사하였다.

둘째 단락은 손님과 신명사의 주인이 문답하는 형식으로 구성되어 있으며, 주인의 말을 빌려 신명사의 構造와 功能을 설명하였다. 신명사는 인공의 재료나 노력을 통해 지어진 것이 아니다. 博厚를 터전으로 삼았기에 上下·四方이 창문과 뜰 밖으로 벗어나지 않으며, 高明의 동량을 세웠으므로 고금의 왕래가 문 안에 包容된다. 喜·怒·哀·樂·愛·惡·欲 등이 여기에서 나오고, 親親貴貴·是是非非·善善惡惡 등이 이 곳에 포괄되어 있다. 內外도 없고 方位도 없으며, 虛靈하고 洞徹하며, 열리고 닫히며 늘어나고 줄어든다. 그러므로 천년의 日至도 앉아서 알 수 있고, 수많은 사물의 온갖 변화를 앉아서 다스릴 수 있으며, 귀신과 더불어 신령스러움을 같이 하고 일월과 함께 나란히 밝다고 설명한 후, '神明舍'라는 이름이 붙여진 까닭이 바로 이러한 점에 있다고 밝혔다.

---

[28] 이상필, 『남명학파의 형성과 전개』, 와우출판사, 2005, 147~148쪽.

太極이 처음 갈라져 나와 天·地·人의 三才가 나란히 생길 때로부터 사람에게 신명사가 있었는데, 天子이기 때문에 다른 사람보다 더 화려하거나 크지 않으며 匹夫라고 해서 작거나 소박하지 않다. 신명사가 土階 위 하늘에 지어져 있으므로 높고 우뚝하며, 瑤臺의 해를 잃게 되면 깊은 밤이 된다고 묘사하였다. 그리고 '神明'을 보존하는 것은 주인의 닦음[修]과 지킴[守]에 달려 있는데, 陋巷에 살았던 顔回는 이 집에 편안히 거처하였고 周公보다 더 부유했던 魯나라의 季氏는 잡귀가 이 집을 엿보았다고 예를 들어 설명하였다.

셋째 단락은 한사가 마음을 수양하는 방법에 대해 제시한 부분으로, 이 작품의 핵심에 해당한다고 볼 수 있다. 인용하자면 다음과 같다.

> 손님이 묻기를 "그렇다면 닦고 지키는 방도가 있습니까?"라고 하자, 주인이 대답하길 "入德의 대문을 숭상하고 人鬼의 관문을 잠그며 三字符를 패용하고 四勿旗를 휘두릅니다. 이것이 곧 엄하게 지키는 방도입니다. 찌꺼기를 녹이고 더러움을 씻어내어 活水를 두르고 霽月을 비춥니다. 이것이 바로 깨끗하게 닦는 방도입니다. 그런 뒤에야 여기에서 動靜하고 만사에 응하여 어떤 것이 들어오든지 간에 스스로 깨닫게 됩니다.
> 만약 이렇게 하지 못한다면, 집이 부서지고 도적이 들이닥치며 방이 어두침침하고 먼지가 일어날 것입니다. 사악한 무리가 틈을 타고 들어오고 관리가 직분을 잃게 되며 살아있는 용과 호랑이가 집과 뜰에서 설쳐댈 것입니다. 불길이 타오르고 얼음이 차갑게 응고되는 일이 헌함과 기둥 사이에서 번갈아 교차할 것입니다. 그리하여 이 집의 '神明'함이 아무런 소용이 없게 됩니다.
> 저는 이러한 점 때문에 깊숙한 곳에 홀로 있더라도 삼가고 조심하며 방 안에 들어가서도 陣法을 시행하는 듯이 합니다. 감히 집의 편안함으로써 안락함을 삼아 방자하지 않으며, 감히 집의 광대함으로써 넓음을 삼아 게을러지지 않고자 합니다. 이 집을 가진 자가 어찌 공경하지 않을 수 있겠습니까?"라고 하였다.

손님이 말하길 "좋습니다. 집의 이름을 물어 집을 지키는 방도까지 알게 되었습니다."라고 하고서 큰 띠에 적어 기록하였다.29)

손님이 주인에게 신명사를 닦고 지키는 방도에 관해 묻자, 먼저 지키는 방법으로 네 가지를 제시하였다. 첫째는 入德의 대문을 숭상하여 그 곳으로 들어가야 한다. 둘째, 人鬼의 관문을 굳게 잠궈야 한다. 人鬼關은 구암의 「신명사부」에서 설명했듯이, 誠意를 말한다. 뜻을 성실하느냐 그렇지 못하느냐에 따라 선한 사람이 되거나 악한 잡귀처럼 된다고 말하여 誠意의 중요성을 강조하였다.

셋째, 三字符를 패용해야 한다. 남명의 「신명사명」에서 '四字符'를 제시하였는데, 곧 和·恒·直·方이다. 禮의 쓰임은 和가 귀하니, 和는 절도에 맞는 것이며, 言行을 항상 신의 있게 하고 삼가는 것이 恒이니, 恒은 오래도록 변하지 않는 것이다. 아무도 알지 못하는 곳에서도 조심함[謹獨]이 直이며, 자로 잰 듯이 행동함[絜矩]이 方이다.30) 그런데 寒沙는 三字符를 제시하였을 뿐, 이것에 관한 설명이 보이지 않는다.

남명의 문인 覺齋 河沆(1538-1590)은 '百勿旗·三字符' 여섯 글자를 크게 써서 벽에 붙이고 각 절목을 두어 항상 보면서 自省하는 방책으로 삼았다31)고 한다. 각재가 자성의 방책으로 삼았다는 '三字符'가 남명이 지은 「신명사명」의 '四字符'에서 나온 것임에 틀림이 없으나, '四字'가 '三字'로

---

29) 姜大遂, 『寒沙集』 卷5, 「神明舍記」. "曰 然則修而守之有道乎 曰 有崇入德之門 而鐍人鬼之關 佩三字之符 而麾四勿之旗 此其守之之嚴也 消融其查滓 蕩滌其邪穢 活水以繞之 霽月以照之 此其修之之潔也 夫然後 動靜於斯 應萬事於斯 無入而不自得焉 如其否者 破屋而寇至 暗室而塵生 邪抵乎隙 官失其職 生龍活虎 攫拏於庭宇 焦火凝氷 變幻於軒楹 舍無所用其神明矣 子爲是懼 屋漏乎淵氷 入室乎行陣 不敢以安宅爲安而自肆也 不敢以廣居爲廣而自佚也 有是舍者 奈何不敬 客曰 善 問舍之名得守舍之道 遂書紳以記之"

30) 曹植 지음, 남명학연구소 옮김, 국역 『南冥集』, 한길사, 2001, 166쪽.

31) 河沆, 『覺齋集』 卷下, 「行狀」(金垙 所撰). "大書百勿旗三字符六字 揭于壁 各有節目 以爲常目自省之方."

바뀐 연유는 불분명하다. 다만 浮査 成汝信(1546-1632)의 「三字解」를 통해 그 단서를 얻을 수 있다. 부사는 '三字'를 '直·方·大'라 밝히고 直의 공부는 敬이며 方의 공부는 義이며 大의 공부는 誠이라고 하였다.[32] '直·方·大'는 『周易』 「坤卦」 文言傳 九二에서 유래한 것이다.[33] '直'과 '方'은 남명의 「신명사명」에서 풀이한 것과 크게 다르지 않다고 할 수 있으며, '大'는 '和·恒'을 통합한 듯하다.[34]

四勿旗는 顔子가 孔子에게 仁에 이르는 방법을 묻자, "예가 아니면 보지 말며[非禮勿視], 예가 아니면 듣지 말며[非禮勿聽], 예가 아니면 말하지 말며[非禮勿言], 예가 아니면 행하지 말라[非禮勿動]"고 한 말에서 나온 것이다. 그리고 이 내용이 수록된 『論語』 「顔淵」 '克己復禮'章 細註에, "說文에 '勿'자는 깃발과 같다고 했는데, 이 깃발을 한번 휘두르면 三軍이 다 물러간다"[35]고 말한 주자의 해석을 통해 '旗'의 의미를 이해할 수 있다.

다음으로 신명사를 깨끗하게 닦는 방법에 관해 설명하였는데, 찌꺼기를 녹이고 더러움을 씻어내며 집 주위에 活水를 둘러치고 霽月이 비추게 해야 한다고 하였다. 程子가 "사람의 마음은 항상 살아 있어야 하니, 살아 있으면 두루 유행하여 다함이 없어 한 귀퉁이에 막히지 않는다."[36]라고 하였다. 따라서 活水는 끊임없이 흐르는 물과 같이 항상 마음이 깨어 있는 상태를 표현한 것이다. 그리고 霽月은 티끌 하나 없이 맑은 상태로서 마음 어느 한 곳에도 사욕이 일어나지 않아 혼매함에 빠지지 않는 것이다.[37]

---

32) 부사 성여신은 台溪 河溍의 스승으로, 그의 「삼자해」에 대해서는 다음의 장에서 河溍의 「神明舍記」와 관련하여 자세히 다루기로 하겠다.

33) 『周易』, 「坤卦」 文言傳. "直 其正也 方 其義也 君子敬以直內 義以方外 敬義立 而德不孤 直方大 不習無不利 則不疑其所行也"

34) 하만홍, 「覺齋 河沆의 學問과 詩世界」, 경상대학교 한문학과 교육대학원 석사학위논문, 2002, 26~27쪽.

35) 『論語』, 「顔淵」 '克己復禮'章 細註(학민문화사 영인본 地册 409쪽). "朱子曰 說文 謂勿字似旗脚 此旗一麾 三軍盡退"

36) 朱熹·呂祖謙 편, 『近思錄』 卷4, 「存養」. "人心常要活 則周流無窮 而不滯於一隅"

한사는 신명사를 엄하게 지키고 깨끗하게 닦는다면, 이곳에서 동정이 일어나고 만사에 응하여 그 어떤 것이 들어오더라도 스스로 깨닫게 된다고 하였다. 하지만 이와 반대가 될 경우, 집이 부서지고 도적이 쳐들어오며 방 안이 어둡고 먼지가 일어나며, 사악한 무리가 틈을 타고 들어오고 관리가 직책을 잃게 되며, 용과 호랑이가 집과 뜰에서 설쳐대며 날뛰며, 불길과 얼음이 헌함과 기둥에 번갈아 교차할 것이므로, 신명사의 신명함도 아무런 소용이 없게 된다고 경고하였다. 그리하여 항상 두렵고 삼가는 마음으로 공경해야 함을 결론 부분에서 강조하였다.

한사의 「신명사기」는 '記'라는 형식을 통해 남명의 「신명사도명」을 계승하였는데, 신명사의 명칭·유래·구조·주변 경관·공능·닦고 지키는 방법 등을 비유적 수사를 통해 보다 명료하게 표현하였다. 또한 논리적 구성이 치밀하여 마음 수양의 중요성과 구체적 방법론을 조리 있게 설명하였다. 「신명사도명」과의 차이점은 '太一眞君'에 관한 언급이 없는 대신에 '神明舍'에 대한 설명이 자세하며, '四字符'가 변용되어 '三字符'로 표현되었다. 이처럼 신명사의 의미를 해명하고 마음 수양의 구체적 방법을 제시하는 데에 초점이 맞추어 있으므로, 「신명사도명」과 「천군전」에 보이는 마음 수양의 치열함과 긴장감이 줄어든 느낌이 든다. 어떤 구체적 대상과 관련해 사실을 기술하고 의미를 밝히는 '記'의 문학적 형식을 고려해 본다면, 한사가 어떠한 의도를 가지고 무엇에 중심을 두어 서술하려 했는지를 유추해 볼 수 있다.

4. 台溪 河溍의 「神明舍記」

진주에서 태어난 台溪 河溍(1597-1658)은 가계연원과 당시 경상우도의 학문조류 등에 기인하여 자연스레 남명을 사숙하게 되었으며, 진주 지역

---

37) 강성두, 「寒沙 姜大遂 硏究」, 경상대학교 한문학과 교육대학원 석사학위논문, 2002, 24쪽.

에서는 드물게 仁祖 때 문과에 급제하였다. 이후 仕宦 기간 중에는 거의 대부분 淸要職을 역임하였으며, 退仕 후에는 남명학파의 명맥을 존속시키기 위해 많은 힘을 기울였다.[38]

태계는 37세 되는 해인 1633년 4월에 문과 급제를 하였는데, 같은 해 겨울에 「神明舍記」를 지었다. 그가 문과에 급제하여 처음 벼슬길로 나아 갔을 때 남명 사상의 핵심이 담겨 있는 「신명사도명」을 계승하여 「신명 사기」를 저술한 사실은 시사하는 의미가 深長하다고 할 수 있다.

「신명사기」는 크게 5단락으로 구분해 볼 수 있다. 첫째 단락은 神明舍 의 유래를 설명하였다. 膈縣은 仁義鄕으로, 예로부터 성현이 많이 배출된 곳이다. 太初 元年에 無極翁이 仁山의 서쪽 및 智水의 동쪽에 집터를 잡아 信土를 다지고 仁木을 모으며 義金을 주조하여 몇 길의 담장을 둘러 집을 완성하였는데, 이 집이 바로 신명사라고 하였다. 이 단락은 마음의 유래 를 비유의 수사법을 통해 문학적으로 표현한 것이다.

둘째 단락은 신명사의 주변 환경을 묘사하고, 수행하는 공부 방법을 제 시하였다. 活水의 근원이 頭顱山[머리]으로부터 솟아나서 두 협곡 사이로 쏟아져 남쪽으로 흐르다가 물이 모여들어 半畝 정도의 네모난 연못을 이 루었는데, 맑고 깨끗하며 물결이 요동치지 않아 보는 사람의 정신이 상쾌 해져 살아서 약동하는 뜻이 있게 된다고 하였다. 그리고 신명사가 위치한 지세가 매우 높아 위로는 天根과 月窟에 접해 있고, 아래로 丹田과 胸海에 임해 있으며, 눈 아래에 한 점의 티끌도 없어 장관을 이루고 있다고 묘사 하였다. 이 외에도 아침과 저녁의 기이한 풍경, 하늘 위로 나는 소리개와 연못에서 뛰는 물고기, 사물과 접하지 않은 새벽녘의 고요함과 환히 빛나 는 별빛 등을 다채롭게 표현하였다.

마지막 부분은 신명사에서 정진해야 할 공부의 방법을 구체적으로 제

---

38) 류진희, 「台溪 河溍 硏究」, 경상대학교 한문학과 교육대학원 석사학위논문, 2004, 2쪽.

시하였다. 楯間에 '三字符'를 붙이고, 벽에 '惺惺' 두 글자를 크게 쓰며, '愼獨'·'省察'·'操存'·'寡慾' 등의 말을 베껴 그림으로 그려 네 모퉁이에 걸어 놓는다고 하였다. 그리고 이것이 공부의 바탕이 된다고 설명하였다. '三字符'는 寒沙의 「神明舍記」에서 설명하였듯이, '直·方·大'를 뜻한다. 태계가 신명사의 미간에 삼자부를 붙여 공부의 핵심으로 삼으려 한 까닭은 그의 스승이자 남명의 문인인 浮査 成汝信(1546-1632)의 「三字解」를 통해 단서를 얻을 수 있다.

> 翁이 마주앉은 북창 위 벽면에 세 글자를 크게 써서 붙이니, '直·方·大'이다. 무엇을 直이라고 하는가? 마음이 올곧은 것이다. 무엇을 方이라고 하는가? 일이 방정한 것이다. 무엇을 大라고 하는가? 도량이 큰 것이다.
> 이에 해석하기를 "마음이 올곧지 않으면 사악해지며 일이 방정하지 않으면 그릇되게 되며 도량이 크지 않으면 편협하게 된다. 사악함·그릇됨·편협함 등은 군자가 하지 않는 것이다. 直의 공부는 敬에 있으며, 方의 공부는 義에 있으며, 大의 공부는 誠에 있다. 하나에 집중하여 마음이 흩어지지 않게 한다면[主一無適] 敬이 마음의 주인이 될 것이며, 헤아리고 판단하여 마땅하게 처리한다면[裁度適宜] 義가 일의 주인이 될 것이며, 진실되고 거짓이 없다면[眞實無妄] 大가 몸의 주인이 될 것이다. 마음에 주인이 있고 일에 주인이 있으며 몸에 주인이 있다면, 좁고 굽은 길에서 걷기 어려운 근심이 없을 것이다. 그러므로 벽에 써놓고 보면서 스스로 경계하려는 것이다."라고 하였다.39)

부사는 直·方·大를 공부의 지향점으로 정하고 敬·義·誠을 수행하는

---

39) 成汝信, 『浮査集』 卷5, 「三字解」. "翁於對坐北窓上壁面 書三大字以粘焉 曰直也方也大也 何謂直 曰心要直 何謂方 曰事要方 何謂大 曰量要大 乃解之曰 心不直則邪 事不方則曲 量不大則隘 邪也曲也隘也 君子不爲 直之功在敬 方之功在義 大之功在誠 主一無適 則敬爲心之主矣 裁度適宜 則義爲事之主矣 眞實無妄 則大爲身之主矣 心有主 事有主 身有主 則無窘步於旁礎曲逕之患矣 故書之目之 以自警焉"

방법으로 삼았다. 이것은 남명 사상의 핵심인 敬義에 大로 구체화되는 誠을 추가하여 자신의 사상으로 체계화시킨 것[40]이라고 할 수 있다. 그러므로 '三字符'를 통해 부사에게 전수된 남명의 핵심 사상을 태계가 계승하고 있음을 확인할 수 있다. 또한 남명이 「신명사도명」에서 敬 아래에 '惺惺' 두 글자를 적어놓았는데, 부사가 「惺惺齋箴」을 지어 그 의미를 부연하고 중요성을 밝힌 것과 태계가 '신명사의 벽에 惺惺 두 글자를 크게 쓴다'라고 말한 것 등도 남명학의 계승과 발전이라는 측면에서 이해할 때 그 의의가 분명해진다.

다시 「신명사기」로 돌아와 셋째 단락을 살펴본다면, 이 단락은 태계가 物慾과 貪利에 빠져 방황하다가 뒤늦게 신명사에 관심을 가져 돌이킨 것에 대한 탄식과 기쁨을 말하였다. 그는 신명사로 돌아온 것을 마치 지초와 난초가 있는 방에 들어가는 것처럼 황홀하다고 표현하였다.

넷째 단락은 '神'과 '明'의 개념과 신명사의 功能을 설명하였다. 그 내용을 인용하자면 다음과 같다.

'神'이란 통하지 않는 바가 없음을 말하고, '明'이란 虛靈하고 어둡지 않다는 뜻이다. 방 안 깊숙한 곳이나 남들이 보지 못하는 데에서 혹시라도 가려지는 것이 있다면, 神과 明이라고 말할 수 없다. 가장 신령스러운 것은 鬼神인데 이 집은 귀신과 함께 신령스러우며, 지극히 밝은 것은 日月인데 이 집은 일월과 나란히 밝다. 桓魋가 뽑을 수 없으며, 秦火도 태울 수 없다. 方寸에 터를 잡았지만 천지의 넓고 아득함을 총괄하며, 은미한 곳에 거처하지만 만물의 변화를 관통한다. 거대한 강하와 산악, 작은 곤충과 초목, 위로는 바람·우뢰·서리·이슬, 그윽히 깊고 아득한 곳으로부터 일상의 사물이나 생활에 이르기까지 명료히 촛불처럼 비추고 헤아려 알아 두루 꿰뚫고 막힘이 없다. 아! 신령스럽도다. 밝지 않다면 이와 같을 수 있으랴! 저 文王의 靈

40) 고순정, 「浮査 成汝信 研究」, 경상대학교 한문학과 교육대학원 석사학위논문, 1995, 22쪽.

臺는 지을 적에 庶民의 수고로움이 있었고, 邵雍의 樓閣은 단지 공중에 지어
졌을 뿐이다. 어찌 이 집이 天工으로 말미암아 혼연히 이루어졌으며, 인력을
소모시키지 않아 도끼로 다듬은 흔적이 없는 것과 같으랴.41)

신명사의 이름을 해석하여 '神'은 통하지 않음이 없는 것이며, '明'은 虛
靈하고 어둡지 않은 것이라고 규명하였다. 그리하여 神明한 이 집은 鬼神
처럼 신령스러우며, 日月과 같이 밝다고 하였다. 신명사의 이름을 이와
같이 자세하게 분석하여 그 의미를 밝힌 경우는 태계의 「신명사기」가 유
일하다고 생각된다.

神明의 개념을 규정한 후, 그 이름에 부합하는 功能에 대해 묘사하였
다. 비록 좁은 方寸에 터를 잡았지만 천지의 광박함을 총괄할 수 있으며,
은미한 데에 거처하지만 만물의 변화를 관통할 수 있다고 하였다. 크고
작은 만물, 높고 깊은 곳, 일상의 평범한 사물과 행동 등 모든 대상·장
소·움직임 등을 환하게 알 수 있으며 두루 관통하여 막힘이 없다고 설명
했다.

마지막으로 다섯째 단락을 살펴보자면 다음과 같다.

세상 사람들 중에 누군들 이 집이 있다는 것을 모르겠는가? 알지만 찾을 수
있는 사람이 드물며, 찾았지만 지킬 수 있는 사람은 더욱 드물다. 어찌 집이
사람을 멀리한 것이랴? 사람이 스스로 멀리하였을 뿐이다.
아, 찾을 방도가 있도다. 氣卒을 몰아쳐 부리고 意馬를 제어하며 喚醒子를 부
르고 四勿旗를 세우며 誠意關으로부터 들어간다면, 자기의 내면이 본래의 모

---

41) 河溍, 『台溪集』 卷6, 「神明舍記」. "夫神者 無所不通之謂 明者 虛靈不昧之謂 屋漏
之處 不覩之中 或有所蔽覆 則不可謂神 不可謂明 莫神者鬼神 而茲舍與之神 至明
者日月 而茲舍與之明 桓魋不能拔 秦火不能焚 其基方寸 而摠括天地之廣博 其居惟
微 而通貫萬物之變化 大而江河山岳 小而昆蟲草木 上而風霆霜露 幽而窈冥深邃 以
至日用事物動靜云爲 瞭然若燭照而數知 融會透徹 無所窒礙 於戲 其神矣乎 非明
能若是乎 彼文王靈臺 有庶民經始之勞 邵子樓閣 只是空中之構 夫豈若茲舍之一由
天工 而渾然完成 不費人力 而無斧鑿之痕也哉"

습을 간직하여 하늘은 옥빛 연못에 잠겨 있고 물총새는 뜰의 풀 사이를 날아다닐 것이다. 그리하여 한 걸음에 마루로 뛰어 올라간다면 그 경계를 모두 볼 수 있으리라.

그런데 찾는 것이 어려운 일이 아니라 지키는 것이 매우 힘들다. 털끝만한 틈이나 짧은 순간일지라도 경계가 조금 풀려 게으름을 피운다면, 感情의 波瀾이 해를 입히고 貪慾의 盜賊이 틈타지 않을 자 거의 없을 것이다.

송나라 때 유학자 林用中이 지은 銘에 "주재가 있으면 비워지니 神이 그 성곽을 지키며, 주재가 없으면 가득차니 鬼가 그 집을 엿본다."라고 하였는데, 이것이 신명사를 지키는 家法이 아니겠는가! 신명사는 고정된 주인이 없으니, 들어온 것이 주인 노릇을 한다. 吾黨의 젊은이들이여, 어찌 각자 돌아가 찾지 않겠는가! 이미 남에게 고하였으니, 인하여 스스로 힘써야 하리라.42)

태계는 마지막 단락에서 신명사를 찾아가는 방도와 유지하는 방법을 제시하였다. 이것은 태계의 마음 수양을 살필 수 있는 핵심적인 부분이다. 우선 신명사를 찾기 위해서는 氣卒을 몰아쳐 부리고 意馬를 제어하여 올바른 방향으로 나아가도록 해야 한다. 그리고 喚醒子를 불러오고 四勿旗를 세운다. 그런 후에 드디어 誠意의 관문을 통과하여 들어가면, 신명사의 본래 모습이 아름답게 나타날 것이라고 묘사하였다. 잃어버린 마음을 다시 찾기 위해 氣를 바르게 조절하고 意를 올바른 방향으로 인도하며, 혼몽한 정신을 깨우쳐 각성시키고 자신의 사욕을 애초에 단호히 차단하는 수양의 방법을 문학적 수식을 통해 생동감 넘치게 표현하였다.

그러나 신명사를 찾는 것이 어려운 일이 아니라, 찾게 된 신명사를 보

---

42) 河溍, 『台溪集』 卷6, 「神明舍記」. "世之人 孰不知有是舍 知而能求之者鮮矣 求而能守之者尤鮮 此豈舍之遠人 人自遠爾 噫 求之有道 驅氣卒 制意馬 呼喚醒子 建四勿旗 自誠意關入 則自家裏面 本色依舊 天涵玉淵 翠交庭草 而一蹴升堂 闌闠可覩矣 然而求之不難 守之甚難 毫忽之間 食息之頃 警飭小懈 而惰慢繼之 則其不爲情瀾之方割慾寇之抵隙者 幾希矣 宋儒林用中銘曰 有主則虛 神守其郛 無主則實 鬼瞰其室 茲非守舍之家法乎 舍無常主 入者主之 吾黨小子 盍各歸而求之 旣已告于人 亦因以自勖"

존하는 것이 더욱 힘들다는 사실을 주지시켰다. 미세한 사이나 짧은 순간에 조금 경계가 풀어져 게으름을 피운다면, 감정의 물결이 범람하여 해를 끼치고 탐욕의 도적이 틈을 타고 들어올 것이라고 경계하였다. 미세한 차이에도 수평을 잃는 저울이나 약한 바람에도 물결이 일어나는 연못의 수면처럼, 올바른 상태를 유지하기 위해 잠시라도 경계를 늦출 수 없는 마음 수양의 긴장감과 어려움을 표현하였다.

태계는 朱熹의 문인 林用中이 지은 「主一銘」을 인용하여 신명사를 보존할 수 있는 방법을 제시하였다. 마음을 수양할 적에, 듣고 보고 알고 생각하는 것을 물리쳐 제거하는 방법을 지향하는 부류가 있으며, 생각함을 물리쳐 제거하려 하되 분란함을 경계하는 방법을 추구하는 이들이 있다. 전자는 노장이며, 후자는 불교의 마음 수양법이다. 유학자들은 노장의 마음 수양법에 대해 총명함을 끊고 지혜를 버리는 것이며, 불교는 坐禪과 入定을 추구하여 天理를 끊고 人心을 해친다고 비판하였다. 그리하여 마음을 보존하는 방법에 있어 노장과 불교의 폐단에 빠지지 않기 위해 제시한 방법이 바로 敬을 유지하여 마음에 主宰가 있게 하는 것이다.[43]

임용중의 「主一銘」은 이와 같이 유학자가 마음을 보존하기 위해 견지하는 수양법의 핵심을 간명하게 표현한 것이다. 태계가 이 작품의 내용을 '守舍之家法'이라고 칭송한 까닭은 신명사를 보존하는 방법일 뿐만 아니라, 더 나아가 도교·불교와 구별되는 유학적 마음 수양법의 핵심을 밝힌 것이기도 하기 때문이라고 이해해 볼 수 있다. 또한 '신명사는 고정된 주인이 없으니, 들어오는 것이 주인 노릇을 한다.'라는 표현은 敬의 여부에

---

[43] 朱熹·呂祖謙 편, 『近思錄』 卷4, 「存養」. "學者先務 固在心志 然有謂欲屛去聞見知思 則是絶聖棄智 有欲屛去思慮 患其紛亂 則須坐禪入定 如明鑑在此 萬物畢照 是鑑之常 難爲使之不照 人心不能不交感萬物 難爲使之不思慮 [絶聖者 黜其聰明 棄知者 屛其知慮 老氏之絶聖棄智 釋氏之坐禪入定 皆絶天理害人心之敎也] 若欲免此 惟是心有主 如何爲主 敬而已矣 有主則虛 虛謂邪不能入 無主則實 實謂物來奪之 [免此 謂有思慮而無紛亂 林用中主一銘云 有主則虛 神守其都 無主則實 鬼闞其室]

따라 신명사가 神明의 집이 되기도 하고 雜鬼의 소굴이 되기도 한다는 사실을 말하여 持敬이 얼마나 중요한 것인가를 강하게 주지시켰다.

태계의 「신명사기」는 「신명사도명」에 담긴 남명의 敬義 사상과 마음 수양법을 계승하되, 스승인 부사가 남명학의 핵심을 '三字符'로 파악한 체계 속에서 그 맥을 잇고 있다. 그리고 天君에 관한 언급이 보이지 않는데, 태계는 신명사를 보존하는 방법으로 天君의 역할에 초점을 맞추기 보다는 敬에 의한 주재를 강조하였기 때문이다. 이 두 가지 점은 태계의 「신명사기」가 가지는 특징이라고 판단된다.

아울러 태계의 「신명사기」와 한사의 「신명사기」가 제목이 같을 뿐만 아니라, 내용상에 있어서도 유사한 점이 많아 주목을 요한다. 연보에 따르자면, 한사의 「신명사기」는 1620년에 지어졌고 태계의 「신명사기」는 1633년에 완성되었다. 한사와 태계 둘 다 1634년에『光海君日記』纂修廳 謄錄官으로 파견되어 함께 근무하였다. 그리고 10월에 奏請副使 金榮祖가 使行의 임무를 마치고 돌아오자 영남출신의 관료 31명이 掌苑署에 모여 同道會를 결성하였는데,44) 이 때 26명이 경상좌도의 인물이며 강우 출신은 霜巖 權濬(1578-1642)·寒沙 姜大遂(1591-1658)·松湖 沈自光(1592-1636)·台溪 河溍(1597-1658)·曺時逸 등 5명이었다.45) 등록관으로 함께 근무하고 동도회 모임에 같이 활동한 사실을 통해 1634년 이후로는 두 사람 간에 친분이 있었음을 알 수 있지만, 그 이전에 서로 교유가 있었는지는 확인할 수 있는 자료가 없다.

그러나 두 가지 사실에서 태계의 「신명사기」가 한사의 「신명사기」로부터 영향을 받았을 것이라고 추측해 볼 수 있다. 첫째, 태계가 1633년 4월

---

44) 강성두, 「寒沙 姜大遂 硏究」, 경상대학교 한문학과 교육대학원 석사학위논문, 2002, 10쪽.

45) 류진희, 「台溪 河溍 硏究」, 경상대학교 한문학과 교육대학원 석사학위논문, 2004, 18쪽.

에 첫 발령으로 司宰監 直長에 제수되고, 한사가 靈光 군수를 지내다가 11월에 弘文館 副修撰으로 임명되어 조정으로 다시 돌아왔으므로, 일반적인 경우에 비추어 볼 때 경상우도 출신으로 함께 조정에 있으면서 서로 교유하며 지냈을 것이라고 생각되기 때문이다. 둘째, 태계가 「신명사기」를 저술한 시기가 바로 이 해 겨울이라는 점이다. 따라서 이 두 가지 사실에 근거해 볼 때, 태계가 「신명사기」를 저술한 배경에 한사의 「신명사기」가 큰 영향을 끼쳤을 것이라고 이해할 수 있다.

5. 俛宇 郭鍾錫의 「神明舍賦」

俛宇 郭鍾錫(1846-1919)은 조선 헌종 때 태어나 철종 때 학업의 기초를 다져서 고종 초기에 이미 학문을 크게 성취하였다. 그리고 고종 말기, 조선이 종말을 고하는 시점에 역사의 현장에서 그 과정을 직접 목도하고 선비로서의 바람직한 처신이 무엇인가를 심각하게 고민하였으며, 그리하여 그에 마땅한 행동 지침을 제시하고 스스로 그것을 실천했던 인물이다. 그는 남명학파의 본산인 덕천서원과 30리 정도 떨어진 단성의 사월리에서 태어나고 자라면서 주변에 가득한 남명학파 학자들로 인해 자연스럽게 남명학파의 학문 성향이 몸에 배게 되었다.[46] 따라서 면우는 사승 관계의 측면에서 퇴계 학풍을 폭넓게 수용하면서도, 지연 및 혈연의 측면에서 실천을 중시하는 남명학의 기풍까지 자기화한 뒤, 성인이 되기 위한 학문으로 죽는 순간까지 자신을 갈고 다듬었던 인물이라 이를 만하다.[47]

면우는 남명의 「신명사도명」에 대해 "마음을 보존하고 이치를 살피며, 자신을 성찰하고 사욕을 이겨내며, 道에 나아가고 德에 이르는 실체가 정연히 조리가 있고 확실한 근거가 있어 만세토록 학자의 길잡이가 될 것

---

46) 이상필, 「면우 곽종석」, 『문화고을 진주』 창간호, 진주문화연구소, 2007b, 221쪽.
47) 이상필, 「면우 곽종석」, 『문화고을 진주』 창간호, 진주문화연구소, 2007b, 235쪽.

이다."48)라고 칭송하였다. 또한 자신도 「神明舍賦」를 지어 「신명사도명」에 담긴 남명학파의 心法을 계승하였다.

면우의 「신명사부」는 모두 97韻 194句 1,031字로 이루어져 있다. 격구로 압운이 되어 있으며 산문부의 형식을 띠고 있다.49) 전체의 내용을 크게 네 단락으로 구분해 볼 수 있다. 앞에서 구암의 「신명사부」를 고찰할 때와 마찬가지로, 다소 긴 내용이기는 하지만 생략 없이 전문을 살펴보기로 하겠다. 먼저 첫째 단락을 인용하자면 다음과 같다.

우주 사이에 만물이 태어나니, 크거나 작거나 간에 집에서 편안함을 얻네. 지렁이는 흙에 구멍을 파고 굴뚝새는 숲에 둥지를 틀며, 호랑이는 가파른 벼랑에 살며 교룡은 깊은 물에 숨어 사네. 집이 귀한 까닭은 주인이 거기 살기 때문이네. 높다란 太廟 우러러 보니 훌륭한 선조 여기에 임하고, 엄숙하고 두려운 明堂에서 聖君의 정사가 나오네. 하물며 太一眞君은 上帝의 衷을 받아 내게 내렸음에랴! 八極을 돌아보며 일정한 방향 없지만, 어찌 정해진 거처를 버리겠는가? 태초의 경영을 근원해 보니 區宇에 陰陽五行을 뿌렸고, 赤縣을 살펴 터전을 잡았으며, 사방 가운데 神州를 택하여 정했네. 丹田을 열어 부지런히 일하니 누가 막으랴! 하루도 안 되어 완성하였네. 인력으로 어찌 가능한 일이랴? 그 臺를 靈臺라고 이름했네. 眞君이 공손히 다스리니 진실로 깊어지고 넓어졌네. 사방의 문이 활짝 열려 아득히 먼 지역도 모두 품었네.50)

---

48) 郭鍾錫, 『俛宇集』 卷149, 「南冥曹先生墓誌銘」. "其存心察理 省身克己 造道成德之實 莫不井然有條 確然有據 而可以爲萬世學者之指南"

49) 이상필, 「俛宇 郭鍾錫의 南冥學 繼承樣相」, 『俛宇 郭鍾錫의 學問과 思想(Ⅱ)』 발표논문집, 남명학연구소, 2009, 133쪽.

50) 郭鍾錫, 『俛宇集』 卷1, 「神明舍賦」. "宇宙之間 萬物之生 罔偉罔細 攸宅以寧 蚯蚓穴諸壤 鷦鷯巢乎林 虎豹广于巇 蛟龍隩于深 所貴乎宅 有主其臨 仰太廟之嵬峨 儼先祖之莅茲 於肅穆其明堂 乃聖后之出治 而况太一眞君 承皇衷而降予 覽八極而無方 然曷遺於常居 原厥初之經營 播二五於區宇 按赤縣而相基 適神州於四圍 開丹田而鞏役 成不日而孰禦 豈人力之可及 謂其臺曰靈臺 眞君拱御 允遂而恢 四門洞闢 靡遠不懷"

첫째 단락은 神明舍와 太一眞君의 유래에 대해 묘사하였다. 우주 안에 깃들어 사는 모든 생명체들은 각자 저마다의 집을 가지고 있다. 지렁이와 같은 미물로부터 호랑이와 같은 맹수에 이르기까지 모든 만물들이 자신의 집을 짓고 그 속에서 편안함을 얻는다. 면우는 이와 같이 모든 생명체에게 집이 반드시 필요한 것이라는 말로 시작한 후, 그럼에도 불구하고 집의 참된 의미는 그 자체에 있는 것이 아니라 그 속에 살고 있는 주인에게 있음을 밝혔다. 수단에 미혹되어 목적을 잃어버리는 경우처럼, 집에 정신이 팔려 그 곳의 주인을 잊어버려서는 안 되는 것이다. 따라서 '神明舍'를 제목으로 삼았지만, 핵심은 그 곳에 임재하고 있는 '太一眞君'이라는 사실을 강조하였다.

태일진군은 上帝의 衷을 받아 사람에게 내려진 것이라고 설명하였다. 『書經』「湯誥」에 "上帝께서 下民들에게 衷을 내려주어 순히 하여 항상된 性을 소유하게 되었다."[51]라고 하였는데, 九峯 蔡沈(1167-1230)은 "하늘이 명을 내릴 적에 仁·義·禮·智·信의 이치를 갖추어 편벽되거나 치우친 바가 없으니 이른바 衷이며, 사람이 명을 받을 적에 仁·義·禮·智·信의 이치를 얻어 마음과 함께 생겨나니 이른바 性이다."[52]라고 해석하였다. 이것에 근거한다면, 면우는 태일진군을 본원적인 측면에서는 太極이며 품부받은 측면에서는 性이라고 이해하여 신명사의 주인인 태일진군은 곧 理임을 분명히 밝혔다. 이것은 그가 寒洲 李震相(1818-1886)의 主理說을 계승하여 '心卽理說'을 주창한 것과 연관된 부분으로, 「신명사부」의 首尾를 관통하는 핵심이라고 할 수 있다.

둘째 단락은 다섯 부분으로 구분할 수 있는데, 먼저 첫째 부분을 살펴보기로 하겠다.

---

51) 『書經』「湯誥」. "惟皇上帝 降衷于下民 若有恒性"

52) 『書傳』「湯誥」. "天之降命 而具仁義禮智信之理 無所偏倚 所謂衷也 人之稟命 而得仁義禮智信之理 與心俱生 所謂性也"

羲仲을 嵎夷에 거하게 하였네. 百揆를 수령으로 삼아 돕게 하여, 한 집안을 화락하게 하였네. 靑陽을 펼쳐 만물을 발육하니, 사계절을 모두 다스리네. 父子有親은 너의 직분이며, 親民과 澤物은 미루어 나갈 일이라. 太和를 부채질하여 하나로 단결하니, 석 달을 풀어놓아도 어기지 않네.53)

첫째 부분에서 묘사하고 있는 내용을 살펴볼 때, 羲仲은 五性 가운데 仁의 특성을 의인화하여 표현한 것임을 알 수 있다. 仁은 五行에서는 木에 해당하며, 방향은 동쪽을 의미하며, 계절은 봄에 속한다. 또한 仁은 五性 중에 하나이기도 하지만, 義·禮·智·信의 으뜸이 되며 마음의 덕을 전부 포괄하는 것이다. 왜냐하면 天理는 항상 살아 움직이면서 모든 만물을 낳고 낳으며 쉬지 않는데, 이것은 곧 愛之理인 仁에 다름 아니기 때문이다. 따라서 통괄해서 말한다면 仁은 마음의 전체적인 덕을 가리키며, 구별해서 본다면 五性 중에 하나인 것이다.54) 이러한 성리학적 개념으로서의 仁을 이해한다면, 이 부분에서 희중의 직분과 임무 등에 관해 묘사한 것이 추상적 개념의 仁을 의인화시켜 어떻게 형상화하고 있는가를 대비하여 파악할 수 있다.

첫째 부분과 마찬가지로, 둘째 단락의 둘째 부분은 禮를, 셋째 부분은 義를, 넷째 부분은 知를 의인화하여 묘사하였다.

羲叔을 南交에 거하게 했네. 하늘은 높고 땅은 깊으며, 품계와 등급이 조화롭네. 찬란한 문장은 밝게 빛나고 흐리지 않네. 이에 만물이 성대해지고, 인문이 화려하게 문채 나네. 長幼有序는 너의 직분이며, 길례·흉례·빈례·군례·가례 등을 조화롭게 행해야 하리. 공경하고 공경하여, 차질이 있어서는 안 되네.55)

---

53) 郭鍾錫, 『俛宇集』 卷1, 「神明舍賦」. "於是分命羲仲宅嵎夷 長百揆而贊襄 俾一家之熙熙 宣靑陽而發育 莫不理夫四時 父子有親惟爾職 親民澤物惟爾推 扇太和以一團 縱三月而莫違"

54) 陳淳 지음, 김영민 옮김, 『北溪字義』, 예문서원, 1993, 113~116쪽.

禮는 오행에서 火의 神이며, 방향은 남쪽이며, 계절은 여름에 속한다. 敬之理로, 天理를 적절하게 品節하고 文飾하는 것이다. 마음속에 공경함이 있으면 저절로 禮가 생겨나며, 응하고 접할 때 자연스레 품절과 문식이 적절히 어우러지게 된다.56)

和仲을 서쪽에 거하게 했네. 만물을 거두어 모으니, 神功의 성취 흡족하네. 文武百官 조회하는 자리에 간사한 무리 엿본다면, 네가 사정없이 베어버려 씨도 남기지 않고 죽여야 하리. 경계 밖에 도적이 침입하면, 네가 깨끗이 제거하여 남김없이 소탕해야 하리. 君臣有義는 너의 직분이며, 尊尊賢賢은 네가 행할 일이네. 이익을 도모하지 말고, 사사로운 정을 용납하지 말라. 조처함이 지극하다면, 온 천하가 맑아지리라.57)

義는 오행에서 金의 神이며, 방향은 서쪽이며, 계절은 가을에 속한다. 宜之理로, 마음이 판단하여 결정하는 것이다. 주자는 "義가 마음에 있을 때에는 날카로운 칼과 같다. 그래서 사물이 다가와 접촉하면 두 동강이 난다."라고 하였다. 옳고 그른 것을 판단하여 결정할 수 없다면, 이것은 마음이 완악하고 우둔하여 義가 없는 것이다.58)

和叔을 朔方에 거하게 하였네. 만물이 이로부터 시작되며, 만물이 여기에 갈무리되네. 離婁의 환한 눈과 師曠의 밝은 귀로도, 멋대로 우쭐대지 못하리. 張良과 陳平의 모략, 管仲과 諸葛亮의 계책도, 자신하여 으스대지 못하리. 가

---

55) 郭鍾錫, 『俛宇集』 卷1, 「神明舍賦」. "申命羲叔宅南交 天高地下 品級和調 炳然有章 伊嘲匪淆 萬物於斯爲盛 人文郁乎生華 長幼有序惟爾職 吉凶賓軍嘉惟爾和 敬之敬之 罔俾有蹉"
56) 陳淳 지음, 김영민 옮김, 『北溪字義』, 예문서원, 1993, 117쪽.
57) 郭鍾錫, 『俛宇集』 卷1, 「神明舍賦」. "分命和仲宅西 歛萬物而摯束 恰神功之玆諧 朝著之間 奸邪閃弄 爾乃剗殄 滅之無遺種 疆場之外 寇賊闖發 爾乃廓然 掃除無餘枿 君臣有義惟爾職 尊尊賢賢惟爾行 勿謀利 勿容情 措制之至 四海其清"
58) 陳淳 지음, 김영민 옮김, 『北溪字義』, 예문서원, 1993, 116~117쪽.

는 터럭이 태산을 가릴 수 있고, 거울은 어떤 사물도 남기지 않네. 夫婦有別
은 너의 직분이며, 是是非非를 자세히 살펴야 하리. 시작하게도 하고 끝나게
도 하니, 감히 소홀히 할 수 있으랴?59)

智는 오행에서 水의 神이며, 방향은 북쪽이며, 계절은 겨울이다. 知之理
로, 옳은 것을 옳게 여기고 그른 것을 그르게 여길 줄을 알아 확고하게
정하는 것이다. 간단히 말하자면, 智란 확실하게 아는 것을 말한다. 智가
水에 속하는 까닭은 물은 맑고 투명해서 사물을 비출 수 있으며, 모든 만
물이 의지하여 힘입는 조화의 근본이기 때문이다. 물이 만물의 시작을 이
루고 끝을 이루는 듯이, 智는 만사의 끝을 이루고 시작을 이루는 것이
다.60)

그리하여 方寸이 사방으로 통하여 막힘이 없네. 엄숙하고 정돈된 계단과 뜰
에서, 나아가고 물러나네. 안으로는 천지가 제자리를 찾고, 밖으로는 만물
이 길러지네. 방 안에 거처하는 것을 보니, 은밀한 곳에서도 부끄러움 없네.
陰陽의 지도리가 돌아가고, 乾坤의 문이 열리고 닫히네. 담장이 눈앞을 가로
막는 부끄러움 없고, 거처에는 기둥과 주춧돌 같은 대신이 보좌하네. 강당
은 확 트여 넓고, 행랑은 정연하게 서 있네. 흙손질한 벽 더럽히는 이 없고,
둘러친 보루 넘어오는 자 없네. 眞君은 공손히 좌정하여 있으니, 하늘이 내
려주신 복이로다. 모든 곳이 편안하여 소란스럽지 않네. 환호하며 북치고
춤추니, 기쁨과 즐거움 가득하네.61)

---

59) 郭鍾錫, 『俛宇集』 卷1, 「神明舍賦」. "申命和叔宅朔方 萬物於斯而始 萬物於斯而藏
離婁之明師曠之聰 不足以自私揚揚 良平之謀管葛之策 不足以自恃堂堂 秋毫足以蔽
泰山 寶鏡不曾留一物 夫婦有別惟爾職 是是非非惟爾知悉 令始令終 或敢有忽"
60) 陳淳 지음, 김영민 옮김, 『北溪字義』, 예문서원, 1993, 119~120쪽.
61) 郭鍾錫, 『俛宇集』 卷1, 「神明舍賦」. "於是方寸之間 四通不礙 肅肅階庭 以進以退
入而天地位 出而萬物育 相在爾室 不愧于屋 斡旋陰陽之樞 開闔乾坤之戶 面無土牆
之恥 居有柱石之輔 有敞其堂 有秩其廡 無畫我堁 無越我塢 眞君埀拱 天錫之祜 百
堵晏然 不吳不騷 歡呼鼓舞 樂焉陶陶"

둘째 단락의 마지막인 다섯째 부분은 태일진군의 四大臣인 羲仲[仁]·羲叔[禮]·和仲[義]·和叔[智]이 각자 맡은 직분과 임무를 충실히 수행하여 신명사의 안팎이 평화롭고 기쁨과 즐거움에 가득 찬 모습을 묘사하였다. 방안의 깊숙한 곳에 거처할 때 부끄러운 행동을 하지 않는 일상의 은밀한 일로부터 陰陽의 지도리가 돌아가고 乾坤의 문이 열리고 닫히는 우주의 거대한 운행에 이르기까지 어느 것 하나 이치에 어긋나는 것이 없다. 그리하여 안으로는 천지가 제자리를 찾고 밖으로는 만물이 길러진다. 眞君이 잘 다스리기 위해 특별히 수고하지 않아도 모든 곳이 편안하며, 백성들은 기쁨과 즐거움에 환호하며 북치고 춤춘다.

그런데 이러한 평화와 질서는 미세한 곳에서 가만히 엄습해 오는 사악한 무리들에 의해 차츰차츰 깨어지기 시작하였다. 다음은 셋째 단락의 첫째 부분이다.

저것은 어떤 종자인가? 마음속이 평안치 못하네. 처음엔 미세하게 일어나, 나를 놀라게 하지 않네. 졸졸 흐르는 물 막지 않으면, 장차 거대한 강물을 이루리. 피어오르는 작은 불꽃 끄지 않으면, 거센 불길 어떻게 제어할 것인가? 담장 안에서 내란이 일어나리라 생각지도 못했으며, 가까운 甘泉에서 변란을 만나리라 어찌 알았으리요? 도적이 변경에 이르러, 포효하며 들어오네. 왁자지껄 소란스러운 무리, 우리 경계에 가득 찼네.62)

사악한 무리들은 졸졸 흐르는 물과 피어오르는 불꽃처럼 너무나도 미세하게 일어나기 때문에 경계를 하지 않았다가, 결국에는 거대한 강물과 거센 불길처럼 더 이상 손을 쓸 수 없는 지경에 이르게 된다. 더욱이 담장 안에서 내란이 일어나고 가까운 곳에서 변란이 발생하였으므로, 전혀

---

62) 上同. "夫何一種 內懷不平 其動始微 而莫我驚 涓涓不除 將爲江河 熒熒不滅 炎炎若何 不意蕭墻之內 有此顳臾之憂 詎知甘泉之邇 乃見烽火之愁 有寇至邊 其來彪休 叮儔嘯黨 彌滿我區"

예상치 못한 상태에서 습격을 받은 것이다. 그리하여 마침내 온 경계가 사악한 무리로 가득 차게 된다.

다음으로 셋째 단락의 둘째·셋째·넷째 부분에서는 사악한 무리가 경계를 침략하는 경로와 과정을 熊耳山[耳]·天目峰[目]·瓦口關[口]·石鼻城[鼻] 등 네 가지로 묘사하였다. 이것은 남명의 「신명사명」에서 "아홉 구멍의 사악함도 세 군데 要處에서 처음으로 나타난다[九竅之邪 三要始發]."라고 하여, 귀·눈·입 등 세 군데에서부터 사악한 욕심이 일어나는 것을 표현한 말과 같은 맥락이다. 다만 면우는 三要에 코를 더 첨가하여 네 가지로 설명하였을 뿐이다.

熊耳山에서 온 자들이 있네. 종과 북을 시끄럽게 두드리고, 胡笳와 角을 소란스레 불어대네. 작은 새와 벌레들 처량하게 울어대며, 기괴한 귀신들 울부짖는 듯하네. 형세는 비바람이 몰아치는 것 같고, 위력은 우레처럼 빠르네. 산이 붕괴하고 골짜기가 무너지는 소리에, 집이 흔들리고 문이 덜컹거리네.

天目峰에서 온 자들이 있네. 햇빛에 물결치듯 깃발을 펄럭이고, 불꽃이 일어나듯 창을 들썩이네. 사타돌궐의 검은 까마귀, 臺城의 흰 말, 樊崇의 赤眉軍, 張角의 黃巾賊. 靑犢軍과 碧眼胡의 무리들이, 陽城과 下蔡의 군대를 몰아오네. 북방 변경의 연지를 흩뿌리고, 비단으로 철갑을 묶었네. 어찌 平陽의 초가집이, 瓊宮과 瑤臺처럼 사치스럽게 되었나?

瓦口關에서 온 자들이 있네. 요리기구 짊어진 자들 선봉되어 수천 수백씩 진치고, 淄水와 澠水 분변하는 자들 中酓을 다스려 알맞게 조절하네. 酒池의 해자를 두르고, 脯林의 목책을 세웠네. 곰들을 몰아 발바닥을 어루만지며, 범들을 부려 하얀 태를 쓰다듬네. 낙타의 등, 성성이의 입술, 소금의 짠맛, 꿀의 단맛, 씀바귀의 쓴맛, 여뀌의 매운맛, 모두 함께 넣어 섞었네.

石鼻城에서 온 자들이 있네. 蘭草와 蕙蒩를 태워 연기를 피우고, 사향을 쪼개어 미물을 현혹시키네. 비린내가 온 땅에 가득하고, 오물이 앉은 곳까지 밀려오네. 팔이 긴 자들 다리 짧은 이들, 무려 억만의 무리를 거의 이루었네.

문짝을 두드리고 울타리를 걷어내며, 뜰을 짓밟고 마루를 침탈하네. 창벽은 더럽혀지고, 기둥은 쓰러지려 하네.63)

귀·눈·입·코 등과 연관된 사악한 욕심의 발로를 네 부분에 걸쳐 각기 자세하고 생동감 있게 묘사하였다. 그런 후 마지막 부분에서는 네 군데의 要處로부터 침탈하여 들어온 무리가 거의 억만을 이루었고 온갖 횡포와 유린으로 인해 신명사의 창벽이 더럽혀지고 기둥이 쓰러지려 하여 위기의 극점에 치닫게 되었음을 말하였다.

冬至에 陽이 처음으로 생겨나듯이, 태일진군은 위기의 최고 절정에서 통렬한 반성을 통해 다시 회복을 향해 나아가게 된다.

眞君이 탄식하길, 아! 어찌 이리 심하게 되었는가? 나의 집이 무너지려고 하니, 혹시 그치게 하여 조금 늦출 수 있을까? 和叔에게 명하여 계책을 결정하게 하고, 密地에서 전쟁의 계획을 정하였네. 和仲에게 명하여 적군을 厮殺토록 하여, 돌연히 섬멸하여 모조리 죽였다네. 드디어 義仲이 조종의 터전을 수복하고, 義叔이 中興宮을 정리하였네. 모든 지체를 주관하여 명을 내리고, 항상 엄숙하고 의젓하여 삼가는 듯하니, 누가 이것을 주장하는가? 眞君의 공로라네. 만약 眞君이 없다면, 집이 무슨 소용이 있으리요? 천만년 긴 세월 동안, 군주 바뀌지 않았고 집은 날로 풍성했으니, 그 군주 누구인가? 無極翁 이시라네.64)

---

63) 上同. "有從熊耳山來者 金鼓之鏗鏘 笳角之嬰娜 纖而禽(口+官)蟲唧之凄瑟 怪而神呼鬼哭之恍惚 勢如風雨之驟 威若雷霆之疾 卽有山崩峽倒之響 屋我宏而門我闊 有從天目峰來者 旗旄嬋姸而曜日 戈戟蓬勃而如火 或沙陀之黑鴉 或臺城之白馬 或樊崇之赤眉 或張角之黃巾 或靑犢碧眼之屬 驅陽城下蔡之軍 潑塞土之臕脂 束金甲以綺羅 是何平陽之茅屋 有此瓊宮瑤臺之奢 有從瓦口關來者 負鼎俎者爲前鍔而千百其屯 辨淄澠者攝中營而不多不寡 以酒池爲濠 以脯林爲柵 驅群熊而撫其掌 駕衆豹而懷其白 與夫駝之有背 猩之有唇 鹽之鹹 蜜之甛 茶之苦 蓼之辛 莫不容與而繽紛 有從石鼻城來者 蓺蘭茝而漲其烟 紉麝腦而詫么麽 腥羶以之而滿地 朽穢以之而逼坐 其若長臂者短脛者 無慮幾億萬群 敲我扉 撤我藩 蹂躪我庭 搶攘我堂 牕壁則欲其塗抹 棟桷則欲其顚僵"

태일진군이 大悟覺醒하여 마음을 새롭게 한 다음, 먼저 和叔[智]에게 계책을 결정하게 하고 密地에서 전쟁의 계획을 정하였다. 그런 뒤에 和仲[義]이 신속하고 과감하게 적군을 厮殺하여 모조리 죽였다. 드디어 義仲[仁]이 조종의 터전을 수복하고, 義叔[禮]이 중흥궁을 정리하였다.

이와 같이 면우는 네 단락에 걸쳐 신명사가 겪은 治亂의 대서사를 역동적으로 묘사하였다. 그리고 마지막 부분에서 태일진군을 칭송하는 말로 끝맺음으로써, 첫 부분에서 밝힌 태일진군의 의미와 중요성을 다시 한 번 강조하였다. 태일진군이 군주로서 천만년 긴 세월 동안 신명사를 다스렸고 그렇기에 신명사는 날로 풍성할 수 있었는데, 이는 바로 '無極이면서 太極'인 理의 현현인 것이다.

면우의 「신명사부」는 마음을 보존하고 회복하는 과정과 방법에 대해 생동감 있게 묘사함으로써 남명의 「신명사도명」을 계승하고 남명학파의 心法을 이었다고 할 수 있다. 하지만 도가적 용어에 기원하고 있는 태일진군이라는 명칭과 의미를 太極으로 규정한 것, 「신명사도명」의 핵심 사상이라고 할 수 있는 敬과 義 중에서 冢宰로서의 敬에 대한 언급이 전혀 없는 대신에 주재자로서의 太一眞君과 仁·義·禮·智의 사대신을 부각시켜 강조한 점 등은 면우의 「신명사부」가 가지는 특징이라고 요약할 수 있다.

그런데 이와 같은 차이점으로 인해 면우의 「신명사부」가 남명의 「신명사도명」을 계승하지 않았다고 이해해서는 안 될 것이다. 면우는 「신명사도명」의 핵심을 "太一眞君으로써 心이 太極이 된다는 뜻을 환히 드러내었다."[65]라고 파악하였으므로, 이러한 관점에 입각하여 「신명사부」를 지어

---

[64] 上同. "眞君曰 咨噫何此甚 我屋將頹 其或少遲于戢禁 命和叔而決策 定廟算於密地 命和仲而厮殺 欻斷掃其靡遺類 於是義仲修復祖宗之址 義叔整理中興之宮 攬百體而制其命 恆凜凜乎若恫 誰其尸者 眞君之功 苟無眞君 我屋奚庸 於千萬年 君不替而屋日豐 其君伊誰 曰維無極翁"

[65] 郭鍾錫, 『俛宇集』 卷149, 「南冥曹先生墓誌銘」. "其爲神明舍圖銘 以太一眞君揭心爲

남명의 心學을 계승한 것이라고 판단되기 때문이다.

Ⅲ. 맺음말

　지리산권의 동쪽인 진주 지역을 중심으로 형성되었던 남명학파의 마음 공부를 이해하기 위해, 남명의 「신명사도명」을 계승한 남명학파 학자들의 문학 작품 5편을 살펴보았다. 이제 그 작품들이 함유하고 있는 계승적 측면과 변별적 특징을 요약 정리한 후, 그것이 남명학파의 학문과 사상이 계승되고 발전해 나가는 사적 전개 과정 속에서 어떤 의미의 좌표로 점하고 있는지를 가늠해 보고자 한다.

　구암 이정의 「신명사부」는 남명의 「신명사도명」을 계승하여 마음의 주재성을 강조하고 경과 의의 수양법을 역설하였다. 그리고 치열하고 부단한 노력을 쏟아 성현이 이룩한 마음 수양의 경지에까지 도달하고자 하였다. 다른 한편으로는 신명사의 개념을 성리학적 이론 속에서 정립하였으며, 마음 수양의 최고점을 유가 성현의 도통론에서 파악하여 중용을 강조하였다. 남명의 「신명사도명」이 마음 수양의 구체적 방법과 전개 과정을 생생하게 표현한 것이 특징이라고 한다면, 구암의 「신명사부」는 마음 수양의 당위성과 목표를 성리학적 관점에서 이해하고 실천하려 한 것이라고 구분해 볼 수 있다.

　동강 김우옹의 「천군전」은 「신명사도」·「신명사명」에 함축되어 있는 남명의 心學과 修心法을 傳이라는 형식을 통해 서사적으로 묘사하였다. 그림으로 그려진 「신명사도」의 平面的 停止를 서사의 방법을 통해 力動的 展開로 서술하였으며, 銘으로 표현된 「신명사명」의 함축성을 傳의 형식을 통해 자세하게 묘사하였다. 아울러 「천군전」은 남명이 견지한 敬과 義의

太極之旨"

상호연관성을 자세하게 설명하는 반면, 특히 敬의 '廝殺的 存養省察'에 더욱 밀착하여 생생하게 묘사함으로써 마음 수양의 단호하고 준엄한 면모를 역동적으로 드러낸 것이 특징이라 할 수 있다.

한사 강대수의 「신명사기」는 '記'라는 형식을 통해 남명의 「신명사도명」을 계승하였는데, 신명사의 명칭·유래·구조·주변 경관·공능·닦고 지키는 방법 등을 비유적 수사를 통해 보다 명료하게 표현하였다. 또한 논리적 구성이 치밀하여 마음 수양의 중요성과 구체적 방법론을 조리 있게 설명하였다. 「신명사도명」과의 차이점은 '太一眞君'에 관한 언급이 없는 대신에 '神明舍'에 대한 설명이 자세하며, '四字符'가 변용되어 '三字符'로 표현되었다. 이처럼 신명사의 의미를 해명하고 마음 수양의 구체적 방법을 제시하는 데에 초점이 맞추어 있으므로, 「신명사도명」과 「천군전」에 보이는 마음 수양의 치열함과 긴장감이 줄어든 느낌이 든다. 어떤 구체적 대상과 관련해 사실을 기술하고 의미를 밝히는 '記'의 문학적 형식을 고려해 본다면, 한사가 어떠한 의도를 가지고 무엇에 중심을 두어 서술하려 했는지를 유추해 볼 수 있다.

태계의 「신명사기」는 「신명사도명」에 담긴 남명의 敬義 사상과 마음 수양법을 계승하되, 스승인 부사가 남명학의 핵심을 '三字符'로 파악한 체계 속에서 그 맥을 잇고 있다. 그리고 天君에 관한 언급이 보이지 않는데, 태계는 신명사를 보존하는 방법으로 天君의 역할에 초점을 맞추기 보다는 敬에 의한 주재를 강조하였기 때문이다. 이 두 가지 점은 태계의 「신명사기」가 가지는 특징이라고 판단된다.

면우의 「신명사부」는 마음을 보존하고 회복하는 과정과 방법에 대해 생동감 있게 묘사함으로써 남명의 「신명사도명」을 계승하고 남명학파의 心法을 이었다고 할 수 있다. 하지만 도가적 용어에 기원하고 있는 태일진군이라는 명칭과 의미를 太極으로 규정한 것, 「신명사도명」의 핵심 사상이라고 할 수 있는 敬과 義 중에서 冢宰로서의 敬에 대한 언급이 전혀 없는 대신에 주재자로서의 太一眞君과 仁·義·禮·智의 사대신을 부각시켜 강조한 점 등은 면우의 「신명사부」가 가지는 특징이라고 요약할 수 있다.

이와 같이 5편의 작품이 가지는 계승적 측면과 특징적 면모를 생각해 볼 때, 크게 두 가지 정도로 그 의미를 정리해 볼 수 있다.

첫째, 남명의 「신명도사명」이 함유하고 있는 의미와 중요성을 각기 다른 입지와 관점에서 조명하고 있음을 발견할 수 있다. 「신명사도명」의 핵심이 무엇인지 파악하는 해석의 각도가 다르므로, 부각시키려 한 중심 내용이 달라지게 된 것이다. 개인이 마음을 보존하기 위해 얼마나 치열하고 격렬하게 수양해야 하는가를 묘사하는 데에 초점을 맞추어 서술하기도 하고, 신명사의 의미를 밝히고 마음 수양의 구체적 방법을 제시하기도 하였으며, 신명사와 태일진군의 개념을 성리학적 관점에서 규명하기도 하였다.

둘째, 5작품을 시기별로 구분해 본다면, 구암 이정·동강 김우옹과 같이 남명에게 직접 배운 이들의 작품, 한사 강대수·태계 하진과 같이 남명의 문인에게 배운 재전 문인의 작품, 면우 곽종석처럼 남명의 유풍이 남아 있는 경상우도에 거주한 사숙인의 작품 등이다. 이와 같이 남명학파의 계보상에서 저자들을 구분해 볼 때, 그들의 작품이 가지는 의의를 남명학파의 시대적 상황과 연관시켜 가늠해 보게 된다. 구암과 동강의 작품은 남명학의 계승과 전파라는 측면에서 그 의미를 이해할 수 있다. 한사와 태계의 작품은 인조 반정 직후 남명학파의 명맥이 끊어질 위기에 봉착하여 학맥의 수호라는 관점에서 해석해 볼 수 있다. 면우의 작품은 외세의 침략과 국가의 존망이 위태로운 시기에 유학적 마음 수양의 指南으로서 남명의 심학을 천양한 것이라고 규정해 볼 수 있다.

이상으로 남명학파의 학자들이 남명의 「신명사도명」을 문학적 측면에서 계승한 양상을 대략적으로나마 살펴보았다. 앞으로 后山 許愈의 「神明

舍圖銘或問」, 深齋 曺兢燮의「神明舍圖五字辨」·「跋神明舍圖銘解」, 復庵 曺垣淳의「神明舍圖銘解」·「論神明舍圖」·「辨神明舍圖」 등과 같이 학술적으로 계승한 저술들과 谿谷 張維의「神明舍記」, 鄭弘溟의「神明舍記」, 性齋 許傳의「神明舍銘」 등 경상우도 지역 이외의 학자들이 저술한 신명사 관련 저술들도 폭넓게 고찰하고자 한다. 그리하여 본고에서 분석 대상으로 삼은 작품의 범위가 제한적인 것으로 인해 당연히 수반될 수밖에 없는 해석의 편협과 독단을 교정할 수 있기를 기대한다.

이 글은『남명학연구』제28집(2009)에 수록된「지리산권 지식인의 마음 공부」를 그대로 실은 것이다.

南冥學派의 箴 창작과
修養의 시대별 요청

—

전병철

Ⅰ. 머리말

箴이라는 文類名의 유래는 고대 중국의사들이 병을 치료하던데 쓰던 箴의 字意가 타인이나 자기를 規戒하는 문장의 효용성과 일치되어 文類名으로 轉借되었던 것이다.[1] 특히 타인을 위한 것이 아니라 자기 자신을 경계하여 올곧게 세우기 위해 지어진 箴 작품의 경우, 작자의 수양 방법 및 특성이 여과없이 진솔하게 드러나 있다. 그러므로 箴 작품을 통해 작자의 수양론을 살펴보는 것은 하나의 유용한 연구방법이 된다고 말할 수 있다.

본고는 箴 작품과 수양론의 이와 같은 연관성에 착목하여 남명학파의

---

[1] 김종철, 「漢文文類 『箴』의 淵源과 文體特性」, 『동방한문학』 제11집, 동방한문학회, 1995, 127~128쪽.

학자들이 지은 箴 작품을 통시적으로 고찰함으로써, 시대별로 수양 방법 및 특징이 箴 작품에 어떻게 투영되어 나타나고 있는지를 밝혀보고자 한다. 이를 통해 남명학파의 학자들이 추구한 수양 방법의 실상을 보다 구체적으로 파악하는 계기가 될 것이며, 시대의 요청에 따라 수양의 필요성에 대한 자각이 어떠한 양상으로 표출되고 있는지를 조망할 수 있으리라 기대한다.

시기의 구분은 남명학파가 형성되어 전성기를 누린 16~17세기, 仁祖反正으로 인해 큰 타격을 입고 침체되었던 18세기, 남명학파의 부흥기이자 道學이 위협받던 시기인 19세기 등으로 나누어 살펴보기로 한다.

II. 南冥學派의 형성과 修養 方法의 모색

16~17세기의 箴 작품은 남명학파의 종장인 南冥 曹植(1501-1572)이 창작한 것으로부터 東溪 權濤(1575-1644)가 지은 것에 이르기까지 총 26편이 전해진다. 작자 및 작품을 도표로 정리해보자면 다음과 같다.

작자 및 생몰년	작품명
曹 植(1501-1572)	誠箴, 贈叔安(箴)
河 沆(1538-1590)	誠酒箴
金宇顒(1540-1603)	進聖學六箴(定志箴, 講學箴, 敬身箴, 克己箴, 親君子箴, 遠小人箴), 進御書存心養性箴
河應圖(1540-1610)	自警箴
成汝信(1546-1632)	學一箴, 晚寤箴, 惺惺齋箴
郭再祐(1552-1617)	調息箴
李 堉(1558-1648)	自儆箴
曹以天(1560-1638)	儆身箴
崔 晛(1563-1640)	友愛箴
鄭 蘊(1569-1641)	元朝自警箴

曹 璣(1569-1652)	八戒箴
朴壽春(1572-1652)	自警箴, 言行箴
文 後(1574-1644)	敬義箴
權 濤(1575-1644)	養心寡欲箴, 心者形之君箴, 自養箴

箴은 창작 동기에 따라 크게 2가지로 구분해 볼 수 있는데, 타인을 깨우쳐주기 위한 것과 자신을 경계하기 위한 것이다. 그리고 수사 기법에 의해 4가지로 분류할 수 있다. 事實의 敍述, 假託의 諷刺, 類推의 說明, 義理의 發現 등이다.[2]

위의 도표에 수록되어 있듯이, 曹植의 작품은 「誠箴」과 「贈叔安」 2편이다. 「誠箴」은 '사악함을 막아 誠을 보존하고, 말을 닦아 誠을 세우라. 정밀하고 한결같음을 구하려거든, 敬을 말미암아 들어가라.'[3]라는 내용이다. 誠을 보존하고 세우며 일관되게 유지하는 방법에 대해 3言 4句로 압축하여 요약하였다. 「誠箴」은 자신을 경계하기 위해 지은 작품으로, 수사기법은 의리를 발현하는 방식으로 표현되었다. 그리고 誠을 중심으로 수양 방법에 관해 기술하였다.

「贈叔安」은 朴忻이라는 인물에게 준 것으로, 그가 겸허히 남의 의견을 받아들이는 것은 훌륭한 일이지만 스스로 주체성을 가지지 못한다면 자신을 지킬 수 없다고 권계하는 내용이다. 이 작품의 창작 동기는 타인을 깨우쳐주기 위한 것이며, 마음을 물에 비유하고 외물의 해로움을 티끌에 빗대어 유추하여 설명하는 방식으로 표현하였다.

河沆의 「誡酒箴」은 술을 마실 때와 마시지 말아야 할 때의 분별에 대해 경계하는 내용이다. 자신을 경계하기 위한 작품으로, 飮食을 절제하고 動

---

2) 강민구, 「韓國漢文學 箴銘의 特徵과 展開樣相」, 『동방한문학』 제31집, 동방한문학회, 2006, 164쪽.

3) 曹植, 『南冥集』 卷5, 「誠箴」. "閑邪存 修辭立 求精一 由敬入"

靜을 조절하는 '中'의 수양 방법을 강조하여 의리를 발현하였다.

金宇顒의 「進聖學六箴」은 1574년 副修撰으로 재직할 당시 宣祖의 명에 의해 '학문을 하는 요체'에 대한 箴을 지어 올리라는 명을 받고서 창작한 것이다. 김우옹은 '定志', '講學', '敬身', '克己', '親君子', '遠小人' 등의 여섯 가지 주제로 宣祖에게 학문을 하는 요체에 관해 서술하였다. 그리고 다음 해인 1575년에는 「進御書存心養性箴」을 지어 宣祖에게 마음을 보존하고 본성을 함양하는 방법에 관해 아뢰었다. 「進聖學六箴」과 「進御書存心養性箴」은 宣祖를 위해 지은 작품들로, 학문을 하는 요체 및 마음을 보존하고 본성을 함양하는 방법에 관해 서술하여 의리를 발현하였다.

河應圖의 「自警箴」은 誠과 敬의 수양 방법 및 중요성에 대해 밝힌 내용으로, 자신을 수양하기 위해 의리의 발현을 통해 경계한 작품이다.

成汝信의 「學一箴」은 '主一無適'의 敬을 유지하는 방법에 관한 내용이다. 「晩寤箴」은 마음을 붙잡기 위해서는 공자가 말한 '博約' 한 마디가 중요한 지결이 됨을 밝히고 이를 부지런히 실천해야 한다고 강조하였다. 이 두 작품은 자신을 수양하기 위해 敬과 博約의 의리를 힘써 밝혔다. 「惺惺齋箴」은 다섯째 아들인 成錕을 깨우쳐주기 위해 지은 작품으로, 마음이 몸의 주인이 되고 敬이 마음의 주인이 되기 위해서는 '惺惺'의 수양 방법을 추구해야 한다는 점과 그 구체적인 방법에 관해 기술하였다. 이 역시 의리의 발현이라는 수사 기법을 통해 '惺惺'의 수양 방법을 밝힌 것이다.

郭再祐의 「調息箴」은 호흡법을 통해 내면을 수양하는 방법에 관해 기술한 내용이다. 이런 수양 방법은 앞에서 살펴본 작자들의 性理學的 수양 방법과는 자못 성격이 다른 것으로, 佛家의 數息法 및 道家의 氣修鍊과 상통하는 부분이 많다고 보여진다. 그러나 晦庵 朱熹가 「調息箴」[4]을 지은

4) 朱熹, 『晦庵集』 卷85, 「調息箴」. "鼻端有白 我其觀之 隨時隨處 容與猗移 靜極而噓 如春沼魚 動極而翕 如百蟲蟄 氤氳開闢 其妙無窮 孰其尸之 不宰之功 雲卧天行 非予敢議 守一處和 千二百歲"

사실이나, 조선초기 사림의 종장으로 추숭되는 寒暄堂 金宏弼이 첫닭이 울면 콧숨을 헤아려 마음을 통일하는 數息을 행한 일5)로 미루어 볼 때, 곽재우가 추구한 수양 방법이 불가와 도가의 방법이라고 단정할 수는 없다. 다만 조선시대의 일반적인 유학자가 추구한 성리학적 명제에 근거한 수양 방법과는 성격을 달리한다는 점을 지적해 볼 수 있다. 이 작품은 調息의 호흡법을 어떻게 수행해야 하며 그것의 궁극적인 효과는 어떠한 것인지를 밝힌 내용으로, 사실의 서술을 중심으로 표현하였다.

李堣의 「自儆箴」은 '存養窮理'의 학문 목표와 '敬'의 수양 방법에 대해 기술한 내용으로, 의리의 발현을 통해 자신이 지향해야 할 목표와 방법을 설정하고 스스로 경계하려 하였다.

曹以天의 「儆身箴」은 자신의 몸을 공경히 해야 하는 점에 대해 경계하는 내용으로, 몸을 공경히 해야 하는 이유로부터 실천의 구체적 방법에 이르기까지 두루 기술하였다. 이 작품도 의리의 발현을 통해 자신을 올바르게 닦아나가야 하는 점을 밝히고 일상생활 가운데 어떻게 실천해야 하는가를 명시하였다.

崔晛의 「友愛箴」은 慶北 寧海에 사는 어떤 형제가 크게 다투어 송사를 벌인 일이 있었는데, 이 작품을 지어 깨우치자 소송을 그쳤다는 내용이 序에 밝혀져 있다. 따라서 이 작품은 우애의 중요성을 강조한 것으로, 의리의 발현을 중심으로 서술되었다.

鄭蘊의 「元朝自警箴」은 작자가 50세 되는 해 정월 초하룻날에 지난 날 處心行己의 방도와 事親事君의 행실들이 마음에 부끄러운 부분이 많았음을 반성하고서 앞으로는 하늘의 明命을 저버리지 않도록 분발하기 위해 지은 것이다. 50세 때 孔子는 천명을 알았고 蘧伯玉은 49년 동안의 잘못을 알았는데, 자신은 비록 그 분들보다 下品의 사람이지만 하늘로부터 선한

---

5) 曹植 지음, 남명학연구소 옮김, 『국역 南冥集』, 「書景賢錄後」, 한길사, 2001, 378~379쪽.

본성을 받았고 그 사실을 알고 있으므로 그것을 회복하고 보존하기 위해 노력해야 한다고 하였다. 그리하여 敬에 입각한 수양의 중요성을 밝히고 수행 방법을 구체적으로 제시하여 의리를 발현하였다.

曹璡의 「八戒箴」은 마음·행실·말·일·사귐·유희·성냄·탐욕 등의 8가지를 경계하는 내용이다. 작자는 이 8가지에 대해 삼가고 경계해야 한다는 사실을 알고 있었지만 온전히 실천하지 못한 채 60세에 이르렀음을 반성하고, 蘧伯玉이 50세에 49년 동안의 잘못을 안 것과 衛 武公이 90세에 抑篇을 지어 자신을 경계한 사실을 본받아 다시 분발하여 노력할 것을 다짐하였다. 이 작품은 일상생활 가운데 삼가고 경계해야 할 8가지를 제시하여 자신을 올바르게 세워나가는 수양 방법을 밝힌 것으로, 의리의 발현을 중심으로 서술하였다.

朴壽春의 「自警箴」은 사람이 윤리적 삶을 살아야 하는 당위성과 실천 방법으로서의 '禮와 仁'을 제시한 작품이다. 사람은 天地를 부모로 삼아 선한 본성을 타고 났으므로 이에 근거하여 三綱五倫의 윤리를 실천해야 하는 당위성과 능력을 이미 가지고 있으며, 이런 선한 본성과 윤리적 삶을 보존하고 실천할 수 있는 방법은 禮와 仁이라고 밝혔다. 「言行箴」은 말과 행실의 중요성을 환기시켜 삼갈 것을 경계하는 내용이다. 말은 복의 근원이며 행실은 재앙의 문이므로 한 마디의 말과 하나의 행실을 어떻게 하느냐에 따라 영화와 욕됨이 뒤따르게 된다는 점을 지적하고, 복과 재앙을 초래하는 중요한 기틀을 삼가야 함을 각성하였다. 이 두 작품은 모두 수양의 당위성과 방법을 제시한 것으로, 의리의 발현을 중심으로 서술하여 자신을 경계하고자 한 것이다.

文後의 「敬義箴」은 曹植의 '敬義' 사상을 존숭하여 그것을 계승하고자 하는 의지에 의해 창작된 작품이다. 『周易』에 수록되어 있는 敬과 義는 학문을 하는 데 있어 절실한 것으로, 조선중기의 남명이 이 사상을 선구적으로 발현하고 실천하고자 하였다고 밝혔다. 그런데 文後가 지은 「敬義

箴」의 뒷부분이 缺落되어 현재로서는 작품의 전체적인 면모를 알지 못한다. 이 작품은 敬義의 중요성과 이를 탐구하고 실천하고자 한 남명 사상의 의미를 밝힘으로써, 의리의 발현을 중심으로 서술하였다.

權濤는 3편의 箴 작품을 지었는데, 그 제목은 「養心寡欲箴」·「心者形之君箴」·「自養箴」 등이다. 「養心寡欲箴」은 마음을 수양하기 위해서는 무엇보다 욕심을 줄여야 함을 밝힌 내용이다. 「心者形之君箴」은 천지 가운데 사람이 존재하여 살아가는데, 육신의 형체는 마음에 의한 다스림이 중요하고 마음의 다스림은 敬의 수양을 통해 유지되고 보존된다는 사실을 밝혔다. 「自養箴」은 자신을 수양하기 위해 무엇보다 겸손한 마음을 가져야 한다는 사실을 여러 측면에서 제기하여 스스로 경계하려 한 것이다. 3편은 의리의 발현을 중심으로 서술된 전형적 작품이며, '寡欲'·'敬'·'謙' 등 심성 수양의 구체적 방법을 제기하여 스스로 실천하고자 노력한 것이라고 볼 수 있다.

이상 曺植으로부터 權濤에 이르기까지 16~17세기 남명학파 학자들의 箴 작품을 개관해 보았는데, 이를 바탕으로 다음과 같은 사실을 추출해 볼 수 있다.

첫째, 창작 동기에 있어 타인을 깨우쳐주기 위한 것보다는 자신을 경계하기 위한 작품이 많다.

둘째, 호흡법의 수양 방법을 사실 그대로 기술한 郭再祐의 「調息箴」을 제외하고는 모든 작품이 의리를 발현 방식으로 서술하여 수사 기법에 있어 진지하고 엄숙한 면모를 띠고 있다.

셋째, 대부분의 작품이 수양의 중요성을 제기하고 자신이 추구해야 할 수양 방법을 확립하여 실천하고자 다짐하는 것으로 내용을 구성하고 있다.

이 세 가지 사실에 근거해 본다면, 이 시기에 창작된 남명학파의 箴 작품은 단순히 자신을 경계하는 차원에 머무르지 않고 자신을 어떻게 수양할 것인지에 대한 방법을 모색하여 확립하고자 노력하는 성향을 보이고 있다. 그러므로 위에서 제기한 거의 대부분의 작품이 자신을 경계하기 위해 창작되었으며 진지하고 엄숙하게 의리를 발현하는 방식으로 서술되어 있다는 사실도 이 시기의 箴 작품이 지니는 이와 같은 성향과 긴밀하게 연관되어 나타나는 현상이라고 이해된다.

Ⅲ. 南冥學派의 시련과 修養으로의 침잠

1572년 남명이 별세한 후로부터 1623년 仁祖反正이 일어나기 이전까지 약 50년 동안은 남명학파가 역사의 전면에서 가장 활발하게 움직였던 시기라 할 수 있다. 그러나 인조반정으로 인해 남명학파를 이끌던 來庵 鄭仁弘(1536-1623)이 賊臣으로 몰려 처형된 뒤 남명학파는 급격히 쇠퇴의 길을 걷게 되었다. 더욱이 英祖 4년(1728)에 일어난 戊申事態 때 江右 지역에서 桐溪 鄭蘊의 현손 鄭希亮과 陶村 曺應仁의 5대손 曺聖佐가 세력을 규합하여 安義·居昌·陜川·三嘉를 한 때 점령했던 일이 일어났다. 이 일로 인해 강우 지역은 叛逆鄕이라는 인식이 심화되었으며, 이 지역의 선비들도 그 기상이 저하되고 남명학파로서의 학문정신에 대한 자긍심도 상처를 입었다.[6]

그러므로 18세기에 남명학파는 知命堂 河世應(1671-1727), 西溪 朴泰茂(1677-1756), 台窩 河必淸(1701-1758), 南溪 李甲龍(1734-1799), 南皐 李志容(1753-1831) 등을 통해 겨우 명맥이 유지되고 있었을 뿐이다. 또한 학자의

---

6) 이상필, 「조선말기 남명학파의 남명학 계승 양상」, 『남명학연구』, 제22집, 남명학연구소, 2006, 193쪽.

수가 급격히 줄어들었을 뿐만 아니라 후세에 전해지는 저술도 매우 적은 형편이므로, 당시 남명학파 학자들의 학문과 사상을 파악하는 데에 어려운 점이 있다. 그나마 다행히 서계 박태무가 다른 학자들에 비해 비교적 많은 분량인 8권 4책의 문집을 남겼는데, 특기할 만한 사실은 장편 3편을 포함하여 도합 5편의 箴 작품이 수록되어 있으며, 銘은 무려 19편이나 실려 있다는 사실이다. 그는 왜 이렇게 많은 분량의 箴銘類 작품을 저술한 것일까? 당시 남명학파가 처한 시대적 상황과 다량의 잠명류 작품은 어떤 연관을 가지는 것일까? 이 장에서는 박태무의 箴 작품을 살펴봄으로써 이러한 일단의 의문에 대한 해답을 찾으려 한다.

박태무의 箴 작품을 도표로 정리하자면 다음과 같다.

작자 및 생몰년	작품명
朴泰茂(1677-1756)	晩悔箴
	大學箴 – 大學, 明明德, 新民, 止至善, 三綱領, 格物, 致知, 誠意, 正心, 修身, 齊家, 治國, 平天下, 八條目, 程朱大功
	座隅箴 – 思無邪, 毋欺, 愼獨, 毋不敬
	枕箴
	書室箴 – 存誠, 養拙, 居敬, 知命, 省三, 日新, 主一, 時習, 光霽, 天淵, 天雲, 明德

도표의 순서에 따라 箴 작품을 차례로 살펴보자면, 「晩悔箴」은 사람이 사람이 되는 까닭은 衆理를 갖추고서 萬事에 응하는 허령하고 텅빈 마음이 있기 때문이라고 밝힌 후, 이 마음을 잘 기르고 보존하느냐에 따라 사람다운 사람이 되느냐 짐승같은 사람이 되느냐로 갈라지게 된다고 하였다. 작자 자신은 젊은 시절에 紛華한 것에 골몰하느라 마음을 손상하게 되어 보존된 것이 거의 없게 되었는데, 60세의 늦은 나이지만 座隅에 적어서 느낀 바를 담아둔다고 밝혔다. 표면상 드러난 말로 본다면 작자의

때늦은 후회만이 서술되어 있을 뿐이지만, 이 작품을 지은 까닭을 미루어 짐작한다면 60세의 고령에 마음을 수양해야 하는 당위성을 절실하게 깨닫게 되었으니 남은 삶은 그와 같은 잘못을 번복하지 않기를 다짐하는 것이라고 이해할 수 있다. 이 작품은 자신을 경계하기 위해 지은 것으로, 마음 수양의 당위성을 의리학의 측면에서 밝혔다.

박태무는 『大學』을 매우 존신하여 龜巖 李楨이 『中庸』에 관해 읊은 「中庸詠十四首」의 고사를 본받아 『大學』을 조목별로 箴을 지어 스스로 경계하고 힘쓰기를 기약하였다. 이 작품이 바로 「大學箴」이며, 그 조목은 大學, 明明德, 新民, 止至善, 三綱領, 格物, 致知, 誠意, 正心, 修身, 齊家, 治國, 平天下, 八條目, 程朱大功 등의 15가지이다. 이 가운데 첫 번째 조목인 '大學'은 박태무가 『대학』을 어떻게 이해하였는가를 볼 수 있는 부분으로, 인용하여 살펴보자면 다음과 같다.

學貴循序	학문은 순서를 귀하게 여기니,
階級皦然	밟아가는 단계가 분명하도다.
卽書而求	책에 나아가 구할 적에,
孰爲當先	무엇을 우선으로 해야 할까?
曾氏有傳	曾子가 지은 傳이 있으니,
初學常經	초학자의 변함없는 경전이라네.
入德之門	德으로 들어가는 문이요,
取道之逕	道를 취하는 지름길이네.
規摹廣大	규모가 넓고도 크며,
節目詳明	절목이 자세하고 명확하네.
俛焉盡力	힘을 쏟아 진력을 다한다면,
永觀厥成	영원히 그 이룸을 볼 수 있으리라.7)

7) 朴泰茂, 『西溪集』 卷5, 「大學箴」.

박태무는 학문의 순서에 있어『대학』을 마땅히 우선으로 삼아 공부해야 한다고 하였다. 그 이유는 초학자의 변함없는 경전으로 德에 들어가는 문이며 道를 취하는 지름길이기 때문이다. 또한『대학』은 그 규모가 廣大하고 절목이 詳明하므로, 극진히 노력하여 공부한다면 학문의 완성을 영원히 볼 수 있을 것이라고 찬탄하였다.

이처럼「大學箴」은『대학』의 개관으로부터 三綱領·八條目에 이르기까지 조목별로 상세하게 풀이하고 있는 작품으로,『대학』에 관한 註釋이라고 말할 수 있을 만큼 자신의 견해를 자세히 밝혀놓았다. 따라서「大學箴」은 의리를 발현한 箴의 대표적인 작품으로 손꼽힐 만하다.

「座隅箴」은 思無邪·毋欺·愼獨·毋不敬 등의 네 조목으로 서술되어 있는데, 박태무가 추구한 수양론의 핵심을 파악할 수 있는 작품이다. 그는 이 箴을 座隅에 붙여두고 늘 바라보면서 이와 같이 수행하기를 노력하였는데, '無不敬'의 서술에서 결연한 의지를 엿볼 수 있다.

坐則坐而敬	앉으면 앉아서 敬하고,
立則立而敬	서면 서서 敬하네.
一動一靜	한번 움직이고 고요할 적마다,
一語一黙	한마디 말을 하거나 한번 침묵할 적에도,
何往非敬	어디에 간들 敬하지 않으며,
何時不敬	어느 때인들 敬하지 않겠는가.
表裏同敬	안팎이 동일하게 敬하며,
終始以敬	시종이 한결같이 敬하네.
吾將佩戴氏三字之符	나는 戴氏의 三字符를 차고서,
敬於朝	아침에도 敬하며,
敬於夕	저녁에도 敬하며,
而生於敬	敬에서 살고,
死於敬	敬에서 죽으리라.8)

戴聖이 편찬한『禮記』는 총 49편으로 구성되어 있는데, 그 첫편이 「曲禮」이다. 그리고 「曲禮」의 첫 구절은 '공경치 않음이 없다[毋不敬]'는 말로부터 시작된다.『예기』의 핵심을 한 마디 말로 요약할 적에, 일반적으로 이 구절을 거론하기도 한다. 박태무는『예기』의 '毋不敬'을 수양의 지향점으로 삼아 실천하고자 하였는데, 상황·장소·시간에 상관없이 항상 敬을 견지하려 하였으며, 敬에서 살고 敬에서 죽겠다는 각오로 일평생 붙잡아 지키려고 노력하였다.

'毋不敬'이『예기』의 핵심이라면, '思無邪'는 孔子가 언급하였듯이『詩經』에 수록된 300여 수의 시편을 하나로 꿸 수 있는 요지이다. 그리고 '毋欺'는 '毋自欺'의 줄임말로『大學』誠意章에 근거한 것이다. '愼獨'은『大學』誠意章과『中庸』首章에 함께 나오는데, 박태무가 '愼獨'의 조목에서 서술한 내용과 마지막 구절인 '子思가 어찌 나를 속였으리오?'라는 말을 살펴본다면『중용』에 바탕하고 있음을 알 수 있다. 그러므로 박태무는 자신이 일생토록 추구할 수양의 지향과 방법을『詩經』의 '思無邪',『大學』의 '毋自欺',『中庸』의 '愼獨',『禮記』의 '毋不敬'으로 정하여 실천하려 한 것이라고 이해된다.

「枕箴」은 베개에 스스로 경계하는 뜻을 붙인 箴으로, 베개의 양쪽 마구리에 '誠'자와 '敬'자를 각각 새겨 넣어 마음이 언제나 '誠'과 '敬'의 상태를 유지할 수 있도록 노력하였다. 박태무가 평소 木片에 '誠敬' 두 글자를 새겨서 차고 다닌 것이나, 自警屛의 좌우 양측에 '誠敬'을 먼저 쓰고 나머지 여러 글자를 배치한 것 등은 그가 '誠敬'을 수양의 표방으로 삼았다는 것을 알려준다. 그러기에 그는 '誠敬'을 二字符라 하기도 하였다.[9] 앞에서 살펴본 「大學箴」의 4가지 조목도 '誠敬'과 연관지어 생각해 본다면, '思無

---

8) 朴泰茂,『西溪集』卷5, 「座隅箴」.

9) 정경주, 「西溪 朴泰茂의 修養論에 대하여」,『남명학연구』제15집, 남명학연구소, 2003, 124쪽.

邪’는 誠의 수양이 궁극적으로 지향하는 도달점이며, ‘毋自欺’와 ‘愼獨’은 誠의 수양 방법이다. 그리고 ‘毋不敬’은 敬의 부단한 실천을 가리킨다.

「書室箴」은 知人들이 그가 공부하는 書室의 齋·室·壁·小塘·石門 등에 이름을 지어주었거나 글씨를 써준 것에 근거하여 잠을 지어 스스로 경계하고자 한 내용이다. 齋의 이름은 ‘存誠養拙’, 室은 ‘居敬知命’이며, 좌측의 편액에는 ‘省三日新’, 우측에는 ‘主一時習’이라 이름하였는데, 이 명칭은 密庵 李栽가 지어준 것이다. 동쪽의 벽은 ‘光霽軒’, 서쪽은 ‘天淵軒’이라 하였으니, 息山 李萬敷가 적어준 것이다. 堂 아래의 작은 연못은 ‘天雲塘’이라 이름하였으며, 연못의 남쪽에 있는 石門은 ‘明德門’이라 하였는데, 이 것은 計安窩 尹基慶이 지어준 것이다.

이렇듯 밀암 이재, 식산 이만부, 계안와 윤기경 등의 세 사람이 박태무의 서실과 관련하여 처소마다 부합한 뜻의 이름을 붙여주었는데, 그 모든 명칭이 수양의 핵심 내용을 담지하고 있다. 일반적으로 타인을 위해 건물의 이름을 지어줄 때 소유주가 추구하는 지향점과 의도를 반영하여 의미를 부여하기 때문에, 비록 본인이 스스로 지은 명칭들은 아니라 할지라도 그 이름들 속에는 박태무가 추구하는 뜻이 충분히 담겨 있다고 이해할 수 있다. 문으로 들어가거나 나가거나, 방안에 머물며 어느 곳으로 눈길을 돌리는 간에, 경계하고 수양하겠다는 뜻을 담아 붙여진 이름들이 처소마다 걸려 있었음을 생각할 때, 그는 기거하는 서실의 어느 곳이든 어떤 순간이든 간에 자신을 경계하고 수양하고자 하는 뜻을 독실히 붙잡으려 했다는 것을 알 수 있다.

「自警箴」은 노년의 나이에도 수양을 추구하는 마음과 실천의 노력이 해이해져서는 안 된다는 점을 경계하는 내용이다. ‘쓰러져 죽은 이후에야 그만둔다’는 구절에 그가 죽을 때까지 수양에 대한 의지와 노력을 중단하지 않으려 했다는 사실을 확인하게 된다.

이상 살펴본 바와 같이, 박태무는 매우 많은 분량의 箴 작품을 창작하였으며, 그 내용은 모두 자신이 추구하는 수양의 목표와 실천 방법을 표방한 의리의 발현이었다. 「枕箴」은 베개를 제목으로 설정하였으므로 假託의 풍자나 은유를 사용하여 서술할 듯하지만, 그 내용을 보면 일말의 풍자나 은유도 나타나지 않은 채 수양에 대한 결연한 의지를 직설적으로 표현하였다. 그리고 베개뿐만이 아니라, 그가 생활하는 주변의 모든 사물에 수양의 지향과 의지를 담아 이름을 붙임으로써 한 순간도 방심하지 않으려는 자세를 견지하였다.

박태무가 수양에 대한 결연한 의지를 箴 작품에 담아 자신을 한결같이 붙잡아 지키려 한 까닭은 남명학파의 일원으로서 그가 처한 시대의 학파적 상황과 무관하지 않으리라 생각된다. 仁祖反正으로 인해 남명학파가 심각한 타격을 입은 상황에서 1728년 戊申事態까지 일어나게 되자, 남명학파의 학자들은 더 이상 발을 붙일 곳이 없을 만큼 運身의 폭이 좁아졌다. 이러한 상황에서 남명학파의 학자로서, 그 시대를 어떻게 극복해 나갈 것이며 후대의 학자들에게 학맥을 이어줄 것인가에 대한 문제는 자신이 짊어지고 가야 할 막중한 사명일 수밖에 없었다.

따라서 그는 외부를 향한 항거가 아니라 자신을 견고하게 붙잡아 지키는 수양에 착념하여 스스로를 올바르게 세우고자 노력하였다. 이것은 그 자신을 지켜나가는 일이기도 하지만 더 나아가 남명학파의 명맥이 끊어지지 않고 이어질 수 있는 하나의 방법이 된다는 점을 생각할 때, 18세기 남명학파가 극심한 침체기를 겪은 때에 박태무가 고뇌하고 선택한 삶의 방향성을 충분히 짐작할 수 있다.

Ⅳ. 道學의 위기와 修養 確立의 권계

19세기 강우 지역에는 老柏軒 鄭載圭·月皋 趙性家·溪南 崔琡民 등 호

남 노론 蘆沙 奇正鎭의 문인을 비롯하여 寒洲 李震相·晚醒 朴致馥·端磎 金麟燮·勿川 金鎭祜·俛宇 郭鍾錫 등 기호 남인 性齋 許傳의 문인과 영남 남인 定齋 柳致明의 문인이 진주 인근에 거주하면서 활동하였다. 이들은 각기 다른 학파적 사승 관계를 가졌음에도 불구하고, 서로 간에 학문적 교유를 적극적으로 진행하였으며, 남명의 학문과 사상에 대한 조명과 선양 사업을 추진하였다. 이처럼 19세기 강우 지역에는 우리나라 학술사에 있어 중요한 위치를 차지하는 걸출한 학자들이 성대하게 일어났으며, 그들은 학파적 당파성을 지양하고 학문적·사상적 소통과 연대를 추구하고자 노력하였다. 그들 이전에 대부분의 학자들이 다른 학파의 학설과 정치적 견해를 일방적으로 배척하고 공격했던 것을 감안할 때, 이들이 상대방을 인정하고 수용하고자 노력한 모습은 조선시대 학술사에 있어 특기할 만한 사건이다.[10]

인조반정 이후, 강우 지역의 남명학파는 외형상으로는 몰락하여 남인화하거나 서인화하는 모습을 띠었다. 그러한 분열과 침체의 17-18세기를 지난 후, 19세기 중반에 들어서자 새로운 움직임이 나타나기 시작했다. 외형의 분열과는 달리 내재적 복류의 형태로 면면히 이어지던 남명학파의 계승 양상이 표면상으로 드러나기 시작한 점이다. 하지만 이미 여러 학파로 분열된 상태에서 곧장 남명학파로 새로이 복원된다는 것은 시대적·역사적 추이의 측면에서 불가능한 일이었다. 하지만 남명에 대한 추숭과 계승 의지라는 학문적·정신적 공감대는 강우 지역의 학파들을 결속하는 중심축이 되었으며, 그것을 통해 국가적 위기를 극복하고 유교의 새로운 부흥을 염원하는 방향으로 진행되었다. 19세기 강우 지역 학자들의 남명학 계승은 이러한 관점에서 그 의미를 평가해야 한다고 생각된다. 그들은 남명의 학문과 사상을 중심축으로 삼아 분열된 각 학파들을 통합

---

10) 전병철, 「老柏軒 鄭載圭의 南冥學 繼承과 19세기 儒學史에서의 의미」, 『남명학연구』 제29집, 남명학연구소, 2010, 231쪽.

하고자 하였으며, 유학의 근본 정신을 회복하고 실천 의지를 고양하여 국
내외적 위기를 극복하고 새로운 전망을 바라보려 노력하였다.[11]

이와 같은 19세기의 상황을 생각해 볼 때, 이 시기에 창작된 箴 작품은
당시의 시대적·역사적 배경이 어떻게 투영되어 있는지를 주의하면서 개
별 작품을 살펴보아야 할 것이다. 하나의 작품은 작자 개인의 전기적 요
소와 함께 그 작품이 지어진 시대적·역사적 배경의 소산물이라는 당연
한 사실에 기반한 것이기도 하지만, 또한 본고에서 지속적으로 추적해 온
남명학파 학자들의 箴 작품에 나타난 수양에 대한 요구와 그것을 수행하
는 방법의 시대별 특성을 해명하기 위한 중요한 전제가 되기 때문이다.

19세기에 箴 작품을 창작한 작자 및 작품 제목을 도표로 정리해 보자면
다음과 같다.

작자 및 생몰년	작품명
朴致馥(1824-1894)	讀書箴
金麟燮(1827-1903)	至樂箴, 愼獨箴, 冬至箴, 山居四箴(冀微, 時習, 日新, 篤實), 實齋箴.
郭鍾錫(1846-1919)	經筵箴, 書筵箴, 繹古齋箴, 鷄鳴箴, 丈夫箴, 剛德箴, 活齋箴, 五箴(好惡箴, 思慮箴, 守身箴, 處困箴, 講學箴), 除夕箴, 元朝箴, 立春箴, 實齋箴, 立箴, 卄以箴, 洗昏齋箴, 靜窩箴, 朴景禧屛箴.
河謙鎭(1870-1946)	自省四箴, 題李一海壁貼四箴, 惺軒箴, 養浩齋箴, 贈李璟夫三箴, 題仲涉屛八箴, 姜子孟墨帖箴.

위의 도표에 수록된 작품 제목에서 드러나 있듯이, 이 시기에 창작된
箴 작품의 특징은 타인을 위해 지은 작품이 상당 부분을 차지한다는 점이
다. 그리고 타인을 위한 작품의 내용에 있어서도 상대방에게 필요한 어떤
주제를 설정하여 권면하거나 건물 이름에 담긴 의미를 부연하여 주인이

---

11) 전병철, 「老柏軒 鄭載圭의 南冥學 繼承과 19세기 儒學史에서의 의미」, 『남명학
연구』 제29집, 남명학연구소, 2010, 265쪽.

상고하게 함으로써 권계하는 등의 방식으로 깨우쳐주는 것이 대부분에 해당한다.

19세기 남명학파 학자들의 箴 작품은 왜 이러한 성향을 가질까? 이것은 앞에서 언급한 시대적 · 역사적 배경이 큰 영향을 미친 것으로 보인다. 이 당시 남명학파의 학자들은 일본 및 서양의 외세 침입과 국내 정치의 문란 등으로 인해 나라의 존망에 대해 크게 우려하였으며, 더욱이 明나라가 멸망한 이후 道를 온전히 보존하여 계승하고 있는 우리나라가 외세의 세력에 의해 점령되는 것은 道學의 단절이라는 종말을 초래할 것이라는 위기 의식을 가졌다. 그리하여 그들은 엄격한 수양을 통해 자기를 올바르게 세우기 위해 분발하였을 뿐만 아니라, 함께 道學을 지켜나가야 할 이들에게 간절한 마음으로 권계하여 위기의 상황을 타개하고자 노력하였다.

端磎 金麟燮의 「冬至箴」에 그와 같은 의식이 분명하게 드러나고 있다. 그 가운데 일부를 살펴보기로 한다.

뒤를 이은 우리들, 어찌 이전 일들 거울삼지 않겠는가? 지금의 일들 돌아보니, 눈물이 쏟아져 내린다. 감히 온전함을 바랄 수 있으랴? 어찌 편안함을 구할 수 있으랴? 종사는 무력하고, 백성은 비참히 짓밟히도다. 사람은 재앙만 자초하고, 하늘은 난리만 내리도다. 온 나라가 요동하여 술렁이고, 해와 달과 별은 어둠에 가려졌도다. 곡하려 한들 무슨 낯으로 하랴? 말하려 한들 무슨 보램이 있으랴?

옷을 떨치고 멀리 떠나려 하지만, 굽어보니 망망할 따름이다. 높은 곳을 오르려 하나 사다리가 없고, 바다를 건너가려 하나 배가 없구나. 문을 닫아걸고 신음하며 앓으니, 허물이 없기만을 바랄 뿐이라. 외국말 날로 시끄러워지고, 이국 복장 껴입고 다니는구나. 시대가 막힌 때를 만나니, 추운 기세 들판에 덮혔도다. 陰이 위에서 극성하고, 陽은 아래에 전복되어 있도다. 군자는 비호를 받으며, 소인은 집을 무너뜨리도다.

성인께서 나를 속였겠는가? 기뻐하면서 속히 글을 쓰네. 난리가 극성하면 다스려지게 되고, 막힘이 끝나면 펼쳐지게 되나니. 만물이 통창하게 되고,

모든 생명 함께 의지하네. 밝고 밝은 태양, 동방을 환하게 비추네. 아름다운 궁궐에 봄이 깊고, 임금님 거둥하시는 길 볕이 길도다. 우리 젊은이들에게 기대하노니, 陽德이 날로 형통해지리라. 후회에 이르지 말아서, 우리 삶을 마치기를.12)

이 箴을 살펴보면, 김인섭이 당시의 상황을 얼마나 절망적으로 인식하였는가를 적나라하게 볼 수 있다. 임금은 꼭두각시처럼 아무런 권한이 없고 백성은 이중삼중으로 수탈을 당해 무참히 짓밟히는 상황이었다. 그가 보기에 사람들은 스스로 재앙만 자초하는 듯하고, 하늘은 오로지 난리만을 내리는 것처럼 여겨졌다. 곡을 하려고 해도 무슨 낯으로 할 수 있겠으며, 말을 하려 해도 아무런 도움도 되지 않는 현실에서, 차라리 세상을 떠나 산 속으로 숨거나 바다를 건너려도 해도 그럴 수 있는 형편이 되지 못하니, 문을 닫아건 채 앓아누워 신음하면서 자신의 허물을 줄일 수 있기를 바랄 뿐이라고 탄식하였다.

그러나 김인섭은 이와 같이 지극히 어려운 상황 속에서도 한 줄기 희망을 발견하였다. 『周易』剝卦에 陰이 극성한 그 때에 다시 陽을 회복하게 된다고 하였으니, 난리가 극성하면 다스려지는 데로 나아가게 되고 막힘이 종결되면 펼쳐지게 되는 것이다. 그리하여 매우 곤궁하고 험난한 시대 상황 속에서도 다시 회복될 날에 대한 희망의 씨앗을 품을 수 있었으며, 그 씨앗을 젊은이들이 키워나가기를 기대하였다.

김인섭이 「冬至箴」을 통해 자신의 현실 인식과 미래에 대한 희망, 그리고 젊은이들에게 거는 기대를 여실하게 보여주고 있듯이, 이 시기의 箴

---

12) 金麟燮, 『端磎先生文集』 卷11, 「冬至箴」. "凡我嗣後 胡不監前 睠顧時事 有淚汎瀾 敢冀得全 敢望求安 宗社綴旒 生靈糜爛 惟人召禍 惟天降亂 九域飆回 三精霧塞 欲哭奚可 欲言奚益 振衣退擧 俯視茫茫 陟巇無梯 駕海無航 杜門吟病 庶希過寡 異言日牒 異服將骿 時值閉關 寒威蔽野 陰極于上 陽反於下 君子得輿 小人剝廬 聖不我欺 喜而疾書 亂極而治 否終則泰 萬物其通 群生咸賴 明明太陽 照臨震方 彤墀春深 黃道晷長 期余小子 陽德日亨 无底于悔 以畢吾生"

작품들 속에는 어려운 시대 여건 가운데서도 자신에 대한 수양을 부단히 정진할 뿐만 아니라, 함께 道學을 지켜나가야 할 同志에게 보내는 권계가 간절하게 담겨 있다.

晩醒 朴致馥이 鄭龍基를 위해 지은 「讀書箴」, 김인섭이 동생에게 준 「至樂箴」, 俛宇 郭鍾錫이 지은 「活齋箴」, 「實齋箴」, 「立箴」, 「卄以箴」, 「洗昏齋箴」, 「靜窩箴」, 「朴景禧屏箴」 등과 晦峰 河謙鎭의 「題李一海壁貼四箴」, 「惺軒箴」, 「養浩齋箴」, 「贈李璟夫三箴」, 「題仲涉屏八箴」, 「姜子孟墨帖箴」 등이 이러한 뜻에 부합하는 작품이라 말할 수 있다. 이 중에서 곽종석이 지은 「立箴」을 대표적으로 살펴봄으로써, 거론한 작품들의 내용을 일일이 소개하는 번다함을 대체하려 한다.

維人之生	사람이 살아가는 삶이란,
直立兩間	천지 사이에 직립한 것이라네.
匪寢匪尸	잠을 자거나 죽은 시체가 아니라면,
寧或顚顚	어찌 무너져 쓰러질 수 있겠는가.
敬以立心	敬으로써 마음을 세우고,
義以立命	義에 의해 천명을 세우네.
公以立德	公으로써 덕을 세우고,
勤以立行	근면함으로 행실을 세우네.
維欲與怠	오직 욕심과 나태함이
乃立之賊	세움을 해치는 적이라네.
造次克念	짧은 순간에도 생각을 놓치 말아
罔敢不飭	감히 삼가지 않을 수 없네.
久乃堅植	오래되면 견고히 서게 되리니,
不撓不屈	요동하지도 굽히지도 않으리.
卓爾在中	우뚝히 천지 가운데 서서,
上下串徹	상하로 환하게 통하리라.
身以道立	자신을 道로써 세울 수 있다면,

己立立人	자기도 서고 남도 세워 주리라.
勖哉昻昻	힘쓸지어다! 위풍당당하게 서서,
視爾脚跟	너의 다리를 살필지어다.13)

이 작품은 곽종석이 1907년에 族子 郭昌燮을 권계하기 위해 지은 것이다. 앞 부분에서 사람이 천지 가운데 서 있어야 할 당위성을 설명한 후, 敬·義·公·勤 등에 의해 자신을 세우는 방법에 대해 제시하였다. 그리고 욕심과 나태함이 바르게 서 있는 것을 해치는 적이 되므로, 어떤 짧은 순간에도 감히 방심해서는 안 된다고 경계하였다. 그리하여 오래도록 이와 같이 서 있을 수 있다면, 요동하지도 않고 굽히지도 않아 우뚝이 천지 가운데 서서 하늘과 땅의 이치를 환하게 깨우칠 수 있을 것이라고 하였다.

마지막 부분에 이르러 '자신을 道로써 세울 수 있다면, 자신도 서고 남도 세워 주리라. 힘쓸지어다! 위풍당당하게 서서, 너의 다리를 살피지어다.'라고 권계함으로써, 곽종석이 곽창섭에게 이 箴을 지어주는 까닭을 분명히 드러내고 있다. 국내 정치의 문란과 외세 세력의 침입으로 인해 道學이 절체절명의 위기에 처한 상황에서, 자신을 道로써 올바르게 세울 수 있어야 남도 세워줄 수 있다. 그러므로 항상 위풍당당한 기개로 서 있는 가운데, 자신이 道에 확립되어 있는가를 항상 살펴야 할 것이라고 말하였다.

이것은 곽종석 스스로가 「鷄鳴箴」, 「丈夫箴」, 「剛德箴」, 「五箴(好惡箴, 思慮箴, 守身箴, 處困箴, 講學箴)」, 「除夕箴」, 「元朝箴」, 「立春箴」 등을 지어 道에 굳건히 서 있기를 끊임없이 노력하였을 뿐만 아니라, 앞으로 다음 세대를 이어가야 할 젊은이들에게 절망적 시대의 거센 물결에 휩쓸려 쓰러지지 말고 자신을 道에 우뚝히 세우기를 촉구한 것이라 이해할 수 있다.

---

13) 郭鍾錫, 『俛宇集』 卷144, 「立箴」.

V. 맺음말

이상으로 남명학파 학자들의 箴 작품과 그 속에 담겨진 수양 방법 및 특성을 시기별로 나누어 통시적으로 살펴보았다. 앞에서 서술한 내용을 요약하고 앞으로의 과제를 제기하는 것으로써 맺음말을 대신하고자 한다.

16~17세기의 箴 작품은 남명학파의 종장인 南冥 曺植(1501-1572)이 창작한 것으로부터 東溪 權濤(1575-1644)가 지은 것에 이르기까지 총 26편이 전해지는데, 그 특성은 크게 세 가지로 요약할 수 있다. 첫째, 창작 동기에 있어 타인을 깨우쳐주기 위한 것보다는 자신을 경계하기 위한 작품이 많다. 둘째, 호흡법의 수양 방법을 사실 그대로 기술한 郭再祐의「調息箴」을 제외하고는 모든 작품이 의리를 발현 방식으로 서술하여 수사 기법에 있어 진지하고 엄숙한 면모를 띠고 있다. 셋째, 대부분의 작품이 수양의 중요성을 제기하고 자신이 추구해야 할 수양 방법을 확립하여 실천하고자 다짐하는 것으로 내용을 구성하고 있다.

이 세 가지 사실에 근거해 본다면, 이 시기에 창작된 남명학파의 箴 작품은 단순히 자신을 경계하는 차원에 머무르지 않고 자신을 어떻게 수양할 것인지에 대한 방법을 모색하여 확립하고자 노력하는 성향을 보이고 있다. 그러므로 위에서 제기한 거의 대부분의 작품이 자신을 경계하기 위해 창작되었으며 진지하고 엄숙하게 의리를 발현하는 방식으로 서술되어 있다는 사실도 이 시기의 箴 작품이 지니는 이와 같은 성향과 긴밀하게 연관되어 나타나는 현상이라고 이해된다.

18세기는 仁祖反正과 戊申事態로 인해 남명학파가 매우 침체된 시기였다. 이러한 때를 살았던 박태무는 매우 많은 분량의 箴 작품을 창작하였으며, 그 내용은 모두 자신이 추구하는 수양의 목표와 실천 방법을 표방한 의리의 발현이었다. 「枕箴」은 베개를 제목으로 설정하였으므로 假託

의 풍자나 은유를 사용하여 서술할 듯하지만, 그 내용을 보면 일말의 풍자나 은유도 나타나지 않은 채 수양에 대한 결연한 의지를 직설적으로 표현하였다. 그리고 베개뿐만이 아니라, 그가 생활하는 주변의 모든 사물에 수양의 지향과 의지를 담아 이름을 붙임으로써 한 순간도 방심하지 않으려는 자세를 견지하였다.

박태무가 수양에 대한 결연한 의지를 箴 작품에 담아 자신을 한결같이 붙잡아 지키려 한 까닭은 남명학파의 일원으로서 그가 처한 시대의 학파적 상황과 무관하지 않으리라 생각된다. 仁祖反正으로 인해 남명학파가 심각한 타격을 입은 상황에서 戊申事態까지 일어나게 되자, 남명학파의 학자들은 더 이상 발을 붙일 곳이 없을 만큼 運身의 폭이 좁아졌다. 이러한 상황에서 남명학파의 학자로서, 그 시대를 어떻게 극복해 나갈 것이며 후대의 학자들에게 학맥을 이어줄 것인가에 대한 문제는 자신이 짊어지고 가야 할 막중한 사명일 수밖에 없었다.

따라서 그는 외부를 향한 항거가 아니라 자신을 견고하게 붙잡아 지키는 수양에 착념하여 스스로를 올바르게 세우고자 노력하였다. 이것은 그 자신을 지켜나가는 일이기도 하지만 더 나아가 남명학파의 명맥이 끊어지지 않고 이어질 수 있는 하나의 방법이 된다는 점을 생각할 때, 18세기 남명학파가 극심한 침체기를 겪은 때에 박태무가 고뇌하고 선택한 삶의 방향성을 충분히 짐작할 수 있다.

19세기에 창작된 箴 작품의 특징은 타인을 위해 지은 작품이 상당 부분을 차지한다는 점이다. 그리고 타인을 위한 작품의 내용에 있어서도 상대방에게 필요한 어떤 주제를 설정하여 권면하거나 건물 이름에 담긴 의미를 부연하여 주인이 상고하게 함으로써 권계하는 등의 방식으로 깨우쳐 주는 것이 대부분에 해당한다.

이 당시 남명학파의 학자들은 일본 및 서양의 외세 침입과 국내 정치의 문란 등으로 인해 나라의 존망에 대해 크게 우려하였으며, 더욱이 明

나라가 멸망한 이후 道를 온전히 보존하여 계승하고 있는 우리나라가 외세의 세력에 의해 점령되는 것은 道學의 단절이라는 종말을 초래할 것이라는 위기의식을 가졌다. 그리하여 그들은 엄격한 수양을 통해 자기를 올바르게 세우기 위해 분발하였을 뿐만 아니라, 함께 道學을 지켜나가야 할 이들에게 간절한 마음으로 권계하여 위기의 상황을 타개하고자 노력하였다.

이처럼 남명학파의 형성과 전성기, 침체기, 부흥기 및 도학의 위기 등으로 나누어 각각의 시기에 나타나는 箴 작품의 특성과 수양을 추구하는 방법 및 시대적·역사적 의미를 해명하고자 시도하였다. 앞으로 호남 지역 학자들이 창작한 箴 작품에 대한 연구를 진행함으로써, 지리산권의 동부에 자리한 남명학파와 서부에 해당하는 호남 지역 학자들의 箴 작품은 상호 어떠한 同異性을 가지고 있는지를 분석하는 데에까지 나아가야 할 것이다.

결국 이와 같은 연구의 축적을 통해 궁극적으로 도달하고자 하는 목표는 지리산권의 유학 사상을 범주화하여 묶을 수 있는 공통된 특질이 무엇인지 발견하는 것이며, 또한 그런 기반 가운데 동부와 서부의 지역 및 학파에 따라 어떤 다양한 특성이 어울려 구성되어 있는지를 조망하는 것이라 말할 수 있다. 따라서 이 논문에서 탐색한 남명학파 학자들이 지은 箴 작품의 시기별 특성과 수양과의 연관성에 대한 문제 의식은 지리산권 유학 사상의 특질을 이해하기 위한 하나의 시도로써 동부 지역의 남명학파를 중심으로 고찰한 것이다.

이 글은 『남도문화연구』 제21집(2011)에 수록된 「남명학파의 잠 창작과 수양의 시대별 요청」을 그대로 실은 것이다.

호남지역 유학자의 箴 창작에 관한 통시적 고찰

전병철

Ⅰ. 序論

箴이라는 文類名의 유래는 고대 중국의사들이 병을 치료하던데 쓰던 箴의 字意가 타인이나 자기를 規戒하는 문장의 효용성과 일치되어 文類名으로 轉借되었던 것이다.[1] 특히 성찰과 경계를 통해 자신의 정신을 각성시키며 삶의 자세를 견실하게 붙잡으려는 의지를 담은 작품인 경우, 그 내용 속에 작가가 추구하는 삶의 지향과 함께 그것에 도달하기 위한 실천 방법이 선명하게 제시되어 있다. 따라서 箴은 작가의 사상과 수양론을 문학적으로 형상화하여 담아낸 것이라고 말할 수 있다.

---

[1] 김종철, 「漢文文類 『箴』의 淵源과 文體特性」, 『동방한문학』 제11집, 동방한문학회, 1995, 127~128쪽.

이 글은 箴이 가지는 위와 같은 특성에 주목하여 호남지역 유학자의 사상과 수양론이 가지는 구체적 내용을 살펴보고자 시도한 것이다. 호남지역 유학자들은 일상의 삶 속에서 무엇을 지향점으로 삼았으며 삶의 자세를 어떻게 유지하려 했는지를 이해하기 위해 箴의 성격과 내용을 분석하여 해명하는 방법을 택한 것이다. 연구 범위는 호남 출신이거나 이 지역에서 오랫동안 활동한 유학자 가운데 문집에 箴 작품이 수록되어 있다면 모두 대상으로 삼았다.[2]

호남지역 유학자의 箴 작품을 어떤 내적 요인이나 외적 상황에 따라 엄밀하게 나눌 수 있는 분명한 지표가 마땅하지 않기 때문에, 조선 전기·중기·후기라는 대략적인 경계로 범위를 설정했다. 후기는 다소 다른 성격을 지니지만, 전기와 중기에는 箴 작품에 뚜렷한 영향을 끼친 학술적·역사적 계기가 보이지 않아 전체적인 흐름의 경향을 넓게 조망하는 방향에서 검토하고자 하기 때문에 이런 구획만으로도 충분히 시기별 내용과 특징을 정리할 수 있으리라 판단된다.

II. 解釋과 次韻을 통한 義理의 發現

호남지역 유학자들의 초기 箴 작품은 蘇沿(1390-1441)이 창작한 것으로부터 李恒(1499-1576)이 지은 것에 이르기까지 총 6편이 지어졌다. 작자

---

[2] 대상 인물의 선정을 위해 주로 다음과 같은 논저를 참고했다.
안진오, 『호남유학의 탐구』, 심미안, 2007; 오병무, 「호남유학사(상)」, 『남도문화연구』 제5집, 순천대학교 남도문화연구소, 1994; 오병무, 「호남유학사(중)」, 『남도문화연구』 제6집, 순천대학교 남도문화연구소, 1997. 오종일, 「호남 유학사상의 특질」, 『동양철학연구』 제36집, 동양철학연구회, 2004; 정병련, 『한국철학의 심층분석』 I-III, 전남대학교 출판부, 1998; 최영찬·이형성, 「조선 중·후기 호남 유학사상에 대한 小考」, 『한국사상과 문화』 제23집, 2004, 한국사상문화학회.

및 작품을 도표로 정리해보자면 다음과 같다.

작자 및 생몰년	작품명
蘇 沿(1390-1441)	視民如傷箴, 淸愼勤箴,
柳崇祖(1452-1512)	大學箴
宋 純(1493-1582)	敬次朱子敬齋箴
羅世纘(1498-1551)	戒心箴
李 恒(1499-1576)	自強齋箴

箴은 창작 동기에 따라 신하가 임금에게 바치기 위해 지은 官箴과 개인적인 필요나 요구에 의해 창작한 私箴으로 대별된다. 그리고 수사 기법에 의해 假託과 諷刺를 사용한 비유적 표현 방법과 事實의 敍述, 德目의 解說, 義理의 發現 등으로 기술된 직설적 표현 방법으로 크게 구분된다.

蘇沿으로부터 李恒에 이르기까지 100년이 넘는 시기 동안 5명의 유학자에 의해 6편의 箴 작품이 창작되었으니, 그 수량이 매우 적다고 말할 수 있다.

먼저 소연의 箴 작품을 살펴보자면, 「視民如傷箴」3)은 제목 아래에 '宰尼城時'라는 주석이 부기되어 있다. 이를 통해 이 작품은 그가 1433년 尼城(충남 논산시 魯城의 옛이름)에 縣監으로 부임한 당시 지은 것이라는 사실을 알 수 있다. '視民如傷'이란 제목은 『孟子』 「離婁」 下篇에 나오는 말을 인용한 것으로, 중국 周나라 文王이 '다친 사람을 돌보듯이 백성을 보살폈다'는 고사를 가리킨다. 또한 北宋의 明道 程顥(1032-1085)은 山西省 澤州의 晉城縣令으로 재임할 때 '視民如傷'을 좌우명으로 삼아 큰 치적을 올렸으므로 백성들이 그를 부모처럼 따랐다고 한다.

---

3) 蘇沿, 『杏亭集』 卷之下, 「視民如傷箴」. "乾坤一理 物吾同胞 那間克中 毋韋毋膠 一命之士 苟存心何 濟人愛物 爲政之和 誠意以動 恒若傷哉 惻隱其仁 奚啻吏才 溯本沿末 莫非此心 聖恩岡極 幸是宰臨 謨拙幹旋 治昧寬猛 爲此之懼 書座右警"

소연은 문왕이 백성을 정성스럽게 다스린 고사와 후대의 정호가 그것을 본받아 실천한 일을 염두에 두고 尼城縣을 다스릴 적에 이 말로 자신을 경계하고자 했다고 보인다. 그러므로 그는 '視民如傷'의 의미를 "하늘과 땅이 一理이며, 사물과 내가 同胞라. 그 사이에서 중용을 행하여, 너무 따라주지도 고집하지도 말라. 처음 관직에 임명된 선비, 마음을 어떻게 보존해야 하나. 사람들 구제하고 사물을 사랑하여, 온화하게 다스려야 하리. 정성스러운 뜻으로 감동시켜, 항상 다친 사람 돌보듯 해야 하리. 측은하게 여기는 仁으로 행해야지, 어찌 관리의 재능으로만 할 뿐이랴. 근본을 거슬러 올라가고 아래를 따라 내려오면, 이 마음이 아닌 것이 없어라. ……"라고 해석했다.

소연의 「視民如傷箴」은 개인적인 필요에 의해 창작된 私箴이며, 수사기법은 『孟子』의 '視民如傷'이 지닌 의미가 무엇인지에 대해 해석하고 그 내용을 실천하려 한 義理의 發現을 채택하고 있다.

다른 작품인 「淸愼勤箴」[4]은 관리로서 지켜야 할 덕목으로 청렴[淸], 신중[愼], 근면[勤]을 제시한 후, 이 세 가지를 항상 생각하며 실천하기를 기약하는 내용이다. 그러므로 「淸愼勤箴」은 관리가 지녀야 할 덕목을 해설한 私箴이다.

柳崇祖(1452-1512)의 「大學箴」[5]은 「性理淵源撮要」와 함께 中宗에게 지어 올린 것으로, 「大學三綱八目箴」 또는 「大學十箴」으로 일컬어지기도 한다. 「大學箴」과 「性理淵源撮要」는 中宗의 특명으로 간행 반포되었으므로, 당시 학계에 많은 영향을 끼친 저술이라고 말할 수 있다.[6]

柳崇祖는 序文에서 임금을 비롯하여 신하와 백성들이 『대학』을 공부해

---

4) 蘇沿, 『杏亭集』 卷之下, 「淸愼勤箴」. "做官有符 日淸日愼 勤且隨之 績可益晉 一人無此 孰能爲公 三事到極 百行無窮 伊昔君子 胡不是焉 念玆在玆 永勿隳旆"
5) 柳崇祖의 「大學箴」은 분량이 많아 원문 수록을 생략한다.
6) 김기현, 「柳崇祖의 道學과 思想史的 位相」, 『퇴계학보』 제109집, 퇴계학연구원, 2001, 228쪽.

야 하는 이유에 대해 다음과 같이 밝혔다.

> 臣 崇祖는 들건대, 朱子가 말씀하길 "『大學』의 道는 그림쇠[規]·곱자[矩]·수준
> 기[準]·먹줄[繩] 등의 표준과 같으니, 먼저 자신을 다스린 이후에 다른 이들
> 을 다스리는 것이다."라고 했습니다.
> 신은 삼가 그 말을 이어서, "『대학』의 도는 곧 修身·齊家·治國·平天下의 規·
> 矩·準·繩으로서 방형·원형·평형·직선의 지극한 것을 만든다."라고 풀이한
> 적이 있습니다. 임금된 자는 『대학』의 도를 환하게 드러내지 않을 수 없으
> 니, 규·구·준·승이 그곳으로부터 나오기 때문입니다. 신하된 자는 『대학』의
> 도를 강론하지 않을 수 없으니, 규·구·준·승이 그를 통해 시행되기 때문입
> 니다. 백성된 자는 『대학』의 도를 알지 못해서는 안 되니, 규·구·준·승을 마
> 땅히 따라야 하기 때문입니다.[7]

  유숭조는 『大學』의 道란 집을 지을 때 사용하는 그림쇠[規]·곱자[矩]·
수준기[準]·먹줄[繩] 등의 표준과 같다는 말[8]을 인용한 후, 그 구절을 부
연하여 修身·齊家·治國·平天下를 실현하기 위해 반드시 필요한 표준으
로서 방형·원형·평형·직선의 완전한 모양을 만들려면 規·矩·準·繩
을 사용해야 하는 것과 같다고 전제했다. 그리하여 임금은 規·矩·準·
繩의 표준이 나오는 곳이기 때문에 『대학』의 도를 환하게 드러내지 않을
수 없고, 신하는 표준을 시행하는 역할을 담당하므로 『대학』의 도를 강론
하지 않을 수 없으며, 백성은 표준을 따라야 하는 대상이므로 『대학』의

---

7) 柳崇祖, 『大學箴』, 「大學箴序」. "朱子曰 大學之道 猶規矩準繩 先自治而後 治人者
   也 [臣] 竊嘗繼之曰 大學之道 乃修齊治平之規矩準繩 而爲方圓平直之至也 爲君者
   不可不明大學之道 規矩準繩之所自出 爲臣者 不可不講大學之道 規矩準繩之所由施
   爲民者 不可不知大學之道 規矩準繩之所當從"

8) 유숭조는 이 구절을 朱子의 말이라고 했는데, 사실은 『論語』, 「八佾」 제22장
   '管仲之器小哉'의 朱子註에 인용된 楊雄의 말이다. 원출처는 『楊子雲集』, 「先知
   篇」에 나오는 구절로, 원문은 "大器 其猶規矩準繩乎 先自治而後治人之謂大器"이
   다.

도를 알지 못해서는 안 된다고 설명했다.

『대학』의 도를 환하게 드러내고 강론하며 알아야 하는 당위성에 대해 서문에서 설명한 내용을 살펴보자면, 유숭조는 『대학』을 임금으로부터 일반 백성에 이르기까지 누구나 배우고 익혀야 하는 매우 중요한 경서로 인식하고 있음을 확인할 수 있다. 따라서 그는 成均館 大司成으로 재직할 때 『대학』의 도를 표준으로 삼아 나라를 다스려나가기 바라는 마음에서 中宗에게 이 箴을 올린 것이었다.

유숭조의 「大學箴」은 「明明德箴」·「作新民箴」·「止至善箴」·「使無訟箴」·「格物致知箴」·「謹獨箴」·「正心箴」·「修身箴」·「齊家治國箴」·「絜矩箴」 등 10개 箴을 통해 『대학』의 핵심 내용을 밝힌 것이다. 경남의 남명학파 학자인 西溪 朴泰茂(1677-1756)가 『大學』의 내용을 大學, 明明德, 新民, 止至善, 三綱領, 格物, 致知, 誠意, 正心, 修身, 齊家, 治國, 平天下, 八條目, 程朱大功 등 15가지 조목으로 나누어 「大學箴」[9]을 지은 일이 있었다.

두 작품은 「대학잠」이라는 제목으로 『대학』의 뜻을 해석하여 의리를 발현했다는 점에서는 동일하지만, 유숭조의 작품은 임금의 통치를 돕기 위해 지어진 官箴인데 비해 박태무의 것은 스스로 학문에 힘쓰기 위해 창작된 私箴이다. 그리고 창작 시기도 유숭조의 「대학잠」이 대략 200년 정도 앞서며, 분량의 측면에서도 비교가 안 될 만큼 훨씬 방대하다.

그럼에도 불구하고 현존하는 한문 작품 가운데 『대학』의 의미를 箴의 형식을 통해 밝힌 것이 두 사람의 「대학잠」과 百弗庵 崔興遠(1705-1786)의 「讀大學箴」[10] 외에는 보이지 않는다는 점을 생각한다면, 그 희소성도 중요한 의미를 지니겠지만 그것과 아울러 지리산 권역의 동쪽과 서쪽이라

---

9) 朴泰茂의 「大學箴」도 분량이 많아 원문 수록을 생략한다.

10) 崔興遠, 『百弗菴集』卷13, 「讀大學箴」. "讀書如何 不可貪務 先以大學 作爲間架 逐段熟讀 致思詳精 須令所究 了了分明 方可取次 改讀後段 看第二段 還思前段 後段前段 文義續連 旣通大意 又好熟看 却以他書 塡補去讀 體統旣具 功用乃博"

는 지역 범위에 함께 포함되고 있다는 점에서 상호 비교 검토될 충분한 이유를 가진다. 하지만 여기서는 지면 관계상 더 이상의 논의는 생략하며 별도의 논고를 통해 두 작품을 비교할 수 있기를 기약한다.

宋純(1493-1582)의 「敬次朱子敬齋箴」은 朱子가 지은 「敬齋箴」에 차운한 私箴으로, 전대 箴 작품의 내용을 해석하고 그 형식을 모방하여 의리를 발현한 것이다. 송순이 주자의 「경재잠」에 차운하여 어떠한 내용으로 이해하고 계승했는지를 서로 대비하여 살펴보기로 한다.

章	朱子의 「敬齋箴」		宋純의 「敬次朱子敬齋箴」	
제1장	의관을 바르게 하고	[正其衣冠]	몸과 마음 수렴하고	[斂其身心]
	시선을 존엄하게 하라	[尊其瞻視]	듣고 보는 일 경계하라	[箴其聽視]
	마음을 가라앉히고	[潛心以居]	늘 마음주인 喚醒하여	[常喚主翁]
	상제를 대하듯이 하라	[對越上帝]	상제를 대하듯이 하라	[如對上帝]
제2장	발걸음은 반드시 무겁게	[足容必重]	내면은 반드시 엄숙하게	[中心必嚴]
	손가짐은 반드시 공손하게	[手容必恭]	외모는 스스로 공손하게	[外貌自恭]
	밟을 곳을 가려서 밟고	[擇地而蹈]	홀로 처할 때 삼가서	[處獨而謹]
	개미집도 피해 가라	[折旋蟻封]	깊은 방에서도 그러하라	[爾室幽封]
제3장	문을 나서면 손님을 대하듯	[出門如賓]	문 나서고 일 받들 적에	[出門承事]
	일을 받들면 제사를 모시듯	[承事如祭]	손님 대하듯 제사 모시듯	[如賓如祭]
	조심조심 두려워하며	[戰戰兢兢]	이런 일들을 힘써	[從事於此]
	혹시라도 안이함이 없기를	[罔敢或易]	두려운 마음으로 소홀할 때 없기를	[常恐忽易]
제4장	입 단속하길 병마개 막듯이	[守口如瓶]	쟁반 받들고 얼음을 밟는 듯	[奉盤履氷]
	잡념 막기를 성을 지키듯이	[防意如城]	딱따기 치며 성을 지키듯이	[擊柝守城]
	성실하고 전일하게 하여	[洞洞屬屬]	動靜에 어긋나지 않고	[動靜無違]
	혹시라도 경솔함이 없기를	[罔敢或輕]	행동에 경솔함이 없기를	[擧措不輕]
제5장	동쪽 뜻하고 서쪽 가지 말며	[不東以西]	마음에 혹 주인이 없으면	[心或無主]
	남쪽 향하다 북쪽 가지 말라	[不南以北]	남북으로 치닫게 되니	[走作南北]
	직면한 일에 집중하고	[當事而存]	마음에 귀한 바는	[所貴乎心]
	다른 데로 옮겨가지 말라	[靡他其適]	한 가지에 집중하고 옮기지 않는 것	[主一無適]
제6장	둘이라 마음 둘로 하지 말고	[弗貳以二]	처음부터 끝까지	[徹始徹終]
	셋이라 마음 셋으로 하지 말라	[弗參以三]	둘로 셋으로 나뉘지 말라	[不貳不三]
	오직 정밀하고 전일하여	[惟精惟一]	잠심하여 엎드려 있더라도	[潛心以伏]
	만 가지 변화를 살펴라	[萬變是監]	하늘은 매우 밝게 살피네	[天孔昭監]
제7장	이에 힘쓰는 것을	[從事於斯]	그리하여 程子 문하에서	[所以程門]
	敬을 지닌다고 하니	[是日持敬]	항상 主敬을 말했네	[常說主敬]
	動·靜에 어기지 않아	[動靜無違]	시선을 존엄하게 하고	[瞻視斯尊]

	밖과 안을 바르게 하라	[表裏交正]	의관을 바르게 하라	[衣冠斯正]
제8장	잠시라도 틈이 생기면 사욕의 온갖 단서 생겨나니 불씨가 없어도 타오르고 얼지 않아도 추워지리	[須臾有間] [私欲萬端] [不火而熱] [不冰而寒]	□□ 혀 위에서 코끝에서 흰 기운을 보라 잠시라도 끊어진다면 불길 치솟고 얼음 얼리라	[□□舌上] [視白鼻端] [斯須間斷] [火熱冰寒]
제9장	털끝만한 차이가 있어도 하늘과 땅의 자리가 바뀌리 三綱이 무너지고 나면 九法도 없어지리	[毫釐有差] [天壤易處] [三綱旣淪] [九法亦斁]	솟아올라 천리를 날아가니 망망히 흔적 없어라 조금이라도 삼가지 않으면 三綱 무너지고 九法 없어지리	[飛揚千里] [茫茫無處] [毫忽不謹] [綱頹法斁]
제10장	아, 소자야 유념하고 공경할지어다 먹을 갈아 箴戒를 써서 감히 靈臺에 고하노라	[於乎小子] [念哉敬哉] [墨卿司戒] [敢告靈臺]	아, 우리 소자야 감히 경계하지 않으랴 삼가 신명에게 고하노니 항상 靈臺를 수호하길	[嗟余小子] [敢不警哉] [謹告神明] [常守靈臺]

위의 표를 통해 「경재잠」과 「경차주자경재잠」의 내용을 대조해본다면, 송순의 작품은 주자의 「경재잠」을 보다 분명하게 부연 설명하고 있음을 확인할 수 있다. 왜냐하면 「경재잠」에서는 분명하게 드러나지 않는 敬의 개념 정의가 「경차주자경재잠」에서는 선명하게 드러나고 있기 때문이다. 주자는 敬의 의미를 구체적 모습으로 제시하려 했다면, 송순은 그런 구체적 표현을 해석하여 기존의 敬 개념으로 부연 설명하고자 한 것이라 이해된다.

敬의 개념에 대해, 伊川 程頤는 ① 하나에 집중하여 다른 곳으로 흐트러지지 않음[主一無適]과 ② 행동을 반듯하게 하고 몸가짐을 엄숙하게 함[整齊嚴肅]이라고 정의했다. 그리고 上蔡 謝良佐는 ③ 항상 마음이 깨어 있음[常惺惺]이라 했으며, 和靖 尹焞은 ④ 마음을 수렴하여 어떠한 사물도 용납하지 않음[其心收斂 不容一物]이라 규정했다.

이와 같은 네 가지 敬 개념을 염두에 두고 송순은 「경재잠」의 제1장을 ④ 其心收斂 不容一物과 ③ 常惺惺으로 풀었다. 喚醒은 정신을 불러 깨운다는 뜻으로 惺惺과 같은 의미이다. 제2장은 제1장의 뜻을 부연하여 몸과 마음을 항상 공경하게 하되 깊은 방에서 홀로 있을 때에도 그렇게 하라고 표현했다.

제3장과 제4장은 「경재잠」의 내용을 대체로 이어받으면서 비유만 약간 달리 표현했다. 제5장은 ① 主一無適의 뜻으로 밝혔으며, 제6장은 그것의 부연 설명으로 서술했다. 제7장은 ② 整齊嚴肅으로 풀이했으며, 제8장은 朱子의 「調息箴」에 보이는 '코 끝에 흰 기운 있으니 내가 그것을 살피노라 [鼻端有白 我其觀之]'[11]라는 구절을 인용하여 持敬의 방법을 제시했다. 제9 장은 敬을 지키지 못하여 초래되는 궁극적인 결과를 극단의 표현을 통해 주지시켰으며, 마지막으로 제10장은 마음의 靈臺를 수호하기를 권면하는 말로 끝을 맺었다.

羅世纘(1498-1551)의 「戒心箴」[12]은 箴 앞에 붙여진 序文의 첫 구절이 '臣 은 듣건대'라는 말로 시작되고 있으므로, 임금에게 올린 官箴인 것을 알 수 있다. 그는 1533년 문과중시에 장원으로 뽑혔지만 對策文에서 金安老 의 전횡을 통박하는 글을 섰다가 그의 모함을 받아 固城에 圍籬安置되었 으며, 중종 32년(1537) 김안로가 사사되자 유배에서 풀려나 藝文館 奉敎로 복직되었다. 그 뒤 1544년 吏曹參議·同副承旨·大司成 등을 거쳐 漢城府 府尹으로 同知春秋館事를 겸하여 『中宗實錄』의 편찬에 참여했다.[13]

『中宗實錄』에 의하면, 中宗은 1511년 11월 25일 신하들에게 戒心箴을 지 어 올리라는 명을 내린 일이 있었다. 또한 1516년 11월 29일 弘文館이 戒 心箴을 지어 올렸는데, 考課에서 趙光祖가 장원했다는 기사가 실려 있다. 그리고 1543년 10월 17일 戒心箴을 제목으로 하여 성균관 유생들에게 짓 게 하라고 승지에게 명한 일이 있었다. 이처럼 中宗은 여러 차례 신하들

---

11) 朱熹, 『晦庵集』卷85, 「調息箴」. "鼻端有白 我其觀之 隨時隨處 容與猗移 静極而嘘 如春沼魚 動極而翕 如百蟲蟄 氤氳開闢 其妙無窮 孰其尸之 不宰之功 雲臥天行 非 子敢議 守一處和 千二百歲"

12) 羅世纘, 『松齋遺稿』卷3, 「戒心箴」. 분량이 많아 원문 수록을 생략한다.

13) 오병무, 「호남유학사(상)」, 『남도문화연구』 제5집, 순천대학교 남도문화연구소, 1994, 53쪽.

과 유생들에게 자신을 경계시킬 戒心箴을 지어 올리도록 명을 내린 사실이 확인된다. 따라서 나세찬의 「계심잠」도 중종의 하명에 응하여 지은 것이라 추론해 볼 수 있다.

그 내용은 마음을 보존하고 함양하는 방법에 대해 해설한 것으로, 箴의 수사 기법 가운데 덕목의 해설에 해당한다. 그는 마음의 주인을 삼가고 두려워하는 戒愼과 恐懼로 파악하여 공경하고 또 공경하여 깊은 연못가에 임한 듯 얇은 얼음 위를 걷는 듯이 행하는 마음 수양만한 것이 없다고 말한다. 그리하여 하루 경계하면 한날 동안 堯舜이 되고 종신토록 경계하면 평생 동안 堯舜이 되며, 경계하느냐 그렇지 않느냐에 따라 天理가 보존되고 人欲에 사로잡히게 된다는 말로 종결지었다.

李恒의 「自強齋箴」[14]은 『中庸』에 보이는 '自強不息'에 근거하여 부단히 학문을 배우고 심신을 수양함으로써 聖人의 경지에까지 이르도록 노력하자는 내용이다. 작품 아래에 "學者는 聖人을 기약하여 미칠 수 있다고 생각해야 한다. 자잘하게 작은 성공을 거두려는 마음이 있으면 이는 스스로 한계를 긋는 것이니, 함께 큰일을 해나갈 수가 없다. 이것은 곧 聖門의 죄인이다. 聖門의 죄인일 뿐만 아니라, 또한 吾黨의 죄인이다. 그러므로 大舜으로써 끝을 맺은 것이다."[15]라고 해설을 부기하여 自強不息의 노력이 추구하는 목적은 聖人이 되는 데에 있다는 사실을 거듭 강조했다.

「自強齋箴」은 서재의 이름인 '自強'이 추구해야 하는 목적과 실천 방법을 서술한 작품으로, '自強不息'의 義理的 解釋에 중점이 있다. 따라서 의리의 발현을 수사 기법으로 삼은 私箴이라고 분류할 수 있다.

---

14) 李恒, 『一齋集』 雜著, 「自強齋箴」. "大道無邊 那許功輸 日知日行 賴在聖謨 博文於事 約禮於心 然非持敬 邪思難禁 合其內外 一於動息. 功無間斷 心無走作 強兮強兮 難以智力 學到求仁 庶可自強 學力之大 極天無強 穆穆其德 乾乾不息. 舜何人哉 可至聖域"

15) 李恒, 『一齋集』 雜著, 「自強齋箴」. "學者以聖人爲可期及 稍有小成之心 是自畫 不可與有爲 乃聖門之罪人也 不啻聖門之罪人 抑亦吾黨之罪人也 故以大舜終焉"

이상 살펴본 바와 같이, 전기에 해당하는 호남지역 유학자의 箴 작품들은 6편 가운데 2편이 中宗에게 올려진 官箴이다. 그리고 경전 구절을 해석한 것이 3편, 전대의 작품에 차운하여 계승한 것이 1편으로, 의리의 발현을 수사 기법으로 삼은 작품이 상당한 비율을 차지한다. 이러한 점은 아래에서 검토할 중기의 箴 작품들이 수양의 덕목을 해설하여 스스로 실천할 것을 다짐하거나 타인에게 권면하는 내용이 압도적으로 많다는 사실과 비교해 볼 때, 전기의 잠 작품들이 가지는 특징이라고 규정할 수 있다.

Ⅲ. 自省과 訓戒를 위한 德目의 解說

중기는 箴을 지은 유학자가 4명밖에 되지 않아 초기에 비해 인원수가 더욱 줄었지만, 작품의 수량은 7편으로 1편이 더 많이 늘어난 셈이다. 하지만 安邦俊(1573-1654)으로부터 黃胤錫(1729-1791)에 이르기까지 150년이 넘는 시기 동안 4명의 유학자가 7편의 작품을 지었다는 것은 초기와 마찬가지로 매우 영성한 상황이라고 밖에 말할 수 없다.

작자와 작품을 정리하자면 아래와 같다.

작자 및 생몰년	작품명
安邦俊(1573-1654)	口箴
愼天翊(1592-1661)	自戒箴, 樂命箴
黃 㬜(1605-1654)	莫見乎隱箴
黃胤錫(1729-1791)	自警箴, 客中題壁三箴, 集古訓題斗兒冊房示箴

安邦俊의 「口箴」[16]은 時宜適切하게 말해야 한다는 것을 경계한 작품으로, 수양의 덕목을 해설한 私箴이다. 그 내용이 짧고 간결하지만 '言'자가

계속적으로 반복되어 깊은 각인을 불러일으킨다. 전문을 소개하자면, "말해야 할 때 말하고 말하지 않아야 할 때 말해선 안 되네. 말해야 할 때인데 말하지 않아서는 안 되고 말하지 않아야 할 때인데 말해서는 또한 안 되네. 입이여, 입이여. 이와 같이 할 따름이라."라고 서술했다.

愼天翊(1592-1661)의 「自戒箴」[17]은 中·和를 실천하는 것이 곧 仁을 행하는 일이라고 제시한 후 이것을 통해 자신의 선한 본성을 회복하기를 기약한 내용이다. 이 작품 역시 수양의 덕목을 해설한 私箴이다. 「樂命箴」[18]은 陰陽의 성쇠와 禍福의 전환은 늘 반복되며 命은 은미하지만 道는 매우 분명하므로, 군자는 자신에게 주어지는 존망의 명을 즐거이 받아들인다는 내용이다. 3언 6구의 간결한 문장으로 천명을 기꺼이 받아들이려는 의지를 분명하게 표현하고 있으니, 덕목을 해설한 私箴이다.

黃暐(1605-1654)의 「莫見乎隱箴」[19]은 『中庸』 제1장에 보이는 '은미한 데에서 드러나지 않음이 없다[莫見乎隱]'의 구절에 대해 그 의미를 해석해 의리를 발현한 작품이다. 그런데 작품의 내용 가운데 '匹夫에 있어서도 오히려 이와 같을진대, 하물며 지금 임금된 이가 공경하지 않을 수 있겠는가.'라는 부분을 살펴본다면, 자신을 경계하기 위한 私箴이 아니라 임금에게 지어 올린 官箴이라는 사실을 알 수 있다. 같은 시기에 활동한 活齋 李榘(1613-1654)도 동일한 제목으로 箴을 지었는데, 그 내용에서 '하물며

----

16) 安邦俊, 『隱峯全書』 卷9, 「口箴」. "言而言 不言而不言 言而不言不可 不言而言亦不可 口乎口乎 如是而已"

17) 愼天翊, 『素隱遺稿』 卷1, 「自戒箴」. "擿慾之拏 濟戾以和 柔與剛敵 得中爲德 苟執不虧 卽仁之儀 盍究吾衷 復爾天宗"

18) 愼天翊, 『素隱遺稿』 卷1, 「樂命箴」. "姤又復 禍則福 命之微 道甚的 君子樂 以存歿"

19) 黃暐, 『塘村集』 卷5, 「莫見乎隱箴」. "天地之大 最貴者人 人有誠心 能大能新 萬化之本 一身之主 愈危愈微 易失難久 無時豫怠 宜察宜省 奈何不戒 克念則聖 奈何不愼 罔念作狂 幼學壯行 闇然日章 猶水就下 若火之燃 不愧屋漏 自其操存 幾則已動 莫見乎隱 長欲幽暗 離道之遠 無形無跡 必顯必著 雖欲掩之 衆所共覩 在於匹夫 尙且如此 況今人辟 可不敬止 誠之有要 其在心歟 爰念古人 精一執中 此焉則鏡 竭臣丹忠"

이 분은 임금이니 힘쓰지 않을 수 있겠는가.'[20]라고 언급한 것에 근거하자면 당시 '莫見乎隱'에 관한 箴을 지어 올리라는 임금의 명이 있었다고 추론해 볼 수 있다.

黃胤錫의 「自省箴」[21]은 스스로 수양하기 위해 덕목을 해설한 私箴이다. 序文에서 선하지 않음을 알고도 행하는 자는 사람이 아니며, 고쳐야 한다는 것을 알고도 하지 않는 자도 사람이 아니라고 규정했다. 그리고 사람으로서 사람이 아니라면 죽어서도 편안하지 못하며, 살아서도 아무런 유익을 끼치지 못한다고 설명했다. 게다가 한 가지 악한 생각이라도 하늘은 반드시 알며 한 가지 그릇된 생각이라도 하늘은 벌을 줄 것이므로, 사람으로서 사람이 아닌 것에 대해 삼가 경계로 삼아 하늘이 악한 생각을 알고 그릇된 생각을 벌하는 일이 없도록 해야 한다고 경각시켰다. 그런 후 4언 8구의 「自省箴」을 서술했다.

「客中題壁三箴」[22]은 제목 아래에 '당시 東部에서 당직을 섰다'라는 주석이 부기되어 있는 것으로 보아 관청에서 직일을 담당하며 3편의 箴을 지은 것이라고 알 수 있다. 그런데 제목에서 '벽에 적다[題壁]'라는 말을 썼으므로, 자신을 경각시키고자 한 것일 뿐만 아니라 주위의 사람들과 경계의 내용을 공유하고자 하는 의도도 저변에 담겨 있다고 이해된다.

첫 번째 箴[23]에서는 자신의 말과 행동을 삼가 해야 한다고 경계했다.

---

20) 李渠, 『活齋集』 卷7, 「莫見乎隱箴」. "矧伊人辟 其可不勉"

21) 黃胤錫, 『頤齋遺藁』 卷13, 「自省箴」. "知不善爲之者 人耶否也 知可改不之者 人歟末也 人而否 其死爲無寧 人而末 其生爲何益 且夫一念之惡天必識 毋或曰天奚以識 一慮之辟天則殛 毋或曰天安能殛 天非識以目而識以不目之目 奚翅如十指之嚴 天非殛以刃而殛以不刃之刃 奚翅若五刑之戮 然則其必以人而否爲戒而愼無乎天識其惡 亦必以人而末爲警而愼無於天殛其辟 始所謂人而人 而更何有知而爲 乃所謂人之人 而又安有知而不也耶 間私語 天聽若雷 毋曰高高 而惟愼哉 暗室欺心 神目如電 毋曰冥冥 而畏其顯"

22) 黃胤錫, 『頤齋遺藁』 卷13, 「客中題壁三箴」.

23) 第一首의 원문은 다음과 같다. "莫重者身而或不撿 莫危者心而或不收 言往往失之於居顯 行往往忽之於處幽 世之人固具曰余人 噫若是尙可曰人 不惟自今如臨而如履

몸은 매우 막중한 것인데 혹 검속하지 않고 마음은 참으로 위태로운 것인데 혹 수렴하지 않아 남들이 보는 드러난 곳에서 종종 말을 실수하게 되며 아무도 없는 은밀한 곳에서 왕왕 행실을 소홀히 하게 된다고 전제했다. 그런 후 세상 사람들이 모두 자신이 사람이라고 말하지만, 이와 같이 행하면서도 사람이라고 말하는 것이 옳겠느냐고 탄식했다. 결론적으로 그것을 면할 수 있는 방법은 깊은 연못가에 임한 듯 얇은 얼음을 밟는 듯 삼가고 조심하는 것이라고 제시했다.

두 번째 箴[24]은 한때의 욕심을 참지 못해 평생을 망치고 일시적인 분노를 참지 못해 큰일을 그르치는 경우가 있다고 서술한 다음 '분노를 징계하고 욕심을 막아라[懲忿窒慾]'는 수양의 방법을 처방했다. 그런데 '청컨대 우선 懲窒 두 글자에 종사하기를'라는 표현으로 제시하고 있으므로, 경계의 대상이 자신뿐만 아니라 타인에게도 함께 열려 있음을 확인할 수 있다.

마지막으로 세 번째의 箴[25]에서는 科擧는 出身을 하기 위한 것이므로 그릇된 방법을 통해 구하려 해서는 안 되며, 仕宦은 임금을 섬기기 위한 것이기에 개인적인 이익을 도모해서는 안 된다고 전제했다. 그리하여 義가 있는 곳이라면 가혹한 형벌을 받더라도 조금도 피해서는 안 되며, 형세가 쏠리는 곳이라면 부귀영화가 있을지라도 혹 쫓아가서는 안 된다고 말했다. 자신을 등용해준다면 禮樂을 계승하고 刑政을 보완할 것이며, 등용해주지 않는다면 전원에서 즐거워하고 강호에서 근심하면서 살아가리

兮 庶不至泛泛而悠悠"

24) 第二首의 원문은 다음과 같다. "有不忍一時之慾而誤平生 有不忍一時之忿而躓大事 是孰重孰輕孰利孰害 蓋不須單拆方弓而辨之易矣 嗟玆昧者汩相尋於旣覆 卓彼智者獨先覺於未至 蒙其昧者邪智者耶 請姑事懲窒之二字"

25) 第三首의 원문은 다음과 같다. "科擧所以出身 其可曲徑求諸 仕宦所以事主 其可鑽穴圖諸 義之所在 雖虀粉不當少避 勢之所歸 雖鍾駟不當或趨 有用我者 述禮樂而贊刑政 無用我者 樂畎畝而憂江湖 余蓋將有意而學 未之能信也 然用晦自明 尙毋愧古人之與徒乎"

라고 포부를 말했다. 그리고 마지막 부분에서는 등용되든 은거하든 본래 분명한 도리가 있으니, 옛사람들과 더불어 같은 무리가 되는 데에 부끄럽지 않아야 한다고 경계했다.

「集古訓題斗兒冊房示箴」[26]은 자식을 훈계하기 위해 생활 속에서 실천해야 할 덕목을 해설한 私箴이다. 자식을 가르치는 것은 지극히 중요한 일이며, 책을 읽는 것은 매우 즐거운 일이라고 서두를 열었다. 그런 후 진정 實心으로 刻苦의 공부를 하되 아침 일찍 일어나 저녁 늦게 잠들고 하루 종일 부지런히 노력해야 한다고 훈계했다. 그리고 얇은 얼음을 디디는 듯 호랑이를 밟는 것처럼, 깊은 연못가에 서 있는 듯 아득한 골짜기에 떨어질 것처럼 항상 삼가고 조심해야 한다고 권면했다.

이상 살펴본 바와 같이, 중기에 창작된 호남지역 유학자의 箴 작품은 『中庸』 제1장의 '莫見乎隱'을 해석한 황위의 「莫見乎隱箴」을 제외하고는 모두 생활 속에서 실천해야 할 수양의 덕목을 해설한 내용들이다. 다만 경계하는 대상이 자신에게 한정되느냐 아니면 자식이나 주변의 타인에게 확장되느냐의 차이가 있을 뿐, 개인적인 용도인 私箴의 범위를 벗어나는 작품은 없다.

IV. 道學의 守護를 위한 自己 確立과 他人 勸戒

후기는 초기 및 중기에 비해 거의 5~6배가 넘을 정도로 많은 분량의 箴 작품이 창작되었다. 그리고 경계의 내용과 방법이 이전과 달리 다양하게 확산되는 경향을 보인다. 奇正鎭(1798-1880)으로부터 柳永善(1893-1961)에 이르기까지 100년 동안 14명의 유학자에 의해 37편의 箴이 지어졌다.

---

26) 黃胤錫, 『頤齋遺藁』 卷13, 「集古訓題斗兒冊房示箴」. "至要敎子　至樂讀書　眞實心地　刻苦工夫　夙興夜寐　日乾夕惕　履冰蹈虎　臨淵隕谷"

작자 및 생몰년	작품명
奇正鎭(1798-1880)	書室箴
曺毅坤(1832-1893)	不足畏箴
金漢燮(1838- ?)	主一齋箴, 紙尺箴, 讀書箴
田 愚(1841-1922)	九容箴, 友石箴, 心箴, 士箴
奇宇萬(1846-1916)	三山書室課程箴
吳駿善(1851-1931)	訥齋箴, 蒙齋箴
李鍾宅(1865- ?)	蒙養齋箴
孔學源(1869-1939)	自箴, 過不及箴
崔秉心(1874-1957)	躁箴
鄭 琦(1879-1950)	自警箴, 月湖書室箴, 立志箴
鄭衡圭(1880-1957)	浩氣箴, 夜氣箴, 性師心弟箴
金澤述(1884-1954)	次敬齋箴, 元朝自警箴, 八如箴, 愼口箴, 愼言箴, 戒酒箴, 酒箴, 財箴
權純命(1891-1974)	求道齋箴, 克己箴
柳永善(1893-1961)	次范氏心箴, 愼言箴, 謹行箴, 書室箴, 戒貨色箴

　奇正鎭의 「書室箴」27)은 독서를 방해하는 無志・舊習・氣稟 세 가지 요소를 서술한 후, 舊習을 바꾸기 위해 용기가 필요하고, 기품을 변화하기 위해 敬이 있어야 하며, 有志는 元氣와 같으므로 이것이 없으면 약을 쓸 수가 없다고 설명했다. 그리고 흠칫 놀라며 돌이켜 구하는 것이 자기에게 달려 있을 뿐이니, 늙었다 말하지 말고 顔子를 닮도록 노력해야 한다고 경계했다. 이 작품은 독서의 방해 요소와 그것에 관한 처방을 설명하는

27) 奇正鎭, 『蘆沙集』 卷25, 「書室箴」. "道入無間 載之維書 匪精匪細 曷造門閭 讀書鹵莽 恒病存焉 匪我獨然 而人不然 我究病源 首先責志 士鮮有志 書歸虛器 古有顔淵 舜何子爲 舜有微言 顔淵不知 寧不憤悱 鑽之爲期 是之謂志 志壹氣隨 志苟低陷 書吾何有 人道書好 讀以備數 蠶絲牛毛 眯眼疾首 勉彊思索 脂畫冰鏤 其次舊習 難一二計 或汨嗜欲 天君已醉 投之理義 圓鑿方柄 冐若放豚 熟處在彼 或貪名利 父敎兄勉 見彈意忙 筭甕情轉 褚小綆短 宜得之淺 或有小數 雕繪文詞 黃白覓對 月露爭奇 雖値肯綮 眼走毛皮 此其大者 餘可類推 其三氣稟 靜躁皆咎 靜者簡便 惡煩就陋 躁者急迫 貪前畧後 維此三患 爲眼中翳 辣椒皮吞 明珠櫝買 假使經子 如誦己言 書肆則可 無救童昏 病旣診脉 藥豈無術 舊習曷革 勇爲眞訣 氣稟曷變 敬是蔘朮 學之有志 譬則元氣 元氣內虧 藥無所施 惕然反求 在我而已 無曰言耄 維顔是似"

방식으로 경계한 것이니, 덕목을 해설한 私箴이다.

이와 같은 성격의 작품으로는 足·手·目·口·聲·頭·氣·立·色의 九容을 해설한 田愚의 「九容箴」,[28] 조급함에 대해 경계하고 그것을 극복할 덕목을 서술한 崔秉心의 「躁箴」,[29] 曾子가 士로서 가져야 할 덕목으로 말한 넓음[弘]과 굳셈[毅]을 자신의 符節로 삼는다고 각오한 鄭琦의 「自警箴」,[30] 金澤述이 不惑의 나이에 자신을 돌아보며 수양에 힘쓸 것을 다짐한 「元朝自警箴」,[31] 입·술·재물을 삼가도록 경계한 「愼口箴」[32]·「酒箴」[33]·「財箴」,[34] 柳永善이 말·행실·재화·여색을 삼가도록 경계한 「愼言箴」[35]·

---

28) 田愚, 『艮齋集』後編 卷18, 「九容箴」. 분량이 많아 원문 수록을 생략한다.

29) 崔秉心, 『欽齋集』前編 卷16, 「躁箴」. “人之情性 莫病於躁 躁根不除 百病相導 惟躁則急 志在速得 偶不稱心 憤怒盈色 惟躁則狹 百憂來集 小事小故 不能容納 躁則無禮 擧動麤鄙 尊卑乖常 漸失綱紀 躁則傷德 不知愛物 下我之人 恣意嗔責 躁能損身 病疾叢紛 火氣上躁 如灼如焚 躁能敗名 事不經心 未爲惡事 先出惡音 惟躁之人 至多罪愆 不知省己 尤人怨天 惟躁之人 罪愆至多 天怒人責 災害則罹 爰有藥言 去躁之方 勉爾和順 去爾傲剛 靜則思理 動則持氣 忍之一時 利之終世 上畏天威 下懼人情 古之賢德 至今令名 嗚呼戒哉 愼厥動處 賢愚禍福 爾惟自取”

30) 鄭琦, 『栗溪集』卷15, 「自警箴」. “載之重矣 非弘曷居 行之遠矣 非毅曷圖 子輿一言 二字元符 一乃心畫 乃謨克厥 終欽厥初”

31) 金澤述, 『後滄先生文集』卷21, 「元朝自警箴」. “爾年不惑 蚩蚩蒙士 爾年强仕 如用何以 舍日無聞 矧爾見惡 歲不我與 永歎寐寤 人欲猛省 承我皇考 存心益密 敎自艮老 欽斯遵斯 將墜將失 庶收晚暮 終始惟一”

32) 金澤述, 『後滄先生文集』卷21, 「愼口箴」. “四十見惡 先聖所棄 見惡以何 言行尤悔 悔固可疚 尤益見愧 圭玷難磨 駟馳曷及 矧茲樞機 禍難交集 今將中身 尙不愼口 念及其終 痛心疾首 守口如甁 晦翁規箴 無口之匏 李相黙沈 我其法此 懲前毖後 愼旃愼旃 庶免大咎”

33) 金澤述, 『後滄先生文集』卷21, 「酒箴」. “酒固從酉 肅殺西方 醉亦從卒 是爲死亡 盞疊兩戈 宜其見戕 壺藏惡體 豈得有臧 危似危字 觴可訓傷 承尊有禁 罍則嚴頭 聖人垂戒 旣切且周 如何人士 造次失茲 千古衛武 亦有悔詩”

34) 金澤述, 『後滄先生文集』卷21, 「財箴」. “錢帶雙戈 殺人之器 利傍立刀 亦一同類 財音同災 貨則禍聲 穀雖活人 待殳成形 少不謹愼 立喪其生 胡世之人 惟是之貪 哀哉北邙 寃鬼如林”

35) 柳永善, 『玄谷集』卷18, 「愼言箴」. “心之動 宣由言 言不審 失爾身 矧樞機 災從始 簡近道 勿妄訾 金百緘 圭川復 曷不愼 宜兢惕”

「謹行箴」36)·「戒貨色箴」,37) 공부에 매진할 것을 각오한 「書室箴」38) 등 11편이 이에 속한다. 따라서 奇正鎭의 「書室箴」과 합한다면 총 12편이 된다.

　수양이나 윤리 덕목을 해설한 내용의 측면에서는 동일하지만, 타인을 경계시키기 위해 지어진 작품들이 있다. 金漢燮이 독서하는 어린 자식에게 종이와 자에 비유하여 깨끗함과 올곧음을 힘쓰라고 권면한 「紙尺箴」,39) 尹孟元에게 독서의 의미와 방법에 대해 가르쳐준 「讀書箴」,40) 田愚가 金錫奎의 '友石'이라는 自號를 부연하여 수양에 힘쓸 것을 권고한 「友石箴」,41) 全時鳳과 李根에게 마음 수양에 힘쓰라고 권면한 「心箴」,42) 興陽久敬會諸賢에게 선비로서 매진해야 할 덕목에 관해 해설한 「士箴」,43) 奇宇萬이 三山書室의 제생들에게 생활하면서 행해야 할 실천 덕목을 게시한

---

36) 柳永善, 『玄谷集』 卷18, 「謹行箴」. "知爲先 行爲重 儼若思 敬而竦 必愼獨 要克終 帝臨汝 宜反躬 惟靠性 勿信心 篤志實踐兮 吾知其履薄臨深"

37) 柳永善, 『玄谷集』 卷18, 「戒貨色箴」. 분량이 많아 원문 수록을 생략한다.

38) 柳永善, 『玄谷集』 卷18, 「書室箴」.

39) 金漢燮, 『吾南先生文集』 卷2, 「紙尺箴」. "內潔爾心 如斯之白 外整爾容 如斯之直"

40) 金漢燮, 『吾南先生文集』 卷2, 「讀書箴」. "歲庚寅春 余別構數間茅棟於朱雀山陽 以爲晚暮棲息之計焉 隣居有尹艸孟元 晝 宵同處 以替我灑掃 而小大學及魯論等書 漸次讀之 至甲午六月二十七日平明 出一小紙 要余著讀書箴 以爲畢生服膺之資 當此東邪騁怪小大淪胥之日 誠不易得之事也 余見嫉賊徒 極知死亡無日 而深嘉其志 力疾以書 以爲相訣云 道統緖 上自唐虞 繼往開來 孔孟程朱 人非學問 曷知所趨 眞實心地 刻苦工夫 知行一致 乃成眞儒 嗟爾小子 事親和愉 餘力以學 庶開昏愚 讀書之法 靜坐中孚 開卷肅然 勿放須臾 小學四子 熟讀涵濡 畢生服膺 誓爲聖徒 匪我朔說 惟聖之謨"

41) 田愚, 『艮齋集』 後編續 卷7, 「友石箴」. "金聚五(錫奎) 居立石 以友石自號 愚爲作箴而勖之 欲與石爲友 常憂不稱渠 斷盡一點塵俗想 讀破十年孟朱書 吾以述石丈意 用作友石之模 苟使聚五能 此石丈惡得而辭諸"

42) 田愚, 『艮齋集』 後編續 卷7, 「心箴」. "心之爲物 變動無門 淵淪天飛 遂喪厥眞 藉用誠敬 得名爲君 儼臨靈臺 百體攸尊 心君雖隆 孰與性天 天命不易 宜監于殷 於皇上帝 及爾遊衍 嗚呼心乎 日夕惕乾"

43) 田愚, 『艮齋集』 後編續 卷7, 「士箴」. "帝仁降衷 聖惻設敎 凡厥庶民 安有不肖 由氣或渗 心自棄暴 旣褻性命 亦罵忠孝 吁此帝聖 疇倚疇恃 恃儒維持 亂庶遄止 士也不承 天心其寧 亦粤先聖 視而不瞑 苟或念此 何忍不敬 敬之如何 心兮學性"

「三山書室課程箴」,[44] 吳駿善이 鄭鉉春의 訥齋가 지니는 의미를 부연 설명하여 수양에 힘쓰도록 권면한 「訥齋箴」,[45] 文昌善의 蒙齋라는 서재·이름을 해설하고 경계시킨 「蒙齋箴」,[46] 李鍾宅이 蒙養齋라고 서재 이름을 붙인 谷口의 鄭君에게 그것이 가지는 의미를 해석하고 경계시킨 「蒙養齋箴」,[47] 鄭琦가 奇世稷의 月湖書室을 위해 지은 「月湖書室箴」,[48] 朴允肅을

---

44) 奇宇萬, 『松沙集』 卷23, 「三山書室課程箴」. "夙興盥漱 衣帶必飭 堂室灑掃 几案拂拭 明牕棐几 斂膝對册 心存敬謹 體無攲側 潛心就課 從朝至食 食至則起 相讓卽席 食畢散步 或降或陟 風乎卽旋 以尋紙墨 五行十行 克楷字畫 非要字好 心正斯覿 硯具旣撤 課讀是力 孜孜不輟 久久玩索 旣久而解 少選暇隙 迨此暇矣 質疑辨惑 旣而瞿瞿 復尋課讀 讀而不止 以至午刻 旣午課程 朝後是式 夕亦如之 夜分而宿 課日爲程 循環不息 勿忘勿助 是謂學則 逐日記事 自朝至夕 陰晴風雨 往來賓客 文義講說 言語酬酢 此於日用 不少爲益 凡厥動止 小心翼翼 行步安詳 出言寡默 由此做去 庶乎不忒"

45) 吳駿善, 『後石遺稿』 卷14, 「訥齋箴」. "人有一身 言爲之文 樞機之要 禍福之門 躁妄爲害 支離傷煩 何以守之 其言欲訥 周廟金緘 羲繇囊括 溫然含默 內斯靜專 凡今之人 異言是喧 侏離無愧 詖淫自賢 獸跡橫行 鴂舌瀾飜 正義不明 吾道將堙 誰能操心 防微塞源 鄭君元卿 老柏肖胤 持身謹節 克守先訓 訥以爲齋 以寓戒愼 吉人辭寡 君子言訒 默以識之 行則斯敏 期期吃吃 亦爲實踐 口容必止 心體必穩 人不可先 後之何損 衆人皆惑 我獨守謹 內藏我和 不以自衒 可言而言 知微之顯 不違於道 訓謨可撰 遵晦沃明 居貞理順 訥乎訥乎 勉之加勉"

46) 吳駿善, 『後石遺稿』 卷14, 「蒙齋箴」. "文友昌善 扁其讀書之室 曰蒙齋 屬余爲箴 余謂蒙非嘉號 擇而自警者 其亦取諸亨貞之德而作聖之功耶 吾知君早從勉菴崔先生 薰其德 而悅其道 其有得於啓發之功也深矣 吁 其敬也夫 睠焉萬物 化化生生 始生蒙昧 養以後成 養之如何 必以其貞 剛柔相應 其義則亨 艮坎爲體 取象山泉 遇險而止 果行必前 漸進有序 是謂育德 敎人發蒙 自養省察 良知良能 是天所賦 苟能充之 仁宅義路 聖功在玆 允矣時中 哀哉衆人 暴棄天衷 幼而蒙蔀 長益浮靡 惟此文君 早自得師 旣去愚蒙 有孚發若 于以養之 亨貞厥德 克念厥初 先難後獲 勉哉敬哉 永永無斁"

47) 李鍾宅, 『六峯遺集』 卷4, 「蒙養齋箴」. "凡人之身 在乎所養 性命之原 太極生兩 虛靈不昧 如指諸掌 氣質所拘 昏而魍魎 物欲之蔽 蒙而莽蒼 其昏曷明 其蒙曷爽 昔者羲易 山泉出上 是之謂蒙 果育之象 自養養蒙 邪穢滌盪 非我求童 聖功可想 谷口鄭君 淸粹這象 遵道而廢 悔多旣往 於是爲齋 以蒙揭牓 心慕寒暄 五十如囊 送子抱贄 華島函丈 函丈有訓 程朱是倣 明者之養 工不費枉 有爲亦若 趨向相髣 養身養德 大哉蕩蕩 孰謂子蒙 無愧俯仰 坐對月岳 去蒙卽朗 蓮塘花發 有時愛賞 物質變化 無復擾攘 仁門義路 所居地堩 人百己千 雖愚必晃 養之之功 誠哉非誷 包蒙則吉 晨夕書幌 燮也受訓 惟敬及長 來余索言 奈欠閒敬 何以藥之 切身痛癢 我作斯箴 有同勸獎 自幼至老 莫如自彊"

48) 鄭琦, 『栗溪先生文集』 卷15, 「月湖書室箴」. "奇君希文 忠信儒雅 有好古之風 長城之

위해 지은 「立志箴」,[49] 金澤述이 安永台에게 8가지 비유를 통해 立志·防私·處善·懲惡·嗜書·警惰·精猛·迅邁에 힘쓸 것을 권면한 「八如箴」,[50] 제생들에게 말을 삼갈 것을 경계시킨 「愼言箴」,[51] 자신과 아우를 경계하기 위해 지은 「戒酒箴」[52] 등의 14편이 있다.

　위에서 열거한 작품들을 통해 확인할 수 있듯이, 후기의 箴 작품들은 타인을 경계시키기 위한 것이 많은데, 비단 덕목을 해설한 箴뿐만 아니라

月汀里 其所居也 儲書千卷 游息其中 扁之曰月湖書室 而請余以勸戒之辭 樂聞而爲之題 道入無間 載之維書 匪精匪細 曷造門閭 翳我澹翁 啓來曒如 書是維何 天心聖謨 煌煌洋洋 有赫其爐 理義淵窟 綱常畵圖 動息存養 應酬疾徐 常塗變轍 細大與俱 爲人由是 不離須臾 如生有食 如邁有途 而不于斯 蠢蝡其徒 肆古環堵 有書盈車 惟其爲患 名存實虛 走皮忘髓 買櫝還珠 苟已其病 憤悱反隅 持志以立 主敬以居 遵篆批却 爬櫛精粗 量前照後 毫毛錙銖 若葱斯劈 若草斯鋤 始疑俄換 昔窒今疏 知旣明矣 思罔或逾 添泳之熟 應務有餘 泛曲是當 孚及豚魚 毫芒或失 朔南其趨 所以先哲 昭示元符 間斷爲敗 二三爲痛 矧今漆土 聖謝神徂 叢咻迭嚇 萬誘紛挐 大典大經 已祭之蒭 有美奇君 志出夫夫 樂我縞綦 彼哉如茶 月湖之濱 山明水紆 茅茨淸楚 吉士攸廬 秩秩牙籤 充宇溢櫃 斯焉足多 矧保天初 樂善好義 有蔚其譽 我豔且勗 用是貢愚 淸晝靜夜 明燈熏鑪 齊其思慮 整其衿裾 對越千古 寤寐孔朱 一息尙存 勿惰勿渝 勗哉希文 爲君子儒"

49) 鄭琦, 『栗溪先生文集』 卷15, 「立志箴」. "朴君允肅 妙年志學 不鄙相從 心乎愛爾 於其歸 遂作箴以贈之 穹隤茫茫 人則藐爾 惟心之故 參乎天地 有萬其蠢 微是奚異 然惟是心 乍三乍二 于天于淵 如湯如冰 一瞬之放 千里其騰 所以古人 最先立志 志維伊何 氣之將帥 是帥不立 師無統紀 以是對敵 焉往不殆 矧彼外至 誘引如餌 可榮可辱 可戚可喜 膏羶于口 馨香于鼻 悅耳媚目 不一其致 此志一差 萬仞其坑 況世垂梢 異說交橫 滔滔胥溺 假面猩猩 我生爲人 何修作程 在昔賢聖 示我周行 載在靑編 噭乎日星 切己從事 念念靡慝 此志一立 透金徹石 卓彼先覺 實是我師 毋曰我駛 效斯則斯 爲聖爲賢 非高非遠 只在吾志 強則體健 岡克之間 聖狂是爭 念玆在玆 無忝爾生"

50) 金澤述, 『後滄先生文集』 卷21, 「八如箴」. "立志如柱 防私如城 處善如宅 懲惡如坑 嗜書如炙 警惰如毒 精猛如隼 迅邁如駃"

51) 金澤述, 『後滄先生文集』 卷21, 「愼言箴」. "金口胡緘 白圭胡復 言爲樞機 吉凶是卜 惟詩與箴 疇不誦讀 然而忽易 由無責辱 上士達理 無事亦肅 中人知戒 見責而勖 朝悔暮復 下愚碌碌 嗚呼小子 爲爾忠告"

52) 金澤述, 『後滄先生文集』 卷21, 「戒酒箴」. "何誥妹邦 何疏儀狄 小則敗事 大則亡國 毫不差爽 驗諸往迹 然猶有失 由不親歷 一敗猶可 再敗何則 懲小戒大 訓自大易 敗不知戒 不亡安適 轉禍爲福 機在頃刻 占有悔 悔在吉凶之間 過宜改 改爲聖狂之幾 悔而不改 凶而已矣 改復有悔 狂而已矣 嗚呼 悔不深 悔改不眞 改頻悔頻 改之頃 老且逝矣 可不悲哉 作此愼言戒酒二箴 與舍弟汝安共勉 余時年五十有五 汝安四十"

義理를 발현한 작품들에도 이러한 경향이 두드러지게 나타난다. 金漢燮이 魏貫一의 主一齋라는 서재를 위해 '主一'의 의미를 해설하고 경계시킨 「主一齋箴」,[53] 權純命이 李性浩의 求道齋를 위해 道의 의미와 求道의 방법에 대해 해설한 「求道齋箴」,[54] 제생들이 克己의 올바른 뜻을 이해하여 실천하도록 권면한 「克己箴」[55] 등 3편이 있으므로, 앞의 14편과 합한다면 모두 17편이 되며, 전체 작품수의 46%에 해당하는 비율을 차지한다.

이러한 경향은 같은 시기 경남의 남명학파 학자들에게도 동일하게 나타나고 있어 주목된다. 그렇다면 19세기 유학자들의 箴 작품은 왜 이러한 성향을 가질까? 이것은 시대적·역사적 배경이 큰 영향을 미친 것으로 보인다. 이 당시 유학자들은 일본 및 서양의 외세 침입과 국내 정치의 문란 등으로 인해 나라의 존망에 대해 크게 우려하였으며, 더욱이 明나라가 멸망한 이후 道를 온전히 보존하여 계승하고 있는 우리나라가 외세의 세력에 의해 점령되는 것은 道學의 단절이라는 종말을 초래할 것이라는 위기의식을 가졌다. 그리하여 그들은 엄격한 수양을 통해 자기를 올바르게 세우기 위해 분발하였을 뿐만 아니라, 함께 道學을 지켜나가야 할 이들에게 간절한 마음으로 권계하여 위기의 상황을 타개하고자 노력하였다.[56]

조선 후기 호남지역 유학자들이 창작한 총 37편의 箴 작품 중에서 덕목

---

53) 金漢燮, 『吾南先生文集』 卷2, 「主一齋箴」. 분량이 많아 원문 수록을 생략한다.

54) 權純命, 『陽齋集』 卷11, 「求道齋箴」. "李孟吾性浩 築室陜川之吾道山中 艮翁顔以求道 純命爲之述其意 彌天大道 備在吾心 心苟自小 惟道是尋 道卽在我 何嘗遠人 前天後天 孔元朱眞 人能弘道 非道弘人 人心有覺 道體無爲 一經一傳 萬世著龜 嘻彼別宗 猶尊靈識 如盲摸象 忽抱佛脚 維潭維華 紹孔朱嫡 吾輩小子 幸生其後 被恩罔極 得免異趣 嗟我孟吾 以心求道"

55) 權純命, 『陽齋集』 卷11, 「克己箴」. "人有心與氣質 本體同用乃異 心苟自作主宰 惟性理之是視 彼萬般病根由 於是 漸覺消磨 用是先儒克氣 可作聖門瓜牙 此其可疑可破 將云惟使惟任 苟或任之使之 奚異導惡不禁 上蔡曾謂克性 滄洲亦云勝氣 此爲儒家眞詮 嗟小子其欽畏"

56) 전병철, 「南冥學派의 箴 창작과 修養의 시대별 요청」, 『남도문화연구』 제21집, 남도문화연구소, 2011, 389~390쪽.

을 해설하여 자신을 경계한 12편, 타인을 권면한 14편, 의리를 발현하여 타인을 권고한 3편을 살펴보았는데, 이제 남은 것은 의리를 발현하여 자신을 경계한 8편의 작품이다. 曹毅坤의 「不足畏箴」[57]은 孔子가 말한 '후배를 두려워 할만하다[後生可畏]'라는 구절을 해석하여 不惑의 나이에 이른 자신을 각성시키고자 했다.

孔學源의 「自箴」[58]은 학파마다 性理說이 달라 분분한 논쟁이 일어나는 것을 지적하며, 理氣心性論에 관한 자신의 견해를 箴의 형식을 통해 명료하게 밝히고자 한 작품이다. 「過不及箴」[59]은 孔子가 말한 '지나친 것은 모자라는 것과 같다[過猶不及]'라는 구절에 대해 해석하여 자신을 경계한 내용이다. 鄭衡圭의 「浩氣箴」[60]와 「夜氣箴」[61]은 孟子가 제기한 '浩然之氣'와

<hr>

57) 曹毅坤, 『東塢遺稿』 卷3, 「不足畏箴」. "宣尼有言 後生可畏 所畏何事 聖言猶謂 眇爾小子 年富力强 學與日進 德與年長 聖賢可做 何憂不及 然或蹉過 四十五十 年與時馳 意與歲去 一步未進 百事靡逮 枯落坎坷 無聞無稱 疇昔期望 今焉無凭 神舍塗漆 天君迷昏 面目可憎 言語奚論 先生長者 豈肯與之 不肯與之 況復畏爲 此歲將除 余年不惑 名言在玆 愧懼雙極 跪脆跋踖 惘然莫喩 至哉格言 聞諸皐比 子之基本 眇齡其由 失之眇齡 歎復奚留 況又我年 四十將再 前車宜鑑 盍謂君輩 視我基本 顧不在子 若曰到今 無奈云爾 止斯安暴 是豈聖旨 推之可畏 尙在前頭 旣往莫追 將來可收 余受此言 敢不唯命 往者尙失 來者敢望 有始非難 克終惟艱 自今以往 造次之間 努力勿惰 斯誠或酬 爰作警箴 以備桑楡"

58) 孔學源, 『道峯先生遺集』 卷8, 「自箴」. "夫子言道 道卽是理 天人人物 該括終始 一云無極 爰曁周子 二五順布 動靜是已 紫陽乃作 註觧總紀 性命形氣 雙關是倚 原頭流行 昭晳如指 言成後先 意則一視 夫何紛紛 降自諸氏 曰理曰氣 而此而彼 所執各殊 群論并起 仇讐之若 氷炭乃宵 天下之生 群聖之旨 先覺使後 遠取自邇 大化無跡 惟人所視 妙用不測 如無所使 其無間斷 誠一已矣 諸說一出 其論愈鄙 形氣爲主 大本則弛 補偏遺全 醫惡病美 帥卒倒置 二一不揣 厥由安在 不思已耳 形而上下 聖言可俟 性善浩氣 鄒聖有以 道不可離 焉有他技 其言爲氣 餒於無是 濂翁晦老 同一其揆 何取何舍 誰譽誰毀 天降人性 何預査梓 亦降嘉種 焉用虛秕 若夫不善 非材之耻 聖不已甚 斯邁斯止 如執所憾 專主那裡 頭腦不正 工效何恃 己私易錯 天公難詭 聖謨洋洋 載在經史 平心朗讀 嗟今人士"

59) 孔學源, 『道峯先生遺集』 卷8, 「過不及箴」. "桐以材招伐 膏以明自焚 非材非明 而自招禍孼者 人之才勝德薄也 知此可以免矣 馬牛馳與耕本性 非驂乘服秬 遂失其本性 若不受箝制 徒然奔馳馬牛乎 終亦不保其性命 知此庶乎免矣"

60) 鄭衡圭, 『蒼樹集』 卷8, 「浩氣箴」. "浩然之氣 人之正氣 自反而縮 何往有畏 自反不縮 氣便有餒 養氣有度 只在集義 所行不忒 俯仰無愧 學至於此 其氣自生 凡今之人 存

'夜氣'에 대해 그 의미를 밝혀 스스로 수양에 힘쓸 것을 각오한 작품들이다. 그리고 「性師心弟箴」[62]은 스승인 艮齋 田愚가 주창한 '본성은 스승이며 마음은 제자이다[性師心弟]'라는 성리설에 대해 부연 설명한 내용이다. 전기의 柳崇祖는 箴이라는 문체로『大學』의 내용을 해석하여 경전의 의미를 밝혔는데, 후기의 孔學源과 鄭衡圭는 성리설에 관한 견해를 개진하여 자신 및 학파가 주창하는 학설을 분명하게 드러내고자 했다.

金澤述의 「次敬齋箴」[63]은 전기의 宋純(1493-1582)이 지은 「敬次朱子敬齋箴」과 마찬가지로 朱子가 지은 「敬齋箴」에 차운하여 그 의미를 밝힌 작품이며, 柳永善의 「次范氏心箴」[64]은 중국 남송의 학자인 范浚이 지은 「心箴」에 차운하여 의리를 발현한 箴이다.

心不誠 臨事而懼 氣何浩然 吾黨學者 刻骨勉旃"

[61] 鄭衡圭,『蒼樹集』卷8,「夜氣箴」. "夜氣之說 孟子始作 蓋惟良心 孰無其發 朝晝所爲 牿之反復 至於夜深 萬機自息 淸明在躬 正好著力 因此克明 厥初乃復 嗚乎是訓 百世有功 我作斯箴 銘諸肚中"

[62] 鄭衡圭,『蒼樹集』卷8,「性師心弟箴」. "性師心弟 我先師艮齋先生訓也 世人不問當理如何 輒訑之以好奇創新 然則孟子所謂浩氣夜氣 果有前輩說乎 發揮道妙 語隨時異 是爲敎術 況近日有心尊性卑之說 若此說盛行 將使學者盡入於佛氏之門 豈不可畏乎 故曰性師心弟 以明吾儒本天之學 與異端本心之學 不同也 敢作箴 揭于壁上 朝夕視 爲警 歸求有師 師曰是性 至尊無對 孰敢不敬 君子學道 學之者弟 雖有聰明 不敢自恃 所以我師 分以師弟 懇告來學 可不深體 學問要法 莫切於斯 常人之心 出入無時 難操易失 如何則可 將性做主 方有其軌 邪者可正 曲者可直 一心動靜 自然中節 主宰之名 於斯可得 若曰心尊 性必居卑 釋氏本心 與此奚異 士趨不正 孰開群蒙 極言痛辨 爲世盡忠 嗚乎今者 誰知斯功"

[63] 金澤述,『後滄先生文集』卷21,「次敬齋箴」. "凝爾心神 斂爾聽視 如臣在廷 受命于帝 遵爾規矩 執爾恪恭 如侯守國 不失其封 小而喫飯 大而承祭 順應事物 勿問難易 內若修政 外若防城 審愼公私 勿混重輕 莫迷東西 莫顚南北 天然有中 我其可適 不疑於二 不惑於三 所存惟一 衆理可監 苟其如此 是謂能敬 動靜不違 表裏交正 純德無間 終始一端 愼無暫忘 竟至十寒 至行無差 精粗一處 愼無或忽 馴致敗斁 千聖宗旨 曷不欽哉 我庸作箴 銘諸靈臺"

[64] 柳永善,『玄谷集』卷18,「次范氏心箴」. "於赫天君 浩浩無垠 虛靈洞澈 宰爾一身 一身三才 眇若倉米 發揮萬變 其機自爾 位育極功 實賴此心 師性爲君 從欲乃禽 戒懼常存 無間動靜 惟危惟微 非直是病 防微提撕 操而束之 曠宅舍路 存者幾希 消僞惟誠 敵邪是敬 人極旣立 百官聽令"

후기에 지어진 37편의 箴 작품들을 모두 검토해보았다. 이 시기는 이전 보다 양적으로도 월등하게 많을 뿐만 아니라, 수사 기법도 다양한 양상으로 서술되었다. 타인을 경계한 작품이 큰 비중을 차지하는 점은 경남의 남명학파와 동일하게 나타나는 현상이지만, 자신 및 학파가 주창하는 성리설을 箴의 문체로 드러내어 밝히고자 한 것은 남명학파는 물론 호남지역 내에서도 이전에 없는 독특한 특징이라고 말할 수 있다.

V. 結論

이상으로 호남지역 유학자들의 箴 작품을 세 시기로 구분하여 각각의 작품을 분석한 후 시기별로 나타나는 특징에 대해 개괄해보았다. 앞에서 서술한 내용을 요약하는 것으로 맺음말을 대신하고자 한다.

호남지역 유학자들의 초기 箴 작품은 蘇沿(1390-1441)이 창작한 것으로 부터 李恒(1499-1576)이 지은 것에 이르기까지 총 6편이 지어졌다. 그 가운데 2편이 中宗에게 올려진 官箴이다. 그리고 경전 구절을 해석한 것이 3편, 전대의 작품에 차운하여 계승한 것이 1편으로, 의리의 발현을 수사 기법으로 삼은 작품이 상당한 비율을 차지한다.

중기는 箴을 지은 유학자가 4명밖에 되지 않아 초기에 비해 인원수가 더욱 줄었지만, 작품의 수량은 7편으로 1편이 더 많이 늘어났다. 하지만 安邦俊(1573-1654)으로부터 黃胤錫(1729-1791)에 이르기까지 150년이 넘는 시기 동안 4명의 유학자가 7편의 작품을 지었다는 것은 초기와 마찬가지로 매우 영성한 상황이라고 밖에 말할 수 없다.

『中庸』제1장의 '莫見乎隱'을 해석한 황위의 「莫見乎隱箴」을 제외하고는 모두 생활 속에서 실천해야 할 수양의 덕목을 해설한 내용들이다. 다만 경계하는 대상이 자신에게 한정되느냐 아니면 자식이나 주변의 타인에게 확장되느냐의 차이가 있을 뿐, 개인적인 용도인 私箴의 범위를 벗어나는 작품은 없다.

후기는 초기 및 중기에 비해 거의 5~6배가 넘을 정도로 많은 분량의 箴 작품이 창작되었다. 그리고 경계의 내용과 방법이 이전과 달리 다양하게 확산되는 경향을 보인다. 奇正鎭(1798-1880)으로부터 柳永善(1893-1961)에 이르기까지 100년 동안 14명의 유학자에 의해 37편의 箴이 지어졌다.

이 시기는 이전보다 양적으로도 월등하게 많을 뿐만 아니라, 수사 기법도 다양한 양상으로 서술되었다. 그리고 무엇보다 타인을 경계한 작품이 큰 비중을 차지하고 있는데, 이것은 구한말의 절박한 시대적·역사적 상황 때문에 箴을 통해 同道의 사람들에게 권면하고자 하는 의식이 반영된 현상이라고 이해할 수 있다. 또한 자신 및 학파가 주창하는 성리설을 箴의 문체로 드러내어 밝히고자 한 것도 이전 시기에는 없는 하나의 특징이라고 말할 수 있다.

이 글은 『남명학연구』 제37집(2013)에 수록된 「호남지역 유학자의 잠 창작에 관한 통시적 고찰」을 그대로 실은 것이다.

저자 약력

전병철(全丙哲)

경상대학교 경남문화연구원 인문한국(HK) 교수. 한국경학 전공. 경상대 한문학과 문학박사. 경상대 한문학과 시간강사 역임. 저역서로『송정 하수일』,『마음의 전쟁에서 이겨라—남명학파 잠(箴) 작품 해설—』,『중국 경학가 사전』(공저),『송원시대 학맥과 학자들』(공저),『주자』(공저),『선인들의 지리산 유람록』(공역) 등이 있으며, 논문은 「남당 한원진『대학』해석 연구」(석사학위논문), 「대산 이상정 성리설의 회통적 성격」(박사학위논문), 「지리산권 지식인의 마음 공부」 등이 있음.

김봉곤(金鐘坤)

순천대학교 지리산권문화연구원 인문한국(HK) 연구교수. 전남대 사학과 시간강사 역임. 조선후기 유학사상사 전공. 한국학중앙연구원에서 「노사학파의 형성과 활동」(2007)으로 박사학위 취득. 주요 저역서로『국역 비변사등록』,『섬진강 누정 산책』,『고봉(高峰)과 현대(現代)의 대화(對話)』,『조선사회 이렇게 본다』 등의 공저가 있으며, 논문으로는 「최부(崔溥)의 중국 표해(漂海)와 유학사상」, 「19세기 기호학계의 학설분화와 논쟁」, 「서부경남지역의 동학농민혁명과 향촌사회의 대응」, 「호남지역의 파리장서운동」 등이 있음.

김기주(金基柱)

계명대학교 교양교육대학 교수. 유가철학 전공. 대만동해대학(臺灣東海大學) 철학연구소 철학박사. 동양대학교 초빙교수, 순천대학교 HK교수 등 역임. 저역서로『맑은 강물 같은 문화의 흐름, 남계서원』,『서원으로 남명학파를 보다』,『조선시대 심경부주 주석서 해제』(공저),『심체와 성체 총론편』,『유교와 칸트』(공역) 등이 있으며, 논문은 「理想的道德與道德的理想—孟子道德哲學之再構成」(박사학위논문), 「기발리승일도설로 본 기호학파의 3기 발전」, 「이상사회에서의 일과 노동」 등이 있음.

지리산인문학대전12 토대연구02
지리산권 유학의 학맥과 사상

초판 1쇄 발행   2015년 6월 25일

엮은이 ㅣ 국립순천대 · 국립경상대 인문한국(HK) 지리산권문화연구단
펴낸이 ㅣ 윤관백
펴낸곳 ㅣ 도서출판 선인

등록 ㅣ 제5-77호(1998.11.4)
주소 ㅣ 서울시 마포구 마포대로 4다길 4(마포동 324-1) 곳마루빌딩 1층
전화 ㅣ 02)718-6252 / 6257
팩스 ㅣ 02)718-6253
E-mail ㅣ sunin72@chol.com
Homepage ㅣ www.suninbook.com

정가   29,000원
ISBN   978-89-5933-895-5   94910
        978-89-5933-920-4   (세트)

· 이 책은 2007년 정부(교육과학기술부)의 재원으로 한국연구재단의 지원을 받
  아 수행된 연구임(KRF-2007-361-AM0015)

· 잘못된 책은 바꾸어 드립니다.